Oscar Conde

Diccionario
etimológico
del lunfardo

TAURUS

© Oscar Conde, 1998, 2004

© De esta edición: Aguilar, Altea, Taurus, Alfaguara S. A., 2004
Beazley 3860, (1437) Buenos Aires
www.alfaguara.com.ar

ISBN: 987-04-0003-5

Hecho el depósito que indica la ley 11.723
Impreso en la Argentina. *Printed in Argentina*
Primera edición: octubre de 2004

Diseño de cubierta: Claudio A. Carrizo
Diseño de interiores: Alejandra Mosconi

Una editorial de Grupo Santillana que edita en:
Argentina - Bolivia - Brasil - Colombia - Costa Rica - Chile -
Ecuador - El Salvador - España - EE.UU. - Guatemala -
Honduras - México - Panamá - Paraguay - Perú - Portugal -
Puerto Rico - República Dominicana - Uruguay - Venezuela

Conde, Oscar
Diccionario etimológico del lunfardo. – 1ª ed.– Buenos Aires: Aguilar,
Altea, Taurus, Alfaguara, 2004.
328 p.; 24 x 15 cm.

ISBN Nº 987-04-0003-5

1. Lunfardo-Diccionario I. Título
CDD 467.09

A mis padres
in memoriam

La primera versión del presente trabajo ha sido llevada a cabo entre mayo de 1990 y mayo de 1991 con una Ayuda a la Investigación otorgada, por concurso internacional, conjuntamente por la Agencia Española de Cooperación Internacional (a través del Instituto de Cooperación Iberoamericana) y la Comisión Nacional Quinto Centenario del gobierno de España.

Lo que muchos llaman lunfardo es brillo de la imagen popular, es una nueva forma de la metáfora, es el lenguaje propio de la canción.

ENRIQUE SANTOS DISCÉPOLO

Prólogo

El presente diccionario ha nacido de la necesidad. Como todos, sin duda. Y como todos ha adquirido el vicio de lo caprichoso y lo arbitrario: es parcial. Pero cuando hablo de una necesidad, me refiero primordialmente a la propia. Una necesidad que se volvió urgencia hace ya más de una década, cuando empecé a interesarme por la literatura popular argentina —en especial, por las poéticas del tango y del, quizá mal llamado, *rock* nacional—. En el primer caso me topé con el lunfardo; en el segundo, con un léxico nuevo (¿*neolunfardo*?), que en gran medida yo mismo conocía y utilizaba, y que rápidamente iba ocupando un lugar en el habla coloquial del Río de la Plata. Fue entonces cuando se me hizo evidente la falta de un lexicón actualizado y amplio de nuestra habla popular, que además pudiera responder a las inquietudes etimológicas de sus lectores.

Comprobé en ese momento que existían ya algunas decenas de diccionarios del lunfardo, pero que, salvo contadísimas excepciones, resultaban verdaderamente deficientes. O bien son reducidos, sin aspirar a ofrecer un panorama completo, o bien son innecesariamente voluminosos, plagados de palabras del español corriente. En algunos casos, como reflejo de los prejuicios culturales y sociales de sus propios autores, presentan un léxico estratificado en inamovibles niveles de lengua (familiar, popular, delictivo, grosero, etc.), que resultan casi siempre sumamente discutibles y hasta precarios.[1] En muchos otros, encontré una indisimulable falta de coherencia en la notación, cuando no errores flagrantes.

Esta comprobación empírica fue la que me impulsó a proyectar la preparación de un *Diccionario etimológico del lunfardo*, inexistente hasta hoy, a pesar de los esfuerzos de unos pocos lexicógrafos por incluir etimologías en algunos de los artículos o lemas de sus diccionarios. No obstante, es menester aclarar que, si bien

---

1 Baste mencionar aquí como ejemplo la palabra *forro*, que en muy poco tiempo, gracias a la televisión (y, más puntualmente, al actor Antonio Gasalla), pasó de ser un término vulgar a integrar la categoría del lenguaje general.

el fin último de este trabajo ha estado en la búsqueda y determinación del origen de los términos lunfardos, el resultado de la investigación –es decir, el diccionario terminado– incluye las acepciones de las palabras, ya que también en este punto, creo, se pudo realizar un valioso aporte, al ampliar la tarea de mis predecesores. La premisa que me guió fue entonces la de ofrecer una obra de fácil acceso para el público en general, pero sin que dejara de tener el rigor científico que cualquier especialista podría requerir.

Así pues, partiendo de una minuciosa ignorancia –pero también de un afán de sistematización crítica y coherente–, me he propuesto, al encarar esta tarea, una serie de objetivos que espero hoy se cumplan de manera adecuada. Ellos son:

1) actualizar el léxico lunfardo en dos sentidos: con nuevas acepciones de palabras ya conocidas y con términos sin registro lexicográfico hasta la fecha –ni en diccionarios de lunfardo ni en vocabularios de voces familiares, vulgares o delictivas de la región del Río de la Plata–, la mayor parte de ellos aparecida en las últimas dos décadas;

2) reunir, y en muchos casos reordenar, un *corpus* extenso, pero a la vez despojado de los llamados seudolunfardismos;

3) contener los más importantes descubrimientos en materia lexicográfica y etimológica hasta el presente en el campo del lunfardo; y

4) ofrecer la mayor cantidad posible de etimologías, lo que sin duda ha constituido el objetivo principal.

Creo necesario, antes de hacer toda otra precisión, definir los alcances del término *lunfardo*, inexplicablemente tan difusos todavía para algunos estudiosos y para el común de la gente a causa del vigente prejuicio del origen y naturaleza delictivos de este argot (como es sabido, *lunfardo* en su origen significa "ladrón"). Hace años que se considera superada aquella miope definición de Borges acerca de él: "es un vocabulario gremial como tantos otros, es la tecnología de la furca y de la ganzúa".[2] Ya ha sido largamente demostrado que las opiniones de los primeros compiladores del léxico lunfardo (Benigno Lugones, Luis M. Drago, Antonio Dellepiane), ubicados a fines del siglo XIX, eran si no incorrectas, al menos parciales, cuando destacaron su naturaleza delictiva, como resultado seguramente de una deformación profesional, por ser los tres criminalistas o policías. Por otra parte –aun concediendo el beneficio de la duda–, resulta hoy evidente que la cuestión debe ser encarada con un criterio diacrónico, puesto

---

2 J. L. Borges (1952). "El idioma de los argentinos". En J. L. Borges-J. E. Clemente, *El lenguaje de Buenos Aires*, Buenos Aires: Emecé, p. 19. Las mismas palabras se incluían ya en "Invectiva contra el arrabalero", artículo incluido en la primera edición de *El tamaño de mi esperanza* (1926), Buenos Aires: Proa.

que "la génesis de un argot no puede ni debe ser el único criterio para juzgarlo, con omisión de su posterior desarrollo".[3]

Es así que llamo sin más *lunfardo* a la expresión del habla coloquial rioplatense, es decir que se trata de un conjunto de vocablos y expresiones no considerados en el terreno académico, *i. e.* no registrados en los diccionarios del español corriente, que desde ya no constituyen de por sí una lengua o idioma, pues su flexión y su sintaxis se corresponden con las del español. Como señaló José Gobello, la mayor autoridad en el tema, hace casi cuatro décadas: "ya no llamamos lunfardo al lenguaje frustradamente esotérico de los delincuentes sino al que habla el porteño cuando comienza a entrar en confianza".[4]

Sin embargo, con los años, esta definición de lunfardo le pareció a Gobello demasiado imprecisa, y ensayó otra, más amplia y descriptiva, que transcribo a continuación:

> "repertorio léxico, que ha pasado al habla coloquial de Buenos Aires y otras ciudades
> argentinas y uruguayas, formado con vocablos dialectales o jergales llevados por la in-
> migración, de los que unos fueron difundidos por el teatro, el tango y la literatura po-
> pular, en tanto que otros permanecieron en los hogares de los inmigrantes, y a los que
> deben agregarse voces aborígenes y portuguesas que se encontraban ya en el habla co-
> loquial de Buenos Aires y su campaña, algunos términos argóticos llevados por el
> proxenetismo francés; los del español popular y del caló llevados por el género chico
> español, y los de creación local."[5]

Esta nueva definición pone el acento en el hecho de que el lunfardo es básicamente un repertorio de términos inmigrados –en especial, originarios de las distintas lenguas de las penínsulas itálica e ibérica–, lo cual lo diferencia de otras hablas populares del mundo, como el *cant* inglés, el *gergo* italiano, la *giria* brasileña, el *slang* norteamericano, el *argot* francés, el *Rotwelsch* alemán o el *caló* español. Todos ellos son repertorios léxicos creados por el pueblo al margen de la lengua general, pero que básicamente se componen de términos que pertenecen a esa misma lengua. He aquí lo que haría del lunfardo un fenómeno lingüístico único. Con todo, si se hace hincapié solamente en esta característica, se corre el riesgo de pensar que el lunfardo es cosa del pasado y que, una vez extinguido casi por completo el flujo inmigratorio a nuestro país, debió cerrarle sus puertas a todo vocablo surgido con

---

3 M. Teruggi (1974), *Panorama del lunfardo*, Buenos Aires: Ediciones Cabargón, p. 11.

4 J. Gobello (1959), "Nota bene" a J. Gobello-L. Payet, *Breve diccionario lunfardo*, Buenos Aires: Peña Lillo.

5 J. Gobello (1989), *El lunfardo*, Buenos Aires: Academia Porteña del Lunfardo, pp. 15-16.

posterioridad –el cual, forzosamente, pasaría a ser estigmatizado con la bastarda condición de poslunfardismo–.

Claramente, esto no es así. En efecto, el lunfardo se conformó en su origen con términos traídos por la inmigración, pero en modo alguno es un vocabulario cerrado, después del cual, en orden cronológico, surgió otro. El lunfardo es uno solo, y ese espejismo del *neolunfardo* mencionado antes –y que yo mismo padecí– es exactamente eso: un espejismo, una separación arbitraria que no hace más que complicar las cosas y duplicar el problema. Simplemente aquel "viejo" lunfardo en las décadas sucesivas se vio ampliado con generosidad por medio de palabras provenientes de diversos ámbitos, casi todas ellas de creación local, y sobre la base de la lengua española.[6] El lenguaje del fútbol y el del turf, las jergas de diferentes oficios o profesiones, los ambientes de la droga, el terrorismo y la represión, el mundillo del *rock* y de las "tribus urbanas", la jerga del psicoanálisis, la del boxeo, la del automovilismo, la radio y la televisión, todos ellos han aportado al lunfardo, en mayor o menor medida, una cantidad innumerable de vocablos, extendidos ya a todo el espectro social de buena parte del país. Incluso, en los últimos tiempos, la televisión por cable se ha constituido en propagadora de muchos de estos términos.

Esta difusión del repertorio lunfardo fuera del ámbito de la ciudad de Buenos Aires y sus alrededores fue entrevista –y, si se quiere, prevista– por Juan Piaggio en su artículo "Caló porteño", publicado en 1887, donde se refiere a las voces lunfardas como "argentinismos del bajo pueblo". El propio Teruggi califica de "indetectable" la diferencia entre lunfardismo y argentinismo. Personalmente, no tengo ninguna duda de que todo lunfardismo es un argentinismo, pero de ninguna manera podría aceptarse la viceversa. En cada provincia argentina se utilizan en la vida de todos los días términos de creación local, en muchos casos deudores de sustratos lingüísticos aborígenes, que indudablemente son argentinismos, pero no lunfardismos. Ahora bien, ¿cómo es posible entonces que términos de origen quichua o guaraní sean considerados lunfardos? La respuesta es sencilla: porque esas palabras, al igual que tantos italianismos, lusitanismos, galicismos, etc., también son inmigradas, y llegaron a Buenos Aires a través de alguna de las tantas migraciones internas que conoció nuestro país.

Lo que sí es justo reconocer es que muchas veces no resulta sencillo, frente a un vocablo cualquiera, precisar la diferencia entre argentinismo y lunfardismo.

---

6 En su última definición –hasta donde sé, al menos–, el maestro Gobello ha vuelto sobre sus pasos al proponer con sintética claridad: "vocabulario compuesto por voces de diverso origen que el hablante de Buenos Aires emplea en oposición al habla general".

He prestado en esta tarea especial atención a dos aspectos. En primer lugar, a la investigación etimológica de la contribución hispana al ámbito del lunfardo –sea a través del español familiar, del *caló* o habla popular, o de la *germanía*, el lenguaje de la delincuencia–, curiosamente mucho menos estudiada hasta hoy que la contribución itálica o la de otras lenguas europeas o indígenas, sobre todo si se tiene en cuenta que los españolismos son mayoría abrumadora.[7]

En segundo término, he pretendido depurar el léxico incluido en el presente diccionario, eliminando los *seudolunfardismos*. En efecto, muchísimas palabras consideradas popularmente *lunfardas* –y tristemente también por algunos lexicógrafos– no lo son. En la enorme mayoría de los casos son vocablos de la más rancia estirpe española y, como tales, aparecen en el Diccionario de la Real Academia Española de la Lengua, por lo cual no son incluidos en éste. Los ejemplos son incontables. Van aquí algunos, para que más de un lector se sorprenda: *espichar* 'morir', *fiambre* 'cadáver', *curda* y *curdela* 'borrachera' y también, 'borracho', *jeringar* 'molestar', *castañazo* 'puñetazo', *plomo* 'persona pesada y molesta', *guita* y *tela* 'dinero', *pollo* 'escupitajo', *¡pucha!* 'eufemismo por ¡puta!', *mamarse* 'embriagarse', *mechera* 'ladrona de tiendas', *virgo* 'virgen' y también 'himen', *tranca* 'borrachera', *descolgarse* 'decir o hacer una cosa inesperada', *aportar* 'llegar', *lanzar* 'vomitar', *gayola* 'cárcel', *recular* 'retroceder', *autobombo* 'autoelogio desmesurado', *fritanga* 'fritada', las expresiones *de buten* 'excelente' y *al pelo* 'a punto'.

Tampoco, claro está, aparecen incluidos en la obra muchos americanismos, es decir, palabras que son utilizadas en una gran cantidad de países latinoamericanos, como por ejemplo *mordida* 'fruto de cohechos o sobornos', *chivarse* 'enojarse', *pitar* 'fumar', *semblantear* 'mirar a uno cara a cara para penetrar sus intenciones', *metiche* 'entrometido', *tarascón* 'mordedura' o *rumbear* 'encaminarse'. Igualmente se excluyeron las palabras usadas internacionalmente, como *ranking* o *gay*. Está claro para mí que no son lunfardismos.

Un último agregado a esta serie de expurgaciones. Procuré también no incluir aquellos términos que bien podrían ser lunfardismos, pero que nadie usa ni reconoce, aunque ocasionalmente algún poeta lunfardesco se haya servido de ellos en su obra. Me acuerdo ahora de tres: *tin* 'equipo', utilizado por Iván Diez; *telefón* 'teléfono', del que se sirven Carlos César Lenzi en la letra del

---

7 Enrique del Valle, en su *Lunfardología* (1966, Buenos Aires: Freeland), hace un trabajo estadístico en el cual establece que el 78,5% del léxico lunfardo se compone de palabras españolas, en los diferentes niveles de lengua. Si se tiene en cuenta que los italianismos constituyen el 12,66% del total, se puede medir la real importancia de la contribución hispánica.

tango *A media luz* (1925) y mucho después Luis Alberto Spinetta, Pedro Aznar y Charly García en *Peluca telefónica* (1982), y *salieri* 'persona que ocupa un lugar secundario respecto de otra', 'imitador', usado por León Gieco en su canción *Los salieris de Charly* (1992).

Contrariamente al caso de los seudolunfardismos, hay palabras que pertenecen al léxico lunfardo y aparecen en el Diccionario de la Real Academia Española (DRAE) precedidas de aclaraciones como *Arg.* o *Argent.* (Argentina) o *Argent. y Ur.* (Argentina y Uruguay) o *R. de la Plata* (Río de la Plata) o *Arg., Bol. y Par.* (Argentina, Bolivia y Paraguay), etc. Este grupo de palabras sí está contenido en este trabajo –e incluso cuando la definición del DRAE me parece inmejorable, la adopto, consignando su inclusión en aquél con la especificación "dado por el DRAE" entre corchetes–, pues la supuesta "aceptación" de estos vocablos, al ser incluidos en el diccionario académico, no puede modificar su innata condición de lunfardismos. Ejemplos de esta serie de términos serían *compadrito, pibe, empilcharse, pebete, milonguero* u *otario.*

Es preciso hacer todavía una breve serie de aclaraciones para terminar de caracterizar esta obra y posibilitar así un mejor aprovechamiento de ella por parte del lector, a saber:

a) El presente es un vocabulario *diacrónico*, vale decir que incluye palabras surgidas desde mediados del siglo XIX, muchas de las cuales hoy en día no se utilizan. Sin embargo, he preferido no recurrir a la calificación "en desuso", porque es cosa sabida que las nuevas generaciones siempre bucean en el lunfardo más antiguo y de tanto en tanto ocurre que, después de décadas de olvido, se reflotan términos, como últimamente ha ocurrido con *bondi,* con *viorsi* o con *crepar.* Un caso parecido, aunque no tan dramático, es el de *botón* y *chabón,* voces que se estaban perdiendo irremediablemente, pero fueron revitalizadas por el *rock.* Estoy pensando en *After chabón,* un disco de Sumo editado en 1987, que tuvo mucho que ver con la recuperación de esta palabra.

b) No he incluido citas literarias como ejemplificación de los usos por dos razones básicas. La primera es que el presente es un lexicón del habla coloquial y, si no la mayoría, muchas palabras incluidas en él carecen aún de registro literario, lo que en modo alguno las desmerece. La segunda razón es que he tratado de poner el acento en el aspecto etimológico.

c) Respecto precisamente de las etimologías, generalmente sólo se llega hasta la lengua en la que se originó cada vocablo. Al lector interesado en investigar lo que, desde el lunfardo, podría denominarse la "prehistoria etimológica" de una palabra, lo remito desde aquí a los diccionarios etimológicos respectivos de cada lengua –en el caso del español, al de Joan Corominas–.[8] Sobrepasar estos límites no ha estado nunca dentro de mis intenciones, pues habría hecho que perdiera de vista mi modesto objetivo, además de implicar de por sí una audacia de mi parte. Es posible que más de un lector se desilusione al comprobar que éste no es un "Corominas" del lunfardo, que no se consignan testimonios y tampoco se atestiguan los años de aparición de cada término. No niego que eso podría hacerse, pero un primer registro literario en modo alguno garantiza que tal o cual palabra, especialmente dentro del habla popular, haya surgido en ese momento. Como he señalado en el punto anterior, muchas voces que corren coloquialmente desde hace décadas aún no lo tienen.

d) Me he visto obligado a resolver qué tipo de lenguaje usar para la descripción de este *corpus*, y considero que esa decisión debe ser aclarada. No me han convencido demasiado los términos técnicos, que no reproducen cabalmente la fuerza, el verismo y hasta la violencia de muchas voces originales, sobre todo en los campos semánticos de lo sexual y lo escatológico. Por eso es que algunas definiciones pueden parecer osadas o agresivas o quizás hieran la sensibilidad de algún lector, pero si así resulta debe atribuírselo menos a mi decisión que a la realidad y a los hechos descriptos.

Por último, quisiera dejar en claro que no desconozco las limitaciones del presente diccionario. Confío en que la tarea futura, así como los comentarios y observaciones de eventuales lectores puedan aunarse para mejorarlo en lo sucesivo.

De mucha utilidad fue para mi trabajo –además del ineludible *Diccionario de la Real Academia*– la tercera edición del *Registro del habla de los argentinos*, editado por la Academia Argentina de Letras en 1997. Asimismo me he servido de varias decenas de comunicaciones a la Academia Porteña del Lunfardo, y naturalmente también de los diccionarios tomados como base para la confección del fichero original –por orden de publicación: Dellepiane, Villamayor, Gobello-Payet, Cammarota, Casullo, Dis, Chiappara, Capparelli, Escobar, Tino Rodríguez, Adolfo Rodríguez, Gobello–. Sin esta bibliografía, y especialmente sin los

---

8 Sin embargo, tampoco esto bastaría, si pretende hacerse un rastreo a fondo. Así, por ejemplo, *laburar* 'trabajar' nos llevaría, sin pasar por alto el influjo del genovés, al toscano *lavorare*, de igual significado, y éste, al latín *laborare*, donde comprobaríamos que antes de 'trabajar' el verbo tenía la idea de 'padecer, sufrir, fatigarse'. Se impondría entonces la búsqueda en un diccionario etimológico del latín (pongamos por caso, el de Ernout-Meillet), donde a su vez encontraríamos remisiones a un diccionario de raíces indoeuropeas, o a un artículo puntual en el que se estudie la raíz *lab-* en las distintas lenguas de dicha familia.

muy serios trabajos de José Gobello y la obra capital de Mario Teruggi, difícilmente podría haber llevado a cabo esta tarea.

Quiero, por fin, expresarles mi gratitud a Sandra Sánchez, Ángel Castello y Silvia Pérez, quienes aportaron ideas y trabajo en la preparación y depuración del fichero. También estoy en deuda con Luz Freire, a quien mucho le debo por sus precisas observaciones y sugerencias. Y vaya también un especial reconocimiento a mis alumnos, muchos de los cuales, en sucesivas ocasiones, actuaron como informantes.

Todavía en nuestro país, a pesar de la globalización, no hemos llegado a la posmodernidad: estamos aún en la submodernidad. Ojalá en los próximos años podamos preservar nuestra identidad cultural, para que ella signifique un aporte dentro del todavía inescrutable mapa del mundo que se viene. Tengo para mí la convicción de que nada como el estudio y el conocimiento del habla popular de nuestro pueblo será más ilustrativo de cómo vemos el mundo, de cómo pensamos y de quiénes somos.

Oscar Conde
Buenos Aires, marzo de 1998

Prólogo
a la 2ª edición

Es grato saber que la primera edición –con su consecuente reimpresión– de esta obra ha sido bien recibida y por ello tengo ahora, seis años después, la oportunidad de corregirla y actualizarla. He agregado alrededor de unos seiscientos lemas y acrecentado y corregido en todo o en parte más de mil entradas.

El uso del lunfardo excede desde hace mucho los límites de la ciudad de Buenos Aires y la cuenca del Río de la Plata, y se ha extendido a todas las zonas urbanas de nuestro país. No obstante esta extraordinaria difusión, sigue habiendo imprecisiones en su caracterización y en la determinación de sus límites y siguen proponiéndose para él definiciones no sólo impropias sino también completamente equivocadas.

Parece mentira el tener que decirlo, pero el lunfardo no es un idioma, como ha pretendido recientemente un autor. Por mi parte, sostengo esta definición: el lunfardo es un repertorio léxico integrado por voces y expresiones de diverso origen utilizadas en alternancia con las del español estándar y difundido transversalmente en todas las capas sociales de la Argentina. A continuación me gustaría precisar algunos puntos del prólogo original.

En primer lugar, quisiera extenderme en la cuestión del origen. El lunfardo no es –ni lo fue nunca– un vocabulario delictivo ni carcelario, aunque durante casi setenta años, hasta la aparición de *Lunfardía* de José Gobello en 1953, sólo se lo vio de este modo. Como ya lo dije, fue por deformación profesional que sus primeros estudiosos le adjudicaron erradamente aquel pecado original. El archicitado artículo "Caló porteño", publicado por Juan Piaggio el 11 de febrero de 1887 en *La Nación*, ya evidencia el error, al presentar a dos jóvenes y humildes compadritos –pero no delincuentes– *chamuyando* en *lunfa* y utilizando voces como *mina, tano, chucho, batuque, morfi, escabiar* y *vento*, todos ellos términos perdurables hasta hoy, ninguno de los cuales constituye un tecnicismo propio de una jerga delictiva.

No está de más recordar que la mencionada confusión se ha dado también con otras hablas populares del mundo, identificadas en su origen –a veces con razón (como es el caso del *argot* francés) y otras sin ella– con el mundo de la delincuencia. Creo que tanto Dellepiane, autor del primer léxico publicado como tal, como sus continuadores han tomado el *argot* como modelo y llamado "lunfardo" a algo que excedía en mucho lo que ellos pretendían describir: porque terminaron compilando un léxico que no utilizaban los *chorros* únicamente, sino todo un amplísimo sector perteneciente al *populus minutus*, donde naturalmente *también* estaban –y están– incluidos los delincuentes. De modo que no fue y no es el lunfardo un tecnolecto ni una jerga profesional. A lo sumo podría pensarse que se aproximó, en sus orígenes, a un sociolecto, esto es, un conjunto de formas (constituidas como variaciones sistemáticas) que una parte de la comunidad lingüística de Buenos Aires y sus alrededores, socialmente distinguible del resto, utilizaba para comunicarse entre sí, manteniendo diferencias identificables con el dialecto de la comunidad, es decir, el español rioplatense.

En segundo lugar, quisiera presentar más claramente que en el primer prólogo una delimitación del lunfardo, precisando qué tipos de vocablos no deberían ser considerados lunfardismos. Incluir dentro del lunfardo todas las voces y expresiones que se usan en Buenos Aires y en las restantes ciudades de nuestro país al margen de las españolas es un criterio posible, pero que no comparto, dado que algunas de esas palabras son internacionalismos que se utilizan con el mismo sentido y la misma fonética en diversos y numerosos países.

No creo ser –ahora que esta palabra se puso de moda– un fundamentalista del lunfardo. Por cierto, me parecen sumamente poéticas las palabras de Joaquín Gómez Bas, cuando dijo que el lunfardo "es un aire", pero honestamente no puedo aceptar, por ejemplo, que el americanismo *garúa* (registrado por primera vez como 'llovizna' en 1597) sea considerado un lunfardismo sólo por el hecho de haber sido utilizado por Cadícamo en el título del tango homónimo. Con ese criterio, debería ser también un término lunfardo el sustantivo *mano*, ya que lo usa Celedonio Flores en la más perdurable de sus obras.

Está claro para mí que no es el origen de los vocablos aquello que define su condición de lunfardismos, pero sí lo es su valor semántico específico. No estoy en contra –¡cómo podría estarlo!– de la lunfardización de términos extranjeros, siempre que estos se revelen en el uso que nosotros hacemos de ellos como semánticamente distintos de los originales. Por ejemplo, el término *outlet* no significa para nosotros exactamente lo mismo que en los Estados Unidos y otros países de lengua inglesa y es por lo tanto lícito considerarlo parte del lunfardo.

Siempre pueden surgir dudas con algunas palabras, pero pienso que una cosa es un préstamo y otra muy distinta, un término internacionalizado. En el primer caso, cuando el lunfardo adopta un préstamo, la palabra en cuestión se usa en una lengua determinada y con un sentido específico, y puede o no ser adaptada fonéticamente (por ejemplo, el brasileñismo *jóia* dio *joya*, pero el brasileñismo *transar* pasó a nosotros sin cambios). En el segundo caso, el de los internacionalismos, pensar que *reality show*, *thriller* o *Internet* son términos lunfardos, cuando se usan en casi todos los países del mundo occidental, sería parecido a sostener que la Argentina es el ombligo de la Tierra.

Según mi punto de vista existen cuatro grupos de palabras que no corresponde incluir dentro de este vocabulario:

1) Un primer grupo es el de los *seudolunfardismos*, esto es, términos que los hablantes *creen* que son lunfardismos, pero no lo son. Varios de ellos se hallan consignados en el prólogo original.

2) Un segundo grupo lo constituyen los *americanismos*, es decir, aquellas voces usadas en otros países hispanoamericanos, además de la Argentina y Uruguay. También di algunos ejemplos en el prólogo anterior.

3) En tercer lugar se encuentran los *hápax*, que son palabras con un único uso registrado –eso quiere decir el adverbio griego ἅπαξ: por única vez–, las cuales, aun cuando no resultan indescifrables, no llegaron a hacerse carne en la comunidad lingüística, que no las utiliza para nada. Estos vocablos casi podrían encuadrarse entre los elementos a ser considerados dentro de un idiolecto, categoría que describe el dialecto particular de una única persona.

4) Por último, se cuentan las palabras de uso internacional. Dentro de este grupo cada vez más creciente, existen dos clases de términos *internacionalizados*, que deben distinguirse entre sí:

   a. Por un lado están aquellas palabras que describen nuevas realidades, generalmente ligadas a los avances tecnológicos. En este sentido, a partir de vocablos del inglés se vienen formando diversas voces, adaptadas a la morfología de nuestra lengua, como *chateo*, *faxear*, *escaneado* o *mailear*, completamente extendidas en el español peninsular y en otras comunidades hispánicas de América, en virtud de lo cual no pueden ser consideradas lunfardismos.

   b. Por otro lado, nos encontramos permanentemente con vocablos que proceden de los mundillos de la moda, las finanzas, los medios de comunicación, el comercio y la música que los argentinos directamente pronunciamos e incluso escribimos en su lengua de origen. Ejemplos de lo que digo podrían ser *blooper* ('error público'), *underground* ('subterráneo'), *default* ('cesación de pagos'), *e-mail* ('correo electrónico') o *cool* ('tranquilo'). Claramente son términos de la lengua inglesa. No obstante, hay palabras que corresponden a este grupo y no provienen del inglés, como el brasileñismo *tanga* 'traje de baño femenino de tamaño minúsculo' o el término francés *coiffeur* 'peluquero'. Dado que estas voces se utilizan en nuestro país con el mismo sentido que en sus países de origen, y que además se han generalizado a lo largo y a lo ancho del mundo –por eso digo que son términos internacionalizados–, de ningún modo, creo, pueden ser considerados lunfardismos.

Hace seis años escribí que confiaba en que los comentarios y observaciones de los lectores contribuirían a mejorar este diccionario en el futuro. Quiero mencionar a José Gobello, Marcelo Oliveri, Torcuato Di Tella, A. Oscar Claisse, Ernesto R. Longobardi, Susana Martorell de Laconi, Nora López –a través de su sitio en Internet–, Santiago Lange, Federico Guerrero y, por último, a mi amigo Alejandro G. Vigo, quienes generosamente no sólo me hicieron notar errores y conocer términos que yo ignoraba sino también, en algunos casos, me propusieron alguna definición o interpretación que yo desconocía o que no había tomado debidamente en cuenta.

Oscar Conde
Buenos Aires, septiembre de 2004

Estructura
del presente diccionario

A continuación se presenta esquemáticamente la estructura de cada artículo:

lema. clase de palabra. acepciones. (etimología.)

Puntualizaciones

1. El lema o palabra encabezadora del artículo aparece en letras negritas. Toda palabra lunfarda, cuando no encabeza un artículo, aparece igualmente en negritas, pero en el caso de las expresiones éstas aparecen íntegramente en letras versalitas.

2. La clase de palabra se indica en todos los casos, directa o indirectamente. Así:

    a. Los sustantivos se suponen tales con la mera indicación de su género, masculino (m.) o femenino (f.). En algunos artículos se incluyen ambas formas; en ese caso se anota "m. y f.".

    b. Del mismo modo, detrás de cada forma verbal se indica si el verbo es transitivo (tr.) o intransitivo (intr.), lo que resulta suficiente para tener la seguridad de que se trata de un verbo y no de otra clase de palabra.

        b. 1. La calificación de "tr." o "intr." consignada en la primera acepción vale para las siguientes, en tanto no aparezca la contraria en alguna otra acepción, en cuyo caso las que le siguen a ésta poseen la misma condición.

        b. 2. Algunos verbos, originariamente transitivos, tienen, dentro de una misma acepción, usos como intransitivo. De allí que pueda encontrarse entonces "tr. e intr." o, en el caso inverso, "intr. y tr.".

b. 3. Las formas pronominales de los verbos se hallan con frecuencia encabezando un artículo, por tener generalmente significaciones netamente distintas de las del verbo simple. Sin embargo, cuando la forma pronominal no describe más que la acción refleja directa o indirecta, se ha intentado consignarla bajo el verbo simple.

b. 4. Algunos de los verbos pronominales que figuran como intransitivos no lo son en realidad, pues tienen como objeto directo al propio pronombre reflexivo. Lo que ha pretendido indicarse es que no admiten un complemento directo que no sea éste.

b. 5. Los participios perfectos se encuentran en artículo aparte. Cuando las acepciones son fácilmente deducibles a partir de las del verbo, sólo se consigna "ppio. perf. de ...". En cambio, si el participio se utiliza únicamente en alguno, o algunos, de los sentidos del verbo, estas acepciones se explicitan. Nótese que varios participios perfectos han devenido con el tiempo en simples adjetivos. Estos significados aparecen detrás de los originales valores participiales con la indicación "adj.".

c. Todos los adjetivos, sean de una o de dos terminaciones, llevan la indicación "adj.". En el caso de los adjetivos que sólo se utilizan en un género, se consigna dicha categoría gramatical seguida de la indicación del género correspondiente.

3. Las acepciones aparecen en orden cronológico, es decir, desde la más antigua hasta la última aparecida (aunque en varios casos no haya podido establecerse dicha cronología con seguridad, y fue forzoso realizar un ordenamiento tentativo). Todas las acepciones aparecen numeradas y separadas una de otra por una barra vertical simple (I).

A su vez, una barra vertical doble (II) separa las distintas categorías gramaticales, en los casos en que un mismo vocablo pertenezca a dos o más clases (sustantivo y adjetivo, participio y adjetivo, etc.).

Del mismo modo, al final del artículo, detrás de una barra vertical doble (II) se incluyen las frases o expresiones en las que la palabra aparece, dispuestas en riguroso orden alfabético, numeradas y separadas unas de otras por una barra vertical simple (I). En el caso de que una expresión tenga más de un significado, se separa cada uno de ellos con punto y coma (;) y sin numerar. Si una expresión es único uso del verbo y el nombre, aparece generalmente por el verbo. Si uno de los dos (verbo o nombre) tiene otros usos lunfardos, aparece bajo este lema.

4. Los paréntesis delimitan el apartado etimológico del artículo. Si se trata de una palabra cuya etimología no ha podido establecerse, entre los paréntesis se consignará "Etimol. incierta". Si se sabe cuál es la palabra que originó la voz lunfarda, pero no se puede dar cuenta del proceso semántico que hubo de sufrir, se anticipará "Por oscura alusión a...". Si el étimo es dudoso, se pospondrá el signo [?]. En el caso de las expresiones, muchas veces se hacen comprensibles al estar determinado el origen de la palabra encabezadora. No obstante, muchas de ellas son explicadas.

En el caso de las familias de palabras, la etimología (o la indicación "Etimol. incierta") aparecerá bajo el lema originario, es decir, aquel a partir del cual se ha organizado dicha familia, el que será por lo general un sustantivo o un verbo. El resto de la familia de palabras remitirá en su apartado etimológico a esta primera con la anotación V. o v. (véase) y la palabra de que se trate escrita en negrita. Las palabras y expresiones que han dado origen a las voces lunfardas, sean las que fueren, incluyendo el español y hasta los argentinismos, aparecen en bastardilla.

Un buen número de artículos no tienen apartado etimológico. Son variantes, formas, anagramas o modificaciones diversas de otras voces; desde allí se remite al artículo correspondiente, en el cual constará la etimología. Éste es el detalle de los distintos grupos:

a. Variantes

a. 1. Alternativa: llamamos así a la variante de una palabra que posee el mismo sentido que ésta. Dicha variante puede ser mínima (por ej. **espamento**, de **aspamento**) o puede estar formada con un sufijo distinto (por ej. **percalina**, de **percalera**), pero siempre será de la misma raíz.

a. 2. Antigua: llamamos así a la forma primigenia y, en general, poco usada (por ej. **buyonar**, de **buyonear**).

a. 3. Fonética: llamamos así a aquella en la que el cambio fonético no distingue significados (por ej. **chacar**, de **shacar**; **cafisio**, de **cafishio**).

a. 4. Gráfica: es una variante registrada, muchas veces más difundida que la propia palabra, variante que presenta una o más opciones desde el punto de vista de la escritura, pero que nunca se diferencia de aquella en la pronunciación (por ej. **longi**, variante gráfica de **lonyi**, tiene la misma pronunciación que este último; y así **yobaca**, de **llobaca**; **merza**, de **mersa**, etc.). La fonética del lunfardo –salvo en el caso del grupo *sh-* más una vocal, sonido inexistente hoy en nuestra lengua y equivalente a *sc-* en italiano o a *sh-* en inglés– responde a las características de la fonética del español rioplatense.

b. Formas

b. 1. Por metaplasmos de adición o supresión

a. Aferética: por aféresis (por ej. **piante**, de **espiante**).

b. Apocopada: por apócope (por ej. **cafera**, de **caferata**).

c. Epentética: por epéntesis (por ej. **canflinflero**, de **canfinflero**).

d. Paragógica: por parágoge (por ej. **oidioca**, de **oidió**).

e. Protésica: por prótesis (por ej. **dentre**, de **entre**).

f. Sincopada: por síncopa (por ej. **cafisho**, de **cafishio**).

b. 2. Otras

a. Afectiva (por ej. **cambusa**, de **camba**).

b. Despectiva (por ej. **negroide**, de **negro**).

c. Enfática (por ej. **remanyado**, de **manyado**).

d. Metatésica: por metátesis –metaplasmo por transposición– (por ej. **canflinfero**, de **canfinflero**).

c. Modificaciones diversas

c. 1. Aumentativo (por ej. **piolón**, de **piola**).

c. 2. Deformación (por ej. **mandoleón**, de **bandoneón**).

c. 3. Diminutivo (por ej. **pulastrín**, de **pulastro**).

c. 4. Vesre: Tal cual se lo define en el artículo correspondiente del presente diccionario, el término **vesre** (inversión silábica del español *revés*) es un procedimiento que consiste en invertir las sílabas de una palabra española o lunfarda, tendiente en su origen a dificultar la comprensión de dicha palabra, o simplemente a enriquecerla con un matiz escéptico o burlón.

Los juegos anagramáticos no son exclusivos del lunfardo. Muchos otros argots –como la giria brasileña, por ejemplo– los han cultivado y los cultivan aún. Se escuchan en todos los países de la América hispana y, naturalmente, también en España. Durante el siglo XIX en Inglaterra se practicó asimismo el *back slang*, es decir el *slang* "hacia atrás". En este caso no se trataba de inversiones silábicas, sino de una inversión de la palabra letra por letra; así *penny* 'penique' se decía *ye-nep* y *police* 'policía' resultaba *ecilop*.

En esta obra la voz *vesre* se utiliza como término técnico, por ser considerado más exacto que los de *anagrama* o *inversión silábica*. Naturalmente en el diccionario sólo aparecen consignados los vesres de amplia difusión.

Abreviaturas empleadas
en este diccionario

abrev. — abreviación.
acep(s). — acepción(es).
adj(s). — adjetivo(s).
adjetiv. — adjetivación.
adv. — adverbio.
afect. — afectivo, va.
al. — alemán.
amer. — americanismo.
andal. — andalucismo.
ant. — antiguo.
arauc. — araucano.
argent. — argentinismo.
argót. — argótico.
Aument., aument. — aumentativo.
brasil. — brasileñismo.
Cf., cf. — *confer* (compare).
Deform., deform. — deformación.
Despect., despect. — despectivo, va.
desplazam. — desplazamiento.
Dimin., dimin. — diminutivo.
esp. — español.
espec. — especialización.
Etimol., etimol. — etimología.
expr(s). — expresión(es).
ext(s). — extensión(es).
f. — femenino.
fam. — familiar.

feminiz.	feminización.
Fest., fest.	festivo, va.
fig.	figurado, da.
fr.	francés.
gall.	gallego.
gen.	genovés, sa.
germ.	germanesco.
gr.	griego.
gral.	general.
Gralmente., gralmente.	generalmente.
guar.	guaraní.
imperat.	imperativo.
indef.	indefinido.
infl.	influencia.
infrec.	infrecuente.
ingl.	inglés.
Interj., interj.	interjección.
interr.	interrogativo.
intr.	intransitivo.
irreg.	irregular.
ital(s).	italiano(s), na(s).
leng. delict.	lenguaje delictivo.
lexicaliz.	lexicalización.
loc. adv.	locución adverbial.
lomb.	lombardo.
m.	masculino.
mil.	milanés.
nap.	napolitano.
num.	numeral.
orig.	originario, ria.
paronom.	paronomástico.
perífr. verb.	perífrasis verbal.
pers.	persona.
piam.	piamontés.
pl.	plural.
ppio. pres.	participio presente.
ppio. perf.	participio perfecto.
pop.	popular.

Por anal., por anal.	por analogía.
por ej.	por ejemplo.
port.	portugués.
prep.	preposición.
Pron., pron.	pronombre.
quich.	quichua.
roman.	romanesco.
s.	siguiente.
sic.	siciliano.
signif(s).	significado(s).
ss.	siguientes.
Superl., superl.	superlativo.
sust(s).	sustantivo(s).
sustantiv.	sustantivación.
tr.	transitivo.
U. c. terciop.	usado como terciopersonal.
U. m. c. prnl.	usado más como pronominal.
urug.	uruguayo, ya.
U. t. c. prnl.	usado también como pronominal.
U. t. en pl.	usado también en plural.
V., v.	véase.
vv.	versos.
vén.	véneto.
*	signo que precede a una forma hipotética.

( ) signos que indican que lo encerrado entre ellos puede faltar.

[ ] signos que encierran la fonética o pronunciación de la palabra que los precede. Dentro de las cláusulas entre paréntesis tienen en general valor parentético.

A

abacanado, da. adj. Persona que tiene hábitos propios del **bacán** o, al menos, se viste como tal sin serlo. | **2.** Enriquecido. (V. **bacán.**)

abacanar. tr. Proporcionar lujos. | **2.** Adjudicar a alguien una posición socioeconómica que no ocupa. (V. **bacán.**)

abacanarse. intr. Transformarse en un **bacán.**

abajada. f. Forma protésica de *bajada.*

abanicado, da. adj. Evadido. | **2.** Libre de un peligro. (V. **abanicar.**)

abanicar. intr. Abrir una puerta o ventana. | **2.** Espiar detrás de una celosía. (Del esp. *abanicar:* hacer aire con el abanico.)

abanicarse. intr. Huir por una puerta o ventana. | **2.** Huir, evadirse. | **3.** Escapar de un peligro. (V. **abanicar.**)

abanico. m. Puerta, ventana o persiana. | **2.** Agente de policía. | **3.** Guardiacárcel. | **4.** Soplón. (Para la primera acep., v. **abanicar**; la segunda y tercera provendrían del germ. *abanico:* Cárcel Modelo de Madrid [1876-1939]; la cuarta se da por ext. de las anteriores.)

abarajar. tr. Recoger o recibir en el aire una cosa, parar en el aire un golpe [dado por el DRAE]. | **2.** Agarrar, tomar. | **3.** Adivinar, presentir. (Por prótesis y ext. del esp. ant. *barajar:* atropellar, llevarse de calle alguna cosa.)

abatatado, da. ppio. perf. de **abatatar.** (V. **batata.**)

abatatamiento. m. Acción y efecto de **abatatar** o **abatatarse** [dado por el DRAE]. | **2.** Aturdimiento. (V. **batata.**)

abatatar. tr. Avergonzar. | **2.** Confundir. | **3.** Turbar [dado por el DRAE]. | **4.** Asustar, acobardar. (V. **batata.**)

abatatarse. intr. Avergonzarse. | **2.** Perder la serenidad y el dominio de sí mismo. | **3.** Turbarse. | **4.** Acobardarse. (V. **batata.**)

abiabar. tr. Golpear. | **2.** Herir, DAR LA BIABA. (V. **biaba.**)

abisagrarse. intr. Unirse en concubinato. | **2.** Casarse. (Del esp. *bisagra:* herraje de dos piezas, sujetas una a un sostén fijo y otra a la puerta.)

ablandado, da. ppio. perf. de **ablandar.** Amedrentado, dispuesto a ceder. I **2.** Sobornado.

ablandador, ra. m. y f. Policía o miembro de alguna fuerza de seguridad, acostumbrado a obtener confesiones a través de alguna forma de presión. (V. **ablandar.**)

ablandar. tr. Ejercer presión, ya sea física o psicológicamente, sobre alguien para obtener alguna información o beneficio. I **2. coimear,** sobornar. (Del esp. *ablandar:* poner blanda una cosa.)

ablande. m. Soborno. (V. **ablandar.**)

abocado, da. ppio. perf. de **abocar.** Precipitado, irreflexivo. II adj. Impetuoso, violento.

abocar. tr. Precipitar, apresurar. (Del esp. *abocar:* acercar, aproximar.)

abocarse. intr. Precipitarse, apresurarse. (V. **abocar.**)

abotonado, da. adj. Casado. (V. **abotonarse.**)

abotonar. tr. Cerrar, unir. (Por ext. del esp. *abotonar:* cerrar una prenda de vestir metiendo los botones por los ojales.)

abotonarse. intr. Mantener contacto sexual dos perros. I **2.** Copular. I **3.** Cohabitar. I **4.** Casarse. (V. **abotonar.**)

abrancador, ra. adj. Atrapador, que obtiene cosas a través de engaños o por la fuerza. (V. **abrancar.**)

abrancar. tr. Agarrar, atrapar. (Del ital. *abrancare:* asir fuertemente, agarrar.)

abrelatas. m. Pene. (Del esp. *abrelatas:* instrumento de metal que sirve para abrir las latas de conserva.)

abriboca. m. y f. Persona que suele estar distraída y ajena a la realidad. (Del esp. *abrir:* dejar en descubierto una cosa y *boca:* abertura anterior del tubo digestivo, por alusión a que con frecuencia la persona distraída está con la boca abierta.)

abrirse. intr. Apartarse, desviarse, hacerse a un lado [dado por el DRAE]. I **2.** Desistir de algo. I **3.** Desentenderse de un afecto, obligación o empresa en común. I **4.** En el juego, no aceptar los envites. (Son exts. del amer. *abrirse:* desviarse el caballo de la línea que seguía en la carrera.)

abrochado, da. adj. Casado. (V. **abrocharse.**)

abrochar. tr. Cerrar. I **2.** Atrancar. I **3.** Concluir o terminar con algo. I **4.** Dejar en evidencia, dejar comprometido; obligar. I **5.** Descubrir en una situación ilegal. I **6.** Encarcelar. I **7.** Perjudicar, **joder.** (Del esp. *abrochar:* cerrar, unir o ajustar con broches.)

abrocharse. intr. Copular. I **2.** Cohabitar. I **3.** Casarse. (V. **abrochar.**)

abrojado, da. adj. Entrometido. (V. **abrojo.**)

abrojarse. intr. Entrometerse en conversaciones, reuniones o empresas ajenas. (V. **abrojo.**)

abrojo. m. Persona que se entromete en conversaciones, reuniones o empresas ajenas, y de la cual cuesta desprenderse. (Del esp. *abrojo:* planta anual cuyo fruto se adhiere a las ropas y la piel de los animales.)

abu. m. y f. Abuelo o abuela. (Propio del lenguaje infantil, por apócope del esp. *abuelo* o *abuela.*)

acabada. f. Secreciones propias del orgasmo. I **2.** Orgasmo. (V. **acabar.**)

acabar. intr. Eyacular. | **2.** Llegar al orgasmo tanto el hombre como la mujer. (Del esp. *acabar*: poner o dar fin a una cosa.)

Academia. f. Salón de baile con anexo de bebidas, atendido por camareras que, a la par de serlo, bailaban con los clientes, especialmente tangos. | **2.** Nombre con el que se llama popularmente a la institución y al equipo de fútbol Racing Club de Avellaneda. (Del esp. *academia*: establecimiento donde se instruye a los que han de dedicarse a una carrera o profesión; en la segunda acep., el nombre se debe a que gracias a su jerarquía y estilo de juego a partir de 1912 –cuando el fútbol era todavía un deporte *amateur*–, y un año después de su ascenso a la división superior, el Racing Club inició un ciclo inigualable en el que fue campeón durante siete años consecutivos; el apodo se reafirmó cuando fue el primer tricampeón profesional, en los torneos de 1949, 1950 y 1951.)

acalambrada. f. Amonestación, censura. (V. **acalambrar**.)

acalambrador, ra. adj. Que reprende o censura. (V. **acalambrar**.)

acalambrar. tr. Reprender, censurar. (Del esp. *calambre*: contracción espasmódica, involuntaria, dolorosa y poco durable de ciertos músculos.)

acamalado, da. ppio. perf. de **acamalar**. Ahorrado. | **2.** Protegido. | **3.** Solventado.

acamalador, ra. adj. Ahorrativo. | **2.** Tacaño. (V. **acamalar**.)

acamalar. tr. Ajobar. | **2.** Tomar, agarrar, sacar. | **3.** Ahorrar. | **4.** Proteger. | **5.** Solventar, mantener. | **6.** Comprender, percibir. (Del gen. *camallà*: ajobar.)

acamalarse. intr. Arrimarse. | **2.** Cohabitar. (V. **acamalar**.)

acamalo. m. Ahorro. (V. **acamalar**.)

acanalada. f. canal. (V. **acanalar**.)

acanalar. tr. Hacer un tajo en la cara de alguien. | **2.** Herir con arma blanca. (Del esp. *acanalar*: hacer uno o varios canales o estrías en alguna cosa.)

acaucil. m. Variante sincopada de **alcaucil**.

aceitado, da. ppio. perf. de **aceitar**. Sobornado.

aceitador, ra. adj. Sobornador. (V. **aceitar**.)

aceitar. tr. Sobornar. | 2. DAR EL ACEITE. (Del esp. *aceitar*: bañar con aceite –pensando en determinadas máquinas que lo necesitan para funcionar–; para la s. acep., v. **aceite**.)

aceite. m. En las exprs. ss.: DAR EL ACEITE: despedir. | **2.** TOMARSE EL ACEITE: irse rápidamente. | **3.** MEDIR EL ACEITE: mantener relaciones sexuales el varón. (Las primeras, por anal. con las exprs. DAR EL OLIVO y TOMARSE EL OLIVO; v. **olivo**; la tercera es expr. usada en la jerga de los mecánicos de automóviles, en la que medir el aceite implica introducir en el tanque de aceite de un vehículo una varilla de metal.; del esp. *aceite*: grasa líquida que se obtiene por presión de las aceitunas; líquido oleaginoso que se encuentra en la naturaleza o se obtiene por destilación.)

aceitosa. f. Cabeza. (Del esp. *aceitoso*: que tiene aceite –pues antes de la aparición de la **gomina**, los hombres recurrían a ciertos aceites para peinarse–.)

aceituna. intr. En las exprs. ss.: CAMBIARLE EL AGUA A LAS ACEITUNAS: orinar. | **2.** DAR LAS ACEITUNAS: DAR EL OLIVO. | **3.**

¿QUÉ ACEITUNA?: ¿qué hacés? | **4.** TOMAR-
SE LAS ACEITUNAS: TOMARSE EL OLIVO. (La
primera es variación de la expr. esp. *mu-
dar el agua de las aceitunas*: orinar, que
alude a la similitud entre el color de la
orina y la salmuera en que se guardan
las aceitunas; en la segunda y la cuarta,
por alusión al olivo; v. **olivo**; en la tercera, por juego paronom. entre *hacés* –2ª
pers. singular del presente del indicativo
de *hacer* –en el español rioplatense– y el
esp. *aceituna*: fruto del olivo.)

acelerada. f. Tramitación rápida de un
expediente o asunto atrasados. (Por sustantiv. del f. del ppio. perf. del esp. *acelerar*: dar mayor velocidad.)

acelerado, da. ppio. perf. de **acelerarse.**
Drogado. | **2.** Excitado. || adj. Hiperactivo.

acelerarse. intr. Estimularse por medio
de alguna droga. | **2.** Excitarse. (Del esp.
acelerar: dar mayor velocidad.)

acelga. intr. En la expr. ¿QUÉ ACELGA?:
¿qué hacés? (Por juego paronom. entre
hacés –2ª pers. singular del presente del
indicativo de *hacer* –en el español rioplatense– y el esp. *acelga*: planta comestible.)

acertada. f. Acierto. (Del esp. *acertar*: hacer con acierto alguna cosa.)

achacado, da[1]. adj. Achacoso. | **2.** Enfer-
mo de gravedad. (Del ital. *acciaccato*:
achacoso; o bien, del port. *achacado*:
ppio. perf. de *achacar*: enfermar.)

achacado, da[2]. ppio. perf. de **achacar.**

achacador, ra. m. y f. Forma protésica de
chacador.

achacar. tr. Forma protésica de **chacar.**

achacarse. intr. Comenzar a padecer en-
fermedades en forma habitual. | **2.** En-
fermar gravemente. (V. **achacado, da**[1].)

achaco. m. Hurto, robo. | **2.** Negociado.

(Desarrollado a partir de la forma protésica **achacar**.)

achanchado, da. ppio. perf. de **achan-
charse.**

achancharse. intr. Volverse pesado. | **2.**
Volverse perezoso. (Del esp. *chancho*:
cerdo.)

achaque. m. Variante alternativa de
achaco. (V. **chacar.**)

achatado, da. ppio. perf. de **achatarse.**

achatarse. intr. Rebajarse, amilanarse.
(Del esp. *achatar*: poner chata una
cosa.)

achicada. f. Situación en la que alguien
muestra cobardía o timidez. (Del esp.
achicarse: humillarse, acobardarse.)

achivarse. intr. Forma protésica del
amer. *chivarse.*

achuchado, da. ppio. perf. de **achucharse.** (V. **chucho.**)

achucharse. intr. Tiritar, estremecerse a
causa del frío o de la fiebre [dado por
el DRAE]. | **2.** Asustarse. (V. **chucho.**)

achumado, da. ppio. perf. de **achumarse.**

achumarse. intr. Embriagarse. (Del
quich. *achuma*: planta cactácea con la
cual los indios preparaban una bebida
con la cual se embriagaban, o bien del
quich. *ch'uma*: acción de vaciar el contenido de una vasija.)

achurado, da. ppio. perf. de **achurar.**
Apuñalado. | **2.** Asesinado. (V. **achuras.**)

achurador, ra. m. y f. Persona presta a uti-
lizar armas blancas en una disputa. | **2.**
Apuñalador. | **3.** Asesino. (V. **achuras.**)

achurar. tr. Herir o matar a tajos a una
persona o animal [dado por el DRAE].
2. Asesinar. (La segunda acep. es ext. de
la anterior; v. **achuras.**)

achuras. f. pl. Vísceras humanas. (Por
ext. del esp. *achura* –proveniente del

andaluz *asaúra*–: víscera comestible de una res.)

achure. m. Apuñalamiento. | **2.** Asesinato. (V. **achuras.**)

ácido. m. Forma abreviada de *ácido lisérgico*, alucinógeno universalmente conocido como LSD, sigla de *lysergic acid diethylamide.*

acocolichado, da. adj. Propio del **cocoliche.** | **2.** Influido por el **cocoliche.** (v. **cocoliche.**)

acodinado, da. ppio. perf. de **acodinarse.**

acodinarse. intr. Variante sincopada de **acordinarse.**

acogotado, da. ppio. perf. de **acogotar.** Coaccionado. | **2.** Endeudado.

acogotar. tr. Exigir el pago de una deuda o el cumplimiento de un compromiso mediante coacción. (Por ext. del esp. *acogotar*: derribar o vencer a una persona sujetándola por el cogote.)

acollarado, da. ppio. perf. de **acollararse.** Unido en concubinato. | **2.** Casado.

acollararse. intr. Cohabitar. | **2.** Casarse. (El DRAE da **acollararse** únicamente en la Argentina y con el erróneo significado de "amancebarse", concepto que no contempla, según la propia definición del DRAE de *amancebamiento*, la convivencia; del esp. *acollarar*: unir unos perros a otros por sus collares para que no se extravíen; en el habla rural rioplatense, *acollarar* es "unir por el cuello dos bestias" y por ext. de signif. "unir dos cosas o personas" [ambas dadas por el DRAE].)

acomodado, da. ppio. perf. de **acomodar.** Recomendado, beneficiario de algún privilegio o favorecido con algún empleo ventajoso, sin que su capacidad

o méritos influyan en ello. || adj. Puesto en situación privilegiada por mérito propio. (V. **acomodar.**)

acomodar. tr. Aplicar, propinar. | **2.** Recomendar, obtener para alguien una situación de privilegio o un empleo ventajoso. (Del esp. *acomodar*: colocar una cosa de modo que se adapte a otra, poner en un lugar conveniente o cómodo.)

acomodarse. intr. Llegar a un acuerdo amoroso. | **2.** Ganarse el favor, la confianza y/o la protección de alguien. (V. **acomodar.**)

acomodo. m. Posición de privilegio o empleo ventajoso que se logran por influencia de otros. | **2.** Componenda con el objeto de que alguien triunfe en un juego o competencia deportiva. (V. **acomodar.**)

acordinado, da. ppio. perf. de **acordinarse.**

acordinarse. intr. Casarse. (Por modificación del esp. *encordonar*: poner o echar cordones a una cosa [?].)

acostar. tr. Tirar a alguien al suelo de uno o varios golpes. | **2.** Dormir a golpes. | **3.** Defraudar, decepcionar. | **4.** Perjudicar. | **5.** Estafar. (Del esp. *acostar*: echar o tender a alguno para que duerma o descanse.)

adelaidas. adj. En referencia a los pechos de una mujer, caídos, ya sea por haber amamantado recientemente, ya sea por razones de edad. (Proviene de una rima popular que relacionaba el nombre propio *Adelaida* con la expr. "la de las tetas caidas", sin acentuar el adjetivo a fin de posibilitar la rima.)

adición. f. Factura de gastos de restaurante o local similar. (Del esp. *adición*: suma.)

adobado, da. ppio. perf. de **adobarse.**

adobarse. intr. Embriagarse. (Del esp. *adobar:* poner en adobo las carnes.)

adorar. tr. Limar o pulir una llave falsa. (Del esp. *adorar:* reverenciar con sumo honor o respeto a un ser, considerándolo como cosa divina.)

adornado, da. ppio. perf. de **adornar.** Sobornado.

adornar. tr. Sobornar. | **2.** Entregar algo, gralmente. dinero, a cambio de algún servicio o favor. (Del esp. *adornar:* engalanar con adornos.)

adorno. m. Soborno. (V. **adornar.**)

afanado, da. ppio. perf. de **afanar.** Robado. | **2.** Estafado. | **3.** Aventajado en un deporte o juego.

afanador, ra. m. y f. Ladrón. | **2.** Estafador. (V. **afanar.**)

afanaf. adv. y adj. Variante epentética de **afnaf.**

afanamiento. m. Hurto. | **2.** Robo. | **3.** Estafa, engaño. (V. **afanar.**)

afanancio, cia¹. m. y f. Ratero, ladrón. (Voz popularizada a partir del nombre de un personaje de historieta creado por el humorista Lino Palacio; v. **afanar.**)

afanancio². m. **afano.** (Por infl. de **afanancio¹.**)

afanar. tr. e intr. Hurtar. | **2.** Robar. | **3.** Estafar. | **4.** Aventajar a otro en una competencia deportiva o juego. (Del esp. pop. *afanar,* de igual signif. en las primeras tres aceps.)

afane. m. **afano.** (V. **afanar.**)

afano. m. Hurto. | **2.** Robo. | **3.** Estafa. | **4.** Ventaja obtenida en una competencia deportiva o juego. || GANAR POR AFANO: derrotar deportivamente a otro de manera categórica. (V. **afanar.**)

afiambrado, da. ppio. perf. de **afiambrar.**

afiambrar. tr. Asesinar, matar. (Del esp. fam. *fiambre:* cadáver.)

afiche. m. Cartel o aviso impreso fijado en la vía pública. | **2.** Agente de policía. (Del fr. *afficher:* fijar; la segunda acep. alude a la presencia policial en la calle.)

afilada. f. **afile.** (V. **afilar.**)

afilador, ra. adj. Aficionado a **afilar** o flirtear [dado por el DRAE].

afilamiento. m. **afile,** flirteo. (V. **afilar.**)

afilar. tr. Cortejar. | **2.** intr. Flirtear [dado por el DRAE], noviar. | **3.** tr. Engatusar. (Forma protésica del ital. *filare:* galantear, por cruce con el esp. *afilar:* sacar filo.)

afile. m. Flirteo. (V. **afilar.**)

aflojada. f. Acción de **aflojar.**

aflojador, ra. adj. Generoso, pronto a facilitar lo que se le pide. | **2.** –sólo en f.– Fácil, que se entrega sexualmente sin oponer resistencias. (V. **aflojar.**)

aflojar. intr. Ceder. | **2.** Doblegarse, flaquear. | **3.** Delatar a alguien. (Del esp. *aflojar:* entregar algo involuntariamente; perder fuerza una cosa.)

afnaf. adv. Por mitades. || adj. Bisexual. (Del ingl. *half and half:* por mitades, probablemente a través del argót. *afnaf.*)

afranchutado, da. adj. Que imita con afectación el lenguaje o el estilo de vida franceses. (Del esp. fam. –gralmente. despect.– *franchute:* francés.)

afrecho. m. Apetito sexual desmedido a causa de no haberse iniciado sexualmente o por haber mantenido un largo período de abstinencia sexual. | **2.** Suciedad que se junta entre el glande y el prepucio. (V. **afrechudo.**)

afrechudo, da. adj. Deseoso de mantener

relaciones sexuales. | **2.** Favorecido por la suerte o la fortuna. (Por confusión acústica con el hipotético *flechudo: rijoso, lujurioso; v. **flecha**.)

agachada. f. Elusión de un pedido, exigencia u obligación. | **2.** Claudicación, deslealtad. (Del esp. *agachada*: acción de agacharse.)

agarrar. tr. Acertar en una carrera de caballos o en un juego de azar. || AGARRAR VIAJE: aceptar una propuesta o responsibilidad. (Del esp. fig. *agarrar*: conseguir lo que se intentaba.)

agarrero, ra. adj. Propenso al abrazo. | **2.** Confianzudo. (Del esp. *agarrar*: coger, tomar.)

agenaro, ra. adj. Ajeno. (Por deform. fest. en juego paronom. con el nombre propio ital. *Genaro*.)

aggiornado, da. ppio. perf. de **aggiornarse**.

aggiornarse. intr. Actualizarse; ponerse al tanto de noticias, descubrimientos, avances y novedades referidos a una actividad específica o a un ambiente determinado. (Del ital. *aggiornare*: poner al día.)

agrampar. tr. Asir, tomar. (Del ital. *aggrampare*: asir con garfios.)

agrandado, da. ppio. perf. de **agrandarse**.

agrandarse. intr. Cobrar valor ante una adversidad. | **2.** En situación favorable, envanecerse. (Del esp. *agrandar*: hacer más grande alguna cosa.)

agreta. adj. Antipático, hosco, malhumorado (Por deform. del esp. *agrete*: dimin. de *agrio*: áspero.)

agretear. intr. Ser un **agreta**. | **2.** TIRAR MALA ONDA. (V. **agreta**.)

agringado, da. adj. Extranjerizante. (V. **gringo**.)

agringarse. intr. Extranjerizarse. (V. **gringo**.)

agua. f. En las exprs. ss.: AGUA SUCIA: vino, especialmente el tinto. | **2.** NO LLEGARLE A ALGUIEN AGUA AL TANQUE: v. **llegar**. (La primera procede del esp. *agua*: líquido elemento y *sucio*: impuro, por alusión a que el vino común normalmente es rebajado con agua.)

aguantadero. m. Refugio donde el delincuente oculta mercaderías robadas y/o permanece para eludir a la policía, a la espera de que ésta desista de la búsqueda o de encontrar una oportunidad propicia para huir. (V. **aguantar**.)

aguantar. tr. Esperar; acompañar. | **2.** Apoyar, sostener. | **3.** Guarecer, esconder. | **4.** Prestar dinero sin que apremie la devolución. | **5.** intr. TENER AGUANTE: v. **aguante**[2]. || AGUANTAR LA BOCHA: esperar el fin de un trabajo pesado; ayudar para que una tarea pendiente se concluya. | **2.** AGUANTAR LOS TRAPOS: v. **trapo**. (Por ext. del esp. *aguantar*: resistir, tolerar.)

aguante[1]. m. Forma apocopada de **aguantadero**.

aguante[2]. m. Palabra con la que se demuestra admiración por alguien y suele utilizarse para aprobar un comportamiento o acción de esa persona. | **2.** Fortaleza anímica o espiritual. | **3.** Rebeldía. || TENER AGUANTE: ser fuerte anímica o espiritualmente; estar dispuesto a todo por una causa; ser rebelde frente a las normas establecidas socialmente. (La primera acep. es la gramaticalización de la 3ª pers. del singular del presente del subjuntivo del esp. *aguantar*: resistir; las ss. son exts. del esp. *aguante*: fortaleza o vigor para resistir pesos, trabajos, etc.)

aguantiñar. tr. Tolerar, soportar. | **2. aguantar.**

aguarangar. tr. Volver **guarango.** U. t. c. prnl.

agüería. f. Actividad en la cual un adivino o clarividente realiza vaticinios. | **2.** Curanderismo. (Del esp. *agüero*: presagio.)

águila. m. y f. Persona carente de dinero; pobre, indigente. (Del esp. fig. *águila*: persona de mucha viveza y perspicacia, que podría haber transformado su sentido a través de la expr. caló *butacas de águila*: butacas que en los teatros eran ocupadas por personas que no pagaban.)

aguilar. tr. e intr. Ganar a alguien en un juego. | **2.** Trampear. (Del esp. fig. *águila*: persona de mucha viveza y perspicacia.)

aguilero, ra. adj. Carente de dinero; pobre, indigente. (V. **águila.**)

aguilismo. m. Falta, carencia de dinero. (V. **águila.**)

aguja. f. Cigarrillo de marihuana de armado fino, o adelgazado en sus extremos por torsión. (Por anal. con el esp. *aguja*: barrita puntiaguda de metal, hueso o madera.)

agujita. f. **aguja.**

ahí. adv. Más o menos, no muy bien. || NI AHÍ: ni por casualidad; de ninguna manera. | **2.** POR AHÍ: a lo mejor, tal vez. (Por ext. del esp. *ahí*: en ese lugar.)

ahuecar. intr. Irse, marcharse. (Por abrev. de la expr. esp. *ahuecar el ala*: marcharse.)

ainenti. m. Juego de los cantillos, **payana.** (Del gen. *da ninte*: de nada [?]; cf. **dainenti.**)

aire. m. Forma gramaticalizada con el valor de un imperat.: salí (vos), salgan (ustedes). (Por probable abrev. de la expr. esp. *tomar el aire*: salir a algún sitio descubierto.)

ajenaro, ra. adj. Variante gráfica de **agenaro.**

ajoba. adv. Vesre de *abajo.*

alacrán. m. Persona dada al chisme y la murmuración. (Del esp. *alacrán*: arácnido venenoso.)

alacraneador, ra. adj. Chismoso, murmurador; criticón. (V. **alacrán.**)

alacranear. intr. Chismear, murmurar; hablar mal de alguien. (V. **alacrán.**)

alacraneo. m. Murmuración, crítica. (V. **alacrán.**)

alacranería. f. Conjunto de chismes, murmuraciones y/o críticas. (V. **alacrán.**)

alambrada. f. Guitarra. (Por anal. entre cuerdas y *alambre.*)

alambrado. m. Variante alternativa de **alambrada.**

albergue. m. En la expr. ALBERGUE TRANSITORIO: nombre legal –a partir de mediados de la década de 1970– de la **amueblada.** (Del esp. *albergue*: lugar en que una persona halla hospedaje o resguardo.)

albóndiga. f. Automóvil viejo y destartalado. (Del esp. *albóndiga*: bola de carne picada.)

alca. adj. Forma apocopada de **alcahuete.**

alcachofa. adj. **alcahuete.** (Por juego paronom. entre **alcahuete** y el esp. *alcachofa*: planta hortense.)

alcagüete, ta. adj. Variante fonética de **alcahuete.**

alcagüetear. tr. Variante fonética de **alcahuetear.**

alcagüetería. f. Variante fonética de **alcahuetería.**

alcahuete, ta. adj. Soplón. | **2.** Delator, acusador. (Por desplazam. de signif. del esp. *alcahuete*: intermediario de amores ilícitos; correveidile, persona chismosa. La segunda acep. es ext. de la primera.)

alcahuetear. tr. Delatar. (V. **alcahuete.**)

alcahuetería. f. Delación. (V. **alcahuete.**)

alcancía. f. Cárcel. (Por desplazam. de signif. del esp. *alcancía*: vasija con una hendedura por donde se echan monedas.)

alcaucil. adj. Soplón, delator [dado por el DRAE]; **alcahuete.** (Por juego paronom. entre **alcahuete** y el esp. *alcaucil*: alcachofa.)

alcaucilear. tr. **alcahuetear.** (V. **alcaucil.**)

alcaucilería. f. **alcahuetería.** (V. **alcaucil.**)

alcoyana. interj. En la expr. ALCOYANA-ALCOYANA: locución utilizada para indicar alguna coincidencia entre dos personas o cosas. (Procedente del nombre *Alcoyana*, marca de fábrica de unas frazadas, la expr. nació en un programa televisivo de entretenimientos conducido por el actor y animador uruguayo Berugo Carámbula en la década de 1980 llamado *Atrévase a soñar*, donde había un juego de memoria retentiva en el que las participantes –siempre mujeres– debían establecer la mayor cantidad posible de coincidencias entre dos filas con distintos paneles, en el reverso de los cuales aparecían las marcas de los auspiciantes del programa.)

alegría. f. Droga. (Del esp. *alegría*: sentimiento grato y vivo que suele manifestarse con signos exteriores, por metonimia.)

aleta. f. Mano. (Posiblemente se trate del dimin. del ital. jergal *ala*, de igual signif.)

alfiler. m. Arma blanca de corto tamaño, que sólo hiere de punta. (Por anal. con el esp. *alfiler*: clavillo metálico muy fino.)

alfombra. f. Vellos del pubis. (Del esp. *alfombra*: tejido de lana o de otras materias con que se cubre el piso.)

aliviada. f. Actitud que consiste en realizar el menor esfuerzo en cualquier actividad. (Del esp. *aliviar*: disminuir o mitigar las fatigas.)

aliviado, da. adj. Despojado. (V. **aliviar.**)

aliviador. m. Ayudante del ladrón, cuya labor consiste en llevarse el producto del robo. (V. **aliviar.**)

aliviar. tr. Vencer en una pelea a alguien considerado valiente. (Del esp. *alivianar*: aligerar, hacer menos pesado.)

aliviar. tr. Robar. | **2.** Recibir el producto de un robo para llevarlo a lugar seguro. (Del germ. *aliviar*, de igual signif.)

almanaques. m. pl. Años. (Del esp. *almanaque*: registro de todos los días del año distribuidos por meses.)

alojamiento. m. En la expr. HOTEL ALOJAMIENTO: nombre legal –hasta mediados de la década de 1970– de la **amueblada.** (Del esp. *alojamiento*: lugar donde alguien está alojado.)

alpiste. m. Güisqui. | **2.** Bebida improvisada por los vagabundos del Río de la Plata con alcohol de quemar, alpiste, cáscaras de naranja u otros ingredientes. || ALPISTE, PERDISTE: tu oportunidad de hacer u obtener algo pasó. (Del andal. *alpiste*: bebida alcohólica, extendido al esp. fam.; la elección de la palabra en la expr. se debe únicamente a razones de rima.)

alpistería. f. Licorería, bar. (V. **alpiste.**)

alpistero, ra. adj. Alcohólico. (V. **alpiste.**)

alternadora. f. Mujer que se desempeña en cabarets y lugares similares, entreteniendo a los clientes y estimulándolos a gastar, puesto que perciben un porcentaje del total consumido por ambos. (Del esp. *alternar*: tener comunicación amistosa; tratar las mujeres contratadas para ello con los clientes.)

altillero, ra. adj. Excelente, sobresaliente. (V. **altillo.**)

altillo. m. Cabeza. (Del esp. *altillo*: habitación situada en la parte más alta de la casa.)

altiyero, ra. adj. Variante gráfica de **altillero.**

altiyo. m. Variante gráfica de **altillo.**

alto, ta. adj. Gran; importante; notable, evidente. | **2.** De excelente calidad. (Por ext. del esp. *alto*: elevado sobre la tierra.)

alucinado, da. ppio. perf. de **alucinar.** Maravillado. | **2.** Drogado.

alucinante. adj. Maravilloso. (V. **alucinar.**)

alucinar. intr. Maravillar, gustar. | **2.** Estar drogado. | **3.** Ponerse alegre. (Más que en el esp. *alucinar*, parece originado en la voz *alucinación*: sensación subjetiva que no va precedida de impresión en los sentidos.)

alucinarse. intr. Maravillarse. (V. **alucinar.**)

alumbrante. m. Cualquier fuente de luz, especialmente fósforo. (Por sustantiv. del ppio. pres. del esp. *alumbrar*: llenar de luz.)

alumbrar. tr. Dar dinero. (Formado bajo la infl. del esp. fam. *luz*: dinero.)

alunado, da. ppio. perf. de **alunarse.**

alunarse. intr. Malhumorarse. (V. **luna.**)

alzado, da. adj. Excitado sexualmente. (Del esp. *alzado*: aplicado a los animales que están en celo.)

alzamendi. adj. **alzado.** (Por juego paronom. con el apellido *Alzamendi.*)

alzarse. intr. Irse. | **2.** Excitarse sexualmente. (La primera acep. deriva del esp. *alzarse*: fugarse y hacerse montaraz el animal doméstico; para la segunda acep., v. **alzado.**)

amachimbrado, da. ppio. perf. de **amachimbrarse.**

amachimbrarse. intr. Unirse en concubinato. (Del esp. *machihembrar*: ensamblar dos piezas de madera.)

amague. m. En el fútbol y otros deportes, movimiento que realiza un jugador para desacomodar o desorientar a un contrario. | **2.** Cualquier movimiento o actitud que denota la inminente realización de una acción. || COMERSE EL AMAGUE: en el fútbol, ser engañado por los movimientos de un jugador del equipo contrario; pensar equivocadamente que otro va a realizar una acción determinada o a actuar de determinada manera. (Del esp. *amagar*: mostrar intención o disposición de hacer algo próxima o inmediatamente.)

amalevarse. intr. Volverse **malevo.**

amanecido, da. adj. Se dice de quien ha pasado la noche consumiendo drogas y/o alcohol, y ya de día continúa en el mismo estado. (Por espec. del amer. *amanecer*: pasar la noche en vela.)

amansadora. f. Antesala, espera prolongada [dado por el DRAE]. (Del esp. *amansar*: sosegar, apaciguar.)

amargo¹. m. Mate cebado sin azúcar. | **2.** Mate, en gral. (Del esp. *amargo*: del sabor característico de la hiel, quinina, etc.)

amargo, ga². adj. Cobarde, pusilánime. (Del esp. fig. *amargo*: que demuestra amargura o aflicción.)

amarguear. intr. Tomar mate. (V. **amargo**¹.)

amarillo. m. Billete de cien pesos, que circuló entre 1905 y 1935. | **2.** Oro. (Por alusión al color, en ambos casos.)

amarmotado, da. adj. Atontado. (Del esp. *marmota*: roedor que pasa el invierno durmiendo.)

amarra. adj. Variante alternativa de **amarro**.

amarrete, ta. adj. Ahorrativo. (Por ext. de signif. del esp. *amarrete*: tacaño, avaro.)

amarretear. tr. Mezquinar. (V. **amarrete**.)

amarretismo. m. Avaricia. (V. **amarrete**.)

amarro. adj. Forma apocopada de **amarroto**.

amarrocado, da. ppio. perf. de **amarrocar.** || adj. Engrillado, esposado. (Para la primera acep., v. **marroco**; para la segunda, v. **marroca**.)

amarrocador, ra. adj. Avaro, mezquino. (V. **marroco**.)

amarrocar. tr. Guardar, atesorar; ahorrar con avaricia. (V. **marroco**.)

amarroto, ta. adj. Deform. de **amarrete** (Quizá por infl. de un personaje de historieta denominado *Amarroto*.)

amartillado, da. adj. Prevenido, preparado. (Del esp. *amartillar*: disponer un arma de fuego para disparar.)

amasada. f. Acción y efecto de **amasar**.

amasar. tr. En el fútbol, pisar la pelota repetidamente. | **2.** intr. Abrazarse y besarse con apasionamiento, sin excluir el toqueteo. (Del esp. *amasar*: formar o hacer masa.)

amasijada. f. Paliza, castigo. | **2.** Asesinato. (V. **amasijo**.)

amasijado, da. ppio. perf. de **amasijar**. Golpeado, herido. | **2.** Asesinado. || adj. Cansado en extremo. (V. **amasijo**.)

amasijador, ra. adj. Pendenciero, peleador. (V. **amasijo**.)

amasijamiento. m. Paliza, castigo. | **2.** Asesinato. (V. **amasijo**.)

amasijar. tr. Castigar duramente, herir. | **2.** Asesinar, matar. | **3.** Encargar una labor muy pesada. (V. **amasijo**.)

amasijarse. intr. Suicidarse, matarse. | **2.** Exigirse al extremo en una tarea muy pesada. (V. **amasijo**.)

amasijo. m. Paliza, castigo. | **2.** Asesinato. | **3.** Trabajo pesado. (Del esp. *amasijo*: obra o tarea, en cruce con el ital. *amazzare*: matar.)

ambidiestro, tra. adj. Bisexual. (Del esp. *ambidiestro*: que usa igualmente la mano izquierda y la derecha.)

ambiente. m. Grupo de personas dedicadas a la misma actividad o que tienen objetivos comunes. (Por espec. del esp. *ambiente*: grupo, estrato o sector social.)

ambiguo. adj. m. Afeminado. (Del esp. *ambiguo*: incierto, dudoso.)

ambrosio. m. Hambre. (Por juego paronom. con el nombre propio *Ambrosio*.)

americana. f. Corte de cabello en el cual éste se mantiene más largo en la parte superior de la cabeza. || A LA AMERICANA: en el pago de un gasto común, a escote; en el leng. delict., a mano armada. (Por considerarse características [norte]americanas.)

amigazo, za. m. y f. Aument. de *amigo*.

amigovio, via. m. y f. Persona con la que se **transa** o se suele **transar**. (Por contracción del esp. *amigo* con el esp. *novio*.)

amoferiar. tr. Forma sincopada de **atmosferiar.**

amoférico. m. Forma sincopada de **atmosférico.**

amotinarse. intr. Resistirse a un robo o a un asalto. | **2.** No acceder a las demandas de otra persona. (Por ext. del esp. *amotinarse*: alzarse en motín.)

amuchado, da¹. ppio. perf. de **amuchar.** Agrupado.

amuchado, da². ppio. perf. de **amucharse.** Apretado.

amuchar. tr. Agrupar. (Por ext. del amer. *amuchar*: aumentar el número o la cantidad.)

amucharse. intr. Formar un grupo apretado, juntarse. (V. **amuchar.**)

amueblada. f. Casa, hotel o residencia que proporciona hospedaje por horas a parejas de amantes. (Cf. **albergue** y **alojamiento;** por abrev. de CASA AMUEBLADA, del esp. *amueblar*: dotar de muebles un edificio o parte de él.)

amueblado. m. **amueblada.**

amufado, da. ppio. perf. de **amufarse.**

amufarse. intr. Forma protésica de **mufarse.** (V. **mufa.**)

amurada. f. Abandono. | **2.** Engaño, perjuicio. | **3.** Estafa. (V. **amurar¹.**)

amurado, da. ppio. perf. de **amurar¹.**

amurador. m. Agente policial que actúa rigurosamente. || **amurador, ra.** adj. Que abandona. | **2.** Engañador. | **3.** Estafador. (V. **amurar¹.**)

amurante. m. **amurador.** (V. **amurar¹.**)

amurar¹. tr. Inmovilizar. | **2.** Empeñar, dar algo en garantía prendaria. | **3.** Encarcelar. | **4.** Abandonar. | **5.** Engañar, perjudicar, defraudar. | **6.** Estafar,

robar. | **7.** Cerrar. (Del gen. *amurrâ*: encallar, varar.)

amurar². tr. Adosar algo a una pared. (Del esp. *muro*: pared.)

amurarse. intr. Aproximarse. | **2.** Protegerse. | **3.** Casarse. (V. **amurar¹.**)

amuro. m. Acción y efecto de **amurar¹.** | **2.** Banco o institución crediticia, donde se otorgan préstamos con garantía prendaria. | **3.** Cárcel.

ana-ana. adv. Por partes iguales. (Del esp. *ana*: signo que usan los médicos en sus recetas para denotar que ciertos ingredientes han de ser de peso o partes iguales, derivado del gr. ἀνά, utilizado con sentido distributivo.)

anafada. f. Vesre irreg. de **afanada.** (V. **afanar.**)

anafar. tr. e intr. Vesre de **afanar.**

anafo. m. Vesre irreg. de **afano.** (V. **afanar.**)

analfa. adj. Forma apocopada de *analfabeto*.

analfabestia. adj. Analfabeto. (Por juego paronom. entre el final de *analfabeto* y el esp. *bestia*: persona ruda e ignorante.)

anchorena¹. adj. Aplicable a la persona de elevada posición socioeconómica. (De *Anchorena*: apellido de una familia patricia y acomodada de la Argentina.)

anchorena². adj. Ancho. (Por juego paronom. con el apellido *Anchorena*.)

anclar. intr. Detenerse. (Del esp. *anclar*: echar anclas.)

ancú. interj. Forma apocopada de **ancún.**

ancún. interj. Cuidado, alerta. (Etimol. incierta.)

andamio. intr. En la expr. ¿CÓMO ANDAMIO?: ¿cómo estás? (Por juego paronom. entre *andás* –2ª pers. singular del presente del indicativo de *andar* –en el español rioplatense– y el esp. *andamio*: armazón de tablones o vigas puestos horizontalmente.)

andante. m. Peatón. (Por sustantiv. del ppio. pres. del esp. *andar*: ir de un lugar a otro dando pasos.)

ande. adv. Forma sincopada de *adonde.*

andrés. m. Menstruación. || ESTAR CON ANDRÉS: estar menstruando la mujer. | **2.** VENIRLE ANDRÉS A UNA MUJER: comenzar una menstruación. (Proviene de una rima popular que relacionaba el nombre propio *Andrés* con la expr. "el que viene una vez por mes".)

anduma. interj. Vamos, ea. (Del piam. *anduma*: vamos.)

anestesiado, da. adj. Que se halla bajo los efectos de una droga. (Del esp. *anestesiar*: privar de la sensibilidad total o parcialmente por medio de la anestesia.)

anfeta. f. Forma apocopada de *anfetamina*: estimulante del sistema nervioso central.

angelito¹. m. Herramienta para abrir cerraduras desde afuera, accionando la llave insertada por dentro. (Podría ser ext. del esp. *ángel*: palanqueta.)

angelito, ta². adj. Víctima de una estafa. | **2.** Inocente, ingenuo. (Por ext. del esp. *angelito*: niño de muy tierna edad, aludiendo a su inocencia.)

antenas. f. pl. Orejas. (Por desplazam. de signif. del esp. *antena*: conjunto de elementos utilizado para emitir o recibir ondas radioeléctricas.)

antropófago. m. Bujarrón. (Del esp. *antropófago*: salvaje que come carne humana.)

añapadora. f. Mujer experta, hábil, atrapadora de ingenuos. (V. **añapar.**)

añapar. tr. Tomar, recoger, agarrar. | **2.** Atrapar. (Por metátesis del esp. *apañar*: coger.)

añares. m. pl. Mucho tiempo, muchos años [dado por el DRAE]. Gralmente. se usa con el verbo *hacer*. (Por cruce entre *anales*: relación de sucesos por año, y *año*: período de doce meses [?].)

apache. m. Explotador de mujeres. (Por ext. del esp. *apache*: bandido o salteador de París y, por ext., de las grandes ciudades, tomado del nombre de una pandilla denominada *"Les Apaches de Belleville"* por el periodista V. Moris en 1902 en alusión a la tribu norteamericana, por su ferocidad.)

apampado, da. ppio. perf. de **apamparse.**

apamparse. intr. Desorientarse, confundirse. | **2.** Aturdirse. (Formado a semejanza del esp. *empamparse*: extraviarse en la pampa.)

apantallar. tr. Mover el aire con una pantalla o abanico. (Del amer. *pantalla*: instrumento para hacer o hacerse aire.)

apañado, da. ppio. perf. de **apañar.** Preso.

apañador. m. Policía que ordena una detención. (V. **apañar.**)

apañar. tr. Encarcelar. | **2.** Robar (Por ext. del esp. *apañar*: coger.)

apañe. m. Beneficio proveniente de una acción ilícita. (V. **apañar.**)

aparato. m. Pene. | **2.** Persona torpe y estrafalaria. (Por desplazam. de signif. del esp. *aparato*: artificio mecánico; ostentación.)

apedado, da. ppio. perf. de **apedarse.** (V. **pedo.**)

apedarse. intr. Embriagarse. (V. **pedo.**)

apestañar. intr. Dormir. | **2.** tr. Cerrar.

(Del esp. *pestaña*: cada pelo del borde de los párpados.)

apestillado, da. ppio. perf. de **apestillar.** Coaccionado. | **2.** Zurrado. || adj. Preso.

apestillar. tr. Apremiar a una persona [dado por el DRAE]. | **2.** Zurrar. (Del esp. *apestillar*: cerrar o encerrar con pestillo.)

apestillo. m. Zurra. (V. **apestillar.**)

apestiyado, da. ppio. perf. y adj. Variante gráfica de **apestillado.**

apestiyar. tr. Variante gráfica de **apestillar.**

apichonarse. intr. Encogerse, asustarse. (Del esp. *pichón*: pollo de la paloma casera.)

apilado, da[1]. ppio. perf. de **apilar.** Acopiado, juntado. | **2.** En el fútbol, eludido.

apilado, da[2]. pio. perf. de **apilarse.** En el turf, echado sobre la cruz del caballo. | **2.** Bien encaminado en un romance. (V. **apilar.**)

apilador[1]. m. Delincuente que esconde lo robado en lugar seguro. (V. **apilar.**)

apilador, ra[2]. adj. Seductor, conquistador; –sólo en m.– mujeriego. | **2.** En el fútbol, el que elude rivales. (V. **apilar.**)

apilar. tr. Juntar, acopiar. | **2.** En el fútbol, eludir. (Por ext. del esp. *apilar*: poner una cosa sobre otra haciendo pila o montón.)

apilarse. tr. En el turf, echarse sobre la cruz del caballo. | **2.** Acosar amorosamente a una mujer. | **3.** intr. Arrimarse. | **4.** Cohabitar. (V. **apilar**; las ss. aceps. derivan de la primera, propia del turf.)

apiolado, da. ppio. perf. de **apiolar.** (V. **piola.**)

apiolar. tr. Advertir. | **2.** Despabilar, quitar a alguien la torpeza o ingenuidad. | **3.** Convertir en **piola.**

apiolarse. intr. Despabilarse, perder la ingenuidad. | **2.** Darse cuenta de algo que debía ser conocido. (V. **piola.**)

apiole. m. Acción de **apiolar.** | **2.** Ingenio, experiencia. (V. **piola.**)

apioverde. m. Feliz cumpleaños. (Por deform. fest. del ingl. *happy birthday*: feliz cumpleaños.)

aplastado, da. ppio. perf. de **aplastarse.**

aplastarse. intr. Deprimirse, sentirse sin ganas. (Por ext. del esp. *aplastar*: derrotar, vencer.)

aplicar. tr. Encarecer. (Del esp. *aplicar*: poner una cosa sobre otra.)

apolillar. intr. Variante gráfica de **apoliyar.**

apoliyadero. m. Dormitorio. (V. **apoliyar.**)

apoliyante. m. Colchón. (V. **apoliyar.**)

apoliyar. intr. Dormir [dado por el DRAE]. (Del ital. jergal *poleggiare*: dormir –cuyo antecedente es el ital. *appollaiare*: subirse los pollos a los palos para dormir–, en cruce con el esp. *polilla*: mariposa nocturna.)

apoliyo. m. Sueño, ganas de dormir [dado por el DRAE]. (V. **apoliyar.**)

apoyarse. tr. Rozar un hombre con sus genitales el trasero de otra persona en un lugar público. (Por ext. del español *apoyar*: hacer que algo descanse sobre otra cosa.)

apretada. f. Coacción, presión llevada a cabo con amenazas o infligiendo tormentos físicos o psicológicos. | **2.** Contacto sexual que incluye besos, abrazos y toqueteos, pero no el coito. (V. **apretar.**)

apretar. tr. Coaccionar, presionar. | **2.** Asaltar, robar. | **3.** intr. y tr. Abrazar y besar, incluyendo todo contacto sexual, sin llegar al coito. U. t. c. prnl. (Por ext. del esp. *apretar*: acosar; estrechar.)

aprete. m. Variante alternativa de **apriete.** || DE APRETE: de asalto. (V. **apretar**.)

apriete. m. **apretada.** (V. **apretar**.)

aprontar. tr. En el turf, hacer que los caballos se ejerciten en una carrera de ensayo. (Del esp. *aprontar*: prevenir, disponer con prontitud.)

apronte. m. En el turf, carrera de ensayo. | **2.** Movimiento preliminar de una acción. (V. **aprontar**.)

apuntado, da. ppio. perf. de **apuntar**. Conquistado. | **2.** Delatado.

apuntador, ra. adj. Delator. (V. **apuntar**.)

apuntamento. m. Cita. | **2.** Intento de conquista amorosa. (V. **apuntar**.)

apuntamiento. m. Atrevimiento. | **2.** Cita. | **3.** Intento de conquista amorosa. (Para la primera acep., v. **apuntarse**; las ss. son castellanizaciones del ital. *appuntamento*; v. **apuntar**.)

apuntar. tr. Galantear, intentar una conquista amorosa. | **2.** Delatar, denunciar. (En la primera acep. hay un cruce entre el esp. *apuntar*: señalar hacia un sitio u objeto determinado, y el ital. *appuntamento*: cita; la s. es ext. de *apuntar*.)

apuntarse. intr. Soliviantarse. | **2.** Atreverse, decidirse. (Por ext. de una acep. en desuso del esp. *apuntarse*: indisponerse, irritarse.)

apunte. m. Delación. || LLEVAR EL APUNTE: atender, prestar atención, interesarse por alguien. (V. **apuntar**; la expr. se relaciona con el esp. *apunte*: nota que se hace por escrito de alguna cosa.)

apurada. f. Amenaza, intimidación. | **2.** Apremio para que alguien ceda a una conquista amorosa. || ANDAR A LAS APURADAS: estar apurado; obrar atropellada-

mente. (Para las aceps., v. **apurar**; en la expr., por sustantiv. del f. del ppio. perf. del amer. *apurarse*: darse prisa.)

apurar. tr. Adoptar una actitud desafiante frente a alguien, **bardear**; amenazar, asustar. | **2.** Urgir a ceder en una conquista amorosa. (Del esp. *apurar*: apremiar.)

apure. m. **apurada.** (V. **apurar**.)

apuro. m. **apurada.** (V. **apurar**.)

apurón. m. Apuro, traspié, papelón. || ANDAR A LOS APURONES: ANDAR A LAS APURADAS (Aument. del esp. *apuro*: aprieto; prisa.)

aputarracarse. intr. Amariconarse, afeminarse. (V. **putarraco**.)

aquéllos, llas. pron. demostr. En la expr. ...DE AQUÉLLOS: excelente, de lo mejor. (Del esp. *aquel*: pronombre demostrativo que alude al tercer grado de lejanía respecto del hablante.)

araca. interj. Voz de alarma –equivalente al esp. *guarda* o *cuidado*–. | **2.** Voz de sorpresa. || DE ARACA: postergado, abandonado, privado de algo. (Del caló *aracatanó*: guardián –palabra que los presos empleaban para prevenirse ante la cercanía de un guardián–.)

arafue. adv. Vesre de *afuera*.

araña. interj. Variante fest. de **araca**.

araquistún. interj. Variante fest. de **araca**. || adj. Cuidadoso, desconfiado.

arbolito. m. Persona que acepta juego clandestino por cuenta propia o ajena. | **2.** Cambista, que puede actuar por cuenta propia o ajena. (Dimin. del esp. *árbol*, sea porque se acerca a ellos para pasar inadvertido, o porque "adorna" las veredas.)

archivado, da. ppio. perf. de **archivar**.

archivar. tr. Encarcelar. (Por anal. con el esp. *archivar*: guardar papeles o documentos en un archivo.)

arfayata. f. Deform. del esp. *alpargata.*

argentino, na. adj. En la expr. YO, ¡ARGENTINO!: Inocente. | **2.** Indiferente. (Habríase utilizado por primera vez el día del primer golpe de Estado que se produjo en el país –dado por el general José Félix Uriburu el 6 de septiembre de 1930–, cuando, ante el avance de las tropas por las calles de Buenos Aires, los transeúntes ponían distancia respecto de sus simpatías políticas con esta expr. Su uso revela la íntima actitud del *¡No te metás!*, acendrada en gral. en el argentino medio.)

argento, ta. adj. Forma sincopada de *argentino.*

argolla. f. Vulva. (Del esp. *argolla*: aro grueso.)

armado. adj. m. Bien dotado sexualmente el varón. (Del caló *estar armado*: tener una erección.)

armar. intr. Tener una erección. || ARMAR LA ESTRUCTURAL: Hacer aparecer un bulto debajo de la ropa, a causa de una erección. (V. **armado**; la frase hace alusión a las carpas llamadas "estructurales"; cf. **carpa** y la expr. LEVANTAR CARPA.)

armarse. intr. Obtener, conseguir. || ARMARSE LA PODRIDA: v. **podrida.** (Por ext. del esp. *armarse*: juntar dinero, enriquecerse.)

aro. m. Ano. || ENTRAR POR EL ARO: acceder a un pedido, resignarse a algo. (Del esp. *aro*: figura rígida en forma de circunferencia.)

arpa. f. **arpeo.** (Quizá por cruce entre **arpeo** y el esp. *arpa*: instrumento músico.)

arpeo. m. Modo particular de realizar la **punga**, es decir, de introducir los dedos para hurgar en bolsillos ajenos. (Del esp. *arpeo*: instrumento de hierro con unos garfios que sirve para rastrear, procedente del ámbito marítimo.)

arrancar. tr. En la expr. ARRANCAR LA CABEZA: cobrar muy caro por una mercadería o servicio. (Del esp. *arrancar*: sacar con violencia algo del lugar del que forma parte.)

arranyado, da. ppio. perf. de **arranyar.**

arranyador, ra. adj. Arreglador, componedor. (V. **arranyar.**)

arranyar. tr. Arreglar, componer. | **2.** Golpear, castigar. (Del ital. *arrangiare*: arreglar.)

arranyarse. intr. Arreglarse, acomodarse. | **2.** Conformarse. (V. **arranyar.**)

arrastrado, da. adj. Haragán, abandonado. | **2.** –sólo en f.– Mujer liviana. | **3.** Adulador. (Las dos primeras aceps. son exts. del esp. *arrastrado*: pícaro, bribón; la tercera alude al signif. original: que se arrastra.)

arrastre. m. Predicamento, influencia. | **2.** Atractivo que ejerce una persona y gracias al cual resulta interesante o seductora. || DE ARRASTRE: desde tiempo atrás. (Del esp. *arrastrar*: llevar uno tras sí, o traer a otro a su dictamen o voluntad.)

arrebatarse. intr. Impacientarse. (Por ext. del esp. fig. *arrebatar*: sacar de sí, conmover poderosamente excitando alguna pasión o afecto.)

arrebato. m. Forma de robar que consiste en apoderarse de los efectos personales de alguien mediante un manotón. (Del esp. *arrebatar*: quitar o tomar alguna cosa con violencia y fuerza.)

arreglado, da. ppio. perf. de **arreglar.**

arreglador. m. Funcionario o profesional propenso a las transacciones y sobornos. (V. **arreglar.**)

arreglar. tr. Sobornar. | **2.** Retribuir un

favor o servicio. (Del esp. *arreglar*: componer, ordenar, concertar.)

arreglarse. intr. Reconciliarse. | **2.** Establecer un acuerdo amoroso. (V. **arreglar.**)

arreglo. m. Transacción. | **2.** Soborno. (V. **arreglar.**)

arremangarse. intr. Decidirse, infundirse valentía ante una situación. (Por ext. del esp. *arremangarse*: levantar, recoger hacia arriba las mangas; tomar enérgicamente una resolución.)

arriba. adv. En la expr. DE ARRIBA: gratuitamente; impunemente; arbitrariamente. (Del esp. *de arriba*: de Dios.)

arribeño. adv. En la exprs. DE ARRIBEÑO: DE ARRIBA. (Variante fest. por cruce entre *arriba* y el esp. *arribeño*: que procede de las tierras altas.)

arrimar. tr. En las exprs. ARRIMAR LA CHATA y ARRIMAR EL CARRO: acercarse a alguien con fines amorosos. (Del esp. *arrimar*: acercar una cosa junto a otra, por alusión al acercamiento de los vehículos a la vereda para cargar y descargar.)

arrollador, ra. adj. Que **se arrolla**, cobarde. (V. **arrollar.**)

arrollar. intr. Declararse inferior. | **2.** Abandonar una disputa o pelea. (Del esp. *arrollar*: envolver en forma de rollo; por alusión al quirquincho y animales similares, que arrollan su caparazón para defenderse.)

arrollarse. intr. Asustarse, acobardarse (V. **arrollar.**)

arrugado[1]. m. **bandoneón.** (Del esp. *arrugarse*: que tiene arrugas.)

arrugado, da[2]. ppio. perf. de **arrugarse.**

arrugar. intr. Acobardarse. (V. **arrugarse.**)

arrugarse. intr. Intimidarse, amilanarse. |

2. Asustarse, acobardarse. (Por ext. del germ. *arrugarse*: huir, escaparse.)

arrugue. m. Temor, susto. (V. **arrugarse.**)

arrunflador. m. Organizador de una pandilla. | **2.** Pandillero. (V. **arrunflar.**)

arrunflar. tr. e intr. Reunir a varios individuos. | **2.** Organizar una pandilla. (Por ext. del esp. *arrunflar*: juntar muchas cartas de un mismo palo.)

arrunflarse. intr. Reunirse. | **2.** Asociarse. (V. **arrunflar.**)

artículo. m. En la expr. DAR ARTÍCULO: atender. (Por abrev. de la expr. DAR ARTÍCULO DE GOMA, eufemismo por DAR PELOTA.)

arzobispo. m. Cortafrío. (Creado a semejanza de *monseñor*, de origen argót., supuestamente porque ante él todas las puertas se abren.)

as. m. En la expr. AS DE BASTOS: guiño realizado para advertir de algo. (Como la seña que se hace en el juego del truco para informar que se tiene ese naipe.)

asador. m. Juez o policía hábil para hacer confesar a quienes interroga. (V. **asar.**)

asalto. m. Fiesta bailable que se obliga a hacer a alguien, al presentarse en su casa un grupo de amigos sin previo aviso. | **2.** Fiesta bailable realizada en una casa particular. (Del esp. *asalto*: acometimiento repentino.)

asar. tr. Hacer confesar a un imputado por cualquier medio. | **2.** Torturar con **picana.** (Del esp. *asar*: tostar, abrasar.)

asfalto. m. Ciudad. | **2.** Experiencia (Por ext. del esp. *asfalto*: betún negro, utilizado como pavimento.)

asnaf. adv. y adj. **afnaf.**

asomar. tr. En la expr. ASOMAR LA NARIZ: levantarse de la cama; salir de casa. (Es el esp. *asomar*: sacar o mostrar algo por una abertura.)

aspamentar. intr. Ostentar, alardear. | **2.** Exagerar. (V. **aspamento**.)

aspamentero, ra. adj. Ostentoso. | **2.** Exagerado. (V. **aspamento**.)

aspamento. m. Ostentación, demostración excesiva o afectada. | **2.** Exageración. (Por deform. del esp. *aspaviento*: demostración excesiva de espanto, admiración o sentimiento.)

aspamentoso, sa. adj. Ostentoso. | **2.** Exagerado. (V. **aspamento**.)

astilla. f. Porción de un robo. || adv. Poco, en escasa medida o cantidad. (En la acep. como sust. de la expr. esp. *sacar uno astilla*: lograr un beneficio, lucro o ganancia, o, cuando menos, alguna parte de lo que desea; en la acep. como adv. por fusión de la expr. *hasta ahí* o *hasta ahí nomás* y en juego paronom. con el esp. *astilla*: fragmento irregular de una pieza u objeto de madera que se parte o rompe violentamente.)

astillada. f. Distribución del producto de un hurto o robo. (V. **astilla**.)

astillado. m. astillada. (V. **astilla**.)

astillar. tr. Dividir el botín de un hurto o robo. (V. **astilla**.)

astrolar. tr. Variante alternativa de **estrolar**.

asunto. m. Amorío de poca importancia o extraconyugal. (Por ext. del esp. *asunto*: negocio.)

atacado, da. ppio. perf. de **atacarse**. || adj. **acelerado**.

atacarse. intr. Excitarse. | **2.** Irritarse, enojarse. (Del esp. *atacar*: acometer, venir repentinamente.)

atender. tr. **coger**, practicar el coito, mantener relaciones sexuales. | **2.** Golpear, dar una paliza. (Por ext. del esp. *atender*: satisfacer un deseo, ruego o mandato.)

atendido, da. ppio. perf. de **atender**. || ESTAR BIEN ATENDIDO: mantener relaciones sexuales con regularidad; estar sexualmente satisfecho. | **2.** ESTAR MAL ATENDIDO: mantener relaciones sexuales esporádicamente; estar sexualmente insatisfecho. (V. **atender**.)

atenti. interj. Cuidado, atención. (Del pl. del ital. *attento*: atento.)

aterrizar. intr. Volver a la realidad, reinsertarse en ella. | **2.** Darse cuenta de algo. (Por ext. del esp. *aterrizar*: establecer contacto con el suelo un avión.)

atmosferear. tr. Variante fonética de **atmosferiar**.

atmosferiar. tr. Vender o cambiar a una prostituta, por su bajo rendimiento. (V. **atmosférico**.)

atmosférico. m. Vehículo equipado con tanques destinados a desagotar de excrementos los pozos negros, antes de tenderse la red cloacal. | **2.** Prostituta vieja, retirada de los prostíbulos, pobremente vestida, que ejerce su comercio en la vía pública. (Del esp. *atmósfera*: fluido gaseoso que rodea un cuerpo cualquiera; la segunda es ext. de la anterior.)

atorado, da. ppio. perf. de **atorarse**.

atorarse. intr. Atolondrarse. (Del esp. *atorarse*: atragantarse, en alusión al apresuramiento de quien se atora comiendo.)

atornillar. intr. Ahorrar. | **2.** Mezquinar. (Por ext. del esp. *atornillar*: sujetar con tornillo.)

atorra. m. y f. Forma apocopada de **atorrante** y de **atorranta**.

atorradero. m. Lugar donde se duerme. (V. **atorrar**.)

atorrancia. f. Vagancia. (V. atorrar.)

atorranta. f. Ramera. | 2. Mujer que, sin ser prostituta, se entrega fácilmente. (Por transposición de las aceps. de atorrante; v. atorrar.)

atorrante. m. Vago, callejero y gralmente. sin domicilio [dado por el DRAE]. ‖ atorrante, ta. adj. Desfachatado, desvergonzado [dado por el DRAE]. | 2. Poco confiable, ruin, miserable. | 3. Que se lo pasa de juerga en juerga. (V. atorrar.)

atorrantear. intr. Vagabundear. | 2. Haraganear. | 3. Pasárselo de juerga en juerga. | 4. Trabajar como ramera la mujer. | 5. Entregarse fácilmente la mujer. (V. atorrante y atorranta.)

atorranteo. m. Vagancia. (V. atorrar.)

atorrantismo. m. Vagancia (V. atorrar.)

atorrantito, ta. m. y f. Dimin. afect. o despect. de atorrante y atorranta.

atorrar. intr. Dormir. (Etimol. incierta. La duda, y con ella una larguísima discusión, se ha centrado básicamente sobre el sust. atorrante, que designó en su origen a ciertos mendigos que habrían pernoctado en los caños a emplearse para la construcción del sistema cloacal, en los que se habría leído la inscripción A. Torrent, A. Torrant o A. Thorrants, por lo cual, al principio, atorrar habría significado "dormir en los caños de A. Torrent o A. Torrant". El inconveniente mayor para aceptar esta etimol. reside en que aún no se ha logrado probar la existencia de caños de la antedicha marca, habiéndose consultado incluso –como lo hizo Ricardo Ostuni en 1995 de manera exhaustiva– la extensa nómina de contratistas, proveedores y materiales registrados en los archivos de Aguas Argentinas [ex Obras Sanitarias de la Nación]. Debe pensarse pues en el esp. atorrar, que para Corominas significa "estarse quieto, vivir sin trabajar" y cuyo origen es incierto, aunque probablemente derivaría del ant. y dialectal torrar: tostar, quemar, de donde también: paralizar, tullir.)

atorro. m. Sueño, acto de dormir. (V. atorrar.)

atracado, da. adj. Colmado, lleno. (Del esp. atracar: hartar.)

atracarse. intr. Trabarse en pelea con alguien. | 2. Aproximarse a alguien para trabar conversación o, directamente, con fines amatorios. | 3. tr. apretar. | 4. Poseer sexualmente. (Del esp. atracar: acercar, arrimar.)

atrapador. m. Delincuente que se dedica a robar a homosexuales. | 2. Explotador de homosexuales. (V. atrapar.)

atrapar. intr. Robar a homosexuales. (Por ext. del esp. atrapar: engañar, atraer a alguien con maña.)

atrás. adv. En las exprs. ss.: IR PARA ATRÁS O IR PA' ATRÁS: no tener carácter o presencia; carecer de ambiciones; esforzarse menos de lo que la situación exige; estar cansado o falto de reflejos; no poder reaccionar; estar mal económicamente. | 2. SER (UN) MARCHA ATRÁS: ser homosexual el varón. (Del esp. atrás: a las espaldas; para la segunda expr. v. marchatrás.)

atravesado, da. adj. Malhumorado, fastidiado; irritable. ‖ AMANECER O LEVANTARSE ATRAVESADO: despertar de malhumor. | 2. ANDAR ATRAVESADO: estar enojado, de malhumor. | 3. MIRAR ATRAVESADO A ALGUIEN: mirarlo con agresividad, de manera amenazante. (Por ext. del esp. atravesado: que tiene mala intención o mal carácter.)

atriqui. adv. Deform. fest. del esp. atrás.

atrodén. adv. Vesre irreg. de *adentro.*

atropellada. f. Acometida imprevista, atropello. | **2.** Solicitud sorpresiva de dinero. (Del esp. *atropellar:* pasar precipitadamente por encima de una persona; hacer una cosa precipitadamente.)

atún. m. Mujer atractiva y joven. (Del esp. *atún:* pez teleósteo comestible, en probable referencia al hecho de que la carne del atún enlatado es tierna y sabrosa.)

áulet. m. Variante alternativa de **oulet.**

aura. adv. Variante del esp. *ahora.* (De origen gauchesco.)

autocaño. m. En el fútbol, jugada consistente en hacer pasar la pelota por entre las propias piernas. (V. **caño.**)

avanti. adv. Adelante. (Es el ital. *avanti,* de igual signif.)

avanzar. tr. Intentar seducir; demostrar interés por alguien, especialmente en el plano sexual. U. m. c. prnl. (Del esp. *avanzar:* ir hacia adelante.)

avenegra. m. Procurador, abogado. (Voz despect., originada en que tanto procuradores como abogados solían vestir de negro.)

avería. f. Fechoría. || En la expr. –equivalente a adj.– DE AVERÍA: de cuidado, peligroso [dado por el DRAE]; inmoral, maligno. (Del esp. *avería:* daño, perjuicio.)

averiada. adj. f. Aplicable a la mujer encinta, sobre todo si no está casada. (V. **averiarse.**)

averiarse. intr. Embarazarse la mujer, especialmente si no está casada. (Del esp. *averiarse:* producir una avería.)

avinagrado, da. ppio. perf. de **avinagrarse.** (V. **avinagrar.**)

avinagrar. tr. e intr. Dar malas noticias. | **2.** Provocar peleas o desórdenes. | **3.** Causar fastidio o disgustos. (Del esp. *avinagrar:* poner agria una cosa.)

avinagrarse. intr. Disgustarse, enojarse. | **2.** Volverse huraño, intratable. (V. **avinagrar.**)

avión. m. Mujer muy atractiva. (Del esp. *avión:* aeronave; cf. **camión** y **máquina.**)

avisá. interj. Reprimenda realizada al interlocutor frente a un comentario o una acción consideradas fuera de lugar por el hablante. (Es la 2ª pers. del imperat. rioplatense del verbo *avisar:* instruirse, informarse del estado de algo, aunque gramaticalizada con el valor de una interj.)

avivada. f. Acción por la cual se obtiene un beneficio indebido. | **2.** Engañifa. (V. **vivo.**)

avivado, da. ppio. perf. de **avivar.** || adj. Sinvergüenza, aprovechado. (V. **vivo.**)

avivar. tr. Despabilar. | **2.** Advertir. (V. **vivo.**)

avivarse. intr. Despabilarse. | **2.** Darse cuenta de algo, **apiolarse.** | **3.** Aprovecharse, actuar rápidamente en beneficio propio. (V. **vivo.**)

avivato. m. **avivado** –en su tercera acep.–, aprovechador, pillo. (Es el nombre de un personaje de historieta creado por Lino Palacio; v. **vivo.**)

ayiornado, da. ppio. perf. de **ayiornarse.**

ayiornarse. intr. Variante gráfica de **aggiornarse.**

ayuda. f. Sirvienta. (Del esp. *ayuda:* persona o cosa que ayuda.)

azotarse. intr. Arrojarse. | **2.** Decidirse. (Del esp. *azotar:* dar azotes.)

azotea. f. Cabeza humana [dado por el DRAE]. || TENER GENTE EN LA AZOTEA: estar loco. (Del esp. *azotea:* cubierta llana de un edificio.)

B

babáu. m. Perro. (Por deform. de la onomatopeya *guau-guau*.)

babearse. intr. Sentirse muy complacido.
‖ BABEARSE POR ALGO: desearlo intensa-
mente. (De la expr. esp. *caérsele a uno la
baba*: experimentar gran complacencia
viendo u oyendo cosa que le sea grata.)

babero. m. Nudo especial del pañuelo
de cuello. (Por anal. con el esp. *babero*:
pedazo de lienzo que para limpieza se
pone a los niños pendiente del cuello y
sobre el pecho.)

babucha(s). f. En la expr. A BABUCHA(S):
a cuestas, a horcajadas sobre otro. (Según Corominas, parece "vocablo de
creación expresiva, derivado de la raíz
bab- del lenguaje infantil", por ser los
niños los que habitualmente son lleva-
dos a cuestas.)

bacalao. m. Persona delgada. (Por anal.
con el esp. *bacalao*: pez teleósteo.)

bacán. m. Dueño, patrón. ‖ 2. Concubino. ‖ 3. Proxeneta. ‖ 4. Hombre que
mantiene a una amante. ‖ 5. Individuo
de buena posición, adinerado y de hábitos refinados. ‖ 6. Individuo que aparenta una posición socioeconómica elevada
que no tiene. ‖ bacán, na. adj. Lujoso,
fino. ‖ 2. Cómodo. (Del gen. *baccan*: patrón, padre o jefe de familia.)

bacana. f. Concubina. ‖ 2. Mujer que mantiene a un amante. ‖ 3. Amante del bacán,
que goza de los beneficios de la buena
posición de éste. ‖ 4. Mujer de buena posición, adinerada y de hábitos refinados. ‖ 5. Mujer que aparenta una posición socioeconómica que no tiene. (V.
bacán.)

bacanaje. m. Conjunto o reunión de ba-
canes. (V. bacán.)

bacanamente. adv. Cómodamente. ‖ 2.
Bien de salud, excelentemente. (V. bacán.)

bacanario, ria. adj. Falso bacán. (Deform. jocosa por juego paronom. entre
bacán y *canario*: pájaro originario de
las Islas Canarias.)

bacanazo, za. adj. Aument. de bacán.

bacanería. f. Calidad o condición de **bacán**, refinamiento. (V. **bacán**.)

bache. m. Carencia, falta. (Del esp. *bache*: hoyo en el pavimento de calles o caminos.)

bachicha. m. y f. Apodo con que se designaba al italiano [dado por el DRAE]. || adj. Gordísimo –especialmente en la expr. GORDO BACHICHA–. (Del gen. *Baciccia*: Juan Bautista; quizás influido por el piam. *bacicio*: tonto, para darle el carácter despect. que tiene.)

bachichín, na. m. y f. Dimin. de **bachicha.**

badajo. m. Pene. (Por anal. con el esp. *badajo*: pieza metálica que pende en el interior de las campanas y con la cual se golpean éstas para hacerlas sonar.)

bafi. m. Bigote. (Del ital. *baffi*: bigote.)

bagartero, ra. adj. Afecto a relacionarse sentimental o sexualmente con personas feas, **bagayero**. (V. **bagarto**.)

bagarto. m. Persona fea, especialmente de género femenino. (Deform. de **bagayo**, tal vez por infl. de **pejerto**.)

bagayear. intr. Contrabandear pequeños bultos habitualmente. (V. **bagayo**.)

bagayera. f. Estuche que se lleva bajo la ropa y que se emplea para introducir mercaderías de contrabando. (V. **bagayo**.)

bagayero, ra. adj. Contrabandista que introduce mercaderías dispuestas en bultos, pequeños habitualmente. | **2.** Que tiene amoríos con personas feas. (V. **bagayo**.)

bagayo. m. Bulto, paquete [dado por el DRAE]; envoltorio; equipaje. | **2.** Objeto introducido de contrabando. | **3.** Mujer fea [dado por el DRAE]; mujer poco agraciada. | **4.** Persona fea. |

5. Deportista pesado y torpe. | **6.** Accesorias penales. (Del ital. *bagaglio*: equipaje.)

bagre. m. Vagina. | **2.** Estómago. | **3.** Mujer muy fea [dado por el DRAE]. | **4.** Carambola de suerte en el juego del billar. || PICARLE A UNO EL BAGRE: tener hambre. | **2.** SER UN BAGRE: ser muy feo. (Por ext. del esp. *bagre*: pez teleósteo del suborden de los fisóstomos, aunque para algunas aceps. el proceso de ampliación semántica resulta oscuro.)

baila. intr. En la expr. ¿CÓMO TE BAILA?: ¿cómo te va? (Por juego paronom. entre *va* –3ª pers. singular del presente del indicativo de *ir*– y el esp. *baila*: 3ª pers. singular del presente del indicativo de *bailar*.)

bailada. f. Cada una de las piezas que las parejas bailan en locales destinados a tal fin. (Por sustantiv. del ppio. perf. del esp. *bailar*: ejecutar movimientos acompasados con el cuerpo, brazos y pies.)

bailanta. f. Fiesta de pueblo en la que se baila. | **2.** Lugar donde se realiza [ambos dados por el DRAE]. | **3.** Baile donde predomina la música denominada "tropical" o "cuartetera". | **4.** Local donde se realiza dicho baile. (Por sustantiv. y feminiz. del ppio. pres. del esp. *bailar*: ejecutar movimientos acompasados con el cuerpo, brazos y pies.)

bailar. intr. En el ámbito militar, ordenar injustamente y con animosidad la realización de trabajos pesados o ejercicios violentos. | **2.** tr. En un deporte o juego, dominar individual o colectivamente al rival demostrando habilidad. (Del esp. *bailar*, con el valor causativo de *hacer bailar*: ejecutar movimientos acompasados con el cuerpo, brazos y pies.)

baile. m. Demostración de habilidad con

un dominio completo sobre el rival en un deporte o juego. ‖ DAR O PEGAR UN BAILE: en el fútbol u otros deportes, superar ampliamente; por ext., superar, vencer en cualquer actividad. (V. **bailar.**)

bailetín. m. Lugar de diversión modesto, donde se bailaba y se presenciaban números artísticos. (Por deform. fest. del esp. *baile*: acción de bailar.)

bailongo. m. Fiesta bailable modesta. (Por la adición al esp. *baile*: acción de bailar, del sufijo -*ongo*, que puede tener un valor despect. o afect.)

bajada. f. Depresión producida por la disminución de los efectos de una droga. ‖ BAJADA DE LÍNEA: discurso con el que, de modo indirecto, se intenta convencer a otro de algo. (V. **bajar.**)

bajar. tr. Derribar, golpear. ‖ **2.** Herir de gravedad, matar. ‖ **3.** intr. En algunos deportes, especialmente el fútbol, retroceder en la cancha. ‖ **4.** Deprimirse en forma creciente a medida que se va acabando el efecto de una droga. ‖ BAJAR LA CAÑA: Reprender; castigar; cobrar un precio desmesurado por alguna cosa; poseer a una mujer. ‖ **2.** BAJAR LÍNEA: dar instrucciones de manera indirecta; intentar convencer a otro de algo. ‖ **3.** BAJAR UN CAMBIO, BAJAR DOS CAMBIOS: calmarse, tranquilizarse; ponerse en su lugar. ‖ **4.** BAJARLE EL TONO (A ALGO DICHO ANTERIORMENTE): suavizar lo que se ha dicho, quitarle énfasis; desdecirse en parte. ‖ **5.** BAJAR LOS DECIBELES: bajar la voz, dejar de gritar; calmarse, tranquilizarse. (Las aceps. son exts. de esp. *bajar*: poner alguna cosa en lugar inferior a aquel en que estaba; la primera expr. podría relacionarse con la acción de los boyeros en la cual pican a la yunta con la aguijada;

la s. es orig. de la jerga militar; la tercera proviene del lenguaje automovilístico, donde se bajan cambios para desacelerar el coche; las dos últimas se relacionan con la expr. del esp. *bajar el tono*: contenerse después de haber hablado con arrogancia.)

bajarse. tr. Mantener relaciones sexuales, **coger.** ‖ **2.** Consumir un alimento o una bebida por completo. ‖ **3.** Estar postulado, nominado o electo para cumplir una función y desistir de hacerlo. ‖ BAJARSE DEL CABALLO, BAJARSE DE LA MOTO: tranquilizarse; deponer una actitud arrogante. (Del esp. *bajar*: inclinar hacia abajo; la tercera acep. parece un acortamiento de las posibles exprs. BAJARSE DE LA CANDIDATURA O BAJARSE DEL CARGO.)

bajativo, va. adj. Calificación dada a un alimento o bebida que ayudan a la digestión, digestivo. (Del amer. *bajativo*: copa de algún licor que se toma después de las comidas.)

bajo. m. En la expr. HACER LOS BAJOS: amartelar, galantear. (Del esp. *bajo*: parte inferior del traje de las mujeres, y especialmente de la ropa interior.)

bajón. m. Depresión que sigue al cese del efecto de una droga. ‖ **2.** Hambre voraz que se siente cuando se acaba el efecto de la marihuana. ‖ **3.** Depresión anímica. ‖ **4.** Tristeza. ‖ **5.** Situación difícil. ‖ **6.** Mala racha, adversidad. (Por ext. del esp. *bajón*: disminución en el caudal, la salud, las facultades intelectuales, etc.)

bajoneado, da. adj. Deprimido una vez que cesó el efecto de una droga. ‖ **2.** Deprimido, desanimado. ‖ **3.** Triste. (V. **bajón.**)

bajonear. tr. Desanimar, deprimir. U. t. c. prnl. (V. **bajón.**)

bala. f. Pene. ‖ m. Varón homosexual. ‖ MORFÓN DE BALA: homosexual. | **2.** TRAGARSE LA BALA O COMERSE LA BALA: v. **tragarse.** (Del esp. *bala*: proyectil de diversos tamaños y de forma esférica o cilíndrica-ojival para cargar las armas de fuego, por alusión a la forma.)

balancines. m. pl. Senos de la mujer. (Por desplazam. del esp. *balancín*: madero que se atraviesa paralelamente al eje de las ruedas delanteras de un carruaje, fijándolo en su promedio a la tijera.)

balazo. m. Persona despierta y rápida. (Por ext. del esp. *balazo*: golpe de bala diparada con arma de fuego.)

balconear. intr. Mirar, observar los acontecimientos sin participar en ellos [dado por el DRAE]. | **2.** Atisbar, mirar disimuladamente lo que está ocurriendo. (Por ext. del amer. *balconear*: mirar, observar con curiosidad desde un balcón o cualquier otro sitio elevado.)

baldosa. f. Cabeza. | **2.** Cerebro. ‖ BALDOSA FLOJA y BALDOSA MOVIDA: persona de poca lucidez, maniática o demente. (Por ext. –poco clara– del esp. *baldosa*: ladrillo, fino por lo común, que sirve para solar.)

balero. m. Cabeza humana [dado por el DRAE]. (Por anal. con el amer. *balero*: boliche, juego de niños.)

balín. m. Pene. | **2.** Varón homosexual. ‖ SER MEDIO BALÍN: ser afeminado. | **2.** TRAGARSE EL BALÍN: TRAGARSE LA BALA. (Dimin. de **bala**; en la segunda acep. por metonimia.)

ballenita. f. Tirita de plástico o similar usada para mantener rígido el cuello de una camisa. (Del esp. *ballena*: cada una de las láminas córneas y elásticas que tiene la ballena en la mandíbula superior, y que, cortadas en tiras, sirven para diferentes usos.)

balquinazo. m. Variante alternativa de **barquinazo.**

balurdero, ra. adj. Engañador. | **2.** Afecto a las confusiones y complicaciones. (V. **balurdo.**)

balurdo. adj. Tonto, bobo. ‖ m. Envoltorio de papeles inútiles recubiertos por unos pocos billetes, que simula ser una gran cantidad de dinero y se emplea en algunas estafas. | **2.** Envoltorio en gral. | **3.** Estafa, engaño, mentira. | **4.** Asunto confuso, dudoso, complicado, que debe soportarse casi siempre sin desearlo. (Del ital. *balordo*: tonto.)

banana. f. Pene. ‖ adj. Vivaz, hábil, experimentado, pícaro. ‖ DE LA BANANA: excelente. (Por alusión al esp. *banana*: plátano, fruto; la segunda acepción es una adjetiv. habitual, como las de **pija** o **goma.**)

bancar. tr. En el juego clandestino, afrontar, aceptar el riesgo de las apuestas. | **2.** Financiar, aportar dinero para cierto fin. | **3.** Prestar dinero, **aguantar.** | **4.** Soportar, afrontar. | **5.** Esperar. | **6.** Apoyar, sostener; ayudar. (Creado a partir del esp. *banco*: establecimiento público de crédito.)

bancarse. intr. Financiarse, mantenerse. | **2.** Aguantarse (V. **bancar.**)

banda. f. Gran cantidad, **bocha**, especialmente de gente. ‖ EN BANDA: abandonado, solo; desorientado, perplejo. | **2.** IRSE EN BANDA: caer al suelo por acción del propio peso; fracasar. | **3.** LA BANDA ROJA, LA BANDA: el equipo de fútbol River Plate. (Del esp. *banda*: bandada, manada. La primera expr. deriva de la expr. del esp. *estar en banda*: pender en el aire; la

s. deriva del esp. *banda*: costado de la nave, con infl. de la expr. *dar a la banda*: tumbar la embarcación; la última alude a la banda roja que sobre un fondo blanco cruza la casaca de este equipo.)

bandeado, da¹. ppio. perf. de **bandear.** Sobrepasado. | **2.** Derribado, achacoso. || adj. Indigente.

bandeado, da². ppio. perf. de **bandearse.** Excedido. | **2.** Pervertido. (La acep. como adj. es ext. de las anteriores.)

bandear. tr. Sobrepasar. | **2.** Derribar. (La primera acep. es ext. del amer. *bandear*: atravesar, pasar de parte a parte; la s. parece provenir del esp. *banda*: costado de la nave, con el sentido de la expr. *dar a la banda*: tumbar la embarcación sobre un costado.)

bandearse. intr. Cambiar de amistades, ideas o propósitos. | **2.** Alejarse. | **3.** Excederse, propasarse. | **4.** Pervertirse. | **5.** Fracasar, errar. (Las dos primeras aceps., del esp. *bandear* –derivado de *bando*–: andar en bandos; las ss., del esp. *bandear* –derivado de *banda*–: atravesar, extendido como amer.)

bandera. f. Todo objeto que se distingue desde lejos. || En la expr. HACER BANDERA: hacer aspaviento, fanfarronear. (Del esp. *bandera*: tela, de figura comúnmente cuadrada, que se asegura a un asta, y se emplea como insignia o señal.)

banderita. f. Llave larga de tres dientes que obra como ganzúa. (Del leng. delict. esp., tomado quizá del término *banderilla*: palo delgado, armado de una lengüeta de hierro, que usan los toreros.)

banderola. adj. Ostentoso, fanfarrón. (Por juego paronom. entre **bandera** y el esp. *banderola*: montante.)

banderudo, da. adj. Ostentoso, fanfarrón. (V. **bandera**.)

bandola. f. **bandoneón.** (Por apócope de **bandoleón** en cruce con el esp. *bandola*: bandolina.)

bandoleón. m. Deform. de **bandoneón.**

bandolión. m. Variante alternativa de **bandoleón.**

bandoneón. m. Instrumento musical de viento y teclado. (Voz originada en el nombre de su creador, Heinrich *Band*, que lo inventó en 1835 en Alemania.)

bandoneonista. m. y f. Músico que toca el **bandoneón.**

bandurria. f. En la expr. EN BANDURRIA: EN BANDA. (Por deform. fest.; v. **banda**.)

bañadera. f. Ómnibus viejo de alquiler, descapotable o descubierto, que por lo común se destina a excursiones o paseos. (Del amer. *bañadera*: bañera, por alusión a su forma.)

baqueana. f. Botella de licor. (Seguramente del esp. *baqueano* o *baquiano*: guía para poder transitar por caminos, trochas y atajos.)

baqueteado, da. ppio. perf. de **baquetear.**

baquetear. tr. Castigar. | **2.** Exigir en el uso. (Por ext. del esp. *baquetear*: dar o ejecutar el castigo de baquetas.)

barajar. tr. Tomar en el aire un objeto que se arroje [dado por el DRAE]. | **2.** Parar los golpes del adversario [dado por el DRAE]. | **3.** Pegar, golpear. | **4.** Adivinar, presentir. (Del esp. *barajar*: atropellar; cf. **abarajar**.)

baranda. f. Olor desagradable, tufo. || LARGAR POR BARANDA: echar, despedir. (Etimol. incierta.)

baratieli. adj. Variante alternativa de **baratieri.**

baratieri. adj. Barato, de poco valor. | **2.** Ordinario. (Por deform. fest. del esp. *barato*: de bajo precio, en cruce con el apellido de un militar italiano, Orestes *Baratieri*, fallecido en 1901.)

baratín. m. Rollo de papeles que simulan ser billetes y se emplea en estafas como el CUENTO DEL TÍO. (Del ital. jergal *barattina*: sustitución fraudulenta de una cosa por otra.)

baratinar. intr. Realizar una estafa por medio del **baratín**.

Barba. m. En la expr. EL BARBA: EL BARBUDO. (Del esp. *barba*: pelo crecido debajo de la boca y en los carrillos, por sinécdoque.)

barbayola. m. Persona que usa barba, gralmente. larga y espesa. (Por deform. fest. del esp. *barba*: pelo que nace en la parte inferior de la cara del varón.)

barbecho. m. En la expr. EN BARBECHO: en proyecto. (Del esp. *barbecho*: haza arada para sembrar después.)

barbeta. m. Hombre barbado. (Por cruce con el esp. *barbeta*: trozo de parapeto destinado a que tire la artillería a descubierto.)

barbi. f. Mujer linda y tonta. (Por lexicalización de *Barbie*: nombre de una muñeca creada en los Estados Unidos y famosa en todo el mundo.)

barbijo. m. Chirlo, herida en la cara [dado por el DRAE]. | **2.** Cicatriz en la cara. (Por ext. del signif. del esp. *barbijo*: barbiquejo, cinta para sujetar por debajo de la cara.)

barbita. m. Hombre barbado. (Del dimin. del esp. *barba*: pelo que nace en la parte inferior de la cara del varón.)

Barbudo. m. En la expr. EL BARBUDO: Jesucristo, Dios. (Del esp. *barbudo*: que usa barba, en alusión a las representaciones iconográficas de Jesucristo.)

barbusa. f. Barba, patilla. (Formada por el agregado del sufijo -*usa* al esp. *barba*.)

barcino, na. adj. Canoso. (Por ext. del esp. *barcino*: de color blanco y pardo –aplicado a animales–.)

bardear. intr. Causar desorden, confusión; ARMAR O HACER BARDO. | **2.** Hacer mal las cosas, equivocarse; hacer papelones. | **3.** tr. **apurar**, increpar, provocar. | **4.** Molestar, agredir verbalmente; maltratar, **forrear**, burlarse de alguien. | **5.** Perjudicar. || BARDEARLA: equivocarse, cometer un error. (V. **bardo²**.)

bardero, ra. adj. Alborotador, liero. (V. **bardo²**.)

bardo¹. En la expr. AL BARDO: improvisadamente, espontáneamente; inútilmente; descuidadamente. (Por un falso corte del esp. *albarde*, usado en la expr. *trabajo de albarde*: robo en el que el ladrón anda a la deriva, sin saber qué va a robar ni en qué momento.)

bardo². m. Desorden, confusión, lío, **quilombo**; problema, situación complicada. | **2.** Discusión; refriega, riña. | **3.** Acción provocativa. | **4.** Jarana, diversión. || ARMAR O HACER BARDO: hacer lío, causar problemas; iniciar una disputa verbal o de hecho; provocar; divertirse. (Por deform. de **barro** [?].)

barquinazo. m. Cojo. (Por desplazam. de signif. del esp. *barquinazo*: tumbo o vaivén recio de un carruaje.)

barra. f. Grupo de personas. | **2.** Pandilla, grupo de amigos que suelen reunirse para conversar o solazarse [dado por el DRAE]. | **3.** Asociación de individuos de malos antecedentes. || BARRA BRAVA: grupo de simpatizantes de un club de fútbol organizados para enfrentar a otras **barras** y cometer desmanes tanto en los estadios como en las calles. (Por ext. del amer. *barra*: público que asiste a las sesiones de un tribunal, asamblea o corporación.)

barrabrava. m. Integrante de una BARRA BRAVA. (V. **barra.**)

barrena. m. Ladrón. (Por desplazam. de signif. del esp. *barrena*: instrumento de acero que sirve para taladrar o hacer agujeros.)

barrera. f. Delincuente cuya misión consiste en facilitar la huida de un ladrón, interponiéndose como obstáculo entre perseguido y perseguidor. (Por ext. del esp. *barrera*: valla u otro obstáculo semejante con que se cierra un paso o se cerca un lugar.)

barrero, ra. adj. Aplicado al caballo que corre mejor en una pista barrosa. | **2.** Hábil, experimentado, diestro para solucionar cualquier asunto. (Del esp. *barro*: masa que resulta de la mezcla de tierra y agua.)

barretear. tr. Usar una barreta para abrir una puerta o cortina metálica. (Del esp. *barreta*: barra o palanca pequeña de hierro.)

barretera. f. **barretero** –en su segunda acepción–.

barretero. m. Delincuente que utiliza la barreta. | **2.** Instrumento de acero, de boca hendida, utilizado para abrir cerraduras. (Del esp. *barreta*: barra pequeña de hierro.)

barriguera. f. Herida o incisión hecha en el vientre. (Del esp. *barriga*: vientre.)

barril. m. Persona petisa y obesa. (Por anal. con el esp. *barril*: vasija de madera.)

barrilete. m. En la expr. REMONTAR BARRILETES: fumar marihuana. (Del esp. *barrilete*: cometa, por alusión al **vuelo**.)

barro. m. Asunto sucio. | **2.** Dificultad, atolladero. | **3.** Desquicio, confusión, lío. ||

HACER UN BARRO: cometer un error. (Del esp. fig. *barro*: cosa despreciable.)

barrotero. m. Celador de la cárcel. (Del esp. *barrote*: barra de hierro que sirve para afianzar o asegurar alguna cosa.)

bartolear. intr. Haraganear. (Formado sobre la loc. adv. esp. *a la bartola*: al descuido.)

bartolero, ra. adj. Descuidado, abandonado, negligente. | **2.** Haragán. (V. **bartolear.**)

barullo. m. Bulla, alboroto. (Si bien podría considerarse como ext. del esp. *barullo*: confusión, desorden, más bien parece provenir del port. *barulho* o del gall. *barullo*, ambos con la significación de "bulla".)

bastonero. m. Agente de tránsito. (Llamado así por llevar un bastón corto para su defensa.)

basureado, da. ppio. perf. de **basurear.** Maltratado. | **2.** Humillado, rebajado. | **3.** Insultado.

basurear. tr. Tratar mal o despectivamente a una persona [dado por el DRAE]. | **2.** Humillar, rebajar. | **3.** Insultar. | **4.** Asesinar. (Procede de la figura *tratar como basura*.)

basurero. m. Individuo que vivía en los prostíbulos y hacía de mandadero de las pupilas. (Del esp. *basurero*: persona que lleva o saca la basura.)

basurita. f. Partícula de polvo que se mete en los ojos perturbando la visión y causando molestias. (Dimin. del esp. *basura*: residuo desechado.)

bata. f. En el lenguaje de los músicos, batería. (Por síncopa del esp. *batería*: conjunto de instrumentos de percusión.)

batacazo. m. Triunfo inesperado de un caballo en una carrera [dado por el

DRAE]. | **2.** Por ext., se dice de cualquier otro triunfo o suceso afortunado y sorprendente [dado por el DRAE]. || DAR EL BATACAZO: ganar inesperadamente. (Es amer., por ext. del esp. *batacazo*: golpe fuerte y con estruendo que da alguna persona cuando cae.)

bataclana. f. Corista o bailarina de baja categoría cuyo mayor mérito consiste en la exhibición de su cuerpo. (De *Ba-Ta-Clan*, nombre de un teatro frívolo parisino.)

bataraz. adj. De color jaspeado u overo –aplicado originariamente a los gallináceos–. || m. Antiguo billete de un peso, que circuló entre las décadas de 1910 a 1940, llamado así por su color. (Del guar. *mbatará*: jaspeado, matizado.)

batata. f. Vergüenza. | **2.** Apocamiento, falta de palabras o de reacción a causa de turbación, desconcierto o timidez [dado por el DRAE]. | **3.** Persona tonta, apocada [dado por el DRAE]. | **4.** Atolondramiento. | **5.** Confusión, azoramiento. | **6.** Miedo. | **7.** Coche viejo [dado por el DRAE]. | **8.** Pene, en especial si es grande. || m. Individuo que, a sueldo de un político, sindicalista o empresario, actúa como guardaespaldas y, llegado el caso, comete actos ilícitos; en grupo, frecuentemente actúa como fuerza de choque en manifestaciones y actos públicos; **patotero.** || ENTERRAR LA BATATA: mantener relaciones sexuales el varón. (Por probable alusión al rubor producido en la cara por la vergüenza, rojizo como el tubérculo llamado *batata*; la séptima acep. como f. y la única como m. son de origen incierto; para la expr., cf. **enterrar.**)

batemugre. adj. Delator. (Formado por **batir** y el esp. *mugre*: suciedad.)

batemusa. m. Payador; poeta. (Formado por **batir** y el esp. *musa*: inspiración poética.)

batería. f. Conjunto de delincuentes que acompañan al cabecilla de una banda a hacer un robo. (Por ext. del esp. *batería*: conjunto de piezas de artillería dispuestas para hacer fuego al enemigo.)

batero. m. Forma apocopada de *baterista*: músico que toca la batería.

batida. f. Delación, confesión. (V. **batir.**)

batidor, ra. m. y f. Persona que delata o denuncia [dado por el DRAE]. (V. **batir.**)

batidora[1]. f. Libreta en que son anotadas direcciones o citas comprometedoras. (V. **batir.**)

batidora[2]. f. Vehículo policial, **licuadora.** (Del esp. *batidora*: instrumento que bate alimentos.)

batifondero, ra. adj. Gritón. | **2.** Alborotador. (V. **batifondo.**)

batifondio. m. Forma epentética de **batifondo.**

batifondo. m. Barullo, bochinche, desorden [dado por el DRAE]. | **2.** Lío, gresca. (Del ital. *battifondo*, término del juego del billar que significa "desafío múltiple".)

batilana. adj. Soplón, delator. (Por cruce de **batir** con el apellido ital. *Battilana*.)

batilio, lia. adj. Soplón, delator. (Por cruce de **batir** con el nombre *Basilio*; popularizado por un personaje de historieta cómica, creado para representar al soplón.)

batimento. m. Conversación. | **2.** Confesión. | **3.** Delación. (V. **batir.**)

batir. tr. Decir. | **2.** Delatar, denunciar [dado por el DRAE]; divulgar un secreto. || BATIR LA POSTA, LA JUSTA O EL JUSTO: contar los hechos con exactitud, decir la verdad; hablar con cierta autoridad.

| **2.** BATIR LA CANA: delatar. | **3.** BATIR SUCIO: jugar una mala pasada, difamar. | **4.** BATIR RUINA O MUGRE: desacreditar, acusar, denunciar. | **5.** BATIR CANTINA: v. **cantina**. (Del ital. jergal *battere*: decir.)

batista. adj. Delator. (Por cruce de **batir** con el nombre ital. *Battista*.)

batistela. adj. Delator. (Por cruce de **batir** con el apellido ital. *Batistella*.)

batistín, na. adj. Delator. (Por cruce de **batir** con *Battistín*, dimin. del nombre ital. *Battista*.)

batitú. adj. Delator. (Por juego paronom. entre **batir** y *batitú*: pájaro del orden de los charadriformes.)

batuque. m. Bulla, alboroto, bochinche. | **2.** Fiesta ruidosa. | **3.** Confusión, desorden. (Del quimbundo *batuque*: danza africana que incluye zapateados y palmas bailada por los esclavos del Río de la Plata.)

beaba. f. Variante alternativa de **biaba**.

beabista. m. Variante alternativa de **biabista**.

bebe. m. Forma aferética de **quibebe**.

beberaje. m. Bebida, especialmente si es alcohólica. (Seguramente del esp. *beber*: ingerir un líquido.)

bebestible. m. Bebida. (Por anal. con el esp. *comestible*: que se puede comer.)

bebido, da. adj. Aplicado a infusiones, no acompañado de alimentos sólidos. (Del esp. *beber*: ingerir un líquido.)

becamorto. m. Sacerdote católico. (Del ital. *beccamorto*: sepulturero, en alusión a las visitas que los sacerdotes hacen a los moribundos para administrarles la extremaunción; es fuertemente despect.)

becerra. f. **becerro**.

becerrear. tr. Violar entre varios a una mujer. (V. **becerro**.)

becerro. m. Violación de una mujer por parte de varios hombres. (Etimol. incierta.)

beguén. m. Capricho amoroso. | **2.** Concubino o concubina, amante. | **3.** Capricho, antojo, deseo. (Del argót. *béguin*: enamoramiento.)

beine. adj. Natural de Medio Oriente, especialmente árabe o turco. (Originado en el voceo *"¡beine, beineta!"* de quienes se dedicaban a la venta ambulante de artículos para el aseo y peinado, mayoritariamente personas nacidas en Medio Oriente o sus descendientes.)

beineta. adj. **beine**. (V. **beine**.)

bejarano, na. adj. Viejo. (Por juego paronom. entre el esp. *viejo*: de mucha edad y el apellido *Bejarano*.)

belín. m. Pene. || IMPORTARLE A UNO UN BELÍN: no importarle nada. (Del gen. *belín*: miembro viril.)

belinún, na. adj. Tonto, torpe. (V. **belín**.)

bellompa. m. Pabellón de presos. (Vesre del esp. *pabellón*.)

beneficio. m. Colecta realizada por un grupo de delincuentes para asistir a otro. (Del esp. *beneficio*: función de teatro u otro espectáculo público, cuyo producto se concede a una persona, corporación, etc.)

bepi. m. Vesre de **pibe**.

berenjena. f. Pene. (Por la anal. con el esp. *berenjena*: fruto de diez a doce centímetros de largo de la planta homónima.)

bergamota. f. Pene. (Por juego paronom. entre **verga** y el esp. *bergamota*: variedad de lima muy aromática.)

berreta. adj. Aplicable a algo de fina apariencia y poca calidad. | **2.** Falso, apócrifo, adulterado. | **3.** Ordinario, de mala calidad. (V. **berretín**.)

berretada. f. Cosa, tarea o actividad mal hechos, de mala calidad. (V. **berretín**.)

berretero. m. Falsificador; persona que comercia objetos falsificados. (V. **berretín**.)

berretéx. adj. **berreta**. (Por apócope y la adición del sufijo *-ex* al final –de moda en la década de 1980–.)

berretín. m. Manía, idea fija, capricho. | **2.** Deseo impetuoso. | **3.** Ilusión no ajustada a las posibilidades reales. | **4.** Objeto falsificado. | **5.** Bolsillo. | **6.** Ano. | **7.** Escondrijo. (Del gen. *berettino*: birrete, capricho –como en el caso del fr. *béguin*: "algo que se mete en la cabeza"–; en la cuarta acep. se da lo que con el esp. *fantasía*, que significa "facultad del ánimo, grado superior de la imaginación" y a la vez "objeto de adorno que no es de material noble o valioso"; a partir de la quinta acep., del ital. jergal *berretino*: bolsillo, con ampliaciones de su signif. original.)

berretinero. m. **berretero**. (V. **berretín**.)

berretón, na. adj. Aument. de **berreta**.

bersuitero, ra. adj. Relativo o perteneciente a la banda de *rock Bersuit Vergarabat*, liderada por Gustavo Cordera, nacida en Buenos Aires a fines de la década de 1980. | **2.** Fanático o seguidor incondicional de dicho grupo musical. (De *Bersuit*, primera palabra del oscuro nombre de la banda.)

beso. m. Trago. || DARLE UN BESO A LA BOTELLA: Tomar alguien un trago juntando su boca al pico de la botella. (Por anal. entre uno y otro.)

bestia. f. Persona, gralmente. mujer, que llama la atención por su voluptuosidad. (Del esp. *bestia*: animal cuadrúpedo.)

bestiún, na. adj. Carente de modales. | **2.** Inculto, ignorante. (Por deform. fest. –y agenovesada– del esp. *bestia*: persona ruda e ignorante.)

betún. m. Soborno. (Por ext. del esp. *betún*: mezcla de varios ingredientes que se usa para poner lustroso al calzado.)

beyompa. m. Variante gráfica de **bellompa**.

biaba. f. Golpe. | **2.** Paliza. | **3.** Asalto que se lleva a cabo con violencia. | **4.** En competencias deportivas, derrota contundente. || BIABA CALDOSA: zurra con derramamiento de sangre. | **2.** BIABA SECA: zurra sin derramamiento de sangre. | **3.** DAR LA BIABA: golpear; asaltar con violencia. | **4.** DARSE LA BIABA: aplicarse cosméticos; maquillarse en exceso; teñirse el cabello; consumir drogas. (De *biava* –común a varios dialectos itals.–: avena, pienso; paliza.)

biabado, da[1]. ppio. perf. de **biabar**. Golpeado. | **2.** Asaltado con violencia.

biabado, da[2]. ppio. perf. de **biabarse**. Drogado. (V. **biaba**.)

biabar. tr. Zurrar. | **2.** Asaltar con violencia, DAR LA BIABA. (V. **biaba**.)

biabarse. intr. Drogarse. (V. **biaba**.)

biabazo. m. Golpe dado por el asaltante o **biabista**, aplicado de atrás y por el costado derecho. | **2.** Aument. de **biaba**.

biabista. m. Ladrón que utiliza la agresión física, esto es, practica la **biaba**.

biabusa. f. Deform. afect. de **biaba**.

biandazo. m. Puñetazo (Aument. de **vianda**, con infl. de **biaba**.)

biandún. m. Golpe aplicado entre la oreja y la clavícula, gralmente. con una cachiporra. | **2.** Puñetazo. (Aument. de **vianda** con interferencia gen. –por el sufijo *-ún*– e infl. de **biaba**.)

biarasa. f. Variante gráfica de **viaraza**.

biblia. f. **masa.** (Del esp. *biblia*: obra que reúne los conocimientos relativos a una materia y es considerada por sus seguidores modelo ideal.)

bichadero. m. Variante gráfica de **vichadero.** (V. **vichar.**)

bichadores. m. pl. Variante gráfica de **vichadores.** (V. **vichar.**)

bichar. tr. Variante gráfica de **vichar.**

bichero, ra. adj. Que tiene relaciones amorosas o sexuales con personas feas. (V. **bicho**[1].)

bichi. m. Forma apocopada de **bichicome.**

bichicoma. m. Variante alternativa de **bichicome.**

bichicome. m. Vagabundo que junta objetos que el mar o el río arroja a la playa, raquero. l **2.** Vagabundo. l **3.** Buscavidas. (Del ingl. *beach comber*: rastrillador de playa.)

bicho[1]. m. Pene. l **2.** Persona muy fea. l **3.** Dosis de **éxtasis.** l **4.** Enfermedad del SIDA. (Del esp. *bicho*: cualquier animal, especialmente el pequeño.)

bicho, cha[2]. adj. Dicho de niños, inteligente, avispado, desenvuelto. l **2.** Dicho de adultos, malvado, **jodido.** (V. **bicho**[1].)

bichoco. m. Caballo viejo e inservible para la carrera. ll **bichoco, ca.** adj. Viejo, achacoso. (Posiblemente por la fusión de los dos términos en la expr. *bicho choco*, donde el adj. se aplica a quien le falta una pierna o una oreja.)

bici. f. Forma apocopada de *bicicleta* y **bicicleta.**

bicicleta. f. Especulación financiera. l **2.** Diferimiento del pago de las deudas. (Del esp. *bicicleta*: velocípedo de dos ruedas de igual tamaño, en alusión a la cadena que puede girar indefinidamente.)

bicicletear. intr. Especular financieramente con fondos de otros. l **2.** tr. Diferir el pago de las deudas. l **3.** Trampear comercialmente. l **4.** Eludir. (V. **bicicleta.**)

bicicleteo. m. **bicicleta.**

bicicletero, ra. adj. Que realiza la **bicicleta.**

bien. adj. Propio de buenas familias. (Por adjetiv. del sust. esp. *bien*: aquello que en sí mismo tiene el complemento de la perfección en su propio género.)

bienudo, da. adj. Aristócrata, de alta posición socioeconómica. l **2.** Que simula una alta posición socioeconómica. (Deform. fest. de **bien;** v. **bien.**)

bifacho. m. Aument. de **bife.**

bife. m. Bistec, lonja de carne cruda o cocida. l **2.** Cachetada, bofetada [dados ambos por el DRAE]. ll IR(SE) A LOS BIFES: apresurar una gestión; decir todo lo que se tiene que decir. (Del port. *bife*: bistec; en la segunda acep., en cruce quizá con el esp. *bofetada*: golpe que se da en el carrillo con la mano abierta.)

bigotear. tr. Observar con atención, examinar. (Por la acción de mesarse el bigote que suele ir acompañada por una observación atenta [?].)

binorma. adj. Bisexual. (Por juego paronom. con el término técnico *binorma*, que alude a la posibilidad de que un televisor o videograbadora se adapten a las normas NTSC y PAL-N.)

bío. m. Forma apocopada de **biógrafo.**

biógrafo. m. Cinematógrafo. ll HACER BIÓGRAFO: hacer ostentación, gralmente. simulando; hacer aspaviento; contar algo exagerando. (Posible creación a partir del esp. *biografía*: historia de la vida de una persona.)

biondero, ra. adj. Variante alternativa de **bondero.** (Con epéntesis de *-i-*.)

biorsi. m. Variante gráfica de **viorsi.**

birola. adj. Variante gráfica de **virola.**

birome. f. Bolígrafo. (De "Biro-Me", marca original del bolígrafo, originada por los apellidos de su inventor Ladislao *Biro* y de su socio Juan *Meyne*.)

biromista. m. Persona que acepta juego clandestino, gralmente. por cuenta de un tercero, y anota las apuestas de los jugadores. (V. **birome.**)

birra. f. Cerveza. (Del ital. *birra*: cerveza, aunque también podría ser la aféresis de **chinchibirra.**)

bisagra. f. Coyuntura ósea. || adj. Tonto. (La primera acep. se da por anal. con el esp. *bisagra*: herraje de dos piezas unidas que, sujetas una a un sostén fijo y otra a la puerta, facilitan el giro de una puerta; la segunda se presenta como una oscura e inexplicable derivación.)

biscuit. m. Mujer hermosa y delicada. (Del fr. *biscuit*: porcelana.)

biyuya. f. Dinero. (Del fr. *bijou*: joya, alhaja, en cruce con el esp. *billete*: papel moneda [?].)

biyuyera. f. Billetera, cartera. (V. **biyuya.**)

bizcocho[1]. m. Pene. || MOJAR EL BIZCOCHO: v. **mojar.** (Del esp. *bizcocho*: masa compuesta de harina, huevos y azúcar, que se cuece en hornos pequeños, por alusión a la forma habitualmente alargada de éstos.)

bizcocho, cha[2]. adj. Bizco. (Por juego paronom. entre el esp. *bizco*: bisojo, y el esp. *bizcocho*: pan sin levadura.)

blablá. m. Charla insistente e insustancial. (Voz onomatopéyica.)

blableta. adj. Charlatán. (V. **blablá.**)

blanca. f. Cocaína. (En directa alusión al color de dicho estupefaciente.)

blancanieves. f. Cocaína. (Por juego paronom. entre **blanca** y el nombre *Blancanieves*: heroína del cuento infantil homónimo.)

blanco. adj. En la expr. EN BLANCO: de conformidad con las prescripciones y ordenanzas legales. (Se relaciona con el esp. *blanquear*: ajustar a la legalidad fiscal el dinero procedente de negocios delictivos o injustificables; cf. **negro.**)

bleque. m. Brea. || DAR UNA MANO DE BLEQUE: ensuciar, denigrar. (Probable deform. del ingl. *black*: negro.)

blu. m. Agente de policía. (Del ingl. *blue*: azul, por alusión al color de su uniforme.)

bobazo. m. Insuficiencia cardíaca grave. | **2.** Ataque al corazón; infarto, generalmente mortal. (V. **bobo.**)

bobería. f. Relojería. (V. **bobo.**)

bobero. m. Relojero. (V. **bobo.**)

bobeta. adj. Bobalicón. (Del esp. *bobo*: de muy corto entendimiento y capacidad, con el agregado del sufijo *-eta.*)

bobina. m. **vivo.** (Formado sobre el vesre **vovi** en juego paronom. con el esp. *bobina*: cilindro de hilo.)

bobmarley. m. Cigarrillo de marihuana de gran tamaño. (En alusión al músico jamaiquino *Bob Marley* [1945-1981], cuya foto más difundida lo muestra con un desmesurado cigarrillo de marihuana en la boca.)

bobo. m. Reloj. | **2.** Corazón. (De la jerga delictiva italiana *bobo, bogo*: babosa y fig. reloj; en la segunda acep., se asocian los latidos con el tic-tac.)

boca. m. Vesre del esp. *cabo*: primer grado de las fuerzas militares y policiales.

bocasucia. m. y f. Persona que utiliza palabrotas y expresiones subidas de tono. (De la combinación del esp. *boca*: órgano de la palabra y el esp. *sucio*: que tiene manchas o impurezas.)

bocha. f. Cabeza. I **2.** Pelota de fútbol. I **3.** Juego del fútbol. I **4.** Cantidad de droga que el **díler** recibe de su distribuidor para la comercialización minorista. I **5.** Montón, cantidad grande. (La primera y segunda aceps. por anal. con el esp. *bocha*: bola de madera; la s. por metonimia; las ss. provienen quizá de la expr. urug. *a bocha*: en profusión, aunque la última parece derivar directamente de la anterior.)

bochado, da. ppio. perf. de **bochar.** Reprobado en un examen.

bochar. tr. Reprobar a alguien en un examen. I **2.** intr. Ser reprobado en un examen. (Del ital. *bocciare*: reprobar y ser reprobado en los exámenes.)

bochazo¹. m. Reprobación de un examen. (V. **bochar.**)

bochazo². m. Pelotazo; pase largo, por lo general sin destinatario. (V. **bocha.**)

bocho. m. Cabeza. I **2.** Persona muy inteligente. II HACER EL BOCHO: convencer. I **2.** HACERSE EL BOCHO: fantasear sexualmente. (V. **bocha.**)

bocina. adj. Vocinglero. I **2.** Chismoso, delator. (Por anal. con el esp. *bocina*: instrumento de metal, en figura de trompeta que se usa para hablar de lejos; instrumento que se hace sonar mecánicamente en los automóviles.)

bocinar. tr. Revelar algo con indiscreción. I **2.** Delatar. (V. **bocina.**)

bocinazo. m. Delación. (V. **bocina.**)

bodega. f. Estómago, vientre. (Del esp. *bodega*: espacio interior de los buques, desde la cubierta inferior hasta la quilla.)

bofe. adj. Feo, desagradable. (Del esp. *bofe* –presumiblemente es voz onomato-péyica–: pulmón de las reses que se destina a consumo.)

boga. m. Forma aferética y apocopada del esp. *abogado*.

bola. f. En varios deportes, pelota. I **2.** Testículo. II ANDAR COMO BOLA SIN MANIJA: estar desorientado, agitarse o moverse sin hacer nada eficaz. I **2.** ARMARSE UNA BOLA: generarse una serie de habladurías y comentarios a partir de conjeturas y detalles poco significativos. I **3.** DARLE BOLA A ALGUIEN: prestarle atención [dado por el DRAE], darle importancia; prestarse a requerimiemtos amorosos. I **4.** HACER CORRER LA BOLA: divulgar una noticia. (Por anal. con el esp. *bola*: cuerpo esférico de cualquier materia; en especial, derivado de la bola de billar; para la segunda acep., v. **bolas.**)

bolacear. intr. Mentir; inventar una historia. (V. **bolazo.**)

bolaceo. m. Acción de **bolacear.**

bolacero, ra. adj. Mentiroso [dado por el DRAE]. (V. **bolazo.**)

bolacha. f. Galleta. (Es el port. *bolacha*: galleta.)

bolada. f. Ocasión propicia, situación favorable [dado por el DRAE]. (Por ext. del esp. *bolada*: tiro que se hace con la bola, a través del juego de billar.)

bolainas. f. pl. **bolas.** (Por juego paronom. con el esp. *polaina*: especie de media calza, hecha regularmente de paño o cuero, que cubre la pierna hasta la rodilla y a veces se abotona o abrocha por la parte de afuera.)

bolas¹. f. pl. Testículos. II EN BOLAS: EN PELOTAS. I **2.** ESTAR EN BOLAS: ignorar algo que se debía conocer. I **3.** HINCHAR O ROMPER LAS BOLAS: molestar; hastiar. I **4.** PONER BOLA(S): PONER HUEVO(S). I **5.** QUEDARSE

EN BOLAS: no haber comprendido un asunto o una explicación. | **6.** ROMPER LAS BOLAS: ROMPER LAS PELOTAS. | **7.** TENER BOLAS: tener agallas. (Por anal. con el esp. *bola*: cuerpo esférico de cualquier materia.)

bolas². adj. **boludo.** || BOLAS TRISTES: **boludo.** (Es un eufemismo por apócope.)

bolaseador, ra. adj. Mentiroso. (V. **bolazo.**)

bolasear. intr. Variante gráfica de **bolacear.**

bolasero, ra. adj. Variante gráfica de **bolacero.**

bolaso. m. Variante gráfica de **bolazo.**

bolastriste(s). adj. Tonto. (Formado sobre **bolas** y el esp. fig. *triste*: insignificante, insuficiente; cf. **bolas².**)

bolazo. m. Disparate, despropósito. | **2.** Mentira, embuste [dados por el DRAE]; historia falsa. (Aument. del esp. fam. *bola*: embuste, mentira.)

bolche. adj. Forma apocopada del esp. *bolchevique.*

boleado, da¹. ppio. perf. de **bolear.** Aturullado, confundido; atolondrado.

boleado, da². ppio. perf. de **bolearse.** || adj. Desorientado. (V. **bolear.**)

bolear. tr. Confundir, aturullar [dado por el DRAE]; atolondrar, desorientar. U. t. c. prnl. (Del ruralismo *bolear*: echar o arrojar las boleadoras a un animal.)

bolearse. intr. Empinarse el potro sobre las patas y caer de lomo. (V. **bolear.**)

boleo. m. Tipo de hurto que consiste en el arrebato de una cartera, valija o paquete. || AL BOLEO: despreocupadamente, sin ton ni son. (V. **bolear.**)

boleta. f. Víctima de un homicidio. | **2.** Muerte provocada, asesinato. | **3.** Víctima de una seducción y, eventualmente, víctima de una violación. || HACER LA BOLETA: multar el agente de tránsito a un infractor; asesinar; consumar la seducción de una mujer. (Del esp. *boleta*: especie de libranza para tomar o cobrar alguna cosa.)

boleteada. f. Total de las apuestas a favor de un caballo. | **2.** Total de las apuestas registradas en una carrera. (V. **boleto.**)

boleteado, da. ppio. perf. de **boletear¹.** (V. **boleta.**)

boletear¹. tr. Asesinar. (V. **boleta.**)

boletear². intr. Mentir. (V. **boleto.**)

boletero, ra. adj. Mentiroso [dado por el DRAE]. (V. **boleto.**)

boleto. m. Mentira [dado por el DRAE], exageración. | **2.** En el turf, certificado que recibe el apostador por su apuesta. (En la primera acep. por juego paronom. entre el esp. fam. *bola*: embuste, mentira y el argent. *boleto*: billete de tren o de un vehículo cualquiera.)

boliado, da¹. ppio. perf. de **boliar.**

boliado, da². ppio. perf. de **boliarse.**

boliar. tr. Variante alternativa de **bolear.**

boliarse. intr. Variante alternativa de **bolearse.**

boliche. m. Almacén o despacho de bebidas donde se juega a los naipes y/o taba. | **2.** Establecimiento comercial o industrial de poca importancia, especialmente el que se dedica al despacho y consumo de bebidas y comestibles [dado por el DRAE]. | **3.** Por ext., bar, discoteca [dado por el DRAE]; local de baile. | **4.** Diversión, **joda.** (Por ext. del germ. *boliche*: casa de juego.)

bolichear. intr. Atender un **boliche.** | **2.** Frecuentar bares o **boliches** en tren de diversión. (V. **boliche.**)

bolichero, ra. m. y f. Propietario o encargado de un **boliche** o establecimiento comercial modesto. || adj. Persona que acostumbra a frecuentar **boliches**. | **2.** Aficionado a concurrir a discotecas a escuchar la música propia de éstas y seguir los dictados de la moda impuestos en ellas. (V. **boliche**.)

bólido. adj. m. Tonto. | **2.** Lento. (En la primera acep. es eufemismo por **boludo**; en la segunda, por antífrasis, del esp. *bólido*: automóvil que alcanza extraordinaria velocidad.)

bolilla. f. Bola pequeña numerada que se usa en los sorteos. | **2.** Cada uno de los temas en que se divide el programa de una materia para su enseñanza [dados ambos por el DRAE]. || DARLE BOLILLA A ALGUIEN: DARLE BOLA A ALGUIEN. (Por juego paronom. entre **bola** y el amer. *bolilla*: bola pequeña numerada que se usa en los sorteos.)

bolín. m. Variante alternativa ant. de **bulín**.

bolita[1]. f. Juego de niños que se realiza con pequeñas bolas de barro o vidrio. | **2.** Cada una de estas pequeñas bolas, canica. | **3.** Bebida gaseosa. (En la primera y segunda aceps. por pasaje al dimin. del esp. *bola*: canica; en la tercera, se alude a la tapa de las botellas de estos antiguos refrescos.)

bolita[2]. adj. Boliviano, na. (Por juego paronom. con **bolita**[1]: canica; de valor despect.)

bolivianas. f. pl. Testículos. (Por juego paronom. entre **bolas** y el esp. *boliviano*: natural de Bolivia.)

boliviano, na. adj. Tonto. || m. y f. **grasa**. (En la primera acep., eufemismo por **boludo**; en la segunda, por asociación con el color de piel de los naturales de Bolivia, a partir de prejuicios raciales y de clase.)

bollitero. m. Barrendero de calles. (V. **bollito**.)

bollito. m. Heces de los caballos de tiro que recorrían la ciudad. (Dimin. por anal. con el esp. *bollo*: pieza esponjosa de varias formas y tamaños.)

bollo. m. Puñetazo, golpe. | **2.** Lío. || DARSE UN BOLLO: chocar conduciendo un automóvil. | **2.** NO ESTAR EL HORNO PARA BOLLOS: No haber clima propicio para tratar un asunto o realizar algo. (Por ext. del esp. *bollo*: abolladura.)

bolo. m. En los espectáculos, papel menor, de cortas o escasas intervenciones, especialmente aplicado a las actuaciones televisivas. | **2.** Caballo considerado de antemano triunfador en una carrera. (La primera acep. es ext. del esp. *bolo*: actor independiente, contratado sólo para hacer un determinado papel; la segunda es ext. de *bolo*: píldora más grande que la ordinaria, en alusión a los pildorones con que antiguamente se drogaba a los caballos para obtener un mayor rendimiento en las carreras.)

boló. Variante alternativa de **bolú**.

bolonqui. m. Vesre de **quilombo**.

bolsa. f. Cantidad de droga que el **díler** recibe de su distribuidor para la comercialización minorista, **bocha**. | **2.** Cocaína. || BOLSA DE GATOS: lugar de frecuentes disputas e intrigas. | **2.** DAR COMO EN BOLSA: castigar duramente de palabra o de hecho [dado por el DRAE como uruguayismo]. | **3.** HACER BOLSA: romper, destruir algo [dado por el DRAE]; destrozar; zurrar, golpear, herir [dado por el DRAE]; matar; apabullar, dejar mudo; reprobar; vencer. | **4.** HACERSE BOLSA: romperse; golpearse, herirse; quedar apabullado a causa de una enfermedad o frustración [dado por el DRAE]; abatirse; cansarse. | **5.** PALO Y A LA BOLSA: v. **palo.** (Del esp. *bolsa*: especie de saco de tela u otro material, que sirve para llevar o guardar algo; en la segunda acep. por metonimia. Quizás el sentido de algunas de las exprs. se aclare con otra: QUEDAR HECHO BOLSA: quedar inerme, sin movimiento, como una bolsa tirada.)

bolsearse. intr. Drogarse aspirando pegamento de una bolsa. (Del esp. *bolsa*: saco de tela u otro material, como plástico o papel, que sirve para guardar o llevar algo.)

bolsero. m. Comerciante de electrodomésticos con pequellas fallas o averías que se venden a precios más bajos que los habituales. (V. **bolsa.**)

bolú. adj. Forma apocopada de **boludo.**

boludazo, za. adj. Aument. de **boludo.**

boludear. intr. Pasar el tiempo sin hacer nada, tontear. | **2.** tr. Burlarse de alguien, **cargar.** | **3.** Perjudicar. (V. **boludo.**)

boludearse. intr. **bandearse.** | **2.** Malograrse, desaprovecharse. (V. **boludo.**)

boludez. f. Estupidez, imbecilidad, torpeza. (V. **boludo.**)

boludo, da. adj. Tonto, imbécil, poco avispado. | **2.** Fórmula de tratamiento que entre gente joven equivale a **flaco** o **loco.** (De **bolas¹**: testículos, con claro sentido peyorativo.)

boludol. m. Fármaco supuesto, cuya acción terapéutica sería la de atontar. (V. **boludo.**)

boludón, na. adj. Aument. de **boludo.**

bolúmetro, tra. adj. **boludo.** (Por la conjunción de **boludo** y el sufijo esp. *-metro.*)

bomba. f. Pene. | **2.** Mujer muy hermosa. (La primera acep., por anal. entre la copulación y el esp. *bombeo*: acción y

efecto de bombear líquido, v. **bombear¹**; la s., por probable alusión a una masa de confitería, la bomba de crema.)

bombacha. f. En la expr. BOMBACHA FLOJA: mujer fácil. (Es el argent. *bombacha*: braga, prenda interior femenina.)

bombeada¹. f. **bombeo,** acto sexual. (V. **bombear¹.**)

bombeada². f. Arbitraje parcial, gralmente. originado en un soborno. (V. **bombear².**)

bombear¹. intr. Fornicar. (Por anal. con la acción que realizan las bombas, que elevan agua u otro líquido.)

bombear². intr. Arbitrar con parcialidad, ECHAR, MANDAR O TIRAR AL BOMBO. | **3.** tr. Perjudicar deliberadamente a alguien. (Del port. *pombear*: espiar, traicionar.)

bombeo. m. Realización del coito. (V. **bombear¹.**)

bombero, ra. adj. Dicho de un árbitro, especialmente de fútbol, sospechoso de parcialidad. (V. **bombear².**)

bombilla. f. **angelito¹.** (Por alusión a la forma semejante a una bombilla para mate.)

bombo. m. Trasero. | **2.** Vientre, especialmente el de una mujer embarazada. || ECHAR, MANDAR O TIRAR AL BOMBO: perjudicar deliberadamente el desempeño o el arribo a un resultado satisfactorio de alguien; matar. | **2.** ESTAR DE O CON EL BOMBO: estar embarazada una mujer. | **3.** INFLAR EL BOMBO: v. **inflar.** | **4.** IR AL BOMBO: en el juego, perder *ex profeso*; en cualquier actividad, retacear el esfuerzo. | **5.** IRSE AL BOMBO: arruinarse, caer en desgracia; morir. (Las aceps., por anal. con el esp. *bombo*: tambor muy grande; para la primera, cuarta y quinta exprs., v. **bombear².**)

bombón. m. Beldad. (Por considerársela apetitosa, por anal. con el esp. *bombón*: pieza pequeña de chocolate o azúcar.)

bombonardo. m. Aument. fest. de **bombón.**

Bombonera. f. Estadio del club de fútbol Boca Juniors. (Por alusión a su forma, semejante a una *bombonera* o caja de bombones.)

boncha. adj. Vesre de **chabón.**

bondero, ra. adj. Que habitualmente utiliza el **bondi** como medio de transporte, por carecer de dinero para usar taxis o **remises** y carecer de un automóvil propio. (V. **bondi.**)

bondi. m. Tranvía. | **2.** Ómnibus, transporte público automotor. (Del port. *bonde*: tranvía; voz surgida en 1876, cuando se instalaron los tranvías en Río de Janeiro, momento en el cual la empresa, británica de origen, emitió *bonds* o acciones para formar el capital, y se identificó a los tranvías con éstos.)

bondinero. m. Conductor o guarda de tranvía. | **2.** Conductor de ómnibus. (V. **bondi.**)

bondiola. f. Tipo de embutido hecho a base de lomo de cerdo. (Del ital. *bondiola*, de igual signif.)

bonete. m. En la expr. ESTAR DEL BONETE: ESTAR DE LA GORRA, ESTAR DE LA CABEZA. (Por anal. con **gorra**; es el esp. *bonete*: especie de gorra.)

bonja. m. Vesre de *jabón.*

bookear. intr. y tr. Variante gráfica y etimológica de **bukear.**

boquear. intr. y tr. Hablar de más, revelar alguna información confidencial relacionada con alguna otra persona. (Por espec. del amer. *boquear*: hablar mucho, generalmente con indiscreción.)

boquetero. m. Delicuente que hace boquetes para penetrar en un banco o comercio a realizar un robo. (Del esp. *boquete*: brecha, abertura hecha en la pared.)

bora. f. En la expr. SALIR EN BORA: salir en libertad. (Del port. *embora*: enhorabuena [?].)

borcego. m. Deform. del esp. *borceguí.*

bornearse. intr. Menearse, contonearse. (Por ext. del esp. *bornear*: dar vuelta, revolver, torcer o ladear.)

borrado, da. ppio. perf. de **borrarse.**

borrarse. intr. En el turf, retirarse un caballo de una carrera para la que estaba inscripto. | **2.** Excluirse de un lugar o actividad, irse. | **3.** Acobardarse. (Del esp. *borrar*: hacer rayas sobre lo escrito; las dos ss. aceps. son exts. de la primera.)

borrega. f. Niña; púber, joven; **pendeja.** (V. **borrego.**)

borregada. f. Muchachada, chiquillería. (V. **borrego.**)

borrego. m. Chico; púber; joven; **pendejo.** (Por anal. con el esp. *borrego*: cordero de uno o dos años.)

bosta. f. En las exprs. ss.: HACER BOSTA: romper, destrozar; matar. | **2.** HACERSE BOSTA: golpearse accidentalmente; matarse. (Es el esp. *bosta*: excremento del ganado vacuno o caballar.)

bostear. tr. Quitar el excedente de **yerba** de un MATE CORTO. (Del esp. *bosta*: excremento del ganado vacuno o caballar; v. **corto.**)

bostero, ra. adj. Fanático del club Boca Juniors. (Creado a partir del esp. *bosta* por los seguidores de River Plate en alusión a las continuas inundaciones que sufría el barrio de la Boca a raíz de las frecuentes sudestadas.)

bote. m. Automóvil grande y lujoso. (Por alusión al esp. *bote*: barco pequeño y sin cubierta.)

botija. m. Niño, jovencito. (De la expr. *estar hecho una botija*: se dice del niño cuando se enoja y llora.)

botines. m. pl. En la expr. COLGAR LOS BOTINES: retirarse de una actividad, jubilarse. (Por alusión a los botines del jugador de fútbol.)

botón[1]. m. Agente de policía. | **2.** Soplón, delator, alcahuete. || **botón, ona.** adj. Formal, serio, apegado a las reglas; **vigilante**; adulador, **chupamedias**. | **2.** Dicho de un árbitro de fútbol, parcial, **bombero**. (Quizá provenga de la expr. *tirar a los botones*, surgida en la revolución de 1890 en Buenos Aires, cuando los sediciosos disparaban sus armas apuntando a los numerosos botones de los uniformes policiales.)

botón[2]. m. En las exprs. gauchescas AL BOTÓN y AL DIVINO BOTÓN: inútilmente, sin razón, sin objeto. (Etimol. incierta.)

botona. f. Regenta de prostíbulo, encargada de dirigir y vigilar a las pupilas. | **2.** Soplona. | **3.** Mujer policía. (V. **botón**[1].)

botonardo. m. Aument. fest. de **botón**[1].

botonazo, za. adj. Aument. de **botón**[1].

botonear. tr. Delatar. (V. **botón**[1].)

botoneo. m. Delación. (V. **botón**[1].)

bóveda. f. Cabeza. || TENER AGUA EN LA BÓVEDA: médicamente, padecer hidrocefalia con atrofia cerebral; popularmente, estar loco. (Por anal. con el esp. *bóveda*: cripta.)

boxear. tr. Golpear, trompear, agredir a golpes. (Por ext. del esp. *boxear*: practicar el boxeo.)

boyitero. m. Variante gráfica de **bollitero**.

boyito. m. Variante gráfica de **bollito**.

boyo. m. Variante gráfica de **bollo**.

bozal. adj. Que habla el castellano con dificultad. (Del esp. *bozal*: dicho de una persona de raza negra, recién sacada de su país.)

bramaje. m. Vesre irreg. de **hembraje**.

brame. f. Vesre irreg. de **hembra**.

brasuca. adj. Brasileño. (Gralmente. despect. –cf. **payuca** y **villuca**–, por cruce entre el sust. propio *Brasil* y el esp. *bazuka*: lanzagranadas portátil [?].)

breca. adj. Vesre irreg. de **cabrero**.

brema. f. Naipe. (Del argót. *brème*: naipe.)

breón. m. Vesre del esp. *hombre*.

breto. m. Sobretodo. (Por aféresis y apócope del esp. *sobretodo*: prenda de vestir que se lleva sobre el traje ordinario.)

breva. f. Beldad. (Del esp. *breva*: primer fruto que anualmente da la higuera breval.)

brígido, da. adj. Frío, quieto, callado. | **2.** –sólo en f.– Frígida, aplicado a la mujer de mal carácter o demasiado nerviosa, características atribuibles a su presunta incapacidad de obtener goce sexual. | **3.** Flojo, delicado; pusilánime. | **4.** Tonto. (Por confusión con el esp. *frígido*: frío; que carece de deseo o goce sexual.)

brija. f. Cadena de reloj. (Etimol. incierta.)

brillar. intr. Impresionar vivamente, **flashear**. | **2.** Tener sensaciones vívidas, generalmente por haber consumido drogas. (Del esp. *brillar*: emitir o reflejar luz; sobresalir.)

brillera. f. Azucarera. | **2.** Frasco u otro recipiente destinado a guardar la cocaína. (V. **brillo**.)

brillo. m. Diamante. | **2.** Joya que tiene engarzado un diamante. | **3.** Azúcar. |

4. Cocaína. (Del ital. jergal *brillo*: piedra preciosa; en la tercera y cuarta aceps., por alusión al brillo propio de estas sustancias.)

brique. m. Fósforo, cerilla. (Del gen. *bricchetto*: fósforo.)

briquetera. f. Obrero de una fábrica de fósforos. (V. **brique**.)

briquetería. f. Fábrica de fósforos. (V. **brique**.)

briqui. m. Variante alternativa de **brique**.

brisco. m. Varón homosexual. (Por alusión al durazno *prisco*, porque se abre con facilidad.)

briyera. f. Variante gráfica de **brillera**.

briyo. m. Variante gráfica de **brillo**.

broche. m. **angelito**[1]. (Del esp. *broche*: conjunto de dos piezas una de las cuales engancha o encaja en la otra.)

brodo. m. Producto de un robo. || MANDAR AL BRODO: engañar, estafar. | **2.** IR AL BRODO: arruinarse, fundirse. (Del ital. *brodo*: caldo.)

broli. m. Vesre del esp. *libro*.

bronca. f. Enojo, enfado, rabia. | **2.** Rencor, resentimiento, odio; enemistad. || TIRAR LA BRONCA: reñir, reprender, enfurecerse. | **2.** ARMAR (LA) BRONCA: causar una disputa. | **3.** ARMARSE (LA) BRONCA: iniciarse una disputa violenta. (Por ext. del esp. *bronca*: riña o disputa ruidosa.)

broncado, da. ppio. perf. de **broncar**. || adj. Rencoroso, resentido. (V. **bronca**.)

broncador, ra. adj. Que se enoja con facilidad. (V. **bronca**.)

broncar. intr. Enojarse. (V. **bronca**.)

broncoso, sa. adj. **broncador**. (V. **bronca**.)

broncudo, da. adj. Enojado, furioso. (V. **bronca**.)

bronquear. intr. **broncar**. (V. **bronca**.)

bronquitis. f. **bronca**. (Por juego paronom. con el esp. *bronquitis*: inflamación aguda o crónica de la membrana mucosa de los bronquios.)

brotarse. intr. Enojarse, irritarse; perder la compostura. | **2.** Preocuparse. (Del esp. *brotar*: salir al cutis, como las erupciones alérgicas o de origen bacteriano o viral.)

broto. m. Mujer joven y hermosa. (Por alusión al esp. ant. *broto*: brote de las plantas.)

bruja. f. Esposa, mujer, por lo gral. cuando es mencionada por su marido. (Del esp. *bruja*: hechicera; mujer fea y vieja.)

brulote. m. Crítica periodística ofensiva y polémica. (Del esp. *brulote*: barco cargado de materias combustibles que se dirigía sobre los buques enemigos para incendiarlos.)

brulotear. tr. Combatir a alguien a través de escritos vehementes. (V. **brulote**.)

brutal. adj. Maravilloso, excepcional. (Del esp. *brutal*: que imita o semeja a los brutos.)

buche. adj. y sust. **buchón**.

buchón, na. adj. **alcahuete**, delator. || m. y f. Informante de la policía; delincuente que por lo gral. alterna su oficio con la delación, informante de la policía. | **2.** Agente de policía, vigilante, **botón**. (Del esp. fig. *buche*: pecho o lugar en que se finge que se reservan los secretos.)

buchonear. tr. Delatar. (V. **buchón**.)

budín. m. Beldad. | **2.** Trasero. (Por alusión al esp. *budín*: plato de dulce que se prepara con bizcocho o pan deshecho; en la segunda acep., por la forma redondeada.)

budinazo. m. Aument. de **budín**.

budinera. f. Galera, sombrero de copa alta. (Del esp. *budinera*: recipiente estañado en que se hace el budín, por alusión a la forma.)

buenudo, da. adj. Tonto, cándido. (Híbrido del esp. *bueno* y **boludo**.)

bufa[1]. m. Forma apocopada de **bufarrón**.

bufa[2]. f. Forma apocopada de **bufosa**.

bufacho. m. Variante alternativa de **bufarrón**.

bufanda. m. Violador (Por juego paronomástico entre **bufa** y el esp. *bufanda*: prenda larga y estrecha con que se envuelven y abrigan el cuello y la boca.)

bufarra. adj. Variante alternativa de **bufarrón**.

bufarreta. m. Variante alternativa de **bufarra**.

bufarrón. m. Bujarrón, sodomita, homosexual que suele ejercer el papel activo en la relación carnal. (Por deform. del esp. *bujarrón*, tal vez influido por el esp. *bufar*, o tal vez por el caló *bufo*, de igual signif.)

bufo[1]. m. Forma apocopada de **bufarrón**.

bufo[2]. m. Forma apocopada de **bufoso**.

bufón. m. Variante alternativa de **bufo**[2].

bufonazo. m. Balazo, disparo de arma de fuego. (V. **bufoso**.)

bufosa. f. Pistola. | **2.** Arma de fuego en gral. (V. **bufoso**.)

bufosazo. m. **bufonazo**. (V. **bufoso**.)

bufosina. f. Dimin. de **bufosa**.

bufoso. m. Pistola, revólver. (Del ital. jergal *buf*: disparo de arma de fuego.)

buitre. m. Bujarrón. (Del esp. *buitre*: ave rapaz que se alimenta de carne muerta.)

bukear. intr. y tr. Variante gráfica de **buquear**.

bule. m. Puñetazo. (Etimol. incierta.)

bulebú. m. Variante gráfica de **vulevú**.

bulín. m. Habitación, pieza, aposento. | **2.** Departamento usado para citas amorosas [dado por el DRAE]. | **3.** Departamento modesto. (Si bien durante algún tiempo se lo pensó como proveniente del fr. *boulin*: agujero practicado en la pared para que aniden las palomas, parece más probable que provenga del ital. jergal *bolín* o *bulín*: cama.)

bullón. m. Variante gráfica de **buyón**.

bullonada. f. Variante gráfica de **buyonada**.

bullonar. intr. Variante gráfica de **buyonar**.

bulo. m. Variante alternativa de **bulín**.

bulón. m. Perno o pieza de metal que se asegura con un remache. (Del fr. *boulon*: perno.)

bulonazo. m. Eufemismo por **boludazo**. (V. **bulón**.)

bulonero. m. Ladrón que arroja objetos sobre el techo o bajo las ruedas de un automóvil para que el conductor se detenga, y aprovecha entonces para robarle. (Se denominan de esta forma porque en un principio lo que solían arrojar eran **bulones**; v. **bulón**.)

bulto. m. Conjunto integrado por el pene y los testículos del hombre, particularmente cuando por su tamaño se revelan de modo evidente bajo la ropa. | **2.** Pene. (Por espec. del esp. *bulto*: cuerpo indistinguible por estar cubierto.)

buquear. intr. y tr. Sacarle fotos a una modelo con el fin de armar su álbum para ofrecer sus servicios en desfiles de modas o publicidades a los clientes que la requieran. (Del ingl. *book*: libro.)

burra. f. Caja de caudales. | **2.** Baúl que

los penados utilizan para guardar sus efectos personales. ‖ BURRA DE VIAJE: valija. (V. **burro¹**.)

burrear¹. intr. Apoderarse de valores y dinero guardados en un cajón de mostrador, caja registradora o caja de caudales. (V. **burro¹**.)

burrear². intr. Apostar en las carreras de caballos. (V. **burro²**.)

burrear³. intr. Trabajar muy duramente, como un burro. (Del esp. *burro*: asno.)

burrero¹. m. Ladrón de cajones de mostrador, cajas registradoras y cajas de caudales. (V. **burro¹**.)

burrero, ra². adj. Aficionado a las carreras de caballos, gralmente. apostador. (V. **burro²**.)

burrista. m. burrero¹. (V. **burro¹**.)

burrita. f. Dimin. de **burra**.

burrito. m. Bolsillo pequeño delantero del pantalón, colocado a la altura de la cintura. (V. **burro¹**.)

burro¹. m. Cajón de mostrador o escritorio, caja registradora. ‖ BURRO COCEADOR O PATEADOR: cajón conectado a una alarma. ‖ **2.** PATEAR EL BURRO: sonar la alarma de improviso. (Por anal. con el esp. *burro*: asno, bestia de carga; por llevar la carga del negocio [?].)

burro². m. Caballo de carreras [dado por el DRAE]. (Fest. del esp. *burro*: asno.)

busarda. f. Variante gráfica más difundida de **buzarda**.

busca. m. y f. Forma apocopada del esp. *buscavidas*. ‖ **2.** f. Ramera. (Del esp. *buscavidas*: persona diligente en buscar por cualquier medio lícito el modo de vivir.)

buscaglia. m. y f. Buscavidas. (Por juego paronom. con el apellido ital. *Buscaglia*.)

buscar. tr. Incitar a alguien a discutir o pelear. ‖ **2.** Incitar a alguien a mantener relaciones sexuales. (Por ext. del esp. *buscar*: hacer algo para hallar o encontrar a alguna persona o cosa.)

buscarroña. adj. Pendenciero. (Híbrido del esp. *buscar*: hacer lo necesario para conseguir algo y **roña**.)

buseca. f. Vientre. (Del ital. *busecca*: tripa y, en diversos dialectos, vientre de animal grande.)

busquería. f. Local de despacho de bebidas donde las prostitutas se reúnen en busca de clientes. (V. **busca**.)

butifarra. f. Pene. ‖ **2.** Farra. (La primera acep., del esp. *butifarra*: embutido a base de carne de cerdo; la segunda se da por juego paronom. con **farra** en la expr. rioplatense TOMAR A UNO PARA LA FARRA: burlarse de uno, tomarle el pelo [anotada en el DRAE].)

buyón. m. Sopa. ‖ **2.** Alimento, comida. ‖ **3.** Estómago. (De etimol. discutida, podría provenir del fr. *bouillon*: caldo, o bien del gen. *buggio*: cocido, hervido.)

buyonada. f. Comilona, banquete. (V. **buyón**.)

buyonar. intr. Variante antigua de **buyonear**.

buyonear. intr. Comer. (V. **buyón**.)

buyonera. f. **buyón**.

buzarda. f. Estómago. ‖ **2.** Boca. ‖ **3.** Comida. (Por ext. del esp. *buzarda*: cada una de las piezas curvas con que se liga y fortalece la proa de una embarcación; es probable la infl. del gen. *buzzo*: vientre.)

buzón. m. Calabozo. ‖ **2.** Letrina, excusado. ‖ **3.** Homosexual pasivo. ‖ **4.** Boca grande. ‖ **5.** Delincuente que roba correspondencia. ‖ **6.** Engaño, mentira. ‖

7. Intermediario entre el narcotraficante y el adicto. ‖ VENDER UN BUZÓN: engañar, mentir. (Todas las aceps., de una u otra manera, aluden al esp. *buzón*: abertura por la que se echan las cartas para el correo o para otro destino; la sexta acep. alude a un conocido **cuento** que estriba en simular la venta de un buzón.)

C

---

cabalete. m. Bolsillo superior del saco. |
2. Bolsillo en gral. | **3.** Forma de hurto
según la cual el delincuente introduce
en el bolsillo de la víctima los dedos medio e índice a fin de extraer dinero o
efectos personales. (Del ital. jergal *cava-
lletta*: bolsillo.)

cabaletero. m. Ladrón que practica el **cabalete**. (V. **cabalete**.)

caballo. m. Individuo ignorante y bruto.
|| CORRER ALGUIEN CON EL CABALLO DEL
COMISARIO: tener un triunfo asegurado
por su vinculación con la autoridad. | **2.**
A CABALLO: aplicado a algunas comidas
sobre las que se monta un par de huevos
fritos. (Por anal. con el esp. *caballo*: mamífero solípedo.)

cabaret. m. Lugar de diversión nocturna
donde se puede comer, beber, presenciar
un espectáculo y bailar con mujeres des-
tinadas a la atención de los clientes. | **2.**
Local donde concurren solamente hombres a beber y presenciar algún acto de
striptease acompañados por mujeres

comúnmente llamadas **coperas**. (Es el
fr. *cabaret*: restaurante, taberna.)

cabarote. m. **cabaret**. (Quizá por cruce con
el esp. *camarote*: división pequeña de las
que hay en los barcos para poner la cama.)

cabarute. m. Variante alternativa más difundida de **cabarote**.

cabeceada. f. Cabezada. (Del esp. *cabe-
cear*: dar cabezadas cuando uno se va
durmiendo.)

cabecita. m. y f. Provinciano que en la
década de 1940 se radicó en Buenos Aires o sus alrededores ante el florecimien-
to industrial y la apertura de nuevas
fuentes de trabajo. | **2.** Provinciano, es-
pecialmente si es de tez oscura. | **3.** Per-
sona humilde. | **4.** Peronista, seguidor de
la doctrina del general Juan Domingo
Perón. (Es la forma abreviada de la expr.
CABECITA NEGRA, de iguales signifs.; por
alusión al nombre popular dado a ciertos pájaros, que poseen en su cabeza un
plumaje de color negro; cf. **cabeza**[2].)

caber. intr. Gustar, ir bien, ser del agrado

o del interés de una persona, adaptarse a sus gustos o necesidades. | **2.** Resultar aceptable una persona, cosa, idea o situación, ir. | **3.** Servir, ser útil. U. c. terciop. En pretérito perfecto simple se usa la forma agramatical "cabió". (Por ext. del esp. *caber*: tener lugar o entrar.)

cabeza¹. f. Glande. || ABRIRLE A ALGUIEN LA CABEZA: deslumbrarlo con una idea, cambiar su pensamiento, casi siempre de manera rápida o inesperada. | **2.** A LA CABEZA: usada en el juego de la quiniela para indicar la terminación del primer premio. | **3.** ARRANCARLE A ALGUIEN LA CABEZA: cobrarle por un producto o servicio un precio excesivo. | **4.** CABEZA A CABEZA: en las carreras de caballos, sin ventaja apreciable de ninguno de los competidores; por ext., en situaciones de pugna, paridad notable. | **5.** CABEZA DE GATO: imprudente, sin precauciones. | **6.** CABEZA DE TORTUGA: militar. | **7.** ESTAR DE LA CABEZA: estar loco. | **8.** HACERLE A ALGUIEN LA CABEZA: convencerlo de algo. | **9.** PARTIR LA CABEZA: v. **partir.** | **10.** TENER LA CABEZA QUEMADA: estar completamente loco, por lo común a causa de la droga. (Por metaforización, del esp. *cabeza*: parte superior del cuerpo del hombre; la segunda expr. es una espec. de la locución esp. *a la cabeza*: delante; las restantes son de sentido metafórico.)

cabeza². m. y f. **cabecita.** || adj. Perteneciente a la clase baja; vulgar, rústico, tosco. | **2.** Ignorante, de bajo nivel cultural. || CUMBIA CABEZA: v. **cumbia.** | **2.** ESTAR VESTIDO CABEZA: estar mal vestido. (V. **cabecita.**)

cabeza³. m. Juego que se atiene a las reglas del fútbol en el que cada jugador (los equipos pueden ser unipersonales o bien estar integrados por dos jugadores),

parado sobre la línea de su arco, intenta hacerle goles con la cabeza a su adversario. (Del esp. *cabeza*: parte superior del cuerpo del hombre, por metonimia.)

cabezón. m. Pene. (Del esp. *cabezón*: que tiene grande la cabeza.)

cable. m. En las exprs. ss.: TENER O ANDAR CON LOS CABLES PELADOS: estar loco; estar muy nervioso. | **2.** TIRAR UN CABLE: auxiliar, ayudar. (Del esp. *cable*: maroma gruesa; en la primera expr. se compara los nervios con los hilos eléctricos.)

cabo. f. Vesre del esp. *boca.*

cabra. f. Palanqueta con apoyo usada por los ladrones para hacer saltar cerraduras. (Por abrev. de PATA DE CABRA, ext. del esp. *pata de cabra*: instrumento con que los zapateros alisan los bordes de las suelas.)

cabreada. f. Enojo, enfado; recelo. (V. **cabrearse.**)

cabrearse. intr. Impacientarse. | **2.** Ponerse **cabrero.** (Es el esp. *cabrear*: enfadar, poner a alguien malhumorado o receloso; en alusión a las rabietas típicas de la cabra.)

cabreiroa. adj. **cabrero.** (Por juego paronom. con *Cabreiroá*: nombre de un agua minero-medicinal popular en Buenos Aires a comienzos del siglo XX.)

cabrero, ra. adj. Malhumorado, enojado. | **2.** Irritable, colérico, agresivo. | **3.** Desconfiado, receloso. (V. **cabrearse.**)

cabretilla. adj. **cabrero.** (Por juego paronom. con el esp. *cabritilla*: piel de cabrito curtida.)

cabriarse. intr. Variante alternativa de **cabrearse.**

cabrito. m. Cerrojo. (Llamado así porque se lo hace saltar como el *cabrito*: cría de la cabra hasta que deja de mamar.)

cabrón. f. Vesre de **bronca.**

cabuchón. m. Joya de imitación. (Por deform. del esp. *cajubón*: piedra preciosa pulimentada de forma convexa, o quizá directamente del fr. *cabochon*: cabeza grande.)

cábula. f. Cálculo supersticioso para adivinar una cosa. | **2.** Intriga, maquinación. (Por corrupción del esp. *cábala*; ambas aceps. aparecen en el DRAE bajo esta voz.)

cabulear. intr. y tr. Tejer intrigas, maquinar. (V. **cábula.**)

cabulero, ra. adj. Superticioso. | **2.** Intrigante. (V. **cábula.**)

cabuliar. intr. y tr. Variante alternativa de **cabulear.**

caburé. m. Hombre que resulta irresistible para las mujeres. (Por alusión al *caburé* –voz guar. castellanizada–: ave de rapiña que, con su chillido, aturde y paraliza a otros pájaros al acercarse para devorarlos.)

caca. adj. Remilgado, presumido, especialmente dicho a un miembro de la alta sociedad. (Del esp. *caca*: excremento humano.)

cacarear. intr. Gritar, protestar. (Por ext. del esp. *cacarear*: dar voces repetidas el gallo o la gallina.)

cacerola. f. Vagina grande. (Del esp. *cacerola*: vasija que sirve para cocinar en ella.)

cacerolazo. m. Protesta callejera, gralmente. en contra de una o más medidas de gobierno, que consiste en golpear cacerolas con otros utensilios de cocina a fin de provocar mucho ruido; cacerolada. (Del esp. *cacerola*: vasija de metal, de forma cilíndrica, con asas o mango, que sirve para cocer y guisar en ella.)

cacerolero, ra. m. y f. Participante en un **cacerolazo.** (V. **cacerolazo.**)

cachaciento, ta. adj. Lerdo, tardo. | **2.** Indolente, haragán. (Formado a partir del esp. *cachaza*: lentitud y sosiego en el modo de hablar o de obrar.)

cachada. f. Acción y efecto de **cachar**, hacer objeto de una broma a una persona [dado por el DRAE]. | **2.** Broma o burla típicamente porteña que, por lo gral., estriba en tomarle el pelo a alguien frente a terceros sin que lo note. (V. **cachar.**)

cachado, da. adj. Apresado, detenido. | **2.** Sorprendido en cierta situación. | **3.** Embromado. (V. **cachar.**)

cachador, ra. adj. Perteneciente o relativo a la **cachada** [dado por el DRAE]. || **cachador.** m. Individuo que toma el pelo a otro, o que es aficionado a ello [dado por el DRAE]. (V. **cachar.**)

cachadora. f. Vividora. (V. **cachar.**)

cachafaz. adj. Desfachatado, desenfadado, atrevido. (Del ital. jergal *cacciafanni*: divertido, fresco.)

cachar. tr. Agarrar, asir, tomar. | **2.** Sorprender a alguien, descubrirlo. | **3.** Burlarse de una persona [dados por el DRAE]. (Es amer.; las dos primeras aceps. derivarían de un cruce entre el esp. ant. *cazar*: coger [no dado por el DRAE] y el ital. *cacciare*: cazar; la tercera acep. provendría del port. *cachar*: engañar, trampear, quizá por cruce con la expr. CACHAR PARA LA FARRA: tomar para la farra.)

cacharpas. f. pl. Ropas y enseres de alguien pobre. (Por ext. de *cacharpas* –voz de origen quich.–: trebejos, trastos de poco valor.)

cacharse. intr. Rajarse, estropearse un utensilio de cocina de vidrio o loza. (Del esp. *cachar*: hacer cachos o pedazos de una cosa.)

cache. adj. Cursi. (Del quich. *k'ácha*: elegante, por antífrasis.)

cachengue. m. Fiesta, pachanga, **joda**. |
2. Lío, gresca; **descontrol, quilombo.** ‖
ARMARSE CACHENGUE: ARMARSE QUILOM-
BO. | **2.** DARLE CACHENGUE A ALGUIEN: pe-
netrar carnalmente, **coger**, DARLE MASA.
(Probablemente sea una deform. de
canyengue.)

cachería. f. Cursilería. (V. **cache.**)

cacherío. m. Conjunto o reunión de **ca-
ches.** (V. **cache.**)

cachetazo. m. Cachetada. (Aument. del
esp. *cachete*: golpe que con el puño o la
palma de la mano se da en la cabeza o en
la cara.)

cachimbo. m. Marihuana. (Del port. *cachimbo*: pipa, por metonimia.)

cachirulo, la. adj. Tonto, ingenuo, cándido. (Por juego paronom. entre **cache** y
el esp. *cachirulo*: vasija para licores; embarcación pequeña de tres palos [?].)

cacho. m. Hombre –usado como fórmula de tratamiento–. (Proviene de *Cacho*,
hipocorístico del nombre Oscar.)

cachote. m. Trozo grande. | **2. cazote.**
(En la primera acep., aument. del esp.
cacho: pedazo pequeño de alguna cosa;
la segunda es variante fonética de **cazote**; v. **cazote.**)

cachucha. f. **concha.** (Del esp. *cachucha*:
especie de gorra; también sombrero de
mujer, aunque no es de descartar un
cruce con el esp. *cachucho*: hueco de
una aljaba en que se mete cada flecha.)

cachufla. f. Forma sincopada de **cachufleta.**

cachufleta. f. Variante fest. de **cachucha**,
quizá con infl. de **cuchufleta.**

cachumba. f. Lluvia torrencial; tormenta. ‖
ARMARSE LA CACHUMBA: haber líos o pro-
blemas. | **2.** VENIR(SE) LA CACHUMBA: vis-
lumbrarse el comienzo de una tormenta
de viento y lluvia. (Etimol. incierta.)

cachuña. f. Bebida preparada con alcohol
fino y otros ingredientes, consumida en
las cárceles, por gente pobre o por adictos
que carecen de droga. (Etimol. incierta.)

cachurra. f. Variante del **rango** –cuyo
nombre completo es CACHURRA MONTA
LA BURRA–, que consiste en quedar montado sobre un compañero agachado tras
saltar a otros dos que permanecían en la
misma posición. (Etimol. incierta.)

cachusiento, ta. adj. **cachuzo.** (V. **cacharse.**)

cachuso, sa. adj. Variante gráfica de **cachuzo.**

cachuzo, za. adj. Deteriorado, cascado,
averiado. | **2.** Achacoso, envejecido. (V.
cacharse.)

cadenero. m. Caballo de tiro colocado en
la parte delantera de un vehículo, que
tiene la función de tirar cuando se pre-
sentan problemas durante el trayecto. |
2. Proxeneta. ‖ adj. Que suministra pro-
tección y ayuda. | **2.** Señero y destacado
en alguna actividad. (Se origina en el hecho de que el caballo aparece unido al
vehículo por medio de cadenas; la segunda se da por asociación con la expr.
TIRAR EL CARRO: explotar o una o varias
prostitutas; las aceps. como adj. son exts.
de la primera.)

Cadorna. m. Personaje supuesto. (Etimol. incierta, aunque es un apellido) Cf.
Magoya, Mongo y **Montoto**, a los que
eventualmente reemplaza en algunas
expresiones.)

caer. intr. Llegar a un lugar imprevistamente o sin haber precisado el momen-
to. | **2.** Entrar en prisión. | **3.** Dejarse en-
gañar. | **4.** Entender, comprender. ‖ CAER
PARADO: salir airoso de un inconveniente. (Del esp. *caer*: venir un cuerpo de

arriba abajo –para la primera acep.–; venir a dar un animal o persona en el armadijo o engaño dispuesto contra él o contra ella –para las dos ss.–; la cuarta es abrev. de la expr. *caer uno en la cuenta*: venir en conocimiento de una cosa que no lograba comprender; para la expr., cf. **parado**.)

cafaña. m. Individuo de baja estofa, persona miserable, malviviente. (De *cafónë* –común a varios dialectos itals.–: hombre.)

café. m. Reprimenda [dado por el DRAE]. || DAR UN CAFÉ: **cafetear**. (Probablemente tomado de la expr. ital. *dare il caffé*: reprender.)

cafera. m. Forma apocopada de **caferata**.

caferata. m. Proxeneta. | **2.** Café. (Por juego paronom. entre el apellido *Caferatta*, en la primera acep. con **cafiolo**; en la s., con el esp. *café*: sitio público donde se vende y se toma esta bebida.)

cafetear. tr. Reprender [dado por el DRAE]. (V. **café**.)

cafetera. f. Automóvil viejo y desvencijado. | **2.** Automóvil destinado al transporte de presos. | **3.** Transporte colectivo, especialmente si está lleno y adentro hace mucho calor. (Por alusión al esp. *cafetera*: vasija en que se hace o sirve café.)

cafetín. m. Café cuya clientela se compone de personas de baja condición. (Es forma despect. pero también afect. del esp. *café*: sitio público donde se toma la bebida homónima.)

cafiche. m. Variante poco difundida de **cafishio**.

cafiola. f. En las exprs. ss.: TIRAR LA CAFIOLA: explotar a una mujer y, excepcionalmente, a más de una; cobrar el barato en una casa de juego. | **2.** VESTIR A LA CAFIOLA: vestir bien. (V. **cafiolo**.)

cafiolar. intr. **cafishiar**. (V. **cafiolo**.)

cafiolo. m. Proxeneta, rufián, **canfinflero**. (Por cruce entre **canfinflero** y el vén. *fiolo*: jovencito.)

cafirulo. m. Variante fest. de **cafiolo**.

cafisar. intr. Variante fonética de **cafishar**.

cafisear. intr. Variante fonética de **cafishear**.

cafishar. intr. Variante sincopada de **cafishear**.

cafishear. intr. Variante alternativa más difundida de **cafishiar**.

cafishiada. f. Acción que realiza el **cafishio** de sacar dinero a la mujer que explota. (V. **cafishio**.)

cafishiar. intr. Explotar a una mujer y, excepcionalmente, a más de una. | **2.** Vivir a costa de otro. (V. **cafishio**.)

cafishio. m. Proxeneta, rufián, **canfinflero**. || **cafishio, shia.** adj. Elegante, distinguido. (Por juego paronom. entre **canfinflero** y el gen. *stocchefisce*: pez palo.)

cafisho. m. Forma sincopada de **cafishio**.

cafisiar. intr. Variante fonética de **cafishiar**.

cafisio. m. Variante fonética de **cafishio**.

cafiulín. m. Variante fest. de **cafiolo**.

caften. m. Explotador de mujeres; dueño de un prostíbulo. (De etimol. discutida, podría relaciónarselo con el turco *kaftan*: vestimenta masculina amplia y de mangas largas, que supuestamente habrían usado los proxenetas en Argentina durante las primeras décadas del siglo XX.)

cafúa. f. Prisión. (Del port. *cafua*: caverna, antro, especializada en el brasil. *cafua*: cuarto en que se encierra a los alumnos castigados.)

cafur. f. Vesre de **furca**.

cagada. f. Acción desleal, fraude. (V. **cagar**.)

cagado, da. ppio. perf. de **cagarse.**

cagador, ra. adj. Defraudador. | **2.** Informal, poco confiable. | **3.** Egoísta; que se niega a ayudar a los demás. (V. **cagar.**)

cagar. tr. Defraudar; sacarle a alguien algo que le correspondía por derecho propio violando su confianza, jugarle una mala pasada. | **2.** Superar, vencer. || CAGAR FUEGO: fracasar, morir. | **2.** CAGAR A GOLPES, A TROMPADAS O A PATADAS: zurrar. | **3.** CAGAR A PEDOS: reprender, retar. | **4.** HACER CAGAR: perjudicar, matar. | **5.** MANDAR A CAGAR: contestar de mala manera, como expresión de desacuerdo o desagrado; dar por terminada una conversación con insultos o a los gritos; echar, despedir. (Del esp. *cagar*: manchar, deslucir, echar a perder una cosa.)

cagarse. intr. Asustarse, acobardarse. || CAGARSE DE ALGO: tener eso mismo en cantidad (como por ej. CAGARSE DE CALOR: tener mucho calor). | **2.** CAGARSE EN ALGO: no interesarse por algo. (Del esp. *cagar*: evacuar el vientre; por las supuestas contracciones esfinterianas que se producirían al sentir miedo.)

cagazo. m. Miedo, susto. || PEGARSE UN CAGAZO: asustarse mucho. (V. **cagarse.**)

cago. m. En la expr. CAGO DE RISA (frecuentemente abreviada en **cago**): referida a situaciones, diversión en grado superlativo; referida a personas, muy gracioso o divertido, extremadamente simpático. (V. **cagarse.**)

cagón, na. adj. Miedoso, cobarde. (V. **cagarse.**)

caguinche. adj. Cobarde. (Por deform. fest. del esp. *cagueta*: pusilánime, cobarde.)

caída. f. Entrada en prisión. (Del esp. *caída*: acción y efecto de caer.)

caído, da. adj. En las exprs. CAÍDO DEL CATRE, CAÍDO DE LA CUNA, CAÍDO DEL NIDO: ingenuo, cándido. (V. **caer.**)

cajeta. f. **concha.** || HACERSE CAJETA: HACERSE BOLSA. (Del esp. *cajeta*: dimin. de caja.)

cajeteado, da. ppio. perf. de **cajetear.** Engañado, defraudado. (V. **cajeta.**)

cajetear. tr. Manosear a una mujer en la vulva para excitarla. | **2.** Engañar, defraudar. | **3.** intr. Meditar, cavilar. (v. **cajeta**; la segunda acep. se da por traslación —como en **joder**—; la tercera alude a las cavilaciones de los presos, que se suelen referir al sexo.)

cajeteo. m. Engaño, estafa, trampa. (V. **cajeta.**)

cajetilla. m. Petimetre, lechuguino. (Por metátesis del esp. *jaquetilla*: jaqueta corta.)

cajetudo, da. adj. Torpe, tardo. (Por anal. con **boludo** y **conchudo**; v. **cajeta.**)

cajonear. tr. Ocultar la documentación concerniente a un proyecto o trámite administrativo para evitar su inicio o prosecución. (Del esp. *cajón*: caja destinada a guardar las cosas que se ponen dentro de ella.)

cala. f. Forma apocopada del esp. *calesa.*

calabaza. f. Cabeza. (Por alusión al esp. *calabaza*: fruto redondo, por lo común grande, de la calabacera.)

calabocear. tr. Apresar, meter en un calabozo. | **2.** Separar para guardar una parte del dinero que se tiene. (Del esp. *calabozo*: aposento de cárcel.)

calado, da. ppio. perf. de **calar.** || adj. Conocido. || TENER CALADO: conocer de antemano a una persona, lugar o asunto. (V. **calar.**)

calador, ra. adj. Observador. (V. **calar.**)

calambre. m. Reproche, amonestación. (Del esp. *calambre*: contracción muscular espasmódica involuntaria.)

calandraca. adj. Sin valor, despreciable. (Del esp. *calandraca*: sopa que se hace a bordo con pedazos de galleta cuando escasean los víveres [?].)

calar. tr. Mirar, observar, contemplar; prestar atención. **2.** Entender. (Del esp. *calar*: tratándose de personas, conocer sus cualidades o intenciones.)

calce. m. Ocasión. || DAR CALCE: dar lugar, dar una oportunidad, permitir, dejar hacer. (Del esp. *calce*: cuña que se introduce para ensanchar o rellenar espacios entre dos cuerpos.)

caldo. m. Sangre. | **2.** Vómito, **hugo**. | **3.** Excremento. || ECHARSE UN CALDO: vomitar; defecar. (Por alusión al esp. *caldo*: líquido que resulta de cocer en agua la vianda.)

caldosa. f. Sopa. | **2.** Puñetazo que causa una hemorragia. (Del esp. *caldoso*: que tiene mucho caldo.)

calefón. m. Aparato a través de cuyo serpentín circula el agua que se calienta para uso generalmente doméstico [dado por el DRAE]. (De *Califont*, marca de un calentador de agua muy utilizado en Buenos Aires en la década de 1920.)

calenchu. adj. Enojado, disgustado. | **2.** Preocupado. (Por deform. fest. del esp. *caliente*, es propio del lenguaje adolescente; v. **calentarse**.)

calentarse. intr. Preocuparse. (Del esp. *calentarse*: excitarse sexualmente; enfervorizarse en una disputa.)

calentarum. intr. Supuesto verbo utilizado en la expr. macarrónica (seudolatinismo) NON CALENTARUM, LARGUM VIVIRUM, que significa "no hay que **calentarse**, se vive más". (V. **calentarse**.)

calentón, na. adj. Cachondo, que se excita sexualmente con facilidad y rapidez. | **2.** Enojadizo. | **3.** Fervoroso. (V. **calentarse**.)

calentura. f. Apetito sexual. | **2.** Enojo. | **3.** Entusiasmo, fervor. (V. **calentarse**.)

calenturiento, ta. adj. **calentón**. (V. **calentarse**.)

calientapijas. f. Mujer que provoca y excita a los hombres sin acceder después a los requerimientos sexuales de éstos. (Del esp. *calentar*: comunicar calor a un cuerpo, y **pija**.)

calito. m. Dimin. de **calo**.

callada. f. Herramienta que no produce ruido y sirve para forzar cajas de hierro. (Por sustantiv. del adj. esp. *callado*: silencioso.)

calle. m. En las exprs. ss.: HACER LA CALLE: ejercer la prostitución en la vía pública. | **2.** TENER CALLE: tener experiencia. (Es el esp. *calle*: vía en poblado, usado figuradamente.)

callejera. f. Prostituta. (Del esp. *callejero*: dícese de lo que actúa, se mueve o existe en la calle.)

calo. m. Trozo. (Del esp. *calar*: cortar de un melón o de otras frutas un pedazo con el fin de probarlas.)

caló. m. Jerga de la delincuencia. (Del esp. *caló*: lenguaje de los gitanos españoles; el término se usó hasta los primeros años del siglo XX como sinónimo de **lunfardo**.)

calor. m. Vergüenza. (Por alusión al esp. *calor*: sensación que se experimenta al recibir la radiación solar, etc.)

calorcho. m. Calor. (Por deform. del español *calor*: sensación que se experimenta ante una elevación de temperatura.)

calote. m. Estafa, hurto, acción y efecto

de **calotear**. (Es el port. *calote*: estafa; v. **calotear**.)

caloteador. m. Estafador que opera utilizando un servicio o haciendo una compra sin pagarlos. | **2**. Ladrón. (V. **calotear**.)

calotear. tr. Estafar, yéndose sin pagar lo gastado. | **2**. Hurtar. (Es el port. *calotear*: estafar, con una incierta infl. del argót. *calotter*: robar.)

caloteo. m. Operación del **calote**. (V. **calotear**.)

calotero, ra. m. y f. **caloteador**. (V. **calotear**.)

calzado, da. adj. Armado, gralmente. con armas de fuego. || BIEN CALZADO: provisto de un pene de gran tamaño. (Por ext. del esp. *calzar*: tratándose de guantes, espuelas, etc.; usarlos o llevarlos puestos.)

calzar. Portar armas, especialmente de fuego. | **2**. Asestar un golpe. || CALZAR BIEN: estar el hombre provisto de un pene de gran tamaño. | **2**. CALZAR A LA DERECHA O A LA IZQUIERDA: llevar acomodados el hombre los órganos genitales a uno u otro lado de la bragueta. (Para la primera acep., v. **calzado**; la s. es ext. del esp. *calzar*: poner calces.)

calzón. m. En la expr. SER CULO Y CALZÓN CON ALGUIEN: ser su amigo íntimo, tener trato cotidiano con él. (Del esp. *calzón*: prenda interior femenina.)

calzonudo. adj. m. Varón dominado por su mujer. | **2**. Individuo de carácter débil que se somete a la voluntad de otras personas. (V. **calzón**.)

cama. f. En las exprs. ss.: TENDER UNA CAMA: preparar una celada. | **2**. QUEDAR O DEJAR DE CAMA: quedar o dejar muy fatigado, herido o golpeado. (La primera es variante de la expr. esp. *hacerle a uno la cama*, de igual signif.; la segunda alude a la necesidad del reposo.)

camaleón. m. Delincuente que opera con disfraz. (Del esp. *camaleón*: saurio que cambia de color por el influjo de las condiciones del medio.)

camambuses. m. pl. Botines, zapatos; calzado en gral. (Por juego paronom. entre **caminantes** y el guar. *camambú*: planta silvestre cuyo fruto semeja una ampolla –*camambú* en su origen significa ampolla–.)

camasutra. m. Cama. (Por juego paronom. entre el esp. *cama*: mueble que sirve para dormir y *Kamasutra*: libro oriental de posiciones amatorias.)

camba. m. Vesre de **bacán**.

cambalache. m. Prendería [dado por el DRAE]; tienda en que se compran y venden prendas, alhajas, muebles u otros objetos usados de poco valor. (Del esp. *cambalache*: trueque de objetos de poco valor.)

cambalachero. m. Comerciante que compra objetos usados, con frecuencia robados, a fin de venderlos. | **2**. Persona que atiende al público en un **cambalache**. || **cambalachero, ra**. adj. Que viste estrafalariamente. | **2**. Que vive en un lugar sobrecargado de adornos y lleno de objetos sin valor. | **3**. Que guarda cosas inútiles. (V. **cambalache**.)

cambiada. f. En las exprs. DARLA CAMBIADA O DARLA DE CAMBIADA y VENDERLA CAMBIADA: engañar, estafar. (Del esp. *cambiar*: tomar o hacer tomar, en vez de lo que se tiene, algo que lo sustituya.)

cambiar. intr. En las exprs. ss.: CAMBIAR DE CAMISETA: v. **camiseta**. | **2**. CAMBIARLE EL AGUA A LAS ACEITUNAS: v. **aceitunas**. | **3**. CAMBIAR DE MONTA: v. **monta**. (Es el esp. *cambiar*: dejar una cosa o situación para tomar otra.)

cambiazo. m. Acción criminal de cambiar un objeto por otro, o el contenido de un envase, sin que los interesados lo noten. ‖ PEGAR EL CAMBIAZO: cambiar un objeto de valor por otro que no lo tiene. (Del esp. *cambiazo*: aument. de *cambio*; la expr. tiene su origen en la expr. esp. *dar el cambiazo*: cambiar fraudulentamente una cosa por otra.)

cambrón. m. Empleado municipal, cuya función consiste en mantener limpias las calles. (De *cambrona*: denominación popular de una tela ordinaria pero muy resistente usada en la confección de la ropa de trabajo.)

cambueco, ca. adj. Deformación de **cangüeco.**

cambusa. m. Forma afect. de **camba.**

cambuse. adj. Lujoso, opulento. (V. **cambusa.**)

cambusería. f. Condición de **bacán.** (V. **cambusa.**)

camelear. intr. Mentir, engañar; trampear. ‖ **2.** Convencer de algo con engaños. (V. **camelo.**)

camelero, ra. adj. Mentiroso, tramposo. ‖ **2.** Avezado en el uso de las palabras para convencer de algo a alguien. (V. **camelo.**)

camelo. m. Mentira, engaño; trampa. (Por ext. del esp. *camelo*: dicho o discurso intencionadamente desprovisto de sentido.)

caminado, da. adj. Corrido, experimentado. (Del esp. *caminar*: ir andando de un lugar a otro.)

caminantes. m. pl. Zapatos, botines; calzado en gral. (Por sustantiv. del ppio. pte. del esp. *caminar*: ir andando de un lugar a otro.)

caminar. tr. Engañar, trampear. (Es el esp.

caminar con el sentido de "pasar por encima".)

camión. m. Mujer muy atractiva y exuberante. (Del esp. *camión*: vehículo automóvil de cuatro o más ruedas, grande y fuerte.)

camiseta. f. Casaca de un club u otra institución deportiva. ‖ **2.** Por ext., símbolo de un club, institución deportiva o partido político. ‖ CAMBIAR O CAMBIARSE DE CAMISETA: cambiar de bando; venderse. ‖ **2.** PONERSE LA CAMISETA: embanderarse, manifestar adhesión a una corriente de opinión, a una institución o empresa determinadas. ‖ **3.** TRANSPIRAR LA CAMISETA: trabajar con esfuerzo en beneficio de una corriente de opinión, institución o empresa determinadas. (Del esp. *camiseta*: camisa corta, ajustada y sin cuello que por lo común se pone sobre la carne.)

camisulero. m. Ladrón especialista en hurtar de los bolsillos del chaleco. (V. **camisulín.**)

camisulín. m. Chaleco. ‖ **2.** Bolsillo del chaleco. (Del esp. *camisolín*: pedazo de lienzo planchado, con cuello y sin espalda, que se pone sobre la camiseta.)

camisulinero. m. **camisulero.** (V. **camisulín.**)

camorrear. intr. Reñir, armar camorra [dado por el DRAE]. (Del esp. *camorra*: riña o pendencia.)

camote. m. Enamoramiento [dado por el DRAE]. ‖ **2.** Enamoramiento obsesivo, al punto de resultar vergonzante. ‖ **3.** Afición por alguien o por algo. (Del náhuatl *camotli*: batata; a partir de la segunda acep., cf. **batata**: vergüenza.)

campana. m. Ayudante del ladrón cuya misión primordial es dar alarma en caso de que existan complicaciones antes, durante o después de un robo, pero que también suele vigilar el lugar del hecho o seguir a alguien para obtener información sobre las posibilidades y ocasión de llevar a cabo un robo. (Probablemente del gen. *stâ de campanna*: atisbar, estar en acecho, estar de guardia, que en ital. jergal es *stare in campana*.)

campanaza. f. Gente apostada –dos o más– cerca de un lugar de un robo para actuar de **campana**. (V. **campana**.)

campaneado, da. adj. Observado, espiado, vigilado. | **2.** Conocido por informes o referencias. (V. **campana**.)

campaneador, ra. adj. Observador disimulado. (V. **campana**.)

campanear. intr. Estar alerta el **campana**; vigilar a fin de alertar, si hace falta, a quien está efectuando un robo. | **2.** tr. Estudiar el lugar, las posibilidades y ocasión de llevar a cabo un robo. | **3.** Mirar con atención, por lo gral. tratando de no ser advertido; examinar. (V. **campana**.)

campaneo. m. Vigilancia que lleva a cabo el **campana** en el momento del robo. | **2.** Estudio del lugar, las posibilidades y ocasión de realizar un robo. | **3.** Observación disimulada y atenta de un lugar, situación o persona. (V. **campana**.)

campanero. m. Lugar desde donde el **campana** lleva a cabo su misión de vigilancia, a cubierto de todo peligro. (V. **campana**.)

campanilla. m. Alcahuete, soplón; delator. (V. **campana**.)

campear. intr. Buscar a una persona, animal o cosa que se han perdido. (Del argent. *campear*: salir al campo en busca de una persona, animal o cosa.)

camuca. f. Vesre irreg. de *mucama*. (De

fuerte tono despect., es utilizado casi exclusivamente por jóvenes de clase alta.)

cana. f. Cárcel, prisión. | **2.** Policía, institución policial. || m. Agente policial. || BATIR LA CANA: alertar. | **2.** CAER EN CANA: ser apresado. | **3.** DAR LA CANA: sorprender a alguien "in fraganti". | **4.** MANDAR EN CANA: delatar. | **5.** MORFARSE UNA CANA: cumplir una pena en la cárcel. (Aunque todavía para algunos lexicógrafos derivaría del argót. *canne*: residencia en prisión, vigilancia policial, para nosotros se trata de un derivado de **encanar**; v. **encanar**.)

canal. m. Herida de arma blanca. | **2.** Cicatriz en el rostro. (v. **acanalar**.)

canalla. adj. Fanático del club de fútbol Rosario Central. (Del esp. *canalla*: persona despreciable; su origen es legendario: habría surgido en una ocasión en que este club no aceptó jugar un partido amistoso con su rival Newell's All Boys a beneficio de los enfermos de lepra del hospital Carrasco de Rosario; cf. **leproso**.)

canana. f. Cartera del guarda de tranvía. (Del esp. *canana*: cinto dispuesto para llevar cartuchos.)

canario. m. Billete de cien pesos, que circuló entre 1905 y 1935. | **2.** Delincuente menor que, pese a purgar condenas relativamente cortas, pasa más tiempo preso que en libertad. (Del esp. *canario*: ave de hermoso canto, en la primera acep. por anal. con el color del plumaje de este pájaro; en la s. en alusión al habitual estado de cautiverio del canario.)

canaruzo. m. Garganta. (Del nap. *cannaruózzo*, de igual signif.)

canasta. f. Prisión, cárcel. || LLENAR LA CANASTA: en el fútbol u otros deportes, ganar por una gran diferencia, golear. (Por juego paronom. entre **cana** y el esp. *canasta*: cesto de mimbre; en la expr. por asociación entre la red del arco con una *canasta*.)

cancha. f. Habilidad que se adquiere con la experiencia [dado por el DRAE]. ‖ ABRIR CANCHA: abrir paso. ‖ **2.** DAR CANCHA: conceder alguna ventaja. ‖ **3.** EMBARRAR LA CANCHA: complicar las cosas deliberadamente. ‖ **4.** HACER CANCHA: dar paso. ‖ **5.** INCLINAR LA CANCHA: sacar una importante ventaja; tener el dominio de una situación. ‖ **6.** TENER CANCHA: tener experiencia [dado por el DRAE]. ‖ **7.** TENER CANCHA LIBRE: poder actuar libremente, sin obstáculos. (Extendido como amer., proviene del quich. *cancha*: recinto, ámbito para deportes o espectáculos –a través del esp.–.)

canchada. f. Simulación de una pelea; acción de **canchar.** (V. **cancha.**)

canchar. intr. Simular una pelea a golpes o con armas para ejercitar los reflejos. (V. **cancha.**)

canchereada. f. Alarde, fanfarronada. (V. **cancha.**)

cancherear. intr. Alardear, fanfarronear. (V. **cancha.**)

canchero, ra. adj. Ducho y experto en determinada actividad [dado por el DRAE]. ‖ **2.** Alardeante, fanfarrón. (V. **cancha.**)

candidato. m. Fácil víctima de una **cachada** o estafa. (Por cruce entre el esp. *cándido*: simple, poco advertido, con el esp. *candidato*: persona propuesta o indicada para una dignidad o un cargo, aunque no lo solicite.)

candombe. m. Alboroto. ‖ **2.** Lío, desorden. (Por ext. del esp. *candombe* –de

origen africano–: baile de ritmo muy vivo, de procedencia africana, muy popular entre los negros de América del Sur.)

canela. f. **cana.** (Por juego paronom. con el esp. *canela*: corteza de las ramas del canelo, de olor muy aromático y sabor agradable.)

canelón. m. Paquete de cocaína. (Por anal. con el esp. *canelón*: pasta de harina de trigo, cortada en forma rectangular, con la que se envuelve un relleno.)

canero, ra. adj. Propio de la **cana** o de la prisión. ‖ **2.** Que tiene experiencia de la cárcel. (V. **cana.**)

canfi. m. Forma apocopada de **canfinflero.**

canfinfla. m. Variante alternativa de **canfinfle.**

canfinfle. m. Forma apocopada de **canfinflero.**

canfinflero. m. Proxeneta que explota a una sola mujer. (Según Gobello, procede de *cafifero* y éste, a su vez, de la expr. *tirar el cafife*, que se corresponde con el germ. *tirar el cairo*: aprovechar lo que una mujer gana con su cuerpo y el vén. *tirar el calesse*: hacer el rufián.)

canfle. m. Forma sincopada y apocopada de **canfinflero.**

canfli. m. Variante alternativa de **canfle.**

canflia. f. Proxenetismo, rufianismo. (V. **canfinflero.**)

canflinfero. m. Forma metatésica de **canfinflero.**

canflinfla. m. Forma epentética de **canfinfla.**

canflinflero. m. Forma epentética de **canfinflero.**

canfunfa. m. **canfinflero.** (Por cruce probable de **canfinfle** con **carancanfunfa.**)

cangealosi. m. Canje, conjunto de bienes o servicios obtenidos a cambio de algún tipo de promoción o publicidad. || DE CANGEALOSI: gracias a un canje. (Por juego paronom. entre el esp. *canje*: cambio, trueque, y el apellido *Cangealosi*.)

cangrejo. m. Varón homosexual. (Del esp. *cangrejo*: crustáceo del orden de los decápodos; por suponerse que éste se desplaza hacia atrás y por llamarse al homosexual **marchatrás**.)

cangüeco. adj. Patizambo. (Etimol. incierta.)

canguela. m. Individuo flojo y tímido. || f. Gente de la noche. | **2.** Sitio donde se baila, lugar de diversión; prostíbulo. | **3.** Miseria extrema. (La primera acepción podría derivarse del germ. *canguelo*: miedo, temor; para el resto, etimol. incierta.)

canguelo. m. Miedo, temor. (Del germ. *canguelo*, de igual signif.)

canilla. m. **canillita.**

canillita. m. Vendedor callejero de diarios y revistas. (El nombre deriva del sainete homónimo de Florencio Sánchez, estrenado en Rosario en 1902, cuyo protagonista es un niño, apodado de esta forma por llevar las piernas desnudas.)

canina. f. Enojo, enfado. (Del esp. *canino*: relativo al can; eufemismo por *rabia*: ira, enojo.)

caniyita. m. Variante gráfica más difundida de **canillita.**

canoas. f. pl. Botines o zapatos grandes. (Por alusión al esp. *canoa*: embarcación de remo.)

cantaclaro. m. Persona que confiesa o delata un delito a la policía. (Por juego paronom. con el título de la publicación semanal *El canta claro*, fundada en 1921 por Indalecio y Patricio Angulo, que incluía letras de **tango** y estaba íntegramente dedicada al género; v. **cantar.**)

cantar. intr. Confesar un delito; delatar. | **2.** Dictar. || CANTAR LA JUSTA: decir la verdad. | **2.** CANTAR PARA EL CARNERO (del sust. *carnero*: lugar donde se echan los cadáveres): morir, fallecer [dado por el DRAE]. | **3.** CANTARLE A GARDEL: lamentarse infructuosamente por algo. | **4.** CANTÁRSELE A ALGUIEN: darle la gana. | **5.** IR A CANTARLE A GARDEL: dejarse de molestar; ir a quejarse a otra parte. (Del esp. fig. *cantar*: descubrir o confesar lo secreto.)

cantina. adj. Equivocado, errado, fuera de lugar. | **2.** Que tuvo o tiene algún éxito económico. | **3.** Que aparenta lo que no es, **careta.** | **4.** Que actúa de manera grandilocuente. || BATIR CANTINA: defender con vehemencia una posición equivocada; decir disparates, MANDAR FRUTA. | **2.** DÁRSELA DE CANTINA: hacerse pasar por lo que no se es: rico, exitoso, socialmente acomodado, etc. | **3.** ESTAR CANTINA O RECANTINA: actuar ostentosamente por haber consumido en gran cantidad alcohol o drogas. (Etimol. incierta.)

cantor, ra. adj. Que confiesa un delito propio, en común o ajeno. (V. **cantar.**)

cantos. m. pl. Nalgas. || ABRIR LOS CANTOS: separarse las nalgas. (Por espec. del esp. *canto*: extremidad o lado de cualquier parte o sitio.)

canusa. f. Deform. despect. y afect. de **cana.** (V. **encanar.**)

canushia. f. Variante alternativa de **canusa.** (V. **encanar.**)

canutín. m. angelito[1]. (Dimin. del esp. *canuto*: cañuto, caño de palo, metal, etc.)

canuto. m. Escondite. | **2.** Tubo de metal

en el que los delincuentes esconden dinero o drogas, introduciéndoselo en el ano o la vagina. | **3.** Dinero ahorrado. | **4. porro.** || **canuto, ta.** adj. Que se guarda o reserva algún bien o conocimiento que le es requerido. || DE CANUTO: de contrabando, secretamente. | **2.** SER CANUTO: ser egoísta, no prestar o compartir con otros lo que uno tiene, guardarse uno lo que sabe. (Del esp. *canuto*: licencia absoluta del soldado –por el canuto o tubo en que solía encerrarse– para la primera acep.; cañuto, caño de palo, metal, etc., para la segunda; la tercera es ext. de la anterior; la cuarta se da por metonimia; su valor como adj. deriva de la expr., pues *ser un canuto* equivale literalmente a *ser un escondite*.)

canyengue. adj. Arrabalero, de baja condición social. | **2.** Manera especial de bailar e interpretar el **tango.** | **3.** Tipo de compás que se marca golpeando el contrabajo en las cuerdas con el arco y la mano libre. || m. Baile de gente arrabalera. (Del quimbundo *ka-llengue*: cierto tipo de danza [?].)

canyenguero, ra. adj. Arrabalero, de baja condición social. (V. **canyengue.**)

caña. f. Aguardiente obtenido por destilación de la caña de azúcar. | **2.** Aguardiente de otros orígenes. || BAJAR LA CAÑA: v. **bajar.** (Del esp. *caña*: planta gramínea de tallo lechoso.)

cañazo. m. En la expr. DE PASO, CAÑAZO: aprovechar la ocasión para hacer dos cosas a la vez, equivale a la expr. esp. *matar dos pájaros de un tiro.* (Del esp. *cañazo*: golpe dado con una caña.)

cañemu. f. Vesre de **muñeca.**

cañifla. f. Deform. fest. de **caña.** (V. **caña.**)

cañista. adj. Bebedor de **caña.** (V. **caña.**)

caño. m. Vivienda precaria. | **2.** Arma de fuego. | **3.** Aparato explosivo, bomba. | **4.** Cigarro de marihuana, más grueso que la **aguja.** | **5.** En el fútbol, jugada consistente en hacer pasar la pelota por entre las piernas del adversario. | **6.** En el lenguaje de los músicos, instrumento de viento. | **7.** Varón homosexual. || ANDAR EN LOS CAÑOS: vivir pobremente. | **2.** ANDAR O SALIR DE CAÑO: salir a robar armado y dispuesto a matar. | **3.** CAÑO DE LA VERDURA: recto. | **4.** DAR CON UN CAÑO: criticar incisivamente. | **5.** IR DE CAÑO: estar armado. | **6.** IRSE A LOS CAÑOS: arruinarse, fracasar completamente; perder; morir. | **7.** METER CAÑO, PONER CAÑO: robar a mano armada; matar. (En la primera acep. se alude a los caños cloacales donde supuestamente pernoctaban los **atorrantes;** la segunda y la tercera se dan por sinécdoque; las ss. son exts. del esp. *caño*: tubo corto de metal, vidrio o barro.)

cañón. m. **caña.** || MARACA CAÑÓN: v. **maraca.** (Por juego paronom. entre **caña** y el esp. *çañón*: pieza de artillería.)

cañonazo. m. **caña** doble. | **2.** En el fútbol, remate violento. (En la primera acep., aument. de **cañón;** la segunda proviene del esp. *cañonazo*: disparo hecho con un cañón.)

cañota. f. Barato que se lleva el organizador de una partida de azar. (Del argót. *cagnotte*: caja donde parte del dinero del juego se reserva para retribuir al dueño de casa.)

cañotear. intr. Dar la **cañota.** (V. **cañota.**)

capacha. f. Dispositivo policial que consiste en estacionar uno o más automóviles en las inmediaciones de inmueble vigilado. (V. **capacho.**)

capacho. f. Prisión, cárcel. (Del esp.

capacha: esportilla, por traslación similar a la de **canasta**.)

capanga. m. Jefe o capataz despótico. | **2.** Por ext., cualquier persona que tiene poder. | **2.** Jefe policial, comisario. (Del brasil. –de origen africano– *capanga*: guardaespaldas.)

capataz. m. En las cárceles, penado que tiene a su cargo un pabellón en lo que respecta al aseo, limpieza y disciplina a causa de su buena conducta. (Del esp. *capataz*: el que gobierna y vigila a cierto número de trabajadores.)

capear. tr. Hurtar el dinero de una billetera sin que ésta salga del bolsillo de la víctima. (Del esp. *capear*: despojar a uno de la capa.)

capelo. m. Sombrero. (Del ital. *capello*: sombrero.)

capelún. m. Aument. de **capelo**.

capeo. m. Acción de **capear**.

capilla. f. Cabeza. (Por alusión al esp. *capilla*: capucha sujeta al cuello de las capas, gabanes o hábitos.)

capitolio. m. Capitalista. (Por juego paronom. entre *capitalista* y el esp. *capitolio*: edificio majestuoso y elevado.)

capiya. f. Variante gráfica de **capilla**.

capo. m. Jefe [dado por el DRAE], patrón. | **2.** Persona de gran influencia moral. | **3.** Persona muy competente en un arte o profesión. || **capo, pa.** adj. Competente, preparado; práctico, inteligente. | **2.** Diestro, hábil. | **3.** Amigable, confiable, digno de respeto y de admiración. (Del ital. *capo*: cabeza, aplicado a los jefes de la mafia.)

capó. m. En la expr. ABRIRLE A ALGUIEN EL CAPÓ: despabilar, hacerle ver las cosas de otro modo, ABRIRLE A ALGUIEN LA CABEZA. (Del esp. *capó* –tomado a su vez

del fr. *capot*–: cubierta del motor del automóvil; cf. **cabeza**.)

capocha. f. Cabeza. (Del ital. *capocchia*: cabeza de clavo o alfiler.)

capocómico. m Actor muy dúctil y con características de estrella, que por lo común encabezaba una compañía teatral. (Del ital. *capocomico*: cabeza de una compañía teatral.)

capolavoro. m. Trabajo bien hecho, acción o actuación magistral. (Es el ital. *capolavoro*: obra maestra.)

caporale. m. Jefe. (Del ital. *caporale*: caporal.)

capote. m. En la expr. HACER CAPOTE: provocar sensación, ganar ampliamente, caer en gracia. (De la expr. esp. *dar capote*: en algunos juegos de naipes hacer uno de los jugadores todas las bazas en una mano.)

capotear. tr. Captar la voluntad e interés de alguien. (V. **capote**.)

caprichosa. f. **barretera**. (Del esp. *caprichoso*: que obra por capricho y lo sigue con tenacidad.)

caput. adj. Terminado, fundido. | **2.** Muerto. (Del al. *kaputt*: roto, arruinado.)

caquero. m. Petimetre. (Aparecido en la década de 1960, prontamente cayó en desuso; v. **caca**.)

caracúlico, ca. adj. Enojado, malhumorado. | **2.** Pesimista. (Formado a partir de las exprs. TENER O PONER CARA DE CULO y SER UN CARA DE CULO; el adj. fue popularizado por el animador Raúl Portal en TV en la década de 1980.)

caraculismo. m. Enojo, malhumor. | **2.** Pesimismo. (V. **caracúlico**.)

carajada. f. Cosa mal hecha o dicha.

carajear. intr. Proferir insultos groseros. (V. **carajo**.)

carajo. interj. Voz que denota enojo. || m.

Individuo despreciable –necesariamente acompañado por un demostrativo–. || DEL CARAJO: dicho de una cosa, grande, importante; dicho de una persona, honesta, confiable, excelente. | **2.** IMPORTARLE A UNO UN CARAJO (LA VELA): no importarle nada. | **3.** NO ENTENDER UN CARAJO: no entender nada. (Del esp. *carajo*: pene, también usado como interj.)

caralisa. m. Rufián, proxeneta. (Llamado así por su cutis bien cuidado, frecuentemente, además, lampiño.)

caramayola. f. Pelota hecha con un trapo o pañuelo, que se introduce en la boca de la víctima de un asalto para imposibilitarle todo pedido de auxilio. (Del esp. *caramayola*: cantimplora.)

caramayole. f. Variante alternativa de **caramayola.**

carancanfún. adj. Forma apocopada de **carancanfunfa.**

carancanfunfa. adj. Compadrito, arrabalero –aplícase al baile del **tango** con corte y al bailarín diestro de él–. (Es de creación expresiva relacionada tal vez con cierto taconeo del bailarín.)

carapintada. m. Militar que formó parte de la rebelión militar encabezada por el entonces coronel Aldo Rico en la Semana Santa de 1987. | **2.** Militante político defensor de dictaduras y gobiernos de facto, especialmente si son de derecha. | **3.** Persona de ideas antidemocráticas y/o autoritarias. (Del esp. *cara*: rostro y *pintado*: cubierto con color, por alusión a que aquellos militares se pintaron sus caras con betún, como lo hacen los soldados en combate.)

cararrota. adj. Caradura. (Formado, a semejanza del esp. *caradura*, con el adj. esp. *roto*: deshecho.)

carbunín. m. Carbonero. (Dimin. del gen. *carbonê*: carbonero.)

carburar. intr. Funcionar. | **2.** Obrar. | **3.** Funcionar mentalmente, pensar. | **4.** tr. Comprender. (Del esp. *carburar*: mezclar los gases con los carburantes para hacerlos combustibles, por alusión a la carburación del automóvil.)

carcamán, na. adj. Viejo, caduco, achacoso, pusilánime. (Del esp. *carcamal*: persona decrépita y achacosa.)

carchar. tr. Quitarle las ropas y efectos personales a alguien, gralmente. a un enemigo caído en la acción. (V. **cacharpas.**)

carchas. f. pl. Forma sincopada y con metátesis de **cacharpas.**

carcheo. m. Acción de **carchar.** (V. **cacharpas.**)

cardíaca. f. Insuficiencia cardíaca, infarto de miocardio, gralmente. seguido de muerte súbita. (Del esp. *cardíaco*: perteneciente o relativo al corazón.)

carero, ra. m. y f. Comerciante que cobra cara la mercadería que vende. (Del esp. *caro*: de precio elevado.)

careta. adj. Atrevido, descarado, caradura. | **2.** Falso, que representa lo que no es; hipócrita. || m. y f. Persona formal. | **2.** Persona que no consume drogas. | **3.** Persona que rechaza el ofrecimiento de otra para hacer algo conjuntamente. | **4.** Persona que se esfuerza por atraer hacia sí la atención. | **5.** Persona que se muestra en los medios de comunicación gráficos y audiovisuales. | **6.** Cigarrillo de tabaco. || ANDAR O ESTAR CARETA: no estar drogado. (Del esp. *careta*: máscara para cubrir la cara, en la primera acep. por alusión a su impasibilidad facial; la s. alude a la hipocresía; las aceps. como sust. pretenden desenmascarar una supuesta hipocresía; en la sexta acep., por oposición al **porro** o cigarrillo de marihuana.)

caretaje. m. Conjunto de la gente hipócrita. | **2.** Conjunto de personas que hacen un culto de su propia imagen, grupo de **caretas.** | **3.** Actitud o comportamiento falso, propios de un **careta**; hipocresía. (V. **careta.**)

caretear. intr. Ser un **careta**, ser un desfachatado. | **2.** Actuar con falsedad, hipócritamente; representar uno lo que no es. | **3.** Mostrarse, intentar atraer la atención de otros hacia sí. | **4.** Aparecer o mostrarse en los medios de comunicación. | **5.** tr. Simular, fingir; engañar. | **6.** Pedir. | **7.** Intentar obtener un bien o servicio de forma gratuita o con descuento en su costo. || CARETEARLA: fingir. (V. **careta.**)

caretez. m. Actitud falsa, propia de un **careta**; hipocresía; **caretaje.** (V. **careta.**)

carga. f. Dinero que lleva encima una persona. (Del esp. *carga*: cosa transportada.)

cargada. f. Burla o broma que se hace a una persona, con frecuencia de mal gusto. (V. **cargar.**)

cargado, da. adj. Que porta armas. | **2.** Embriagado, drogado. (Del esp. *cargar*: poner o echar peso sobre una persona o una bestia.)

cargador, ra. adj. Que gusta de hacer **cargadas**, bromista, fastidioso, molesto. (V. **cargar.**)

cargar. tr. Mofarse de alguien, en gral., con insistencia; fastidiar. | **2.** intr. Llevar dinero encima. || CARGAR BIEN: Tener el hombre grandes órganos genitales. | **2.** CARGARLE EL FARDO A ALGUIEN: v. **fardo.** |

3. CARGAR EL MUERTO: ser culpado por un delito o falta cometidos por otro. (En la primera acep., del esp. *cargar*: incomodar, molestar, cansar; para la segunda, v. **carga**; para la primera expr., cf. **calzar.**)

cargoso. m. Cajero, empleado a cargo de una caja de un banco o comercio. (V. **carga.**)

cariñosa. f. Hermana de caridad, monja. (Por sustantiv. del esp. *cariñoso*: afectuoso, amoroso.)

caripela. f. Rostro, cara. (Por deform. fest. del esp. *cara*: parte anterior de la cabeza humana.)

carispela. f. Variante epentética de **caripela.**

carli. m. Hombre –usado como fórmula de tratamiento–. (Proviene de la abrev. de *Carlitos*, diminutivo del nombre Carlos.)

carlitos. adj. Tonto, ingenuo. (Por lexicaliz. del dimin. del nombre propio *Carlos*, muy usado en las últimas décadas.)

carmela. f. Tintura para el cabello. | **2.** Acción y efecto de teñirse el pelo un varón. (Proviene de *Agua Carmela*, una legendaria loción para teñirse las canas que existía en la década de 1950.)

carnada. f. **grupí.** (Del esp. *carnada*: cebo animal para pescar o cazar.)

carnavales. m. pl. **almanaques.** (Del esp. *carnaval*: los tres días que preceden al miércoles de Ceniza.)

carnerear. intr. Trabajar mientras los compañeros realizan una huelga. (V. **carnero.**)

carnero, ra. m. y f. Persona que no se adhiere a una huelga o protesta de sus compañeros o que desiste de ella [dado por el DRAE]; esquirol, rompehuelgas. || CANTAR PARA EL CARNERO: v. **cantar.** (Es traducción de una expr. del *slang* norteamericano: *sheep contract*, literalmente "contrato de carnero", teniendo en cuenta que *sheep* tiene también el sentido de "cobarde, pusilánime". Esta expr. alude a un tipo de relación contractual que existía en los Estados Unidos en las primeras décadas del siglo XX, en la cual el trabajador aceptaba –como condición para ser incorporado a su empleo– no afiliarse a ningún sindicato.)

carniza. m. Forma apocopada y fest. de *carnicero.*

caroli. adj. Caro. (Por juego paronom. con el apellido *Caroli.*)

carolo. m. Varón homosexual. (Por masculinización del nombre propio *Carola.*)

carón, na. adj. De cara grande. (Del esp. *cara*: parte anterior de la cabeza humana.)

carozo. m. Ojo. I **2.** Muchacha virgen. (Del esp. *carozo*: hueso del durazno y otras frutas, en el primer caso por alusión a la forma; la segunda acep. resulta de oscura interpretación.)

carpa¹. f. Forma apocopada de **carpeta.**

carpa². f. En las ss. exprs. HACER ALGO CON CARPA: actuar con algún tipo de protección. I **2.** LEVANTAR CARPA: tener una erección y que esto se note a través del pantalón. (Por alusión al esp. *carpa*: tienda de campaña.)

carpeta. f. Tapete verde, que cubre la mesa de juego [dado por el DRAE]. I **2.** Mesa de juego. I **3.** Habilidad o experiencia en el trato con los demás [dado por el DRAE]. (Por exts. sucesivas a partir del esp. *carpeta*: cubierta de badana o de tela que se pone sobre las mesas.)

carpetear. tr. Observar disimulada y atentamente. (V. **carpeta.**)

carpir. tr. En el uso del gerundio CARPIENDO: a toda velocidad. II SACAR CARPIENDO: rechazar de mal modo. (Del esp. *carpir*: escardar la tierra.)

carpusa. f. Variante afect. de **carpeta.** II adj. Diestro, hábil.

carrero. m. Proxeneta, **cadenero.** (V. **carro.**)

carreta. f. Prostituta vieja. (V. **carro.**)

carrindanga. f. Coche viejo y desvencijado; carricoche. I **2.** Armatoste. (Etimol. incierta.)

carro. m. Prostituta. II FRENAR EL CARRO: v. **frenar.** I **2.** PARAR EL CARRO: v. **parar.** I **3.** TIRAR EL CARRO: vivir un rufián de la explotación de una o más mujeres. (Cf. **cadenero**; v. **canfinflero.**)

carrocería. f. Aspecto exterior de una persona. (Del esp. *carrocería*: parte de los vehículos que reviste el motor y otros órganos.)

carroma. f. Vesre de **marroca.**

cartero. m. Delincuente que coloca y revisa el **correo.** (V. **correo** en su segunda acep.; el nombre alude al esp. *cartero*: persona cuyo oficio es repartir las cartas del correo.)

cartón. m. Retrato o identikit de un delincuente. I **2.** Delincuente. II adj. Tonto, inexperto, ingenuo. II CARTÓN JUNADO: ladrón conocido. I **2.** CARTÓN LLENO: frase con la que se expresa que una situación ha llegado al colmo de sus posibilidades. (Por exts. sucesivas del esp. *cartón*: conjunto de varias hojas superpuestas de pasta de papel; la segunda expr. alude al *cartón* que se utiliza en el juego de la lotería.)

cartonazo, za. adj. Aument. de **cartón.**

cartonero, ra. m. y f. Persona que, gralmente. con un carro de fabricación casera, recoge de la basura o la calle desperdicios comercializables, en particular cartón, **ciruja**. (Por ext. del esp. *cartonero*: persona que vende cartones.)

cartucho. m. Muchacha virgen. || COMERSE UN CARTUCHO: desflorar a una mujer virgen. (Del esp. *cartucho*: cucurucho.)

carucha. f. Variante afect. de *cara*.

casado, da. adj. Comprometido en un noviazgo serio. (Por ext. del esp. *casado*: que contrajo matrimonio.)

casata. f. Helado de crema y chocolate con una base de bizcochuelo.| **2.** Cunnilingus. (Del sic. *cassata*: torta de ricota, sorbete; para la segunda acep. posiblemente en cruce con **cajeta**.)

casatero, ra. adj. Aficionado a practicar el cunnilingus. (V. **casata**.)

cascabel. m. Virola de la llave. (Del esp. *cascabel*: remate posterior, en forma casi esférica, de algunos cañones de artillería.)

cascada. f. Paliza, zurra. (Del esp. *cascar*: dar a uno golpes con la mano u otra cosa.)

cascador, ra. adj. Masturbador. (V. **cascarse**.)

cáscara. f. Apariencia, pose. || HACER CÁSCARA: hacer alharaca, hacer ostentación. (Del esp. *cáscara*: corteza o cubierta exterior de los huevos, de varias frutas y de otras cosas.)

cascarazo. m. Golpe. (V. **cascada**.)

cascarria. f. Cosa desvencijada. (Del esp. *cascarria*: lodo o barro que se coge y seca en la parte de la ropa que va cerca del suelo.)

cascarriento, ta. adj. Raído, sucio. (V. **cascarria**.)

cascarse. intr. Masturbarse –gralmente. CASCÁRSELA–. | **2.** Drogarse, doparse. (Del esp. *cascar*: dar a uno golpes con la mano u otra cosa.)

cascarudo, da. adj. Valiente, arrojado, decidido. (V. **cáscara**.)

cascote. m. Persona achacosa y deteriorada. | **2.** Persona de corto entendimiento. (Del esp. *cascote*: conjunto de escombros, usado para otras obras nuevas; en la segunda acep., por alusión a la dureza.)

cascotear. tr. Apedrear, tirarle a alguien cascotes. (V. **cascote**.)

cashote. m. Variante fonética de **cazote**.

casimba. f. Billetera, cartera. (Del brasil. *cacimba*: cavidad para recoger y conservar agua potable [?].)

casita. f. Prostíbulo con una sola pupila. | **2.** Prostíbulo donde además se bailaba y escuchaba música. (Dimin. del esp. *casa*: edificio para habitar.)

casoriado, da. ppio. perf. de **casoriarse**. (V. **casorio**.)

casoriarse. intr. Casarse. (V. **casorio**.)

casorio. m. Casamiento. (Del esp. *casorio*: casamiento hecho sin juicio ni consideración.)

casote. m. Variante gráfica de **cazote**.

caspa. f. En la expr. TENER UN ATAQUE DE CASPA: ponerse nervioso; enojarse. (del esp. *caspa*: conjunto de escamillas blancuzcas que se forman en el cuero cabelludo.)

caspera. f. Cabeza. (Del esp. *caspa*: escamilla que se forma en el cuero cabelludo, y no del esp. *caspera*: peine de púas finas y espesas para limpiar la cabeza.)

castaña. f. Puñetazo. (Del esp. *castaña*: fruto del castaño, por alusión a la forma del puño cerrado.)

catalana. f. Valija, maleta. (Del roman. *catana*: bolsa de cazadores, por cruce con el esp. *catalana*: natural de Cataluña.)

catalina. f. Acción de bolsiquear o registrar

un bolsillo por un ladrón. (Etimol. incierta.)

catanga. m. Persona de color. (Del quich. *aka*: excremento, y *tankay*: empujar, que originan el esp. *catanga*: escarabajo pelotero.)

catar. tr. Agarrar, quitar, sustraer. || CATAR PARA LA FARRA: burlarse. (Del esp. ant. *catar*: buscar, procurar.)

caté. adj. Distinguido, elegante. (Del guar. *caté*: lujoso.)

cátedra. f. Estudio, análisis y difusión de la genealogía, informes y posibilidades de un caballo de carrera. | **2.** Grupo de aficionados dedicados a las actividades descriptas. (Del esp. *cátedra*: materia particular que enseña un catedrático; el DRAE registra, en relación con la segunda acep., un uso fig. semejante de *cátedra*: en el juego de pelota, grupo de aficionados en el que se supone superior conocimiento de los jugadores y de sus probabilidades de triunfo.)

catedrático. m. Aficionado a las carreras de caballos que se especializa en pronosticar los resultados y en sopesar las posibilidades de los participantes. (V. **cátedra.**)

catinga. adj. Despectivamente, negro, persona de color. (Del esp. *catinga* –originado en el guar. *catí*: olor fuerte–: olor que algunas personas exhalan al transpirar, por alusión al olor a transpiración, presumiblemente fuerte, de las personas de raza negra.)

catingoso, sa. adj. Se aplica a lo que tiene catinga o mal olor [dado por el DRAE]. (V. **catinga.**)

catingudo, da. adj. **catingoso** [dado por el DRAE]. (V. **catinga.**)

catramina. f. Vehículo viejo y desgastado.

(Por alusión a los envases de hojalata de unas pastillas para la garganta denominadas *Catramina Bertelli.*)

catrasca. adj. Torpe, inútil. (Derivado de las primeras sílabas de las palabras que forman la expr. *cagada tras cagada.*)

catre. m. En la expr. CAÍDO DEL CATRE: v. **caído.**

catrefuque. m. Catre de prisión. (Por deform. fest. –aunque oscura– del esp. *catre*: cama ligera para una sola persona.)

catrela. f. Variante epentética de **catriela.**

catrera. f. Cama. (Por deform. fest. –o un pretendido f. [?]– del esp. *catre*: cama ligera para una sola persona.)

catrerear. intr. Dormir. | **2.** Permanecer en la cama. (V. **catrera.**)

catriel. m. Varón. | **2.** Amante. (Por masculinización de **catriela**; v. **catriela.**)

catriela. f. Mujer joven. | **2.** Amante. (Etimol. incierta.)

catrife. m. Forma sincopada y con metátesis de **catrefuque.**

catrifear. tr. Sorprender en la cama a alguien que duerme. (V. **catrife.**)

catso. m. Variante gráfica de **catzo.**

catzo. m. En la expr. UN CATZO: no, de ninguna manera. (Del ital. *cazzo*: pene.)

cautiva. f. **cautivo.**

cautivo. m. Dije, medallón o cualquier otra alhaja que pende de una cadena. (Del esp. *cautivo*: aprisionado.)

cayetano, na. adj. Callado, reservado. || En la expr. DE CAYETANO: calladamente, en silencio; en forma reservada. (Por juego paronom. entre el nombre ital. *Cayetano* y el esp. *callado*: silencioso.)

cazar. tr. Asir, agarrar, tomar. || NO CAZAR UNA, NO CAZAR ONE [UÁN]: no entender nada. | **2.** NO CAZAR UN FULBO: v. **fulbo.**

(Del esp. ant. *cazar*: coger; entender algo rápidamente.)

cazote. m. Puñetazo. (Del ital. *cazzotto*: puñetazo.)

cebado, da. adj. En la expr. ESTAR CEBADO: estar enfervorizado o muy entusiasmado con una actividad en particular: la conquista amorosa, el sexo, un trabajo, un entretenimiento, etc., tras haberla realizado alguna vez con éxito. (Por ext. del esp. *cebado*: dicho de una fiera, que por haber probado carne humana es más temible.)

cebador, ra. m. y f. Persona que **ceba** el **mate** [dado por el DRAE]. (V. **cebar.**)

cebadura. f. Cantidad de **yerba** que se pone en el **mate** cuando se prepara la infusión [dado por el DRAE]. (V. **cebar.**)

cebar. tr. e intr. Preparar un **mate** agregando agua caliente a la **yerba**. (Del esp. *cebar*: alimentar, como echar aceite a la luz, leña al fuego, etc.)

cebón. m. Haragán. (Por alusión al esp. *cebón*: animal cebado; puerco.)

cegatún, na. adj. Corto de vista. I **2.** Tonto, torpe. (Por infl. gen. sobre el esp. *cegatón*, intensivo del *cegato*: corto de vista.)

celma. m. Vesre irreg. del esp. *almacén*.

celman. m. Variante gráfica paragógica de **celma**.

celosía. adj. Celoso. (Por juego paronom. entre *celoso*: que tiene celos y el esp. *celosía*: enrejado que se pone en las ventanas para que las personas que están en lo interior vean sin ser vistas.)

centenario. m. Billete de cien pesos. (Por juego paronom. entre *cien* y el esp. *centenario*: fiesta que se celebra cada cien años.)

centro. m. En la expr. TENER CENTRO: tener experiencia. (Es el esp. *centro*: punto o calles más concurridas de una población; a semejanza de TENER CALLE.)

centrojás. m. Jugador de fútbol que juega en el medio del campo, habitualmente con el número cinco en la espalda. (Del ingl. *centre half*, de igual signif.)

cepillada. f. Reprimenda. I **2.** En el fútbol, agresión violenta. I **3.** Acto sexual. (V. **cepillar.**)

cepillado, da. adj. Reprendido. I **2.** En el fútbol, agredido violentamente. (V. **cepillar.**)

cepillar. tr. Reprender. I **2.** En el fútbol agredir violentamente. I **3.** Practicar el coito. U. t. c. prnl. en las dos últimas aceps. (Del esp. *cepillar*: pulir, componer, alisar una cosa.)

cepillo. m. En la expr. PASAR EL CEPILLO: reprender; en el fútbol, castigar violentamente. (V. **cepillar.**)

cero. m. Persona poco inteligente. II adv. No. II CERO KM, CERO KA EME: nuevo, como nuevo. I **2.** CERO ONDA: nada de **onda**, trato indiferente. I **3.** ESTAR CERO AL AS: estar falto de lo necesario; no comprender. I **4.** ESTAR O ANDAR CERO KILÓMETRO: si se trata de cosas, sin uso, como nuevo; si se trata de personas, estar totalmente sano, absolutamente renovado. I **5.** SER UN CERO AL AS: no importar, no ser tenido en cuenta. (Del esp. *cero*: número que expresa una cantidad nula, nada, ninguno. La primera y la cuarta exprs. se relacionan con el lenguaje automovilístico; la segunda mantiene el valor adverbial de negación; la tercera y la quinta derivan de la anotación del juego de dados llamado **generala**; la cuarta alude al automóvil que no tiene uso.)

cerotear. tr. Atemorizar, asustar. (Del esp. *cerote*: miedo de un mal posible.)

cerotearse. intr. Atemorizarse, asustarse. (V. **cerotear.**)

cerrar. intr. Resultar, servir. U. c. terciop. ‖ CERRAR EL CULO O EL ORTO: callarse la boca, aguantárselas. (Tomado de la jerga económica, en exprs. tales como *cerrar un balance* o *cerrar las cuentas*; del esp. *cerrar*: concluir ciertas cosas o ponerles término; la expr. proviene de *cerrar*: asegurar una abertura para impedir que se abra.)

cerrojo. m. Muchacha virgen. ‖ DESTRABAR EL CERROJO: desflorar. (Del esp. *cerrojo*: barreta con manija sostenida por dos armellas que se usa para ajustar puertas o ventanas con el marco.)

cha. interj. Forma aferética de **pucha.**

chabón, na. adj. Torpe, inhábil, inexperto. ‖ m. y f. Persona innominada, hombre o mujer –usado como fórmula de tratamiento entre los jóvenes desde mediados de la década de 1980–. (Por síncopa del esp. *chambón*: de escasa habilidad, poco hábil.)

chabonada. f. Torpeza, chambonada. (V. **chabón.**)

chabonaje. m. Reunión o grupo de **chabones.** (V. **chabón.**)

chabonardo, da. adj. Variante fest. de **chabón.**

chabonazo, za. adj. Aument. de **chabón.**

chacabuco, ca. adj. Dicho de personas, enfermo, generalmente de gravedad; dicho de cosas, deteriorado por el tiempo o por el uso. ‖ ANDAR MEDIO CHACABUCO: estar enfermo, estar viejo. (Fest. por juego paronom. entre **chacado, da¹** y *Chacabuco*: nombre del campo de batalla donde el gral. San Martín enfrentó a los realistas en Chile.)

chacado, da¹. adj. Forma aferética de **achacado, da¹.**

chacado, da². ppio. perf. de **chacar.**

chacador, ra. m. y f. Variante fonética de **shacador.**

chacadura¹. f. Enfermedad. (Derivado de **chacarse**; v. **achacado, da¹.**)

chacadura². f. Variante fonética de **shacadura.**

chacamento. m. Variante fonética de **shacamento.**

chacar. tr. Variante fonética de **shacar.**

chacarear. intr. y tr. Copular, mantener relaciones sexuales. U. t. c. prnl. (Etimol. incierta.)

chacarse. intr. Forma aferética de **achacarse.**

chafar. tr. Robar. (Por ext. del esp. *chafar*: estropear, echar a perder.)

chafe. m. Variante alternativa más difundida de **chafo.**

chaferola. m. Deform. fest. de **chafe.**

clafle. m. **chafe.** (Por cruce con el argent. *chanfle*, que da como resultado esta forma sincopada; v. **chanfle.**)

chafo. m. Agente de policía. (Del ital. jergal *ciaffo*: agente policial.)

chagar. f. Vesre de **garcha.**

chagarear. intr. Copular. (V. **chagar.**)

chala. f. Dinero. | **2.** Cigarrillo de marihuana. (Del esp. *chala* –derivado del quich. *schálla*–: hoja que envuelve la mazorca del maíz que, una vez seca, se usa en algunas partes, en lugar de papel, para liar cigarrillos; en la primera acep., por el parecido entre las **chalas** cortadas y el rollo de billetes de banco; en la segunda, por sinécdoque, aunque sea lo habitual que estos cigarrillos se armen más bien con papel.)

chalador, ra. adj. Enamorador. (Del esp. *chalar*: enamorar.)

chalamiento. m. Enamoramiento. (V. **chalador.**)

chalita. f. Dimin. afect. de **chala** en su segunda acep. (V. **chala.**)

chalito. m. **chalita.** (V. **chala.**)

chaludo, da. adj. Adinerado. (V. **chala.**)

chamo. m. Vesre irreg. de **macho.**

champion(es). f. pl. Tipo de calzado liviano con suela de goma, popular en las décadas de 1930 y 1940. (Por lexicaliz. de la marca de fábrica *Champion.*)

champú. m. Champán. (Por juego paronom. entre el esp. fam. *champán*: champaña y el esp. *champú*: loción para el cabello.)

champucito. m. Dimin. afect. de **champú.**

chamullar. intr. Variante alternativa y etimológica de **chamuyar.**

chamullarse. tr. Variante alternativa y etimológica de **chamuyarse.**

chamullero, ra. adj. Variante alternativa y etimológica de **chamuyero.**

chamullo. m. Variante alternativa y etimológica de **chamuyo.**

chamuscado, da. ppio. perf. de **chamuscar.** Fastidioso, molesto.

chamuscar. tr. Fastidiar, molestar. (Del esp. *chamuscar*: quemar una cosa por la parte exterior.)

chamuyada. f. **chamuyo.** (V. **chamuyar.**)

chamuyador, ra. adj. Conversador. (V. **chamuyar.**)

chamuyar. intr. Conversar, hablar en tono confidencial y persuasivo. | **2.** Hablar, escribir; poetizar. | **3.** Hablar o escribir sin conocimientos fundados, **versear.** | **4.** Noviar, flirtear. | **5.** tr. Mentir. (Del caló *chamullar*: hablar.)

chamuyarse. tr. Persuadir, convencer. | **2.** Conquistar, **levantarse** un hombre a una mujer (Para la segunda acep., cf. PARLARSE UNA MINA; v. **chamuyar.**)

chamuyero, ra. adj. Que recurre a la elocuencia en una conversación, para ser tenido en cuenta. | **2.** Hábil para hablar. (V. **chamuyar.**)

chamuyeta. adj. Charlatán. ‖ f. **chamuyo.** (Formado sobre el modelo de **charleta**; v. **chamuyar.**)

chamuyo. m. Conversación entre dos o más personas en tono confidencial y persuasivo. | **2.** Habla. | **3.** Habilidad para persuadir a través de la palabra. | **4.** Noviazgo incipiente. (V. **chamuyar.**)

chance. f. Probabilidad. | **2.** Oportunidad, ocasión. (Del ingl. *chance*: azar; probabilidad.)

chanchada. f. Suciedad, porquería. | **2.** Vileza, deslealtad. (Del esp. *chancho*: cerdo.)

chancho. m. Inspector de trenes y líneas de transporte automotor. | **2.** Jefe. ‖ HACERSE EL CHANCHO RENGO: resistirse a hacer algo. | **2.** MARCA CHANCHO: de buena calidad; en gran medida. | **3.** SER COMO CHANCHOS: tener mucha confianza entre sí dos o más personas. (Por alusión oscura al cerdo; en la segunda expr. se alude a una cerveza proveniente de Gran Bretaña, de gran calidad, llamada *Pig*, popularmente conocida como "cerveza chancho".)

chancleta. f. Puerta. | **2.** Mujer, en especial la recién nacida [dado por el DRAE como amer.]. | **3.** Individuo afeminado. ‖ DEJAR EN CHANCLETA(S): dejar en la calle, abandonar. | **2.** TIRAR LA CHANCLETA: transgredir inesperadamente las costumbres en materia sexual; ser infiel, dedicarse a la vida alegre; liberalizar sorpresivamente algunos aspectos habituales de la conducta, despreocuparse. (Del esp. *chancleta*: chinela sin talón o zapato con el talón doblado, que suele usarse dentro de la casa; la primera acep. se da por alusión al golpetear de las puertas contra los marcos, que recuerda el golpeo de las chancletas; las restantes aceps. contemplan el hecho de que es la mujer la que suele usar chancletas. La segunda expr. designa en su origen lo que hacían las prostitutas, quienes ante la llegada de un cliente 'tiraban la chancleta' que calzaban y se ponían a su disposición.)

chancletear. intr. Ser infiel, TIRAR LA CHANCLETA. (V. **chancleta**.)

chanela. adj. Entendido, comprendido, claro. (Del germ. *chanelar*: entender.)

chanfle. m. Agente de policía. (Por cruce entre **chafe** y el argent. *chanfle*: efecto de disminuir el espesor de una madera, derivado del port. *chanfro*: sesgo.)

changa. f. Ocupación transitoria, por lo común en tareas menores [dado por el DRAE]. (Del esp. fam. *changa*: trato, trueque o negocio de poca importancia.)

changador. m. Persona que en los sitios públicos se encarga de transportar equipajes [dado por el DRAE]. (V. **changa**.)

changadora. f. Prostituta que va al domicilio del cliente. (V. **changar** en su tercera acep.)

changar. intr. Transportar bultos. | **2.** Trabajar ocasionalmente y por períodos breves. | **3.** Trabajar la prostituta. (V. **changa**.)

changarín. m. Peón urbano o rural que se contrata temporalmente para realizar tareas menores [dado por el DRAE]. | **2.** **changador**. (V. **changa**.)

changuear. intr. Variante alternativa de **changar**.

changüí. m. Ventaja, oportunidad, en especial la que se da en el juego [dado por el DRAE]. | **2.** Ventaja engañosa. || DAR CHANGÜÍ: conceder ventaja en el juego o en otra actividad, para engañar al rival. (Del esp. *changüí*: chasco, engaño.)

changüiciar. tr. DAR CHANGÜÍ. (V. **changüí**.)

chanta¹. m. y f. Forma apocopada y más difundida de **chantapufi**. || TIRARSE A CHANTA: dejar de cumplir con las obligaciones; evitar un esfuerzo, despreocuparse.

chanta². f. Golpe frontal de una bocha o canica a otra. | **2.** Desaliento. || adj. Desalentado. || DAR CHANTA, DEJAR O PONER CHANTA: castigar contundentemente; responder categóricamente en una discusión; derrotar. (De la expr. gen. *ciantâ ûnn-a boccia cianta*: dar frontalmente en una bocha del adversario con la propia, que pasa a ocupar el lugar de aquélla.)

chantada. f. Informalidad, acción propia de un **chanta**. (V. **chanta¹**.)

chantapufi. m. y f. Persona que no paga sus deudas. | **2.** Insolvente moral. | **3.** Persona informal. | **4.** Persona que gusta aparentar conocimientos, relaciones o ideas que no tiene, fanfarrón. (Del gen. *ciantapuffi*: literalmente, "plantaclavos", persona que no paga sus deudas, insolvente moral.)

chante. f. Variante alternativa de **chanta²** –en su primera acep.–.

chantear. intr. Comportarse informalmente, como un **chanta¹**. | **2.** No tomarse en serio las obligaciones laborales, estudiantiles o de otro tipo. (V. **chanta¹**.)

chantún, na. m. y f. Aument. de **chanta¹**.

chantunazo, za. m. y f. Aument. de **chantún**.

chao. interj. Variante alternativa poco difundida de **chau.**

chapa. adj. Demente, loco. I **2.** Alocado, irreflexivo, **sacado**; raro, extravagante. II ANDAR O ESTAR (MAL) DE LA CHAPA, ESTAR CHAPA: estar loco, estar mal de la cabeza. (Por alusión a los techos de chapa, con la consecuente relación con *cabeza*; v. **chapas.**)

chapada. f. Acción de **chapar.**

chapado, da. ppio. perf. de **chapar.** Tomado, asido. I **2.** Atrapado.

chapar. tr. Tomar, agarrar, asir. I **2.** Atrapar. I **3.** intr. Abrazarse, manosearse y besarse dos personas, **apretar.** I **4.** Tener relaciones sexuales. I **5.** tr. Ganar dinero. (Del gen. *ciappâ*: asir, tomar; la cuarta acep. es especialmente usada por mujeres.)

chapas. f. pl. Cabellos. II VOLÁRSELE A UNO LAS CHAPAS: despeinarse; ir quedándose calvo. (Por alusión a los techos de chapa; del esp. *chapa*: hoja o lámina de metal.)

chape. m. Acto de **chapar.** (V. **chapar.**)

chapear. tr. Hacer ostentación de algo que ha sido un éxito efímero o cuyos méritos le corresponden a otro. (Del esp. *chapa*: placa, distintivo de los agentes de policía.)

chaperío. m. Barrio humilde. I **2. villamiseria.** (Del esp. *chapa*: hoja o lámina de metal, por alusión al elemento que prevalece en la construcción de las viviendas que lo componen.)

chapita. adj. Demente, loco. I **2.** Alocado, irreflexivo, **sacado**; raro, extravagante. II SER O ESTAR CHAPITA: estar loco, ESTAR DE LA CABEZA. (Es dimin. de **chapa.** V. **chapa.** Su valor como adj. proviene de la expr., muy difundida en la década de 1990.)

charafú. m. Automóvil. (Etimol. incierta.)

charamusca. f. Fruslería. I **2.** Alboroto, bulla. (Por ext. del esp. *charamusca*: chispa que salta del fuego de leña.)

charcón, na. adj. Dícese de la persona o animal de complexión enjuta [dado por el DRAE]. (Del amer. *charqui* –derivado del quich. *ch'arki*–: carne salada y secada al sol.)

charleta. adj. Charlatán [dado por el DRAE]. (Del gen. *ciarlettoa*: que habla continuamente.)

charquear. tr. Matar con arma blanca. (Por ext. del amer. *charquear*: hacer charqui.)

charquiar. tr. Variante alternativa más difundida de **charquear.**

charuto. m. Cigarro, cigarrillo. I **2.** Cigarrillo de marihuana más grueso que el **porro.** (Del port. *charuto*: cigarro.)

chasca. f. Cabello enmarañado [dado por el DRAE como amer. del sur]. (Del quich. *ch'aska*: cabellera crespa.)

chaschás. m. Azote. II HACERLE CHASCHÁS EN LA COLA A ALGUIEN: azotarle la **cola.** (Onomatopeya materno-infantil.)

chata. f. Embarcación baja. I **2.** Carro de cuatro ruedas sin techo utilizado para transporte de cargas. I **3.** Camioneta. II ARRIMAR LA CHATA: v. **arrimar.** I **2.** CARGAR LA CHATA: dar una paliza. I **3.** FRENAR LA CHATA: v. **frenar.** I **4.** PARARLE LA CHATA A ALGUIEN: FRENAR LA CHATA, sofrenarlo, llamarlo al orden. (Del gen. *ciatta*: barco de carga de fondo plano.)

chatura. f. Mediocridad; falta de vuelo vital, artístico o intelectual. (Derivado del esp. *chato*: sin relieve.)

chau. interj. Adiós, hasta luego [dado por el DRAE]. (Del gen. *ciao*: adiós.)

chaucha. f. Judía verde. | **2.** Vaina, túnica o cáscara de algunas simientes. | **3.** –sólo en pl.– Escasa cantidad de dinero [dadas las tres por el DRAE]. | **4.** Cosa beneficiosa. | **5.** Pene. || MOJAR LA CHAUCHA: v. **mojar.** (Las primeras dos aceps. procederían de otra: "patata temprana o menuda que se deja para simiente" [dada por el DRAE como chilenismo]; la tercera alude al bajo costo, aunque también podría relacionarse con otra acep. en Chile y Ecuador: "moneda de plata de baja ley"; la cuarta, por asociación con **papa**; la última, en alusión a la forma.)

chauchón, na. adj. Tonto. (Por asociación oscura.)

chaupicho. interj. **chaupinela.** (De **chau** y **Picho**: personaje supuesto.)

chaupinela. interj. Sanseacabó. (De **chau** y **Pinela**: personaje supuesto.)

che. Vocativo del pron. de 2ª pers. singular rioplatense *vos*. | **2.** Interj. con que se llama, se hace detener o se pide atención a una persona. También expresa a veces asombro o sorpresa [dado por el DRAE]. (Del esp. ant. *ce*: voz con que se llama, se hace detener o se pide atención a una persona, aunque aún se discute si no es palabra quich. o arauc.)

checato, ta. adj. Variante alternativa menos difundida de **chicato.**

chechear. intr. Hablar con alguien utilizando el pron. *che.* (Por anal. con *tutear*: hablar a uno empleando el pron. de 2ª pers.)

checo. m. Vesre de *coche.*

checonato. m. Cheque. | **2.** Automóvil. (Por juego paronom. entre el esp. *cheque*: mandato escrito de pago –en la primera acep.– y **checo** –en la segun-

da– con el apellido del futbolista Carlos *Cecconato*.)

chegusán. m. Vesre de **sánguche.**

chele. f. Vesre de *leche* y de **leche.**

chelibo. m. Vesre de **boliche.**

cheno. f. Vesre de *noche.*

chepibe. m. Mandadero, encargado de hacer trámites y compras menores. (De **che** y **pibe.**)

chequear. tr. Controlar, confrontar, examinar. (Del ingl. *to check*: examinar.)

chequeo. m. Control, examen. (V. **chequear.**)

cheronca. adj. Vesre irreg. de **canchero.**

chetear. intr. y tr. Robar carteras y bultos por la calle. (Por ext. y aféresis del esp. *cachetear*: golpear a alguien en la cara con la mano abierta.)

cheto, ta. m. y f. Forma aferética y más difundida de **concheto.**

chica. f. Pelota de tabaco mascado. (V. **chicar.**)

chicaneo. m. Acción y efecto de emplear chicanas. (Del esp. *chicana* –originado a su vez en el fr. *chicane*–: pleito, artimaña, procedimiento de mala fe, especialmente el utilizado en un pleito por alguna de las partes.)

chicar. intr. Mascar tabaco. | **2.** Enojarse. (Del ital. *ciccare*: mascar tabaco; irritarse.)

chicateli. adj. **chicato.** (Deform. fest. con el sufijo *-eli*, común a varios apellidos italianos con la forma *-elli.*)

chicato, ta. adj. Corto de vista, miope. (Del ital. meridional *ciecato*: enceguecido.)

chicatón, na. adj. Aument. de **chicato.**

chiche. m. Cosa delicada, bonita y, por lo común, pequeña [dado por el DRAE]. | **2.** –gralmente. en pl.– Cada una de las prendas o artefactos eróticos utilizados *ad hoc* en encuentros sexuales, **cotillón.** ||

CON TODOS LOS CHICHES: completo, con todos los detalles posibles. | **2.** CHICHE BOMBÓN: excelente, perfecto; hermoso. (Del esp. *chiche* –derivado del quich. *ch'i-chi*: muy pequeño–: juguete, objeto curioso y bonito.)

chichi. f. Mujer joven. (Del esp. pop. *chichi*, de origen expresivo: vulva, por sinécdoque.)

chichipío, pía. adj. Tonto, inocente, candoroso. (Etimol. incierta.)

chicho. m. Forma aferética de **pichicho.**

chichón, na. adj. Bromista, burlón, acostumbrado a **chichonear.**

chichonear. intr. Bromear con alguien, jaranear; mofarse de alguien. (Etimol. incierta.)

chichoneo. m. Jarana; burla, mofa. (V. **chichonear.**)

chicle. m. En la expr. HACERSE ALGO DE CHICLE: durar demasiado, extenderse mucho en el tiempo. (Es el amer. *chicle* –del náhuatl *tzictli*–: masticatorio.)

chicotazo. m. Inyección de heroína. (Del amer. *chicotazo*: golpe dado con un látigo o chicote.)

chijetazo. m. Aument. de **chijete.**

chijete. m. Escupida, salivazo. | **2.** Corriente de aire. (Por deform. del esp. *chisguete*: chorrillo de un líquido cualquiera que sale violentamente.)

chijetear. tr. Escupir. (V. **chijete.**)

chilena. f. En el fútbol, golpe dado con el pie por un jugador, quien, con el cuerpo en el aire, envía la pelota por sobre su cabeza. || MEDIA CHILENA: Idéntico golpe, pero sin despegar los pies del suelo. (Del esp. *chileno*: natural de Chile, por oscura alusión.)

chillar. intr. Protestar. (Del esp. *chillar*: dar chillidos.)

chilote. adj. Chileno. (Gralmente. despect., del esp. *chilote*: natural del archipiélago chileno de Chiloé.)

chimenea. f. Chistera, sombrero de copa alta. | **2.** Cabeza. (En la primera acep., en alusión a la forma; en la segunda, simplemente por la ubicación.)

chimentar. tr. Chismear, murmurar. (V. **chimento.**)

chimentero, ra. adj. Chismoso, murmurador. (V. **chimento.**)

chimento. m. Chisme, murmuración. (Por juego de palabras entre *chisme*: noticia con que se pretende indisponer a unas personas con otras o se murmura de algunas y el nap. *ciménto*: prueba riesgosa, de éxito incierto.)

chimichurri. m. Salsa hecha a base de ajos, perejil, ají picante, sal y vinagre, que se emplea para aderezar la carne asada. (Etimol. incierta.)

chimichurria. f. Variante alternativa de **chimichurri.**

china. f. Mujer querida. | **2.** –despect.– Mujer aindiada. (Del quich. *china*: hembra, mujer; para la segunda acep., v. **chino.**)

chinaje. m. **chinerío** [dado por el DRAE]. (V. **china.**)

chinche. f. Persona de mal carácter, enojadiza. | **2.** Enojo, disgusto. | **3.** Tuberculosis. | **4.** Enfermedad venérea, especialmente sífilis. (Por ext. del esp. *chinche*: persona molesta y pesada, en las dos primeras aceps.; la tercera y cuarta quizá se relacionen con el esp. *chinche*: insecto hemíptero que chupa la sangre taladrando la piel con picaduras irritantes que abunda con especialidad en las camas durante el verano.)

chinchera. f. Cama. (V. **chinche.**)

chinchibirra. f. Cerveza de jengibre. | **2.** Bebida elaborada con frutitos de calafate por los reclusos del penal de Ushuaia en la década de 1930. | **3.** Bebida gaseosa. (Del ingl. *ginger-beer:* cerveza de jengibre.)

chinchibirria. f. Variante alternativa, con epéntesis, de **chinchibirra.**

chinchudo, da. adj. Malhumorado, irascible, irritable. | **2.** Sifilítico. (V. **chinche.**)

chinchulines. m. pl. Intestinos humanos. (Del amer. *chinchulín* –originado en el quich. *chunchulli:* tripas menudas–: yeyuno de ovino o vacuno.)

chincota. adj. Cinco. (Por juego paronom. con el apellido ital. *Cincotta,* nombre de una marca de neumáticos muy publicitada en la década de 1970.)

chinerío. m. Conjunto de **chinas** o mujeres aindiadas [dado por el DRAE]. (V. **china.**)

chinetero. m. Mujeriego. (V. **china.**)

chingada. f. Yerro. | **2.** Fracaso. (V. **chingar.**)

chingado, da. adj. Equivocado, desacertado. | **2.** Fracasado. (V. **chingar.**)

chingar. intr. Colgar un vestido más de un lado que de otro [dado por el DRAE]. || CHINGARLA: equivocarse, fracasar. | **2.** CHINGARLE: en algunos deportes, fallar un tiro, desperdiciar una chance. (Del esp. *chingar:* importunar, molestar.)

chingolo. m. Individuo cándido y tonto. (Por alusión al esp. *chingolo:* pájaro de la familia de los fringílidos.)

chingue. m. Defecto en el ruedo de una falda. (V. **chingar.**)

chino, na. adj. Dícese de la persona aindiada [dado por el DRAE]. || CHINO BÁSICO: muy difícil de entender. (Es amer.; puede ser desp. o afect.; v. **china.**)

chinonga. f. Deform. fest. de **china.**

chipé. f. En la expr. DE CHIPÉ: excelente, de gran calidad. (De la expr. del caló *de chipé:* excelente, de superior calidad.)

chipolamente. adv. Bellamente. (V. **chipolo.**)

chipolo, la. adj. Bello, hermoso. (En especial se usa en f., y referido a mujeres; del ital. *cipolla:* cebolla, por traslación de signif. equiparable a la que se da con otros productos alimenticios.)

chiqué. m. Simulación, engaño. | **2.** Ostentación, aspaviento. (Del argót. *chiquer:* simular.)

chiquilín. m. Pequeño bolsillo colocado en la parte delantera del pantalón, a la altura de la cintura. (Por alusión a su tamaño; v. **chiquilinada.**)

chiquilinada. f. Chiquillada. (Del esp. *chiquilín:* dimin. de chico.)

chiquilinero. m. Ladrón especializado en hurtar del **chiquilín.**

chiquisuela. f. Variante gráfica de **chiquizuela.**

chiquitaje. m. Actividad comercial que rinde poco. | **2.** Ventaja pequeña. (Del esp. *chiquito:* dimin. de *chico,* con el agregado de un sufijo de origen oscuro.)

chiquizuela. f. Rótula. (Por ext. del argent. *chiquizuela:* choquezuela del ganado, deform. del esp. *choquezuela:* rótula.)

chirimbolo. m. Cosa indeterminada, por lo gral. de pequeñas dimensiones. (Del esp. *chirimbolo:* utensilio, vasija o cosa análoga.)

chiripa. f. En la expr. DE CHIRIPA: por casualidad. (Del esp. *chiripa:* en el juego del billar, suerte favorable que se gana por casualidad.)

chiripioca. f. Forma sincopada de **chiripiorca.**

chiripiorca. f. Arrebato de locura, **viaraza.** ‖ AGARRARLE A UNO LA CHIRIPIORCA: cambiar sorpresivamente el ánimo, enloquecerse; enojarse. (Es un mejicanismo de etimol. incierta, difundido en la Argentina a través de la serie *El Chavo*, creada por el actor Roberto Gómez Bolaños.)

chirle. adj. Falto de consistencia, blanduzco. ‖ **2.** De poco interés, sin gracia. (Es voz onomatopéyica.)

chirlo. m. Puñalada. ‖ **2.** Golpe dado con la mano abierta y, a veces, con un objeto. (La primera acep. deriva del esp. *chirlo*: herida prolongada en la cara, como la que se hace con una cuchillada, por metonimia; la segunda, del germ. *chirlo*: golpe.)

chirola. f. Antigua moneda de cinco, diez o veinte centavos [dado por el DRAE]. ‖ **2.** –gralmente. solo en pl.– Poco dinero [dado por el DRAE]. (Del chilenismo *chirola*: denominación popular de la moneda de plata de veinte centavos.)

chirusa. f. Mujer del bajo pueblo, por lo común mestiza o descendiente de mestizos [dado por el DRAE]. ‖ **2.** Mujer de comportamiento vulgar y afectado. (Despect. de **china**, probablemente por deform. de *chinusa.)

chirusada. f. Conjunto de **chirusas.** (V. **chirusa.**)

chiruza. f. Variante gráfica de **chirusa.**

chiruzada. f. Variante gráfica de **chirusada.**

chispear. tr. Mirar, espiar. (Etimol. incierta.)

chistadero. m. Clandestino desde cuyas puertas las prostitutas llaman a los clientes con **chistidos.** (Del esp. *chistar*: prorrumpir en voces onomatopéyicas parecidas a chis.)

chistido. m. Llamada realizada apoyando la lengua en el prepaladar. (V. **chistadero.**)

chitrulo, la. adj. Tonto, bobo, iluso. (Del ital. *citrullo*: tonto.)

chiva. f. Voz del lenguaje infantil que representa una burla para otro. (V. **chivo²**; se acompaña con el gesto de tocarse la barbilla, probablemente en alusión al enojo del otro; cf. **chivado¹**.)

chivado, da¹. adj. Enojado, irritado. (Del amer. *chivarse*: enojarse.)

chivado, da². ppio. perf. de **chivar.**

chivar. intr. y tr. Transpirar, generalmente con mal olor. U. t. c. prnl. (Surgido a partir de la expr. OLOR A CHIVO; v. **chivo¹**.)

chivatazo. m. Enojo. (V. **chivado¹**.)

chivateli. adj. Enojado. ‖ **2.** Barbudo. (Por adición del sufijo fest. *-eli* a **chivado** y a **chivo** respectivamente, en cruce con el esp. *chivato*.)

chivazo. m. Aument. de **chivo¹**.

chivear. intr. Entre los conductores del transporte público colectivo, cortar el boleto por la mitad de la numeración, a fin de vender dos veces el mismo. ‖ **2.** Revender una entrada ya vendida. (V. **chivo¹**.)

chivero, ra. m. y f. Contrabandista de objetos de poco valor. ‖ **2.** Persona que, trabajando en un medio de comunicación, acostumbra hacer publicidades encubiertas. (V. **chivo¹**.)

chivo¹. m. Pequeño contrabando. ‖ **2.** Boleto o entrada vendido, tras cuya recuperación en el control, vuelve a ser vendido. ‖ **3.** Publicidad encubierta realizada en un medio de comunicación que se hace por amistad o por algún beneficio económico. | **4.** Olor desagradable procedente de la piel de una persona; sudor, transpiración. || OLOR A CHIVO: olor a transpiración. (Por alusión oscura al esp. *chivo*: cría de la cabra.)

chivo². adj. Barbado. (Del amer. *chiva*: barba.)

chivo, va³. adj. Malhumorado, enojado. | **2.** Difícil, complicado. (Por síncopa de **chivado¹.**)

chivudo, da. adj. Malhumorado, enojado. (V. **chivado¹.**)

chizito. m. Tentempié salado hecho de maíz inflado con sabor a queso de unos pocos centímetros de longitud. | **2.** Pene de pequeñas dimensiones. (Formado a partir del ingl. *cheese*: queso, el término fue popularizado por la vedette Silvia Suller en la década de 1990 con la canción "El chizito de Jacobo".)

chobi. m. Vesre de **bicho.**

choborra. m. Vesre de *borracho.*

chochamu. m. Vesre de *muchacho.*

chocho, cha. adj. Contento, alegre. || CHOCHO DE LA VIDA: muy contento. (Por ext. del esp. *chocho*: lelo de puro cariño.)

choclazo. m. Aument. de **choclo.**

choclo. m. Montón. (En alusión a la forma alargada del amer. del sur **choclo**: mazorca tierna de maíz.)

chocolata. f. Sangre. (Del ital. *cioccolata*: chocolate, por ser espesa [?].)

chodere. adj. Vesre de *derecho.*

chóe. adj. m. Vesre de *hecho.*

chofica. m. Variante fonética de **shofica.**

cholulear. intr. Andar entre personas famosas, o hablar repetidamente de ellas, expresando admiración ferviente e incondicional. (V. **cholulo.**)

cholulismo. m. Admiración ingenua y viva por las personas que están en el candelero. (V. **cholulo.**)

cholulo, la. m. y f. Admirador incondicional de los integrantes más famosos de la farándula. | **2.** Por ext., persona que por frivolidad busca relacionarse con personajes famosos de la política, vida social, arte, etc., o que habla repetidamente de ellos. || adj. Frívolo, superficial. (El término proviene del nombre de la protagonista de una tira cómica: "*Cholula*, loca por los astros", creada en 1958 por Horacio Meyrialle –con dibujos de Toño Gallo–, publicada en la desaparecida revista *Rico Tipo.*)

choma. m. Vesre de **macho.**

chomba. f. Jubón con cuello. (Del ingl. *jumper*: blusa de trabajo.)

chomita. m. Joven, adolescente. (Es el vesre del esp. *machito*, dimin. de *macho.*)

chongo, ga. adj. Ordinario, vulgar, de bajo nivel. || m. Homosexual joven, gralmente. activo y de origen humilde. | **2.** Hombre joven que ejerce la prostitución. (Del amer. del Caribe *chongo*: caballo malo, ordinario.)

chonguearse. intr. Volverse ordinario. (V. **chongo.**)

chop. m. Jarro para cerveza. (Del fr. *chope*: jarro de cerveza.)

chorear. tr. Robar [dado por el DRAE]. (V. **choro.**)

choreo. m. Robo. | **2.** Práctica habitual del robo. (V. **choro.**)

choriceada. f. Producto de un robo. (V. **chorizo.**)

choripán. m. Sándwich hecho con pan común y chorizo asado. (Por conjunción del esp. *chorizo*: pedazo corto de tripa lleno de carne, y *pan*: porción de masa de harina y agua cocida en horno.)

chorizo. m. Ladrón. | **2.** Pene. | **3.** Montón. (La primera acep. deriva del caló *chorizo*: ladrón; la s. es alusiva a la forma; para la tercera, cf. **choclo**; del esp. *chorizo*: pedazo corto de tripa lleno de carne.)

chorlito, ta. adj. Ingenuo, cándido, crédulo. (Por alusión al esp. *chorlito*: ave del orden de las zancudas.)

chornar. intr. Dormir. (Del germ. *sornar*: entregarse al sueño; pernoctar.)

choro. m. Ladrón. (Del caló *choro*: ratero, descuidero, ladrón.)

chorreaje. m. Reunión de ladrones. (V. **chorrear**.)

chorrear. tr. Variante fonética más difundida de **chorear**.

chorreo. m. Variante fonética más difundida de **choreo**.

chorro, ra. m. y f. Variante fonética más difundida de **choro**.

chosgan. m. pl. Vesre de **ganchos**.

chota. f. Pene. (V. **choto**.)

chotear. tr. Sujetar a alguien descubriendo sus órganos sexuales para ensuciarlos con saliva, tierra u otro elemento. (V. **choto**.)

chotísimo, ma. adj. Superl. de **choto, ta**: malo.

choto. m. Pene. || **choto, ta.** Tonto, torpe. | **2.** Caduco. | **3.** Malvado; malo, de mala calidad. || IMPORTARLE A UNO UN CHOTO: no importarle nada. (Etimol. incierta.)

chúa. f. Variante fonética de **shúa**.

chuca. f. Ebriedad. (V. **chuco**.)

chucear. intr. Luchar con la **chuza**. | **2.** tr. Herir con la **chuza**. | **3.** Azuzar. (V. **chuza**.)

chucha. f. Forma aferética de **cachucha**.

chuchi. adj. Afectado, amanerado; afeminado –dicho sólo de un hombre–. (Del quich. *chuchi*, voz de cierto sentido erótico vinculado con los senos [?].)

chucho. m. Miedo. (Del amer. *chucho*: escalofrío, derivado del quich. *chujchu*: frío de calentura.)

chuchos. m. pl. Caballos de carrera. (Del ital. del sur *ciuccio*: burro.)

chuco, ca. adj. Ebrio. (Del gen. *ciucco*: ebrio.)

chuenga. m. Caramelo masticable. (Del ingl. *chewing-gum*: goma masticable.)

chumbar. tr. Azuzar a los perros. | **2.** intr. Ladrar fuerte y repetidamente el perro. | **3.** tr. Incitar a alguien a la pelea. (Etimol. incierta.)

chumbazo. m. Balazo. (V. **chumbo**.)

chumbido. m. Ladrido. (V. **chumbar**.)

chumbo. m. Bala, proyectil de arma de fuego. | **2.** Revólver, pistola. | **3.** Balazo. (Del port. *chumbo*: plomo; en la segunda acep. por sinécdoque.)

chupado, da. adj. Embriagado. | **2.** Secuestrado por las fuerzas de seguridad durante la dictadura militar que gobernó la Argentina entre 1976 y 1983. (V. **chupar**.)

chupamedias. adj. Obsecuente, adulador. (Formado a partir del esp. *chupar*: sacar o traer con los labios el jugo o la sustancia de una cosa y del esp. *media*: calcetín; de la expr. CHUPAR LAS MEDIAS, equivalente al argót. *lécher les bottes*: lamer las botas.)

chupandín, na. adj. Ebrio consuetudinario, alcohólico. (V. **chupar**.)

chupandina. f. Borrachera. (V. **chupar**.)

chupar. tr. Ingerir bebidas alcohólicas [dado por el DRAE]. | **2.** Secuestrar a alguien las fuerzas de seguridad durante la dictadura militar que gobernó la Argentina entre 1976 y 1983. || CHUPARLE A UNO UN HUEVO: no importarle nada. (Por exts. del esp. *chupar*:

sacar con los labios el jugo de una cosa –para la primera acep.–; absorber –para la segunda–.)

chuparse. intr. Embriagarse. (V. **chupar.**)

chupasangre. m. y f. Explotador. | **2.** Usurero, prestamista. (Del esp. *chupar* y *sangre*: humor que circula por el cuerpo de los vertebrados.)

chupete. adj. Inclinado a la bebida. (Por juego paronom. entre **chupar** y el esp. *chupete*: chupador que se da a los niños.)

chupetear. tr. Beber, tomar, particularmente bebidas alcohólicas. (V. **chupete.**)

chupi. m. Bebida alcohólica. | **2.** Juego infantil en el que cada uno de los dos participantes coloca una figurita sobre el piso y alternativamente, haciendo sopapa con la mano, tratan de darlas vuelta; quien lo consigue se lleva ambas figuritas. ‖ DARLE AL CHUPI: emborracharse regularmente. (V. **chupar.**)

chupín. m. Ebrio consuetudinario. (V. **chupar.**)

chupines. m. Cigarrillos. (Del esp. *chupar*: sacar con los labios la sustancia de una cosa.)

chupitegui. m. **chupín.** (Por deform. fest.)

chupón. m. Beso apasionado, en el que las lenguas se ponen en contacto. | **2.** Marcas que dejan en la piel algunos besos en que se chupa con fuerza. (Del esp. ant. *chupón*: chupetón.)

chuqui. f. En la expr. HACER CHUQUI-CHUQUI: practicar el coito. (Del caló *chuqui*: vagina.)

churrasco, ca. adj. Hermoso –es aplicable sólo a personas y mucho más frecuentemente en f.–. (Por alusión al esp. *churrasco*: carne asada a la plancha o a la parrilla.)

churrete. m. En la expr. TOMAR PARA EL CHURRETE: mofarse. (Del esp. *churrete*: mancha que ensucia la cara, las manos u otra parte visible del cuerpo.)

churro. m. Persona hermosa. | **2.** Cigarrillo de marihuana. (En la primera acep. es forma apocopada de **churrasco** en cruce con el esp. *churro*: fruta de sartén; la s. se da por alusión a la forma de los churros.)

chusas. f. pl. Cabellos largos, desgreñados y sueltos. (Del quich. *chúhcha*: cabello.)

chuschudo, da. adj. De cabello abundante y desgreñado. (V. **chusas.**)

chusma. f. Gente de baja condición social. ‖ adj. De baja condición. | **2.** Chismoso, murmurador, entrometido. (Por ext. del esp. *chusma*: conjunto de gente soez; para la tercera acep., v. **chusmear.**)

chusmear. intr. Indagar, husmear. | **2.** Chismear, murmurar. (Por cruce de **chusma** con el esp. *chismear*: traer y llevar chismes.)

chusmerío. m. Acción y efecto de **chusmear.** | **2.** Grupo de gente que tiene el hábito de **chusmear.**

chusmón, na. adj. Murmurador. (Aument. de **chusma.**)

chutazo. m. Puntapié violento dado a la pelota. (V. **chutiar.**)

chutiar. intr. **shotear.** (Por deform. de **shotear.**)

chuza. f. Especie de lanza rudimentaria, de forma parecida al chuzo [dado por el DRAE]. | **2.** –en pl.– Variante gráfica de **chusas.** (La primera acep. deriva del esp. *chuzo*: palo armado con un pincho de hierro; para la segunda, v. **chusas.**)

ciapoli. f. Vesre de *policía*.

ciega. f. Linterna pequeña, cuya luz muy débil puede ocultarse o disimularse con facilidad. (Del esp. *ciego*: privado de la vista, por antífrasis.)

ciego, ga. adj. Carente de dinero, indigente. (Es término utilizado en el juego del truco, que se representa cerrando los dos ojos y significa que no se ha visto ningún naipe de valor; del esp. *ciego*: privado de la vista.)

cimarrón. m. MATE AMARGO, sin azúcar [dado por el DRAE]. (Del esp. *cimarrón*: silvestre.)

cimarronear. intr. Tomar mate. (V. **cimarrón.**)

cimbronazo. m. Cimbrón, sacudida violenta. | **2.** Estremecimiento nervioso muy fuerte. (Aument. del amer. *cimbrón*: tirón fuerte.)

cinchada. f. Puja deportiva en la que dos caballos tiran en sentido contrario de un lazo cuyos extremos están sujetos a la cincha. | **2.** Juego en que dos bandos asidos a los extremos de una cuerda tiran de ésta para vencer al rival atrayéndolo hasta que pase el límite de su campo. (V. **cinchar.**)

cinchar. tr. Tirar, llevar con esfuerzo algo. | **2.** intr. Procurar empeñosamente que una cosa se realice [dado por el DRAE]. | **3.** Trabajar esforzadamente [dado por el DRAE]. || CINCHAR POR ALGUIEN O POR ALGO: hacer fuerza, estar a favor de alguien o algo; en competencias deportivas, alentar. (Del esp. *cincha*: faja con que se asegura la silla sobre la cabalgadura.)

cinco. adj. En las exprs. ss.: CINCO PUNTOS: tatuaje simbólico realizado con cinco puntos alineados usualmente sobre el dorso de la mano hacia el lado del pulgar, que significa que para reducir a un solo delincuente se precisan cuatro policías; con el tiempo el tatuado suele tapárselo con otro tatuaje –generalmente el símbolo de la paz– dados los inconvenientes que puede ocasionarle si es apresado. | **2.** NI CINCO: nada. (Es el numeral *cinco*; en la segunda expr. con elisión de la palabra *centavos*.)

cincuñas. m. **punguista.** (Por contracción de *cinco* y *uñas*, en alusión a la mano.)

cipayo, ya. adj. Simpatizante de los países aliados durante la Segunda Guerra Mundial. | **2.** Admirador de los Estados Unidos y, en gral., de las potencias occidentales. | **3.** Antinacionalista. (Del esp. *cipayo*: soldado indio que se hallaba al servicio del gobierno inglés.)

circo. m. Grupo de drogadictos. | **2.** Lugar de reunión de drogadictos. | **3.** Reunión o espectáculo, cuya particularidad es la transgresión y en el que suceden hechos disparatados. || HACER CIRCO: hacerse notar a través de hechos más o menos desatinados. | **2.** SER UN CIRCO: caracterizarse por actitudes cómicas, pintorescas o disparatadas. (Del esp. *circo*: espectáculo donde actúan malabaristas, payasos, volatineros, animales amaestrados, etc.)

circulado, da. adj. Experto, baquiano. (Del esp. *circular*: ir y venir.)

cirquero, ra. adj. Miembro de un grupo de drogadictos. | **2.** Drogadicto ostentoso de su condición. | **3.** Quien busca hacerse notar haciendo o diciendo cosas desatinadas. | **4.** Extravagante, histriónico. | **5.** Que constantemente intenta atraer la atención hacia sí, **careta.** (V. **circo.**)

ciruja. m. y f. Persona que recorre y hurga en basurales o calles en busca de desperdicios aprovechables que posteriormente comercializa. | **2.** Vagabundo, holgazán. || adj. Humilde, vulgar. (Aún no hay pruebas etimológicas definitivas, pero tradicionalmente se lo considera originado en el esp. *cirujano*: persona que profesa la cirugía, posteriormente apocopada, ya sea porque estos individuos utilizaban cuchillos para cortar las lonas que cubrían los carros de basura, ya sea aludiendo a los huesos que reunían para realizar su comercio.)

cirujano. m. **ciruja.**

cirujear. intr. Hurgar en la basura en busca de cosas aprovechables para ser comercializadas. (V. **ciruja.**)

cirujeo. m. Acción y efecto de **cirujear**. (V. **ciruja.**)

clande. m. Forma apocopada de **clandestino.**

clandestino. m. Prostíbulo ilegal. (Del esp. *clandestino*: secreto, oculto.)

claraboyas. f. pl. Ojos. (Por alusión al esp. *claraboya*: ventana abierta en el techo o la parte alta de las paredes.)

clásico. m. En el turf, carrera importante, disputada anualmente y dotada de un importante premio. I **2.** En el fútbol, partido en el que se enfrentan dos equipos tradicionalmente rivales. II HABER CORRIDO MUCHOS CLÁSICOS: haber llevado una vida liviana, especialmente la mujer. (Del esp. *clásico*: principal o notable en algún concepto.)

clavada. f. En el turf, pronóstico seguro del resultado de una carrera. I **2.** Éxito. I **3.** Acto sexual. (La primera acep. se da por sustantiv. y feminiz. del adj. **clavado**; la s. es ext. de la anterior; para la tercera, v. **clavar.**)

clavado, da. adj. Claro, indiscutible. I **2.** Preciso, exacto. II DEJAR CLAVADO A ALGUIEN: no concurrir a una cita con él, y dejarlo esperando. (V. **clavar.**)

clavador, ra. adj. Habituado a no pagar sus deudas. I **2.** Habituado a faltar a las citas concertadas. I **3. cogedor.** (V. **clavar.**)

clavar. tr. Dejar impaga una deuda. I **2.** Faltar a una cita ya concertada. I **3.** Copular el varón, introducir el pene en la vagina o en el recto. U. m. c. prnl. II CLAVAR LAS GUAMPAS, CLAVAR LAS UÑAS: negarse a hacer algo. (Del esp. *clavar*: engañar a alguien perjudicándolo –para las dos primeras aceps.–; fijar, poner; introducir una cosa puntiaguda –para la última–.)

clavarse. intr. Perjudicarse. I **2.** tr. Consumir una bebida alcohólica. I **3.** Consumir fármacos u otras drogas en forma de pastillas. I **4.** Consumir alimentos en forma exagerada. II CLAVARSE UNA PAJA: masturbarse. (Por ext. del esp. fam. *clavar*: engañar a alguien perjudicándolo; en las ss. aceps. es ext. de *clavar*: poner.)

clavo. m. Cuenta incobrable. I **2.** Mercadería que no ha podido venderse. I **3.** Por ext., objeto inútil y que ocasiona gastos. II DEJAR A ALGUIEN DE CLAVO: **clavar** en su segunda acep. (Del esp. *clavo*: daño o perjuicio que uno recibe.)

clinudo, da. adj. Pelilargo. (Del esp. *clin*, equivalente a *crin*: conjunto de cerdas que tienen algunos animales en la parte superior de cuello.)

cloaca. f. Persona mal hablada, afecta a decir groserías y malas palabras. (Por ext. del esp. *cloaca*: conducto por donde van las aguas sucias o las inmundicias de las poblaciones.)

cloro. m. Orina. II ECHARSE UN CLORO: orinar. (Por alusión al esp. *cloro*: metaloide de color verde amarillento, olor fuerte y sofocante y sabor cáustico.)

cobán. m. Vesre de *banco*.

cobana. m. Variante alternativa de **cobani.**

cobani. m. Vesre irreg. de **abanico.**

cobre. m. Moneda de un centavo. | **2.** Centavo. (Llamada así por estar acuñada en dicho metal.)

coca. f. Forma apocopada de *cocaína.*

cocazo. m. Golpe que se recibe en la cabeza en forma accidental. | **2.** Golpe dado con la cabeza intencionalmente. | **3.** Choque entre dos cabezas. (V. **coco.**)

cocear. tr. Sospechar, presentir. (Etimol. incierta.)

cocín. m. Billete de cinco pesos. (Es el vesre del esp. *cinco.*)

cocina. f. Vientre. || LLENAR LA COCINA DE HUMO: dejar embarazada a una mujer. (Del esp. *cocina*: pieza o sitio de la casa en el cual se guisa la comida.)

cocinado, da. ppio. perf. de **cocinar.** || TENER ALGO COCINADO: haber resuelto una situación entre unos pocos, en secreto, antes de darla a conocer públicamente. (V. **cocinar.**)

cocinar. tr. Preparar, disponer. | **2.** Terminar, arreglar. | **3.** Matar. (Por ext. del esp. *cocinar*: guisar, aderezar las viandas.)

cocinero. m. Cinco. | **2.** Billete de cinco pesos. (Deform. de **cocín**: vesre de *cinco,* por juego paronom. con el esp. *cocinero.*)

coco. m. En la expr. COMERLE EL COCO A ALGUIEN: excitar, **ratonear.** (Del esp. coloquial *coco*: cabeza humana; la expr. *comer el coco* en el esp. peninsular significa 'convencer, lavar el cerebro'.)

cocó. f. Cocaína. (Del argót. *cocó*: cocaína.)

cocoliche. m. Jerga híbrida y grotesca que hablan ciertos inmigrantes italianos mezclando su habla con el español. | **2.** Italiano que habla de este modo [ambos dados por el DRAE]. | **3.** Máscara que representa a un italiano acriollado. | **4.** Cualquier habla ininteligible. (Proviene del apellido de un peón italiano de la compañía teatral de José Podestá –cuyo lenguaje imitó el actor Celestino Petray– llamado supuestamente Antonio *Cuccoliccio.*)

cocorito, ta. adj. Caprichoso, impertinente, irritable. (Por adjetiv. del dimin. del sust. esp. *cócora*: persona molesta e impertinente en demasía.)

cocos. m. pl. Testículos. (En alusión a la forma del fruto del cocotero.)

cocota. f. Variante alternativa de **cocote.**

cocote. f. Prostituta que se mueve en las altas esferas sociales. (Del fr. *cocotte*: mujer elegante.)

coctelera. f. Vehículo que traquetea mucho al andar. (Por alusión al esp. *coctelera*: recipiente destinado a mezclar los licores del cóctel.)

cocusa. f. Variante gráfica de **cocuza.**

cocuza. f. Variante alternativa de **cucuza.**

codeguín, na. adj. Tonto. (Del gen. *codeghin*: cierto embutido; por traslación de signif. semejante a la de **salame.**)

codemi. m. Vesre irreg. de *médico.*

codillo. m. Variante del juego del tute. (Del esp. *codillo*: en algunos juegos de cartas, lance de perder el que ha entrado, por haber hecho más bazas que él alguno de los otros jugadores.)

codito. m. Tacaño, mezquino. (Del esp. *codo*: parte posterior y prominente de la articulación del brazo con el antebrazo, por traslación similar a la que se da con *codo* en América Central y que el DRAE anota.)

cofla. m. Vesre de *flaco.*

cogedero. m. Prostíbulo. (V. **coger.**)

cogedor, ra. adj. Que mantiene relaciones sexuales. | **2.** Que mantiene relaciones sexuales con frecuencia. (V. **coger.**)

coger. tr. Penetrar carnalmente. | **2.** tr. e intr. Mantener relaciones sexuales. | **3.** tr. Defraudar, estafar. | **4.** En una competencia o deporte, vencer, ganar. | **5.** En un examen, desaprobar. | **6.** Maltratar, humillar. U. t. c. prnl. en todas las aceps. (Del esp. *coger*: cubrir el macho a la hembra; en la tercera acep. presenta la misma traslación del esp. *joder*.)

cogible. adj. Digno, merecedor de **ser cogido.** (V. **coger.**)

cogida. f. Coito, acción de **coger.**

cogote. m. En la expr. DE COGOTE: gratuitamente. (En alusión a la acción de estirar el cuello para ver un espectáculo o leer un diario o revista que no se han pagado.)

cogoteo. m. Acción de caminar una pareja con los brazos entrecruzados sobre los hombros. (Del esp. *cogote*: parte superior y posterior de cuello.)

cogotero, ra. adj. Que camina abrazado a otro con los brazos entrecruzados sobre los hombros. (V. **cogoteo.**)

cogotudo, da. adj. Aristócrata, oligarca. | **2.** Adinerado. (Por ext. del esp. *cogotudo*: dícese de la persona muy altiva u orgullosa.)

cohetazo. m. Balazo. (Del esp. *cohetazo*: agujero lleno de materia explosiva; es aument. de *cohete*: fuego de artificio cargado de pólvora.)

cohete. m. Pedo, ventosidad que se expele del vientre por el ano. || AL COHETE: eufemismo por AL PEDO. (Por eufemismo, del esp. *cohete*: fuego de artificio cargado de pólvora.)

coheteado, da. adj. Herido de bala. (V. **cohetazo.**)

cohetear. tr. Herir de bala; matar. (V. **cohetazo.**)

coima. f. Cohecho, gratificación, dádiva con que se soborna [dado por el DRAE] a un empleado o persona influyente para inclinar su voluntad. (Extendido como amer., proviene del esp. *coima*: gaje del garitero.)

coimeado, da. ppio. perf. de **coimear.** Sobornado. (V. **coima.**)

coimear. tr. Dar una **coima**, sobornar. | **2.** Recibir, aceptar una **coima.** (V. **coima.**)

coimero, ra. m. y f. Persona que da **coimas** o que las recibe [dado por el DRAE]. (V. **coima.**)

coimisión. f. **coima**, soborno. (Por juego paronom. fest. entre **coima** y el esp. *comisión*: retribución de un comisionista.)

cojer. tr. Variante gráfica de **coger.**

cojinche. m. Fornicación múltiple. (V. **coger.**)

cojudo, da. adj. Valiente, decidido. (Del esp. *cojudo*: dícese del animal no castrado.)

cola. f. Nalgas, trasero. | **2.** Ano. | **3.** Último. || HACER LA COLA O HACER LA COLITA: practicar el sexo anal con alguien. | **2.** HACERSE LA COLA: v. **hacerse.** (Del esp. *cola*: extremidad posterior del cuerpo y de la columna vertebral de algunos animales.)

colada. f. Acción de **colarse**, es decir, de entrar sin derecho, permiso o pago de la entrada a un sitio. (V. **colarse.**)

colado, da. ppio. perf. de **colarse.**

colador. m. Empleado que en los penales lee y controla la correspondencia que reciben y remiten los penados. | **2.** Persona con pecas. (En ambos casos, por alusión al esp. *colador*: coladero.)

colarse. intr. Entrar sin pagar entrada en

un local de espèctáculo, baile o fiesta. (Del esp. fam. *colarse*: introducirse a escondidas o sin permiso en alguna parte.)

colchonear. intr. Dormir. | **2**. Holgazanear en la cama. (Del esp. *colchón*: especie de saco cuadrilongo, relleno, cosido y basteado, para dormir sobre él.)

cole[1]. m. Forma apocopada de *colegio*.

cole[2]. m. Forma apocopada de **colectivo**.

cole[3]. f. Comunidad judía. (Por abrev. de *colectividad*.)

colear. intr. Agitar la cola un barrilete al elevarlo el viento y así reclamar más cuerda. | **2**. Mostrarse interesada por un hombre la mujer, por lo gral. moviendo sus caderas sensualmente. (Del esp. *colear*: mover con frecuencia la cola; para la segunda acep., además v. **cola**.)

colectivera. f. **rutera**. (v. **colectivo**.)

colectivero. m. Conductor de **colectivos**.

colectivo. m. Vehículo más pequeño que el ómnibus, dedicado al transporte público de pasajeros. (Por abrev. de la expr. *taxis-colectivos*, utilizada en octubre de 1928 por el diario *La Nación* para denominar a aquellos autos con taxímetro que por esos días se empezaban a convertirse en un transporte colectivo.)

colero, ra[1]. adj. Último. (V. **cola**.)

colero, ra[2]. m. y f. Persona que, en una fila de gente que espera turno, reserva un lugar para otro, a quien le cobra por este servicio. (Del esp. *cola*: hilera de personas que esperan ser atendidas.)

colgado, da. adj. **abrojado**. | **2**. Distraído, aburrido. || DEJAR COLGADO A ALGUIEN: dejarlo esperando. | **2**. QUEDAR COLGADO: quedarse sin poder cobrar una deuda; permanecer esperando a una persona con la cual se tenía una cita, sin que ésta concurra. (V. **colgar**.)

colgar. tr. No pagar una deuda. | **2**. Dejar esperando a alguien, con quien se había concertado una cita, sin concurrir. || COLGARLA: en los partidos de fútbol barriales, patear la pelota hacia un lugar alto, desde donde es difícil recuperarla. | **2**. COLGAR LA GALLETA: v. **galleta**. (Del esp. *colgar*: suspender, poner una cosa pendiente de otra sin que llegue al suelo.)

colgarse. intr. Invitarse por sí solo, **abrojarse**. | **2**. Distraerse, excluirse de una conversación. | **3**. Abstraerse de la realidad. | **4**. Entusiasmarse en la realización de una acción. | **5**. En una charla o discusión, cambiar de tema abruptamente. | **6**. Tratándose de una máquina, especialmente de una computadora, detenerse, no responder sus comandos. (V. **colgar**.)

coli. m. Forma apocopada de **colibrillo** y de **colifato**.

colibrillo, lla. adj. **colifato**, loco. || interj. Voz que denota fastidio. (Formado a partir de **colo** –vesre de *loco*– en juego paronom. con el esp. *colibrí*: pájaro insectívoro y, a su vez, con el esp. *brillo*: lustre o resplandor.)

colibriyo, ya. adj. Variante gráfica más difundida de **colibrillo**.

colifa. adj. Forma apocopada de **colifato**.

colifato, ta. adj. Loco. | **2**. Que tiene reacciones extravagantes o imprevisibles. (Formado a partir de **colo** –vesre de *loco*– y un sufijo no identificado.)

colima. m. y f. **colimba**. (V. **colimba**.)

colimba. m. Miliciano, policía. | **2**. Soldado conscripto. | **3**. f. Servicio militar. (Formado a partir del vesre de *milico*: militar, soldado, que dio **colima** –en lugar del esperado *colimi*–, forma que, a su vez, dio origen a **colimba** con una *b* epentética, tal vez por influjo de **marimba**.)

colita. f. Dimin. de **cola**. ‖ HACER LA COLITA: v. **hacer**. (V. **cola**.)

colo, la. adj. Vesre de *loco*.

colocado, da. ppio. perf. de **colocarse**.

colocarse. intr. Drogarse. (Del esp. *colocar*: poner a una persona o cosa en su debido lugar.)

colorada. f. Sangre. ‖ **2**. En el turf, bandera que indica el final de una carrera. (En alusión al esp. *colorado*: que tiene color más o menos rojo.)

colorado, da. adj. Pelirrojo. (V. **colorada**.)

comboy. m. Variante alternativa de **convoy**¹ y de **convoy**².

combustible. m. Cocaína. (Del esp. *combustible*: material o sustancia que se utiliza para hacer funcionar un motor.)

comedor. m. Dentadura. (Del esp. *comedor*: aposento destinado en las casas para comer.)

comer. tr. En la expr. COMER TIERRA: caer al piso. (Del esp. *comer*: masticar y desmenuzar el alimento en la boca y pasarlo al estómago.)

comerse. tr. **coger**. ‖ **2**. Matar. ‖ **3**. Aguantarse. ‖ **4**. En el fútbol, desperdiciar una chance de gol. ‖ **5**. Desperdiciar una oportunidad cualquiera. ‖ **6**. Llevarse por delante algo o a alguien. ‖ **7**. Creer una mentira. ‖ COMÉRSELA, COMÉRSELA DOBLADA, COMERSE LA GALLETITA: TRAGÁRSELA, tomar por verdadera una mentira; chupar el pene; en el caso del varón, ser homosexual, y en el de la mujer, ser fácil; soportar o tolerar un perjuicio o situación desagradable, aguantársélas. ‖ **2**. COMERSE CUALQUIERA: tomar por verdadera una mentira. ‖ **3**. COMERSE EL AMAGUE: v. **amague**. ‖ **4**. COMERSE LA O UNA CANA: ir preso, soportar prisión; sobrellevar un castigo. ‖ **5**. COMERSE LOS MOCOS: retroceder cobardemente ante una situación de peligro. ‖ **6**. COMERSE UN GARRÓN: v. **garrón**. ‖ **7**. NO COMERSE NINGUNA: no rehuir una provocación; afrontar cualquier situación de riesgo. (La primera acep. es eufemística; v. **comer**.)

cometa. f. Cohecho, **coima**. (Por juego paronom. entre **coima** y el esp. *cometa*: astro de un núcleo poco denso y una larga cola.)

cometero, ra. adj. **coimero**. (V. **cometa**.)

comifusa. adj. Cabezudo. ‖ **2**. Terco, obstinado. (Etimol. incierta.)

comilón. m. Homosexual. (V. **comerse**.)

comilona. f. Mujer habituada a succionar el pene. ‖ **2**. Mujer fácil. (V. **comerse**.)

comipini. m. Homosexual, **comilón**. (Por juego paronom. entre **comilón** y *Comi y Pini* nombre de una conocida y antigua firma comercial –hoy desaparecida– de Buenos Aires.)

comisa. m. Forma apocopada de *comisario*.

comité. m. Local seccional de un partido político, en el que se desarrollan actividades partidarias. ‖ **2**. Oficina de la policía, donde se censa a las prostitutas. (Del esp. *comité*: comisión de personas encargadas para un asunto.)

comoifusa. adj. Variante alternativa de **comifusa**.

compadrada. f. Acción de **compadrear**, jactancia [dado por el DRAE]. (V. **compadre**.)

compadraje. m. Grupo de **compadres**. (V. **compadre**.)

compadre. m. Gaucho asentado en la ciudad o sus arrabales caracterizado por un modo particular de comportarse, hablar y vestir. | **2.** Hombre provocativo, fanfarrón e insolente. | **3. compadrito.** (Del esp. *compadre*: padrino de bautizo de una criatura respecto del padre o la madre o la madrina de ésta; también usado en Andalucía, y posteriormente por los gauchos, de manera amistosa como epíteto para amigos y conocidos.)

compadreada. f. Forma epentética de **compadrada.**

compadrear. intr. Jactarse, envanecerse [dado por el DRAE]. | **2.** Actuar provocativamente. (V. **compadre.**)

compadreo. m. **compadrada.** (V. **compadre.**)

compadrito. m. Joven suburbano perteneciente al pueblo bajo, imitador de las actitudes de los **compadres.** | **2.** Tipo popular, jactancioso, provocativo, pendenciero, afectado en sus maneras y en su vestir [dado por el DRAE]. || **compadrito, ta.** adj. Altanero, desafiante. | **2.** Elegante, vistoso. (Dimin. de **compadre**; v. **compadre.**)

compadrón, na. adj. **compadrito, ta.** | **2.** Altivo, jactancioso, bravucón. (V. **compadre.**)

completo. m. Desayuno o merienda que se compone de café con leche, con pan y manteca o medialunas y jugo de naranjas. (Por abrev. de *desayuno completo*.)

componer. intr. Preparar un gallo de riña o un caballo de carrera. (Del esp. *componer*: constituir, formar.)

compositor. m. Individuo que se ocupa de preparar gallos de riña o caballos de carrera. (V. **componer.**)

comprador, ra. adj. Que se gana la voluntad de alguien atrayéndolo, inclinándolo a su favor, gralmente. por medio de halagos y/o engaños. (V. **comprar.**)

comprar. tr. Ganar la voluntad de una persona, gralmente. por medio de halagos y/o engaños. (Del esp. *comprar*: adquirir algo por dinero.)

comulgar. intr. Confesar un delito ante un juez o funcionario policial. (Por alusión al esp. *comulgar*: recibir la sagrada comunión, aunque más bien se refiere al acto previo de la confesión de los pecados.)

comunacho, cha. adj. Comunista. (Por deform. del esp. *comunista*: partidario del comunismo; gralmente. despect.)

comunardo, da. adj. Comunista. (V. **comunacho.**)

comunión. m. Declaración, confesión de un delito ante un juez o funcionario policial. (Del esp. *comunión*: acto de recibir la Eucaristía; v. **comulgar.**)

concha. f. Parte externa del aparato genital femenino, aunque con frecuencia incluye también el conducto vaginal. || HACERSE CONCHA: HACERSE BOLSA. (Del esp. *concha*: cubierta que protege el cuerpo de los moluscos; por ext., cualquier cosa que tiene la figura de la concha de los animales.)

conchero. m. Artefacto utilizado por las *vedettes* para taparse la zona del pubis (V. **concha.**).

concheto, ta. m. y f. Joven o adolescente que tiene o simula tener un alto nivel económico, viste con ropa moderna y de marca, escucha la música y concurre a los lugares de moda, haciendo ostentación permanente. || adj. Elegante. | **2.** De modales y costumbres refinados.

(Aparentemente la palabra nació, alrededor de 1970, como sust. f.; **concheta** dio en llamarse a la muchacha avispada y astuta –a la manera de adjs. como **pija** y **piola**, también terminos de connotación sexual–. Posteriormente, se produjo la masculinización del término; v. **concha**.)

conchinflú. f. Variante epentética de **conchinfú**.

conchinfú. f. Variante fest. de **concha** y de **conchudo, da**.

conchudo, da. adj. Tonto, inútil. | **2.** Ruin, perverso, taimado. (V. **concha**.)

concierto. m. Dactiloscopia, acción de lograr la impresión de las huellas digitales en la ficha correspondiente. (Del esp. *concierto*: función de música, por alusión a la expr. TOCAR EL PIANITO; v. **pianito**.)

concretar. intr. Mantener relaciones sexuales. (Del esp. *concretar*: hacer concreto.)

condrepa. m. Vesre irreg. de **compadre**.

coneja. f. Hambre. (Originado en la expr. CORRER LA CONEJA: pasar hambre [dada por el DRAE]; pasar necesidades; estar en la indigencia.)

conejear. intr. Pasar hambre u otras necesidades. (Equivalente a la expr. CORRER LA CONEJA; v. **coneja**.)

confesionario. m. Despacho de un juez. (Del esp. *confesionario*: mueble dentro del cual se coloca el sacerdote para oír las confesiones sacramentales en las iglesias; cf. **comulgar** y **comunión**.)

confesor. m. Juez. (V. **confesionario**.)

confite. m. Bala, proyectil. (Por alusión al esp. *confite*: pasta de azúcar y algún otro ingrediente en forma de bolillas.)

confucio, cia. adj. Confundido. (Por

juego paronom. con *Confucio* [551-479 a. C.]: moralista y filósofo chino de la antigüedad.)

conga. f. Fiesta. | **2.** Fiesta en la que se tiende a exceder los límites de la compostura. (Del amer. *conga*: danza popular de Cuba, de origen africano.)

coniba. m. Vesre aferético de **abanico**.

conserva. adj. Forma apocopada de *conservador*.

conserveta. adj. Deform. fest. de **conserva**.

consolador. m. Pene artificial. (V. **consolarse**.)

consolarse. intr. Masturbarse. (Del esp. *consolar*: aliviar la pena o aflicción de uno.)

contamusa. adj. Mentiroso. (Del gen. *contamosse*: narrador de mentiras.)

contamuse. adj. Variante alternativa de **contamusa**.

contar. tr. En las exprs. NO CONTARLA y NO CONTAR EL CUENTO: morir. (Del esp. *contar*: referir un suceso.)

contra. f. Oposición. | **2.** m. Opositor político. ‖ DARSE LA CONTRA: darse un resultado opuesto al esperado. | **2.** ESTAR EN LA CONTRA: oponerse. (Por sustantiv. de la prep. esp. *contra*, con que se denota la oposición y contrariedad de una cosa con otra.)

contramoco. m. Soplamocos. (De la prep. esp. *contra* y el esp. *moco*: humor que segregan las membranas mucosas.)

contramoquillo. m. Acto de corresponder con una acción a la realizada por otro. (Por juego paronom. de **contramoco** y el esp. *moquillo*: enfermedad catarral de algunos animales.)

contrera. m. y f. Opositor, **contra**. (Por juego paronom. entre **contra** y el apellido *Contreras*, probablemente a partir del personaje de una historieta que aparecía en la revista *Mundo Argentino* en los primeros años de la década de 1950: Serapio *Contreras*, aunque no tiene relación con el contenido de dicha historieta; en su origen designó a los opositores al régimen peronista.)

contundencia. f. En la expr. DE CONTUNDENCIA: con violencia. (Del esp. *contundir*: magullar, golpear.)

contursi. tr. En la expr. ¿QUÉ ME CONTURSI?: ¿qué me contás? (Por juego paronom. entre *contás* –2ª pers. singular del presente del indicativo de *contar* –en el español rioplatense– y *Contursi*, apellido de dos de los más notables poetas del tango: Pascual Contursi [1888-1932] y su hijo, José María Contursi [1911-1972].)

conventillar. intr. Alborotar, hacer escándalo. | **2.** Chismear, murmurar. (V. **conventillo**.)

conventillero, ra. adj. Habitante de un **conventillo**. | **2.** Escandaloso, chismoso, gritón. (V. **conventillo**.)

conventillo. m. Casa de inquilinato de muchas habitaciones, en las cuales, con frecuencia, viven hacinadas familias enteras y, algunas veces, personas solas o parejas, todos de pobre condición. || HACER CONVENTILLO: Alborotar, chismear. (Del esp. *conventillo*: casa de vecindad.)

conventiyar. intr. Variante gráfica de **conventillar**.

conventiyero, ra. adj. Variante gráfica de **conventillero**.

conventiyo. m. Variante gráfica de **conventillo**.

convento. m. Forma apocopada de **conventillo**.

conversa. f. Forma apocopada de *conversación*.

convoy¹. m. Forma apocopada de **conventillo**. (Formada por infl. del esp. *convoy*: conjunto de buques o carruajes, efectos o pertrechos escoltados.)

convoy². m. Vaquero. (Por corrupción del ingl. *cowboy*: vaquero montado, por infl. del esp. *convoy*.)

coñemu. m. Vesre de *muñeco* y de **muñeco**, en este caso en su acep. de 'pene'.

copa. f. En las exprs. ss.: EN COPAS: embriagado. | **2.** HACER COPAS: actividad llevada a cabo por la mujer del **cabaret** o **copera**, que consiste en hacer consumir copas al cliente y, a la vez, consumirlas –por lo gral. ficticiamente– ella. (Del esp. *copa*: vaso con pie; todo líquido que cabe en una copa.)

copado, da. ppio. perf. de **copar**. Subyugado, dominado. || adj. Entusiasmado, obsesionado. | **2.** Absorto. | **3.** Drogado. | **4.** Agradable, placentero; bueno, entretenido. | **5.** Lindo, atractivo, interesante. || MAL COPADO: desatento, desentendido; desvirtuado; malo, maligno; horrible, feo. (V. **copar** y **coparse**.)

copamiento. m. Toma de posesión, por parte de un grupo guerrillero, de un destacamiento policial o militar. (V. **copar**.)

copante. adj. Excelente, muy bueno. (V. **copar**.)

copar. tr. Afrontar, asumir el riesgo y la responsabilidad de una situación. | **2.** Subyugar, dominar. | **3.** intr. Gustar, colmar. U. c. terciop. || COPAR LA BANCA: salir en defensa de otro; salir bien librado de un asunto. (Por ext. del esp. *copar*: hacer en los juegos de azar una puesta equivalente a todo el dinero con que responde la banca –para la primera acep. y la expr.–, sorprender o cortar la retirada a una fuerza militar –para la segunda y tercera aceps.–.)

coparse. intr. Entusiasmarse, sentirse atraído por algo o alguien. | **2.** Obsesionarse. | **3.** Drogarse. || COPARSE MAL: desentenderse; desvirtuar una relación; obrar mal. (V. **copar.**)

copera. f. Mujer que se desempeña en un **cabaret** o club nocturno bailando y atendiendo a los clientes, y que percibe como comisión un porcentaje por cada copa consumida por ella y por el cliente. (V. **copa.**)

copero, ra. adj. Quien asume los riesgos en una situación determinada. | **2.** Elegante, suntuoso. | **3.** Aplicado a clubes de fútbol y otros deportes, que ha ganado varios campeonatos o copas. (Para las dos primeras aceps., v. **copar**; la tercera se relaciona con el esp. *copa*: trofeo que se concede en algunos certámenes deportivos.)

copete. m. Resumen y anticipación de una noticia periodística, que sigue inmediatamente al título. (Del esp. *copete*: adorno que suele ponerse en la parte superior de los espejos.)

copetear. intr. Tomarse varios tragos de alguna bebida alcohólica [dado por el DRAE como chilenismo]. || SALIR A COPETEAR: salir de noche en grupo a consumir alcohol en cantidad. (Del amer. *copetín*: aperitivo.)

copistería. f. Despacho de bebidas. (V. **copa.**)

coquitos. m. pl. Dimin. de **cocos.**

corbata. f. Cierta forma de ataque usada por los **furquistas.** || DE CORBATA: disimuladamente. (Del esp. *corbata*: trozo de tela, en forma de tira, que se pone alrededor del cuello –para la primera acep.–; lance del juego de carambolas o billar que consiste en que la bola del que juega pase como ciñendo la contraria sin tocarla, entre ella y dos bandas que forman ángulo.)

corchazo. m. Golpe dado con un corcho al descorchar una botella. | **2.** Balazo. (Del esp. *corcho*: tapón habitual para las botellas; en la segunda acep. por alusión al sonido que se produce cuando se le saca el corcho a una botella.)

coreano. m. Conscripto que cumple el servicio militar en la policía. (Por alusión fest. al uniforme que recordaba el usado por los soldados combatientes en la guerra de Corea hacia 1950.)

cornelio, lia. adj. Cornudo. (Por juego paronom. entre el esp. *cornudo*: marido cuya mujer le ha faltado a la fidelidad conyugal, y el nombre propio *Cornelio*.)

corneta. adj. Alcahuete, delator. (Del esp. *corneta*: instrumento músico de viento.)

corno. m. En la expr. UN CORNO: nada. (Del ital. *corno*: cuerno, nada; cf. **carajo.**)

corral. f. **troya.** (Del esp. *corral*: sitio cerrado y descubierto que sirve habitualmente para guardar animales.)

corralero[1]. adj. m. Dícese del trompo que se hace girar en un espacio delimitado llamado **corral.**

corralero, ra[2]. adj. Oriundo o habitante del antiguo barrio de Buenos Aires llamado *Los Corrales*, coincidente en gral. con el actual Parque de los Patricios, inaugurado con tal nombre en 1903.

corralito. m. Artilugio financiero creado en diciembre de 2001 por el entonces ministro de Economía argentino Domingo Cavallo, con el fin de retener en los bancos los depósitos y evitar de este modo una corrida bancaria. | **2.** Sitio imaginario que comprende el dinero depositado en cuentas corrientes y cajas de ahorro, que sólo podía recuperse parcialmente mes a mes. (Del esp. *corralito* –dimin. de *corral*–: pequeño recinto donde pueden jugar los niños que todavía no andan.)

corralón. m. Lugar cerrado donde se guardan los carros. | **2.** Local comercial donde se venden materiales para la construcción. | **3.** Sitio imaginario que abarca los depósitos a plazo fijo retenidos en los bancos por medio de la instauración del **corralito**. (Del esp. *corralón*: aument. de corral.)

corralonero, ra. adj. Relativo a los **corralones** o caracterizado por ellos. (V. **corralón.**)

correo. m. Canuto de papel que se introduce en la cerradura de la casa o local donde se está llevando a cabo el robo, el cual es empujado hacia dentro por el **campana** en caso de peligro, para así alertar a sus compañeros y poder huir a tiempo. | **2.** Hilo o papelito que se pega a las puertas, cuya rotura delata la existencia de moradores en una casa. (Del esp. *correo*: buzón donde se deposita la correspondencia; en la seguda acep. tal vez se alude a la obtención de noticias respecto de las posibilidades de robar la casa en cuestión.)

correr. intr. Ser tenido en cuenta, tener probabilidades de éxito; ser aceptado. | **2.** Evitar por cobardía una pelea. (Del esp. *correr*: ir de prisa, en la primera acep. por alusión a los caballos de carrera que *corren* en una competencia, esto es, que no han sido retirados.)

corrida. f. Figura del baile del **tango**. (Del esp. *corrida*: carrera.)

corroma. m. Vesre de **marroco**.

corso. m. Desfile de carrozas. | **2.** Fiesta popular callejera que se celebra durante el carnaval y consiste en mascaradas, comparsas, bailes y otros juegos. | **3.** Locura. || SER UN CORSO: SER UN CIRCO. | **2.** TENER UN CORSO A CONTRAMANO: estar confuso, extraviado. (Del ital. *corso*: carrera, desfile de carruajes.)

corta[1]. m. Forma apocopada de *cortafrío*.

corta[2]. adj. f. En la expr. HACERLA CORTA: abreviar una charla o asunto pendientes. (V. **cortar.**)

cortado, da. adj. Indigente, falto de dinero. | **2.** Sorprendido, apabullado, confuso. | **3.** Apartado, separado; antipático, **agreta.** (Del esp. *corto*: escaso, tímido, falto de palabras para expresarse, en las primeras dos aceps. y del esp. *cortar*: dividir, separar, en la tercera.)

cortante[1]. m. Tijera; cuchilla. (Por sustantiv. del ppio. pres. del esp. *cortar*: dividir una cosa o separar sus partes.)

cortante[2]. adj. Breve, conciso. | **2.** Incisivo, punzante. | **3.** Antipático. (Por ext. del signif. del ppio. pres. del esp. *cortar*: que corta.)

cortar. tr. Matar. | **2.** Robar. | **3.** Rebajar una droga con una sustancia en apariencia similar con el fin de obtener una mayor cantidad para comercializar, **estirar.** | **4.** intr. Interrumpir abruptamente una relación afectiva. || CORTAR AUTOS: desguazar vehículos robados con el propósito de comercializar sus partes. | **2.** CORTARLA: dar por terminada una charla o situación. | **3.** CORTARLE LA CHAPA A ALGUIEN: CORTARLE EL ROSTRO. | **4.** CORTARLE EL

ROSTRO A ALGUIEN y su abrev. CORTAR A ALGUIEN: hacerle un desplante, no saludarlo, no prestarle la menor atención, ignorarlo; no prestarse a sus requerimientos amorosos. (Del esp. *cortar*: dividir una cosa o separar sus partes con algún instrumento cortante, por metonimia en la primera acep.; la s. es abrev. de la primera expr. En la tercera acep., por ext.. del esp. *cortar*: mezclar un líquido con otro para modificar su fuerza o su sabor. En la segunda expr., deriva del esp. fig. *cortar*: suspender, interrumpir una conversación; en las ss. se alude metafóricamente a hacer un tajo en la cara.)

cortarrostro. adj. Antipático, odioso, desagradable. (Cf. CORTARLE EL ROSTRO A ALGUIEN, v. **cortar**.)

cortarse. intr. Apartarse, retirarse. | **2.** Morirse. || CORTARSE SOLO: aislarse, alejarse; hacer o decidir algo sin consultar al grupo al que se pertenece o sin tener en cuenta la opinión de los demás. (Del esp. *cortar*: dividir, separar.)

corte¹. m. Variante alternativa de **corta¹**.

corte². m. Cuchillo. (Por sinécdoque; del esp. *corte*: filo del instrumento con que se corta y taja.)

corte³. m. Figura del baile del **tango**. | **2.** Vanidad, petulancia, engreimiento. | **3.** Robo. | **4.** Procedimiento empleado por narcotraficantes que consiste en mezclar droga con sustancias de apariencia similar para obtener una mayor cantidad comercializable. || DARSE CORTE(S): hacer ostentación, pavonearse, alardear. | **2.** DAR CORTE: prestar atención, corresponder a los requerimientos amorosos de alguien. (Del esp. *corte*: acción y efecto de cortar para las dos primeras aceps.; para las ss. v. **cortar**; en las exprs. el sentido orig. es oscuro.)

cortina. adj. Tímido. | **2. corto,** desprovisto de recursos o dinero. || ANDAR CORTINA: ANDAR CORTO. | **2.** BAJAR LA CORTINA: intentar concentrarse en medio de un ambiente perturbador; dar por terminada una conversación. | **3.** BAJARLE A ALGUIEN LA CORTINA: concluir una relación amorosa, amistosa o laboral; ignorar a alguien. (Por juego paronom. entre el esp. *corto*: tímido y el esp. *cortina*: paño grande con que se cubren y adornan puertas, ventanas, etc.)

corto, ta. adj. Falto de recursos o de dinero. || ANDAR CORTO: tener poco dinero. | **2.** MATE CORTO: mate con tanta yerba que posee muy poco espacio para agregar el agua. | **3.** QUEDARSE CORTO: haberse equivocado al estimar algo en menos. (Del esp. *corto*: escaso.)

cortón, na. adj. Corto, o casi corto. (Creado como aument. del esp. *corto*: que no tiene la extensión que le corresponde.)

cosa. f. Mujer. (V. **coso**.)

cosaco. m. Agente de la policía montada. | **2.** Individuo cruel y desalmado. (Del esp. *cosaco*: soldado ruso de tropa ligera.)

cosecha. f. En la expr. PARA TODA LA COSECHA: para siempre. (Es el esp. *cosecha*: temporada en que se recogen los frutos.)

cosiaco, ca. m. y f. Fest. y despect. de **coso** y **cosa** respectivamente.

cosifai. m. Variante alternativa de **cusifai**.

cosita. f. Dimin. de **cosa**. (Es de tono halagador, lisonjero.)

coso. m. Objeto innominado. | **2.** Individuo innominado. (Del ital. *coso*: voz que reemplaza el nombre de las cosas, por ignorancia o por omisión despect.)

costearse. intr. Trasladarse a un lugar distante o trabajoso de alcanzar [dado por el DRAE, aunque bajo un lema equivocado, *costear²*: ir navegando sin perder de vista la costa]. (Del esp. *costear*: pagar o satisfacer los gastos de alguna cosa.)

costeleta. f. Chuleta. (Del ital. *costoletta*: chuleta, costilla, quizá con infl. del fr. *côtelette*, de igual signif.)

coté. m. Costado, lado, flanco. ‖ DE COTÉ: de costado. (Del fr. *côté*: costado.)

cotelete. m. En la expr. DE COTELETE: de costado, de soslayo. (Por juego paronom. entre el esp. *costado*: lado, **coté** y el fr. *côtelette*: chuleta.)

cotén. m. Variante paragógica de **coté**.

cotillón. m. Conjunto de prendas y artefactos eróticos, o **chiches**, utilizados *ad hoc* en encuentros sexuales. (Por ext. del argent. *cotillón*: conjunto de artículos coloridos, de formas y funciones variadas, que se utilizan en la decoración y en la animación de fiestas.)

cotizarse. intr. Realizar una contribución económica. (Del amer. *cotizar*: imponer una cuota.)

cotorra. f. **concha**. (Etimol. incierta.)

cotorrín. m. Dimin. de **cotorro**.

cotorrito. m. Dimin. de **cotorro**.

cotorro. m. Cuarto, habitación, vivienda, gralmente. de hombre soltero. (Por deform. del esp. *cotarro*: recinto en que se daba albergue por la noche a pobres y vagabundos que no tenían posada.)

cotur. m. Vesre de *turco* y de **turco**.

covoy. m. Variante sincopada de **convoy²**.

crack. adj. Excelente, brillante; muy hábil. (Del ingl. *crack*: jugador excelente.)

craneado, da. adj. Obsesionado. (V. **cráneo**.)

cranear. tr. Pensar, planear, imaginar. (V. **cráneo**.)

cráneo. m. Persona inteligente, instruida, talentosa. ‖ **2.** Individuo, persona. (Del esp. *cráneo*: caja ósea en que está contenido el encéfalo.)

crazy [creisi]. adj. Demente, loco. ‖ **2.** Extravagante, irreflexivo, alocado. (Es el ingl. *crazy*: loco.)

creerse. tr. En la expr. CREÉRSELA: jactarse, mostrarse soberbio. (Es el esp. *creer*: dar asenso a alguien.)

creisi. adj. Variante gráfica de **crazy**.

cremería. f. En la expr. BAJAR A LA CREMERÍA: succionar la vulva. (Del esp. *crema*: sustancia grasa contenida en la leche.)

crepado, da. ppio. perf. de **crepar**.

crepar. intr. Morir. (Del ital. *crepare*: reventar, rajarse; morir.)

cría. f. Gentuza, gente maleducada o sin cultura. ‖ **2.** Gente poco confiable. ‖ **3.** Conjunto de delincuentes o personas de mal vivir. (Por ext. del esp. *cría*: conjunto de hijos que tienen de un parto los animales.)

criar. tr. En la expr. A LA QUE TE CRIASTE: de cualquier manera. (Es el esp. *criar*: dar alimento, cuidado y educación a alguien.)

crimen. m. En la expr. ESTAR ALGUIEN PARA EL CRIMEN: ser apetecible sexualmente, estar **cogible**. (Del esp. *crimen*: acción indebida o reprensible.)

crines. f. pl. Cabellos, gralmente. largos. (Del esp. *crin*: conjunto de cerdas que tienen algunos animales en la parte superior del cuello.)

croqueta. f. Cerebro. ‖ **2.** Cabeza. (Del esp. *croqueta*: fritura de picadillo de carne o pescado rebozada, por alusión a la forma.)

cros. m. Puñetazo. (Del ingl. *cross* –término boxístico–: golpe dirigido en línea recta a la mandíbula.)

crosta. f. Costra. | **2.** m. Persona o cosa ordinaria, de baja condición. (Por metátesis del esp. *costra*: cubierta o corteza exterior que se endurece o seca sobre una cosa húmeda o blanda, por interferencia del ital. *crosta*, de igual signif.; en la segunda acep. podría haber interferido el esp. *costroso*: cochambroso, sucio.)

crotear. intr. Vagabundear, hacer vida de croto. (V. **croto**.)

croto. m. Hombre sin oficio ni domicilio fijo, vagabundo. | **2.** Persona indigente, de baja condición social. || **croto, ta.** adj. Mal vestido. (Proviene del apellido de un gobernador de la provincia de Buenos Aires, el doctor José Camilo *Crotto*, quien en 1920, a raíz de la mala situación económica del país, dispuso la movilización de trenes gratuitos para el transporte de los desocupados que iban a levantar las cosechas al interior de la provincia.)

crudo, da. adj. Deportista, especialmente futbolista, sin aptitudes, inhábil. | **2.** Torpe, chambón. (Por ext. del esp. *crudo*: aplicado a algunas cosas cuando no están preparadas o curadas.)

cruzado, da. adj. y adv. **atravesado.** || AMANECER O LEVANTARSE CRUZADO: AMANECER O LEVANTARSE ATRAVESADO. | **2.** ANDAR CRUZADO: ANDAR ATRAVESADO. | **3.** MIRAR CRUZADO A ALGUIEN: MIRAR ATRAVESADO A ALGUIEN. (Del esp. *cruzar*: atravesar una cosa sobre otra en forma de cruz: cf. **atravesado**.)

cuadrado¹. m. Pañuelo de bolsillo. (Del esp. *cuadrado*, por alusión a la forma.)

cuadrado, da². adj. Bruto, ignorante, inculto. (V. **cuadro**.)

cuadro. adj. y sust. En las exprs. OTARIO CUADRO: muy tonto, y su supuesto derivado GIL A CUADROS, de igual signif. (Tal vez su origen esté en la expr. ital. *testa cuadra*: literalmente "cabeza cuadrada", en el sentido de "bruto, estúpido".)

cuál. Pron. interr. En la expr. ¿CUÁL ES?: ¿qué pasa? (Es abrev. de la pregunta ¿CUÁL ES EL PROBLEMA?)

cualquiera. pron. indef. En las exprs. ss.: DECIR O MANDAR CUALQUIERA: decir algo fuera de lugar, inconveniente o disparatado; inventar una mentira. | **2.** ESTAR EN CUALQUIERA: pertenecer a ambientes delictivos o relacionados con la drogadicción; estar distraído. (Del esp. *cualquiera*: persona indeterminada, que pasa a significar aquí "cualquier cosa".)

cualunque. adj. Cualquier, ra. (Del ital. *qualunque*: cualquier, ra; quienquiera.)

cuáquer. m. Avena arrollada para ser consumida por el hombre. (Por lexicaliz. de la marca *Quaker Oats*, literalmente "avena cuáquero".)

cuarta. f. Soga o cable para remolcar carruajes o automóviles. || DE CUARTA: de baja categoría, sin calidad. (Por alusión a las cuatro partes en que se doblaba la soga para otorgarle resistencia; en la expr. **cuarta** es adj., y toda la locución es abrev. de "de cuarta categoría".)

cuarteador. m. Persona que realiza remolques sirviéndose de la **cuarta**. (V. **cuarta**.)

cuartear. tr. Ayudar con la **cuarta**. (V. **cuarta**.)

cuaterno. adj. num. Cuatro. (Por juego paronom. con el esp. *cuaterno*: que consta de cuatro números.)

cuatrerear. intr. Robar ganado. (Del esp. *ladrón cuatrero*: que hurta bestias.)

cuatro. adj. num. En las exprs. ss.: PONERSE EN CUATRO: v. **ponerse**. | **2.** HACER EL CUATRO: levantar una pierna doblando la rodilla y haciendo equilibrio sobre la otra para demostrar que se está sobrio; adoptar una posición de descanso en la que se apoya la espalda y la suela de un pie elevado contra algún soporte. (En la primera expr. por elisión del término patas.)

cuatrochi. adj. **cuatrojos**. (Del ital. *quattro occhi*: cuatro ojos.)

cuatro-cinco. f. Pistola calibre cuarenta y cinco. (Por descomposición del adj. num. *cuarenta y cinco*.)

cuatrojos. adj. Que usa lentes. (Por alusión al hecho de que cada lente sería un ojo más.)

cuca. f. Cabeza. (Posiblemente sea la forma sincopada de **cucuza**.)

cucaracha. f. Tranvía, pero en especial su coche acoplado. | **2.** Coche fúnebre municipal, para personas sin recursos. | **3.** Automóvil pequeño y desvencijado. (Por alusión al esp. *cucaracha*: insecto ortóptero, nocturno y corredor.)

cucheta. f. Cama estrecha y sencilla. (Del ital. *cucceta*: litera.)

cuchillero. m. Individuo pendenciero, presto a la utilización de armas blancas. (Del esp. *cuchillo*: instrumento formado por una hoja de corte solo y un mango.)

cuchufleta. m. y f. Persona de conversación fatigosa. (Del esp. *cuchufleta*: dicho o palabras de zumba o chanza.)

cucusa. f. Variante gráfica de **cucuza**.

cucuza. f. Cabeza. (Del ital. del sur *cucuzza*: calabaza; cabeza.)

cuelgue. m. Distracción. | **2.** Abstracción de la realidad. | **3.** Volubilidad, inconstancia. (V. **colgar**.)

cuentero. m. Estafador que utiliza el **cuento**. (V. **cuento**.)

cuento. m. Embuste utilizado por los delincuentes para estafar a sus víctimas despertando su codicia. || CUENTO DEL OTARIO y CUENTO DEL TÍO: engaño por medio del cual el estafador induce a su víctima a quedarse con un paquete de dinero, que es en verdad un **balurdo**, a cambio de una suma de dinero presumiblemente inferior. | **2.** CUENTO DEL TOCOMOCHO: engaño en el cual el estafador entrega a la víctima un supuesto billete de lotería premiado a cambio de una suma menor. | **3.** HACÉRSELE A UNO (EL) CUENTO: suponer que se trata de una mentira. (Del esp. *cuento*: falsa apariencia, embuste, trápala, engaño; cf. **otario** y **tocomocho**. La denominación CUENTO DEL TÍO alude a una presunta herencia.)

cuerear. tr. Hablar mal de alguien, SACARLE EL CUERO. (V. **cuero**.)

cuerito. m. En otro tiempo, billete de un peso. || TIRARLE A ALGUIEN EL CUERITO: curarle el empacho estirando la carne de la espalda. (En la acep., por probable alusión a su color; para la expr., v. **cuero**.)

cuernear. tr. Ser infiel. (De la expr. esp. *poner* o *meter los cuernos*: faltar la mujer a la fidelidad conyugal.)

cuero. m. Cutis, piel. | **2.** Billetera. || SACARLE A ALGUIEN EL CUERO: difamarlo, hablar mal de él. | **2.** NO DARLE A ALGUIEN EL CUERO: no tener el arrojo para tomar decisiones arriesgadas; carecer de la resistencia física o mental suficiente para emprender o soportar algo. (Del esp. *cuero*: pellejo que cubre la carne de los animales; la primera expr. es equivalente a la española *sacar tiras de pellejo*: denigrar, hablar mal de alguien; la segunda acep. se da por sinécdoque.)

cuerpeada. f. Esguince, esquive. (V. **cuerpear**.)

cuerpeador, ra. adj. Presto a eludir encuentros, compromisos u obligaciones contraídas. (V. **cuerpear**.)

cuerpear. tr. Hurtar el cuerpo [dado por el DRAE]; esquivar, eludir. l **2.** Evitar una dificultad o compromiso con astucia [dado por el DRAE]. (Del esp. *cuerpo*: tronco del hombre y los animales.)

cuervo. m. Sacerdote, cura. l **2.** Árbitro de fútbol. l **3.** Fanático del club de fútbol San Lorenzo de Almagro. (Del esp. *cuervo*: pájaro carnívoro de plumaje negro; por alusión al color negro de la sotana sacerdotal; en la tercera acep. se alude a la fundación de dicho club por el padre Lorenzo Massa.)

cuete. m. **cohete**. (Por deform.)

cufa. f. Cárcel, prisión. (Del ital. *coffa*: cesta, canasta; cf. **canasta**.)

cuicui. m. Miedo. (Voz onomatopéyica infantil.)

cuida. adj. Forma apocopada y más difundida de **cuidaculos**. l **2.** Guardián, empleado de una compañía de seguridad y vigilancia. l **3.** Celoso en exceso. (Por ext. de la primera acep.; v. **cuidaculos**.)

cuidaculos. adj. Protector de la castidad de una mujer. (Del esp. *cuidar*: guardar, conservar, y *culo*: nalgas; ano.)

cuiqui. m. Variante alternativa más difundida de **cuicui**.

culadera. f. Salto particular del juego del rango en el cual quien lo realiza roza con sus nalgas la espalda del compañero agachado. (Del esp. *culo*: nalgas.)

culastro. m. **pulastro**. (Por cruce con el esp. *culo*: nalgas; ano.)

culastrón. m. Variante alternativa de **culastro**.

culata. f. Bolsillo trasero del pantalón. l **2.**

Guardaespaldas; encargado de cuidar la seguridad de un sitio o persona. ll TRABAJAR DE CULATA: robar del bolsillo trasero del pantalón. (Del esp. *culata*: parte posterior o más retirada de alguna cosa; parte posterior de la caja de una pistola.)

culatear. tr. Hurtar algo del bolsillo trasero del pantalón. (V. **culata**.)

culatero. m. Ladrón especializado en sustraer dinero u otras pertenencias de la víctima del bolsillo trasero del pantalón. (V. **culata**.)

culear. intr. y tr. Penetrar por el ano. l **2.** Mantener relaciones sexuales, fornicar. U. m. c. prnl. (Del esp. *culo*: nalgas; ano.)

culo. m. Buena suerte. ll CERRAR EL CULO: v. **cerrar**. l **2.** EL CULO DEL MUNDO: lugar muy alejado. l **3.** ESTAR COMO O PARA EL CULO: estar mal, estar deprimido. l **4.** IRLE A ALGUIEN COMO O PARA EL CULO: irle mal. l **5.** LA LOMA DEL CULO: v. **loma**. l **6.** PONER CARA DE CULO: enojarse. l **7.** SER CULO Y CALZÓN CON ALGUIEN: v. **calzón**. l **8.** SER UN CARA DE CULO: ser antipático; mostrar enojo o malhumor de modo permanente. l **9.** TENER CARA DE CULO: estar enojado, malhumorado; ser pesimista. l **10.** TENER EL CULO SUCIO: tener algo que ocultar. (Del esp. *culo*: nalgas; ano. Quizá por infl. del ital., ya que también en Italia se relaciona la suerte –en principio, en el juego– con el trasero, aunque también podría proceder, por vía irónica, del lado malo o perdedor de la taba.)

cumbero, ra. adj. Variante sincopada de **cumbiero**.

cumbia. f. Nombre que en la Argentina se le da a un género musical popular, especialmente desarrollado en Córdoba y en el Gran Buenos Aires a partir de la década de 1960, también conocido como música tropical, en razón de sus influencias originales. ‖ CUMBIA CABEZA: CUMBIA VILLERA. | **2.** CUMBIA VILLERA: género musical caracterizado por un enorme desparpajo en sus letras, la mayoría de las cuales se sirven de un lenguaje muy grosero y tienen un alto contenido en materia sexual; en muchas de sus canciones hay invectivas feroces contra la policía, una defensa de la utilización de drogas y alcohol y una revalorización de la **villa** como medio social y de sus habitantes. (Por ext. del esp. *cumbia*: danza popular de Colombia y Panamá.)

cumbiamba. f. **cumbia** o música tropical, género musical generalmente escuchado por las clases humildes. (Por ext. del colombianismo *cumbiamba*: cumbia.)

cumbianchero, ra. adj. Músico que toca o canta música tropical, incluido el género de la CUMBIA VILLERA. | **2.** Aficionado a la música tropical y a la CUMBIA VILLERA. (Formado sobre la base de **cumbia** más el agregado del sufijo -*ero*.)

cumbiero, ra. adj. Variante sincopada de **cumbianchero**.

cumpa¹. m. Forma apocopada y con alternancia vocálica de **compadre**.

cumpa². m. Forma apocopada y con alternancia vocálica de *compañero*.

cumparsa. f. Comparsa. (Por infl. del ital. del sur *cumpàrza*: comparsa.)

cumple¹. m. Forma apocopada y con alternancia vocálica de *cómplice*.

cumple². m. Forma apocopada de *cumpleaños*.

cuntamusa. adj. Variante alternativa de **contamusa**.

cuñada. f. Nombre que se dan entre sí las mujeres explotadas por un mismo rufián. (Del esp. *cuñada*: hermana del marido respecto de la mujer o hermana de la mujer respecto del marido.)

cuore. m. Corazón. (Es el ital. *cuore*: corazón.)

curdelín. m. Borracho. (Dimin. fest. del esp. fam. *curdela*: borracho.)

curdelón. m. Ebrio consuetudinario. (Aument. del esp. fam. *curdela*: borracho.)

curdelún. m. Variante alternativa de **curdelón**. (Con probable infl. del gen.)

curdo. m. Ebrio. (Del esp. fam. *curda*: borracho, ebrio.)

curita. f. Esparadrapo adhesivo para pequeñas heridas. (De la marca de fábrica *Curitas*.)

currado, da. ppio. perf. de **currar**. Estafado. | **2.** Robado.

currar. tr. Estafar, pedir o sacar dinero o cosas de valor por medio de engaños. | **2.** Robar. | **3.** intr. Obtener ganancias excesivas de un negocio o trabajo. (Del esp. *currar*: trabajar, derivado del caló *currelar*: trabajar; hurtar.)

curro. m. Estafa, fraude. | **2.** Robo. | **3.** Negocio fácil o deshonesto. | **4.** Trabajo o negocio circunstancial que asegura buenas ganancias en poco tiempo y con relativo esfuerzo. (V. **currar**.)

cursiadera. f. Diarrea. (V. **cursiar**.)

cursiar. intr. Tener diarrea. (Del esp. *curso*: despeño, flujo de vientre.)

cursiento, ta. adj. Que tiene diarrea. | **2.** Sucio. | **3.** Cobarde. (V. **cursiar**; la tercera acep. se da por asimilación con el esp. *cagón*.)

curtir. tr. Castigar con azotes. | **2.** Usar. | **3.** tr. e intr. Drogarse. | **4.** tr. Hacer, llevar a cabo; ocuparse. | **5.** Gozar de algo o alguien, tener una afición. | **6.** intr. Tener contactos sexuales con alguien con coito o sin él. U. t. c. prnl., en cuyo caso es tr. (La primera acep. proviene del esp. *curtir*: adobar, aderezar las pieles; las ss. derivan del brasil. *curtir*: usar.)

cusifai. m. y f. Persona innominada. (Por cruce de **coso** con la expr. ital. *¿cosa fai?*: ¿qué haces?)

cutilí. m. **angelito**[1]. (Del ingl. *cutlery*: cuchillería [?].)

cybercafé. m. Café que posee computadoras con conexión a Internet al servicio de sus clientes. (Por combinación del morfema *cyber-*, usado en el ingl. *cybernetics*: cibernética, y el esp. *café*: local donde se sirve esta bebida y otras consumiciones.)

D

---

dacur. m. Vesre de *curda*.

dado, da. ppio. perf. de **dar** y adj. En la expr. ESTAR O QUEDAR DADO VUELTA: v. **dar**.

daga. f. Arma blanca. (Por ext. del esp. *daga*: arma blanca antigua, de hoja corta.)

dagor. adj. f. Vesre de *gorda*.

dagüeyo. m. Variante gráfica de **degüello**.

dagur. adj. Vesre de **gurda**.

dainenti. m. Forma protésica y etimológica [?] infrec. de **ainenti**.

daqueri. f. Vesre de *querida*.

daquier. f. Vesre irreg. de *querida*.

dar. intr. Ser oportuna una situación. ‖ Es tr. en las exprs. ss.: DARLA, DÁRSELA, DARLE A ALGUIEN: mantener relaciones sexuales con una persona. ❙ **2.** DÁRSELA A ALGUIEN, DARLE CACHENGUE A ALGUIEN: propinarle una paliza; herirlo; matarlo; fornicar, penetrar, **cogérselo**. ❙ **3.** DARLE: copular. ❙ **4.** DARLE GAS: v. **gas**. ❙ **5.** DAR COSA O COSITA: dar vergüenza; dar impresión; provocar miedo. ❙ **6.** DAR PARA QUE TENGA; DAR PARA QUE TENGA Y PARA QUE GUARDE; DAR PARA QUE TENGA, PARA QUE GUARDE Y PARA QUE SE LLEVE; DAR PARA QUE TENGA, PARA QUE GUARDE Y PARA QUE ARCHIVE: golpear duramente, dar una paliza; practicar el acto sexual, DAR MASA, **coger**. ❙ **7.** DAR PIE: favorecer, voluntaria o involuntariamente, las intenciones de otro. ❙ **8.** DAR SOGA: dar conversación complaciente; permitir, dejar hacer. ❙ **9.** DAR VUELTA: gustar, entusiasmar, impresionar vivamente; desconcertar; robar; llegar al final y ganarle al último enemigo en un videojuego. ❙ **10.** DAR UN BAILE: v. **baile**. ❙ **11.** ESTAR O QUEDAR DADO VUELTA: haber consumido drogas y perdido en todo o en parte la lucidez; estar o quedar anonadado, impresionado o abatido; estar o quedar subyugado, cautivado, embelesado, seducido. El resto de las exprs. formadas con **dar** figuran bajo los susts. correspondientes. (Del esp. *dar*: causar, ocasionar, probablemente por abrev. de las exprs. *dar gusto* o *dar ganas*; en las exprs. del esp.

dar. aplicar; en la segunda expr. *-se-* no es reflexivo, sino que vale por *-le-*.)

dardanelo, la. adj. **estrecho.** (Fest. en alusión al Estrecho de los Dardanelos en Turquía.)

darique. f. Vesre de *querida.*

darse. intr. Drogarse. ‖ DARSE DIQUE: v. **dique.** | **2.** DARSE UNA LÍNEA: v. **línea.** | **3.** DARSE UN PALO: PEGARSE UN PALO. | **4.** DARSE VUELTA: alterarse, sobreexcitarse –puede ser naturalmente o por haberse emborrachado o drogado–. (V. **dar.**)

datero. m. Individuo que suministra información acerca de los caballos que disputan una carrera y del posible resultado de ésta. (V. **dato.**)

dato. m. Información reservada, presumiblemente segura, sobre el posible resultado de una carrera de caballos. | **2.** Información confidencial de buena fuente. (Por ext. del esp. *dato:* antecedente necesario para llegar al conocimiento exacto de una cosa.)

daun. Variante gráfica de **down.**

davi. f. Vesre de *vida* y **vida.**

dealer [díler]. m. Variante etimológica de **díler.**

debacle. f. Ruina, declinación, decadencia. (Del fr. *débâcle:* ruina, derrota.)

debutar. intr. Copular por primera vez, perder la virginidad. (Del esp. *debutar:* presentarse por primera vez ante el público una persona en cualquier actividad.)

deca. f. Forma apocopada de *decadencia.*

dechavar. tr. Forma sincopada de **deschavar.**

décima. adj. En la expr. DE DÉCIMA: DE CUARTA. (Por abrev. de la expr. "de décima categoría"; cf. DE CUARTA; v. **cuarta.**)

dedada. f. **dedal.**

dedal. m. Forma de robo en la que el la-

drón se coloca alguna sustancia adhesiva en uno o más de sus dedos, lo que le permite sacar más fácilmente el contenido del bolsillo de su víctima. | **2.** Forma de robo en la que se utilizan solamente los dedos índice y medio. (Por alusión al esp. *dedal:* dedil, funda que se pone en cada dedo una persona para no lastimarlo o mancharlo, o para otros fines.)

dedo. m. En las exprs. ss.: DEDO SIN UÑA: pene. | **2.** LLENARLE A ALGUIEN LA CARA DE DEDOS: v. **llenar.** (Por alusión a la forma.)

degollar. tr. Estafar, defraudar en dinero. (Del esp. *degollar:* cortar la garganta o el cuello a una persona o animal.)

degoyar. tr. Variante gráfica de **degollar.**

degüello. m. Estafa; fraude en dinero. (V. **degollar.**)

dejarse. intr. Acceder una mujer o varón homosexual a ser penetrados. (Por abrev. de "dejarse **coger**".)

delantera. f. Senos. (Del esp. *delantera:* parte anterior de una cosa.)

delirado, da. ppio. perf. de **delirarse.**

delirar. tr. Increpar. | **2.** Maltratar, **forrear;** agredir verbalmente, **bardear.** (V. **delirarse.**)

delirarse. intr. Obsesionarse. | **2.** Entusiasmarse al extremo. | **3.** Imaginar grandes proyectos sin una base real. (Por ext. del esp. *delirar:* desvariar, tener perturbada la razón.)

demear. intr. Grabar un demo un músico o grupo musical. (De *demo:* versión demostrativa de un programa informático o de una grabación musical con fines de promoción, tomado del ingl. *demo,* acortamiento de *demonstration.*)

dengue. m. Dedo. (Etimol. incierta.)

denso, sa. adj. Difícil, complicado; peligroso. | **2.** Molesto, inoportuno. | **3.** Aburrido, deprimente. (Por ext. del esp. *denso*: oscuro, confuso.)

dentre. m. Forma protésica de **entre**.

depre¹. f. Forma apocopada de *depresión*.

depre². adj. Forma apocopada de *deprimido*.

depto. m. Apartamento. (Por abrev. del amer. *departamento*: apartamento.)

dequera. interj. ¡Cuidado! || HACER DEQUERA: hacer de **campana**, vigilar a fin de dar la alarma en caso de peligro. (De la expr. ingl. *take care*: ten cuidado.)

dequerusa. interj. **dequera**. || adv. Con disimulo. || adj. Excelente. || DEQUERUSA LA MERLUZA: ¡cuidado! (Forma fest. de **dequera**.)

derecha. f. En la expr. POR DERECHA: legalmente. (Variante de la expr. esp. *ir por derecho*: proceder rectamente.)

derecho¹. m. En la expr. DERECHO DE PISO: figuradamente, precio que debe pagar el novato al iniciarse en cualquier actividad. (*Derecho de piso* fue como se conoció en Buenos Aires, a fines del siglo XIX, a un impuesto para los conductores de carros.)

derecho, cha². adj. Aplicado a personas, recto, justo. | **2.** Sincero. || DERECHO VIEJO: directamente, derechamente. (Del esp. *derecho*: recto, igual, sin torcerse a un lado ni a otro.)

derpa. m. Departamento, apartamento. | **2.** Departamento Central de Policía. (Por apócope –con metátesis– del amer. *departamento*; v. **depto**.)

desafrecharse. intr. Fornicar. (V. **afrechudo**.)

desamurar¹. tr. Recuperar un bien de la casa de empeños. (Formado a partir del prefijo esp. *des-*, que denota negación, y **amurar¹**; v. **amurar¹**.)

desamurar². tr. Despegar de una pared algo que se había amurado a ella. (V. **amurar²**.)

desarmadero. m. Lugar en que se desarman automóviles usados y se acumulan sus partes para la venta. (Del esp. *desarmar*: separar las piezas de que se compone una cosa.)

desbancar. tr. Desplazar, desalojar. (Por ext. del esp. *desbancar*: hacer perder a uno la amistad, estimación o cariño de otra persona ganándola para sí.)

desbanco. m. Acción y efecto de **desbancar**.

desbande. m. Huida en desorden, desbandada. (Del esp. *desbandarse*: desparramarse.)

desbolado, da. ppio. perf. de **desbolar** y adj. **despelotado**. (V. **desbole**.)

desbolar. tr. **despelotar**. (V. **desbole**.)

desbole. m. **despelote**. (Siguiendo el supuesto modelo de **despelote** se forma sobre la base del mismo prefijo y **bolas¹**; v. **bolas¹**.)

descamisado, da. adj. Seguidor del general Juan Domingo Perón. (Aplicado en 1945 en forma despect. a los peronistas, y recogido por ellos orgullosamente a partir de entonces; del prefijo esp. *des-*, que denota negación o inversión del signif. del nombre simple y del esp. *camisa*: prenda de vestido que cubre el torso en alusión a su manera rústica y poco elegante de vestir.)

descangayado, da. ppio. perf. de **descangayar**. Deteriorado, desvencijado, ruinoso.

descangayar. tr. Romper, dejar maltrecho, estropear. (Del port. *escangalhar*: desarreglar, estropear.)

descapelarse. intr. Variante protésica de **escapelarse.**

descarrilarse. intr. Abandonar una línea de conducta determinada, dejar la buena senda. (Del esp. *descarrilar*: salir, fuera del carril, hablando de trenes o tranvías.)

descartar. intr. y tr. Deshacerse de un arma o de mercadería ilegal, especialmente droga, cuando se es perseguido por la policía. (Del esp. *descartar*: excluir a alguien o algo o apartarlo de sí.)

descerebrado, da. adj. Estúpido, tonto. ❘ **2.** Ignorante. ❘ **3.** Arruinado por el consumo de drogas o alcohol. (Del esp. *descerebrar*: extirpar el cerebro.)

deschavado, da. ppio. perf. de **deschavar.** Abierto. ❘ **2.** Puesto en evidencia, revelado. ❘ **3.** Descubierto, confeso. ❘ **4.** Delatado.

deschavar. tr. Abrir. ❘ **2.** Poner en evidencia. ❘ **3.** Declarar, confesar. ❘ **4.** Hacer confesar. ❘ **5.** Delatar. (Del gen. *desciavâ*: desclavar, abrir.)

deschavarse. intr. Ponerse en evidencia, revelarse. ❘ **2.** Confesarse, revelar de sí datos o noticias de carácter reservado. (V. **deschavar.**)

deschave. m. Apertura de una cerradura o cerrojo. ❘ **2.** Revelación, puesta en evidencia. ❘ **3.** Declaración, confesión. ❘ **4.** Delación. (V. **deschavar.**)

deschavo. m. Variante alternativa poco frecuente de **deschave.**

descojonante. adj. Extraordinario, fuera de lo común. (Formado con el prefijo esp. *des-*, que denota exceso o demasía y el esp. *cojón*: testículo.)

desconchado, da. adj. **despelotado.** (V. **desconche.**)

desconchar. tr. **despelotar.** (V. **desconche.**)

desconche. m. **despelote.** (Siguiendo el supuesto modelo de **despelote** se forma sobre la base del mismo prefijo y **concha**; v. **concha.**)

desconectado, da. ppio. perf. de **desconectarse.**

desconectarse. intr. Distanciarse. ❘ **2.** Despreocuparse. (Formado a partir del prefijo esp. *des-*, que denota negación, y el esp. *conectarse*: unirse, ponerse en comunicación –para la primera acep.–; establecer contacto entre dos partes de un sistema mecánico o eléctrico –para la segunda–.)

descontrol. m. **despelote.** (Del esp. *descontrol*: falta de control, de orden, de disciplina.)

descontrolado, da. ppio. perf. de **descontrolarse.** Alborotado, fuera de sí. ❘❘ adj. Desorganizado. (V. **descontrol.**)

descontrolarse. intr. Hacer lío, barullo; alborotarse. (V. **descontrol.**)

descoser. tr. En la expr. DESCOSERLA: en el fútbol, jugar muy bien, en un nivel óptimo, GASTARLA. (Del esp. *descoser*: desprender las puntadas de las cosas que estaban cosidas, por alusión a la pelota de fútbol cuyos gajos serían descosidos por la habilidad del pie.)

descostillarse. intr. En la expr. DESCOSTILLARSE DE RISA: reír a carcajadas largamente. (Por deform. del esp. *desternillarse*: romperse las ternillas, al confundirse ternillas con costillas.)

descuidista. m. Ladrón que aprovecha la distracción de sus víctimas. (V. **descuido.**)

descuido. m. Robo que se realiza en algún momento de distracción de la víctima. ❘❘ ANDAR DE DESCUIDO: salir a robar aprovechando las distracciones de las víctimas. (Del esp. *descuido*: falta de cuidado.)

descular. tr. Abrir algo por atrás. | **2.** Descubrir, desentrañar; comprender el funcionamiento de algo que se presenta como problema. || DESCULAR HORMIGAS: realizar una tarea inútil de manera minuciosa. (Del esp. *culo*: extremidad inferior o posterior de una cosa; por anal. con **encular** y el esp. *recular*: cejar o retroceder.)

desdoblado, da. ppio. perf. de **desdoblar.**

desdoblar. tr. Desordenar, complicar. (Por ext. del esp. *desdoblar*: formar dos o más cosas por separación de los elementos que suelen estar juntos en otra.)

desembandar. tr. Abrir. (Etimol. incierta.)

desemberretinar. tr. Sacar algo que estaba oculto o guardado. (V. **berretín.**)

desemberretinarse. intr. Desencapricharse, deshacerse de un **berretín.** (V. **berretín.**)

desembuche. m. Confesión, desahogo. | **2.** Delación. (Del esp. *desembuchar*: decir uno todo cuanto sabe y tenía callado.)

desenchufado, da. ppio. perf. de **desenchufarse.**

desenchufarse. intr. Desentenderse transitoriamente de las obligaciones cotidianas. | **2.** Despreocuparse. (Del esp. *desenchufar*: separar o desacoplar lo que está enchufado.)

desencontrado, da. ppio. perf. de **desencontrarse.**

desencontrarse. intr. Cruzarse dos o más personas sin encontrarse. (Formado con el prefijo esp. *des-*, que denota negación, y el esp. *encontrarse*: hallarse, toparse uno con otro.)

desencuentro. m. Cruce de dos o más personas sin que se encuentren. | **2.** Contratiempo o percance que hace que un delincuente pueda ser apresado. (V. **desencontrarse.**)

desenfundar. intr. Exhibir el pene, **pelar.** (Por ext. del esp. *desenfundar*: sacar algo de su funda.)

desengomar. tr. Abrir, gralmente. un puerta o ventana. (Formado por el prefijo esp. *des-*, que denota negación, y el esp. *engomar*: untar de goma los papeles y otros objetos para lograr su adherencia.)

desengrilar. tr. Variante alternativa de **desgrilar.** (V. **grilo.**)

desengrillar. tr. Variante fonética de **desengrilar.**

desengriyar. tr. Variante gráfica de **desengrillar.**

desestrilar. tr. Desenojar. (V. **estrilar.**)

desgrilar. tr. Robar del **grilo.** (V. **grilo.**)

desgrillar. tr. Variante fonética de **desgrilar.**

desgrilo. m. Sustracción de algo del **grilo.** (V. **grilo.**)

desgriyar. tr. Variante gráfica de **desgrillar.**

desgualichar. tr. Sacar el **gualicho** y, en consecuencia, hacer que pierda toda eficacia. (V. **gualicho.**)

deshilachado, da. adj. Deprimido. (Del esp. *deshilachar*: sacar hilachas de una tela.)

desiderio, ria. adj. Decidido. (Por juego paronom. con el nombre propio *Desiderio.*)

desnucado, da. adj. **descerebrado.** | **2.** Divertido en extremo. | **3.** Carente de límites, fuera de sí, **descontrolado.** (Del esp. *desnucar*: sacar de su lugar los huesos de la nuca.)

desnuque. m. Diversión en grande, gralmente. desorganizada y fuera de control. (V. **desnucado.**)

desortibarse. intr. Sosegarse. | **2.** Unirse a un grupo de gente con el cual hubo previamente un distanciamiento, amigarse. (V. **ortiba.**)

despe. m. Forma apocopada de **despelote.**

despelotado, da. ppio. perf. de **despelotar.** || adj. Olvidadizo, distraído; desatento, negligente.

despelotar. tr. Desordenar, desorganizar, complicar. | **2.** Aturdir, alborotar. (V. **despelote.**)

despelote. m. Confusión, lío, desorden. | **2.** Griterío, alboroto. (Por cruce entre el esp. *despelotar:* desgreñar, enmarañar y descomponer el pelo y **pelotas**; v. **pelotas.**)

despelursiado, da. adj. Despeinado. (Por corrupción del esp. *despeluzado*, ppio. perf. de *despeluzar:* descomponer, desordenar el pelo de la cabeza, de la felpa, etc.)

despilchado, da. adj. Que carece de ropas. (V. **pilcha.**)

despiolado, da. adj. **despelotado.** (V. **despiole.**)

despiolar. tr. **despelotar.** (V. **despiole.**)

despiole. m. **despelote.** (Siguiendo el supuesto modelo de **despelote** se forma sobre la base del mismo prefijo y **piola**; v. **piola.**)

despiplume. m. **despiporren**, **despelote.** (Formado sobre la base de **despiole** es voz originada en la publicidad televisiva del coñac *Tres Plumas* durante la década de 1960.)

despiporre. m. Forma apocopada de **despiporren.**

despiporren. m. Lo mejor, lo más extraordinario. | **2.** Tumulto, confusión, griterío. (Del andal. *despiporren:* lo mejor de una cosa.)

despiporro. m. Variante alternativa de **despiporre.**

desquicio. m. Desorden, barullo [dado por el DRAE]. (Del esp. *desquiciar:* desencajar o sacar de quicio una cosa.)

detebu. loc. adv. Vesre de la expr. esp. *de bute(n):* excelente, lo mejor de su clase.

Devoto. f. Instituto de detención ubicado en el barrio de Villa Devoto de la ciudad de Buenos Aires. | **2.** Por ext., cualquier penal o cárcel. || LA GLORIA O DEVOTO: expr. con la que se alude a que una acción puede resultar un triunfo o un fracaso absoluto. (Por abrev. del nombre del barrio *Villa Devoto.*)

diarero. m. Forma sincopada de *diariero.*

diaria. f. Diario, valor o gasto correspondiente a lo que es menester para mantener la casa en un día, y lo que se gasta y come cada día. (Por feminiz.)

dibujado, da. adj. En la expr. ESTAR DIBUJADO: ser ignorado. (V. **dibujar.**)

dibujar. tr. Componer los resultados de una medición estadística con el fin de tornarlos aceptables ante el público. (Del esp. *dibujar:* hacer un dibujo.)

dicka. f. Pene, miembro viril. (Por feminiz. del ingl. *dick*, de igual signif.)

die. m. En la expr. eufemística ME CACHE EN DIE: me cago en Dios. (Por deform., como en el esp. peninsular *me cago en diole.*)

diego. m. **coima**, gralmente. consistente en un diez por ciento del monto total del negocio. || UN DIEGO: diez pesos. (Por juego paronom. con el nombre propio *Diego;* si bien el término se utilizaba ya, su uso se ha extendido y popularizado a partir de la fama de Diego Armando Maradona.)

dientuda. f. Sierra pequeña utilizada por algunos delincuentes para cortar el pestillo y el picaporte de una cerradura. (Del esp. *dientudo*: que tiene dientes desproporcionados, por alusión a los dientes de la sierra.)

dientudo. m. Piano. (Por alusión a las teclas.)

diga. interj. Fórmula de tratamiento que se utiliza para llamar la atención de alguien. (Es la 2ª pers. del imperat. del verbo *decir*, aunque gramaticalizada con el valor de una interj.)

digitado, da. ppio. perf. de **digitar.**

digitar. tr. Nombrar a alguien para que desempeñe una función determinada no por sus méritos y preparación, sino por razones de amistad, conveniencia o por haber contraído previamente el compromiso político de hacerlo. | **2.** Planear y llevar a cabo uno o más sucesos desde las sombras. (Creado a partir de las palabras del esp. pertenecientes a la familia del latín *digitus -i*: dedo, esto es, *digital*: perteneciente o relativo a los dedos y *digitación*: adiestramiento de las manos en la ejecución musical.)

dilear. tr. Maltratar, ignorar, **forrear.** (V. **díler.**)

díler. m. y f. Vendedor minorista de drogas ilegales. (Del ingl. *dealer*: traficante.)

dinamita. f. Mezcla de heroína y cocaína para su consumo. (Por alusión al carácter explosivo de la *dinamita.*)

dinenti. m. Variante alternativa y etimológica [?] de **ainenti.**

diome. m. Vesre de *medio.*

dios. m. Hombre físicamente atractivo.

(Formado a semejanza de **diosa**, por masculinización.)

diosa. f. Mujer exuberante y muy atractiva. (Por ext. del esp. *diosa*: falsa deidad de sexo femenino.)

dique. m. Alarde, ostentación. || DAR DIQUE: estafar a alguien, dándole a ver un objeto valioso para que compre y reemplazándolo por otro sin valor en el momento del pago; engañar con apariencias. | **2.** DARSE DIQUE: jactarse, presumir. (Del caló *dicar*: ver [?].)

diquear. intr. Alardear, ostentar; DARSE DIQUE. (V. **dique.**)

diqueo. m. Variante paragógica de **dique.**

diquero, ra. adj. Ostentoso, presumido. | **2.** Que sirve o se usa para fanfarronear. (V. **dique.**)

dire. m. Forma apocopada de *director.*

discar. tr. Marcar, formar un número en el disco del teléfono [dado por el DRAE]. (Del esp. *disco*: pieza giratoria del aparato telefónico.)

discos. m. pl. Pulmones. (Por alusión a su forma.)

disquería. f. Local comercial donde se venden discos y casetes. (Del esp. *disco*: lámina circular que puede reproducirse por medio del gramófono.)

divague. m. Discurso cortado y lleno de digresiones. | **2.** Discurso oral o escrito sin concierto ni propósito fijo y determinado. (Del esp. *divagar*: separarse del asunto de que se trata; hablar o escribir sin concierto ni propósito fijo y determinado.)

dividendo. m. En el turf, cuota que corresponde a cada boleto, luego de dividir las ganancias que dio un caballo. (Del esp. *dividendo*: cuota que, al distribuir ganancias una compañía mercantil, corresponde a cada acción.)

doblada. adj. f. En la expr. COMÉRSELA DOBLADA: v. **comerse.**

doblado. adj. m. En la expr. LLEVAR DOBLADO A ALGUIEN: llevarle ventaja. (Del esp. fig. *doblar*: causarle a uno gran quebranto.)

doblar. tr. En la expr. DOBLAR AUTOS: alterar la numeración de la patente de un vehículo con las cifras de la de otro. (Del esp. *doblar*: duplicar.)

doblete. m. En la expr. HACER DOBLETE: hacer algo dos veces; obtener dos logros al mismo tiempo. (Por juego paronom. entre el esp. *doble* y el esp. *doblete*: suerte del juego de billar que consiste en hacer que la bola sobre la cual se juega realice varias veces una trayectoria perpendicular a las bandas que toca.)

dobolu. adj. Vesre irreg. de **boludo.**

dogor. adj. m. Vesre de *gordo.*

dolape. adj. m. Vesre de *pelado*: calvo y de **pelado.**

dolobu. adj. Vesre irreg. de **boludo.**

dolorosa. f. Cuenta a pagar en una casa de comida o comercio semejante. (Del esp. *doloroso*: dícese de lo que causa o implica dolor, quizá por anal. con el argót. *douleureuse*, que se usa de modo semejante.)

domani. adv. Mañana. (Es el ital. *domani*, de igual signif.)

dominguear. intr. Distraerse y divertirse los domingos u otros días de fiesta. (Del esp. *domingo*: primer día de la semana.)

dona. f. Mujer. (Del ital. *donna*: mujer.)

dopado, da. ppio. perf. de **dopar.**

dopar. tr. Narcotizar, drogar. U. t. c. prnl. (Del ingl. *to dope*, de igual signif.; en el esp. corriente, *dopar* tiene un sentido más limitado: "administrar fármacos o sustancias estimulantes para potenciar artificialmente el rendimiento", especialmente en el ámbito deportivo.)

dope. m. Vesre de *pedo* y de **pedo.**

Doque. m. Nombre que se le da popularmente a la zona cercana al Riachuelo –que constituye uno de los límites geográficos de la ciudad de Buenos Aires– llamada *Dock Sud*. (Del ingl. *dock*: muelle, dársena.)

dorapa. adj. m. Vesre de *parado* y **parado.**

dorima. m. Vesre de *marido.*

dorique. m. Vesre de *querido.*

dormida. f. Acto de pasar la noche con un hombre la prostituta. (Del esp. *dormida*: acción de dormir, especialmente pasando la noche.)

dormir. tr. Estafar. | **2.** Robar. | **3.** intr. Perderse una oportunidad, gralmente. en una posible relación amorosa. U. t. c. prnl. (Del esp. *dormir*: hacer que alguien se duerma, para las dos primeras aceps., y descuidarse, para la tercera.)

dorremí. m. Robo, hurto. (Formado por la conjunción de *do, re* y *mi*: primeras tres voces de la escala musical, en alusión a **solfear.**)

down [daun]. adj. Deprimido. (Del ingl. *down*: abatido.)

dragón. m. Pretendiente, cortejante. (V. **dragonear.**)

dragoneante. m. Soldado conscripto que por sus méritos cumple las funciones de cabo. | **2.** Cortejante, **dragón.** (Del amer. *dragonear*: ejercer un cargo sin tener título para ello, para la primera acep.; para la segunda, v. **dragonear.**)

dragonear. tr. Enamorar, cortejar, requebrar [dado por el DRAE]. (Del amer. *dragonear*: hacer alarde, presumir de algo.)

dragoneo. m. Cortejo amoroso, galanteo. (V. **dragonear.**)

drama. m. Problema. || HACERSE DRAMA: hacerse problemas. | **2.** NO HABER DRAMA: no haber problemas, frase con la que se indica la intrascendencia de un hecho. (Del esp. *drama*: suceso de la vida real, capaz de interesar y conmover vivamente.)

drema. f. Vesre de *madre*.

drepa. m. Vesre de *padre*.

driblear. intr. En el fútbol, eludir, gambetear. (Del ingl. *dribbling*: acción de eludir o gambetear.)

dribleo. m. Regate, gambeta. (V. **driblear.**)

drogón, na. adj. Consumidor habitual o adicto a las drogas. (Del esp. *droga*: sustancia de efecto estimulante, deprimente, narcótico o alucinógeno; el sufijo tiene carácter despect.)

drogui. m. Forma apocopada de **droguis.**

droguis. m. Bebida alcohólica. (Por deform. del esp. *droga*: sustancia de efecto estimulante, deprimente, narcótico o alucinógeno [?].)

droguista. m. Inclinado a las bebidas alcohólicas. (V. **droguis.**)

dublé. m. Joya de un metal cualquiera que simula ser de metal precioso. (Del fr. *doublé*: piedra preciosa falsa.)

dulce. m. En la expr. DARLE EL DULCE A ALGUIEN: preparar su estado de ánimo por medio de halagos u otorgándole cierta ventaja para, finalmente, engañarlo.

(Del esp. *dulce*: manjar compuesto con azúcar.)

dupla. f. Par. (Del esp. *duplicar*: hacer doble una cosa, quizá con alguna infl. del latín *dupla*: f. de *duplus -a -um*: doble.)

duque. adj. num. Dos. || m. Individuo refinado de comportamiento intachable. (En la primera acep., por deform. y juego paronom. con el esp. *duque*: título de honor destinado en Europa para significar la nobleza más alta; en su uso como sust. hay una alusión a este mismo término.)

duquesa. m. Variante alternativa más difundida de **duque** –en su primera acep.–.

durañona. adj. Duro. (Por juego paronom. con el apellido *Durañona*.)

durazno. m. Peso de moneda nacional. || **durazno, na.** adj. Duro, terco, de pocas luces, lento. (Por juego paronom. con el esp. *durazno*: fruto del duraznero; para la acep. como sust., v. **duro¹.**)

dureli. adj. Duro. (Por la adición del sufijo *-eli*, de tono italianizante, por terminar en *-elli* varios apellidos de ese origen.)

duro¹. m. Peso de moneda nacional. (Por anal. con el esp. *duro*: moneda española de plata, que vale cinco pesetas.)

duro, ra². adj. En la expr. ESTAR DURO: hallarse evidentemente bajo los efectos de la cocaína. (Por ext. del esp. *duro*: dicho de una cosa, que no está todo lo blanda, mullida o tierna que debe estar.)

E

echar. tr. En las exprs. ss.: ECHAR BARRA-CA –del juego del pase inglés–: fracasar en un intento. | **2.** ECHAR BUENAS: prosperar, progresar. | **3.** ECHAR EL RESTO –también es una expr. orig. del juego–: poner en un proyecto o plan todas las fuerzas que quedan. | **4.** ECHARLE TIERRA ENCIMA A ALGUIEN: hablar mal de él, delatarlo. (Del esp. *echar*: hacer que una cosa vaya a parar a alguna parte.)

echarse. intr. En las exprs. ss.: ECHARSE PARA ATRÁS: desistir, no cumplir con la palabra empeñada. | **2.** ECHARSE PANZA ARRIBA: vivir libre de preocupaciones. | **3.** ECHARSE UN FIERRO: v. **fierro.** | **4.** ECHARSE UN FIERRAZO: v. **fierrazo.** (Del esp. *echarse*: arrojarse, tirarse.)

efe. f. Vesre irreg. de *fe.*

efeté. m. Dinero en efectivo. || PAGAR EFETÉ: pagar en efectivo. (Por deform. de *efectivo*: dicho del dinero, en monedas o billetes.)

elemento. m. Grupo de personas de igual clase o de similares características.

(Por ext. del esp. *elemento*: componente de una agrupación humana.)

embagayar. intr. y tr. Hacer un paquete; meter ropas y efectos personales en un bolso o valija. (V. **bagayo.**)

embagaye. m. Acción de **embagayar.** (V. **bagayo.**)

embalado, da. ppio. perf. de **embalar.**

embalar. intr. Enojarse. U. m. c. prnl. (Del esp. *embalarse*: dejarse llevar por un afán, deseo, sentimiento, etc.)

embale. m. Entusiasmo desmedido. | **2.** Enojo. (V. **embalar.**)

embalurdado, da. ppio. perf. de **embalurdar.** (V. **balurdo.**)

embalurdar. Engañar, embrollar; granjearse la voluntad de alguien con halagos o mentiras. (V. **balurdo.**)

embambinarse. tr. Mantener un hombre relaciones sexuales con alguien muy joven, especialmente un varón. | **2.** Penetrar carnalmente. (Formado sobre el sobrenombre del director técnico Héctor Rodolfo Veira, el *Bambino*, acusado de abuso de menores en el sonado caso de Sebastián Candelmo en octubre de 1987.)

embanderado, da. ppio. perf. de **embanderarse.** Enrolado o consustanciado con una idea o creencia.

embanderarse. intr. Manifestarse decididamente por una idea o creencia. (Del esp. *embanderar*: adornar con banderas.)

embarrada. f. Patochada [dado por el DRAE]; despropósito, desatino. (V. **embarrar.**)

embarrado, da. adj. Arruinado, estropeado. (V. **embarrar.**)

embarrar. tr. HACER UN BARRO, meter la pata. || EMBARRARLA: arruinar, estropear, echar a perder un negocio, una oportunidad o una relación. | **2.** EMBARRAR LA CANCHA: provocar confusión; argumentar en una discusión con objeto de evitar el tratamiento de la cuestión de fondo; retrasar la toma de una decisión. (Para la acep., v. **barro**; las exprs. provienen del esp. *embarrar*: manchar con barro.)

embarrarse. intr. Manchar la propia reputación; enredarse en un asunto dudoso. (V. **embarrar.**)

emberretinado, da. ppio. perf. de **emberretinarse.** (V. **berretín.**)

emberretinamiento. m. Obstinación; excesivo entusiasmo por algo. (V. **berretín.**)

emberretinar. tr. Esconder. | **2.** Vender un objeto falsificado. (V. **berretín.**)

emberretinarse. intr. Encapricharse, obstinarse, empeñarse. (V. **berretín.**)

embetunado, da. ppio. perf. de **embetunar.** (V. **betún.**)

embetunar. tr. Sobornar. (V. **betún.**)

emblecar. tr. Difamar, denigrar. (V. **bleque.**)

embocar. tr. Golpear en el rostro con los puños. (Del esp. *embocar*: meter por la boca una cosa.)

embodegar. intr. y tr. Tragar, comer. U. t. c. prnl. (V. **bodega.**)

embolado, da. ppio. perf. de **embolar.**

embolar. tr. Molestar, contrariar, fastidiar. | **2.** Aburrir. U. t. c. prnl. (V. **bolas.**)

embole. m. Molestia, contrariedad. | **2.** Aburrimiento. || PEGARSE UN EMBOLE: aburrirse, **embolarse.** (V. **bolas.**)

emboquillada. f. En la expr. DE EMBOQUILLADA: así se llama en el fútbol al remate que se hace por alto con la intención de que la pelota caiga dentro de la valla por detrás del arquero. (Del esp. *emboquillar*: preparar la entrada de una galería o de un túnel.)

embrague. m. En la expr. PATINARLE A UNO EL EMBRAGUE: tartamudear. (Del esp. *embrague*: mecanismo dispuesto para que un eje participe o no a voluntad o automáticamente, en el mecanismo de otro, por alusión fest. al·percance automovilístico descripto por esta expr. en su origen.)

embramado, da. ppio. perf. de **embramarse.** (V. **brame.**)

embramarse. intr. Enamorarse el hombre de una mujer. | **2.** Enamorarse. (V. **brame.**)

embretado, da. ppio. perf. de **embretar.**

embretar. tr. Encerrar. | **2.** Poner en apuros, colocar en dificultades. (Del amer. del sur *brete*: pasadizo corto entre dos estacadas con atajadizos en ambos extremos para enfilar el ganado a fin de marcarlo, curarlo, etc.)

embrocado, da. ppio. perf. de **embrocar.** Observado, atisbado. | **2.** Vigilado. | **3.** Conocido, comprendido.

embrocador, ra. adj. Observador, vigilante. (V. **embrocar**.)

embrocantes. m. pl. Anteojos. I **2.** Prismáticos. (Por sustantiv. del ppio. pres. de **embrocar**; v. **embrocar**.)

embrocar. tr. Mirar con atención, observar, atisbar. I **2.** Vigilar. I **3.** Notar, conocer, comprender. (Del ital. *imbroccare*: dar en el blanco; adivinar.)

embrollo. m. Gresca, pelea callejera. (Por ext. del esp. *embrollo*: enredo, confusión.)

embroncado, da. ppio. perf. de **embroncarse**. ‖ adj. Rencoroso, resentido. (V. **bronca**.)

embroncar. tr. Enojar. (V. **bronca**.)

embroncarse. intr. Enojarse, enfadarse, airarse [dado por el DRAE]. (V. **bronca**.)

embroque. m. Mirada, observación. I **2.** Acechanza, vigilancia. I **3.** Comprensión. (V. **embrocar**.)

empacador, ra. adj. Ahorrativo, tacaño. (V. **paco**.)

empacar. tr. Ahorrar mezquinando, enriquecerse. I **2.** Engañar por medio del **paco**. (V. **paco**.)

empalagado, da. adj. Drogadicto, que abusa de las drogas. (Por ext. del esp. *empalagar*: dicho de una comida, principalmente si es dulce: causar hastío.)

empalmada. f. empalme. (V. **empalmar**.)

empalmador. m. Escamoteador que practica el **empalme**. (V. **empalmar**.)

empalmar. tr. Escamotear dinero al recibir un pago o vuelto y luego reclamarlo. I **2.** Escamotear naipes al barajar o realizar el corte. (Del esp. *palma*: mano del hombre.)

empalme. m. Escamoteo rápido de dinero al recibir un pago o vuelto y luego

reclamarlo. I **2.** Escamoteo de naipes al barajar o realizar el corte. (V. **empalmar**.)

empapelado, da. ppio. perf. de **empapelar**.

empapelar. Sobornar. (Del esp. *empapelar*: envolver en papel, en alusión a los billetes entregados.)

empaquetado, da. ppio. perf. de **empaquetar**. Cerrado. I **2.** Arrestado, encarcelado. I **3.** Ahorrado. I **4.** Embrollado, engañado.

empaquetar. tr. Cerrar. I **2.** Encerrar, arrestar, encarcelar. I **3.** Guardar, ahorrar. I **4.** Preparar la baraja el tahúr. I **5.** Envolver, engañar, confundir utilizando argumentos verosímiles o valiéndose de la simpatía personal. (Por ext. del esp. *empaquetar*: formar paquetes; en la segunda acep., quizá con infl. del argót. *empaqueter*: aprisionar; para la cuarta acep., v. **paquete**[1].)

empardar. tr. Empatar, igualar, particularmente en el juego de cartas. (Deriva de la loc. adv. esp. *en par de*: por igual.)

empastillado, da. ppio. perf. de **empastillarse**.

empastillarse. intr. Consumir pastillas, ya se trate de remedios farmacéuticos, ya de drogas ilegales, como el **éxtasis** o el ácido lisérgico. (Del esp. *pastilla*: pequeña porción de pasta medicinal.)

empavonar. tr. Dejar amoratado un ojo de un golpe. (Del esp. *empavonar*: dar pavón al hierro o al acero.)

empavurar. tr. Atemorizar, asustar. (V. **pavura**.)

empedado, da. ppio. perf. de **empedarse**. (V. **pedo**.)

empedarse. Emborracharse, embriagarse. (V. **pedo**.)

empernarse. tr. empomarse. (Del esp. *perno*: pieza de metal larga y cilíndrica, con cabeza redonda por un extremo y asegurada con una tuerca o remache por el otro, que se usa para afirmar piezas de gran volumen.)

empiedrada. f. Joya con una piedra preciosa. (Por corrupción del esp. *empedrar*: cubrir con piedras.)

empilchado, da. ppio. perf. de empilchar. Vestido. (V. pilcha.)

empilchar. tr. Vestir, gralmente. con elegancia. (V. pilcha.)

empilche. m. Vestimenta. | 2. Modo de vestir. (V. pilcha.)

empinarse. intr. Embriagarse. (De la expr. esp. *empinar uno el codo*: beber mucho vino u otros licores.)

empiojado, da. ppio. perf. de empiojar.

empiojar. intr. Embrollar, confundir. U. t. c. prnl. (Del ruralismo *empiojarse*: llenarse un animal o persona de piojos.)

empiparse. intr. Desinteresarse, desentenderse de algo o alguien. (Del gen. *impippâse*: desentenderse.)

empomarse. tr. Penetrar carnalmente, coger; fornicar. | 2. Perjudicar, abrochar. (V. pomo.)

emponzoñado, da. adj. Irritado, fastidiado. | 2. Que padece alguna enfermedad venérea. (Del esp. *emponzoñar*: dar ponzoña a uno.)

empuado, da. ppio. perf. de empuar. Cizañado; enemistado con alguien.

empuar. tr. Indisponer a alguien hacia un tercero, cizañar. (Del esp. fig. *púa*: causa no material de sentimiento y pesadumbre.)

empupilarse. intr. Comenzar la prostituta a trabajar en beneficio de un rufián. (Del esp. *pupila*: mujer de la mancebía.)

empurrar. tr. Introducir, meter algo en alguna parte. | 2. Penetrar carnalmente. (Del port. *empurrar*: empujar, impeler.)

emputecer. tr. Corromper, pudrir. | 2. Cansar, indisponer. U. t. c. prnl. | 3. Enojar, fastidiar. U. t. c. prnl. (Por ext. del esp. *emputecer*: prostituir, corromper a una mujer.)

emputecido, da. ppio. perf. de emputecer.

enajado, da. ppio. perf. de enajar.

enajamiento. m. Forma protésica de najamiento.

enajar. intr. y tr. Forma protésica de najar.

enaje. m. Partida; escape, fuga. (de enajar; v. najar.)

enajusar. intr. y tr. Forma protésica de najusar.

encajado, da. adj. Endeudado. (Del esp. *encajarse*: meterse uno en parte estrecha.)

encajetado, da. ppio. perf. de encajetarse. (V. cajeta.)

encajetarse. intr. Enamorarse apasionadamente, gralmente. el hombre de una mujer. (V. cajeta.)

encajonado, da. adj. Preso, encanutado. (Del esp. *encajonar*: meter en un sitio angosto.)

encamada. f. Acción de encamarse. (V. encamarse.)

encamado, da. adj. Que está manteniendo relaciones sexuales. (V. encamarse.)

encamarse. intr. Mantener relaciones sexuales. (Del esp. *encamarse*: echarse o meterse en la cama.)

encamotado. ppio. perf. de encamotarse. (V. camote.)

encamotarse. intr. Enamorarse, encapricharse afectivamente por una persona. (V. camote.)

encanadero. m. Prisión; lugar de detención. (V. **encanar.**)

encanado, da. ppio. perf. de **encanar.**

encanar. tr. Aprehender, apresar, detener; encarcelar, meter en la cárcel. (Del vén. *incaenar*: encadenar.)

encanastado, da. ppio. perf. de **encanastar.** (V. **canasta.**)

encanastar. tr. Apresar, meter en la cárcel. (V. **canasta.**)

encane. m. Detención. (V. **encanar.**)

encanutado, da. ppio. perf. de **encanutar.** (V. **canuto.**)

encanutar. tr. Guardar, ocultar. | **2.** Encerrar, apresar. | **3.** Ahorrar. (V. **canuto.**)

encarador, ra. adj. Osado, valiente, decidido. (Del esp. *encarar*: hacer frente a un problema, dificultad, etc.)

encarajinado, da. ppio. perf. de **encarajinar.** || adj. Difícil.

encarajinar. tr. Complicar, enredar. (Del esp. *carajo*: miembro viril; a la manera de **despelotar, desbolar,** etc.)

encarar. tr. Enfrentar a alguien para reclamarle algo. | **2.** Expresarle a una persona sin rodeos el deseo de involucrarse sentimentalmente con ella de manera circunstancial o no. (Del esp. *encarar*: ponerse uno cara a cara, enfrente y cerca de otro.)

encare. m. Acción y efecto de **encarar.**

enchabonado, da. ppio. perf. de **enchabonar.** (V. **chabón.**)

enchabonar. tr. Atontar. U. t. c. prnl. (V. **chabón.**)

enchalado, da. ppio. perf. de **enchalar.**

enchalamiento. m. Enamoramiento. (V. **enchalar.**)

enchalar. tr. Enamorar. U. t. c. prnl. (Del caló *chalar*: enamorar.)

enchalecado, da. ppio. perf. de **encha-lecar.** Aprisionado por detrás para ser robado.

enchalecar. tr. Aprisionar de atrás entre varios a la víctima de un robo sujetándola uno por los antebrazos, para que otro lo despoje del dinero y demás pertenencias. (Del esp. *chaleco*: prenda de vestir, por lo gral. sin mangas, que se abotona al cuerpo.)

enchastrado, da. ppio. perf. de **enchastrar.** Manchado, sucio, emporcado. | **2.** Denigrado.

enchastrar. tr. Ensuciar, manchar. | **2.** Denigrar. U. t. c. prnl. en ambas aceps. (Del gen. *inciastrâ*: embadurnar, manchar.)

enchastre. m. Embadurnamiento, suciedad. | **2.** Desprestigio. (V. **enchastrar.**)

enchastro. m. Variante alternativa de **enchastre.**

enchastrún, na. adj. Sucio. (V. **enchastrar.**)

enchinchado, da. ppio. perf. de **enchinchar.** Enojado. | **2.** Que padece una enfermedad venérea. (V. **chinche.**)

enchinchar. tr. Molestar, enojar. | **2.** Contagiar una enfermedad venérea. U. t. c. prnl. en ambas aceps. (Forma protésica del esp. *chinchar*: molestar, fastidiar; v. **chinche.**)

enchucarse. intr. Embriagarse. (V. **chuco.**)

enchufado, da¹. ppio. perf. de **enchufar.** Apresado. | **2.** Puesto, colocado.

enchufado, da². ppio. perf. de **enchufarse.** Excitado. | **2.** Exigido, aplicado con dedicación a una tarea determinada.

enchufar. tr. Apresar. | **2.** Acertar, enjaretar. | **3.** Poner, colocar. || ENCHUFARLA: PONERLA. | **2.** ENCHUFÁRSELA A ALGUIEN: PONÉRSELA A ALGUIEN. (Del esp. *enchufar*: ajustar la boca de un caño en la de otro.)

enchufarse. intr. Excitarse. | **2.** Exigirse, aplicarse a una tarea. (Del esp. *enchufar*:

establecer una conexión eléctrica encajando una en otra las dos piezas del enchufe.)

enchufe. m. Excitación. | **2.** Aplicación absoluta a una tarea. | **3. saque, pase.** (Para la primera y tercera aceps., v. **enchufar;** para la segunda, v. **enchufarse.**)

encocorarse. intr. Insolentarse. | **2.** Rebelarse. (Del esp. *cócora*: persona molesta e impertinente en demasía, y no del esp. *encocorar*: fastidiar, molestar.)

encocoritarse. intr. **encocorarse.** (V. **cocorito.**)

enconchado, da. ppio. perf. de **enconcharse.** (V. **concha.**)

enconcharse. intr. Enamorarse apasionadamente. (Cf. **encajetarse;** v. **concha.**)

encopado, da. ppio. perf. de **encoparse.** (V. **copa.**)

encoparse. intr. Embriagarse. (V. **copa.**)

encopetinado, da. adj. Ebrio. (Del amer. *copetín*: aperitivo, trago de licor.)

encordada. f. Guitarra. (Del esp. *encordar*: poner cuerdas a los instrumentos de música.)

encordado. m. Variante alternativa de **encordada.**

encufado, da. ppio. perf. de **encufar.** (V. **cufa.**)

encufar. tr. Apresar, encarcelar, arrestar. (V. **cufa.**)

enculado, da. ppio. perf. de **encularse.** (V. **culo.**)

encular. tr. Desagradar. (Se relaciona con las exprs. PONER Y TENER CARA DE CULO; cf. **caracúlico;** v. **culo.**)

encularse. intr. Enojarse; enemistarse. (V. **culo.**)

encurdelado, da. ppio. perf. de **encurdelar.**

encurdelar. tr. Embriagar. U. t. c. prnl.

(Del esp. fam. *curdela*: borrachera; borracho, sobre el modelo del esp. *encurdarse*, de igual signif.)

endulzado, da. ppio. perf. de **endulzar.**

endulzante. m. Azúcar. (Por sustantiv. del ppio. pres. del esp. *endulzar*: poner dulce una cosa.)

endulzar. tr. Sobornar, **coimear.** (Por ext. del esp. *endulzar*: hacer dulce algo; hacer llevadero un trabajo, disgusto o incomodidad.)

enfardar. tr. Ahorrar. (Por ext. del esp. *enfardar*: empaquetar mercaderías.)

enfarolado, da. ppio. perf. de **enfarolarse.** (V. **farol.**)

enfarolamiento. m. Embriaguez. (V. **farol.**)

enfarolarse. intr. Ponerse ebrio. (V. **farol.**)

enfierrado, da. adj. Armado con una o más armas de fuego. (V. **fierro.**)

enfiestado, da. ppio. perf. de **enfiestar.** Sexualmente satisfecho. || adj. Borracho. | **2.** Drogado. (V. **fiesta.**)

enfiestar. tr. HACERLE LA FIESTA a una o más personas. | **2.** Satisfacer sexualmente. (V. **fiesta.**)

enfiestarse. intr. Participar de una orgía. (V. **fiesta.**)

enfriado, da. ppio. perf. de **enfriar.**

enfriar. tr. Matar, asesinar. (En alusión a la pérdida de temperatura que se produce en un animal al morir; cf. el argót. *refroidir*, de igual signif.)

enfundar. intr. Callarse. | **2.** Retirarse de una posible contienda. (Del esp. *enfundar*: poner una cosa dentro de su funda, y por abrev. de la expr. *enfundar la mandolina*: hacerse a un lado; dejar de hablar.)

enganchado, da. adj. Entrometido. | **2.** Enamorado. | **3.** Comprometido, casado, de novio. | **4.** Entusiasmado, interesado. (V. **enganchar.**)

enganchar. tr. **levantar.** | **2.** Entusiasmar, interesar. (Del esp. *enganchar*: agarrar una cosa con gancho; atraer a uno con arte, captar su afecto o su voluntad; llamar la atención.)

engancharse. intr. **abrojarse,** entrometerse. | **2.** Enamorarse. (V. **enganchar.**)

engañapichanga. f. Engañabobos, cosa que engaña o defrauda con su apariencia [dado por el DRAE]. (Del habla rural, por posible cruce entre el esp. *engañabobos* y el quich. *pichanga*: vino que no ha terminado de fermentar, utilizado en Cuyo y el noroeste argentino.)

engarfiar. tr. Atrapar. (Del esp. *garfio*: instrumento de hierro, curvo y puntiagudo, que sirve para aferrar algún objeto.)

engayolado, da. ppio. perf. de **engayolar.**

engayolador. m. Funcionario policial; detective. (V. **engayolar.**)

engayolamiento. m. Arresto, detención. (V. **engayolar.**)

engayolar. tr. Apresar, encarcelar. (Del esp. *gayola*: jaula; cárcel de presos.)

engemelado, da. ppio. perf. de **engemelar.**

engemelar. tr. Colocar las esposas, esposar. (Del esp. *gemelo*: cada uno de los dos elementos iguales que, apareados, cooperan a un mismo fin, en alusión a las esposas.)

engolosinarse. intr. Seguir en una tarea seguro y confiado hasta el punto de descuidarla. (Por ext. del esp. *engolosinarse*: aficionarse, tomar gusto a una cosa.)

engomar. tr. Cerrar. | **2.** Abotonar. (Del esp. *engomar*: untar de goma los papeles y otro objetos para lograr su adherencia.)

engominada. f. Peinado realizado con gomina. (V. **gomina.**)

engrampado, da. ppio. perf. de **engrampar.** || QUEDAR ENGRAMPADO: quedar relacionado con una acción o situación oscura, sospechosa o delictiva; quedar involucrado injustamente en un asunto, QUEDAR PEGADO.

engrampar. tr. Atrapar, asir. | **2.** Penetrar carnalmente, **coger.** | **3.** Relacionar con asuntos o situaciones sospechados de ilegales. (Del esp. *grampa*: pieza de metal cuyos dos extremos, doblados y aguzados, se clavan para unir o sujetar dos tablas u otras cosas; cf. el esp. *engrapar*: unir con grapas.)

engranado, da. ppio. perf. de **engranar.**

engranar. intr. Enojarse a causa de chanzas o provocaciones. U. t. c. prnl. (Del esp. *engranar*: encajar los dientes de una rueda.)

engrane. m. Enojo. (V. **engranar.**)

engrilar. tr. Meter en el bolsillo. | **2.** Guardar. (V. **grilo.**)

engrillar. tr. Variante fonética de **engrilar.**

engrisar. tr. Variante fonética de **engriyar.**

engriyar. tr. Variante gráfica de **engrillar.**

engrupe. m. Acción de **engrupir.** (V. **grupo.**)

engrupido, da[1]. ppio. perf. de **engrupir.** Embrollado. | **2.** Engañado.

engrupido, da[2]. ppio. perf. de **engrupirse.** Engreído, envanecido. (V. **grupo.**)

engrupidor, ra. adj. Mentiroso, engañador. (V. **engrupir.**)

engrupimiento. m. Fatuidad, engreimiento. (V. **grupo.**)

engrupir. tr. Embrollar, distraer, atraer con halagos. | **2.** Engañar, embaucar, mentir. (V. **grupo.**)

engrupirse. intr. Ensoberbecerse, engreírse. (V. grupo.)

engualichado, da. ppio. perf. de engualichar. (V. gualicho.)

engualichar. tr. Hechizar, embrujar [dado por el DRAE]. (V. gualicho.)

enguiñar. tr. Atraer la mala suerte sobre alguien. (V. guiñe.)

enguiyado, da. adj. Adinerado. (V. enguiyar.)

enguiyador, ra. adj. Ahorrativo; tacaño, avaro. (V. enguiyar.)

enguiyar. tr. engriyar. (Por probable cruce con guiye.)

enguiyarse. intr. Prosperar, enriquecerse. (V. enguiyar.)

enguiye. m. Ahorro. (V. enguiyar.)

enjailefarse. intr. Acicalarse, emperifollarse. (V. jailaife.)

enllenarse. intr. Ganar mucho dinero. (Por prótesis del esp. *llenarse*, en vista de la expr. –no consignada por el DRAE– *llenarse de plata*.)

enmarrocado, da. ppio. perf. de enmarrocar. (V. marroca.)

enmarrocar. tr. Encadenar, esposar. (V. marroca.)

enquerosenado, da. adj. Embriagado. (V. querosén.)

enquilombado, da. ppio. perf. de enquilombar. Hablando de cosas, complicado, desordenado, confuso. | 2. Hablando de personas, confundido, lleno de complicaciones personales. (V. quilombo.)

enquilombar. tr. Complicar, enredar, desordenar una cosa o asunto. | 2. Complicar, confundir. U. t. c. prnl. (V. quilombo.)

enrochado, da. ppio. perf. de enrocharse. (V. roche.)

enrocharse. intr. empastillarse, encontrarse bajo los efectos del roche. (V. roche.)

enroscado, da. ppio. perf. de enroscar. Embrollado, confundido. || adj. Problematizado, enquilombado.

enroscar. tr. Embrollar mentalmente, confundir. U. t. c. prnl. | 2. Engañar. (Del esp. *enroscar*: poner en forma de rosca una cosa; cf. el esp. *envolver*: rodear a uno de argumentos o sofismas, dejándolo cortado y sin salida.)

ensartar. tr. Penetrar carnalmente. (Del esp. *ensartar*: atravesar, introducir.)

ensartarse. intr. Errar, equivocarse. | 2. Frustrarse, fracasar. (Por ext. del amer. *ensartar*: hacer caer en un engaño o trampa.)

ensartenado, da. ppio. perf. de ensartenar.

ensartenar. tr. Apresar, atrapar. (De la prep. esp. *en* y el esp. *sartén*: recipiente que se usa para cocinar.)

ensillado, da. ppio. perf. de ensillar.

ensillar. intr. Disgustarse, enojarse a causa de chanzas o provocaciones. (Del esp. *ensillar*: poner la silla a un caballo.)

ensiyado, da. ppio. perf. de ensiyar.

ensiyar. intr. Variante gráfica de ensillar.

ensobrado, da. ppio. perf. de ensobrarse.

ensobrarse. intr. Acostarse a dormir. (V. sobre.)

ensombrar. tr. Encarcelar. (De la expr. esp. *poner a la sombra*: meter en la cárcel.)

ensuciar. tr. Desacreditar, difamar; denigrar. (Por ext. del esp. fig. *ensuciar*: manchar el alma, la nobleza o la fama con vicios o con acciones indignas.)

ensuciarse. intr. Comprometerse en un hecho dudoso. (V. ensuciar.)

enterrado, da. ppio. perf. de enterrar. Endeudado.

enterrar. tr. Poner en una situación

económica difícil. U. t. c. prnl. I **2.** Penetrar carnalmente; también ENTERRARLA y ENTERRAR LA BATATA, con el mismo signif. (La primera acep. deriva del esp. *enterrar:* dar sepultura a un cadáver; la segunda, del esp. fig. *enterrar:* hacer desaparecer una cosa debajo de otra; para ésta, cf. PONERLA y ENCHUFARLA.)

entonado, da. ppio. perf. de **entonarse.** Achispado, alegre por la bebida. II adj. Alentado por el transcurso favorable de los acontecimientos. (La acep. como adj. es ext. del esp. *entonado:* envanecido.)

entonarse. intr. Achisparse, embriagarse. (Del esp. *entonar:* dar determinado tono a la voz.)

entongado, da¹. ppio. perf. de **entongar.** Perjudicado, engañado.

entongado, da². ppio. perf. de **entongarse.** Involucrado en un **tongo.**

entongar. tr. Organizar un **tongo** en perjuicio de alguien. I **2.** Perjudicar, engañar.

entongarse. intr. Participar en un **tongo.**

entrador, ra. adj. Que gana fácilmente la simpatía y la confianza de los otros. (Por ext. del esp. *entrador:* altivo, emprendedor, arriesgado.)

entrancado, da. ppio. perf. de **entrancarse.**

entrancarse. intr. Embriagarse. (Del esp. *tranca:* borrachera, embriaguez.)

entrar. intr. Dejarse convencer, dejarse engañar. II ENTRARLE AL MORFI: comer en exceso. I **2.** ENTRAR POR EL ARO: v. **aro.** (Del esp. *entrar:* tener entrada en alguna parte; la primera expr. deriva del amer. *entrarle a algo:* acometer una empresa.)

entre. m. Sondeo, averiguación encubierta acerca de los sentimientos, intenciones y circunstancias de una persona. II HACERLE EL ENTRE A ALGUIEN: preparar su estado de ánimo para conseguir lo que se quiere. (Del esp. *entrar:* acometer, en sentido figurado, a una persona, o ejercer influencia en su ánimo.)

entrecasa. f. En la expr. DE ENTRECASA: como en el hogar –hablando de la ausencia de formalidades en el trato y en el vestir–. (De la prep. esp. *entre* y el esp. *casa.*)

entrega. f. Acción del **entregador.** (V. **entregar.**)

entregador. m. Ayudante del ladrón, cuya función consiste en obtener los informes precisos para robar a alguien. I **2.** Soplón, individuo que suministra a la policía los datos imprescindibles para arrestar a alguien. II **entregador, ra.** adj. Que impulsa a una mujer a ejercer la prostitución. I **2.** Que facilita las condiciones para se conquiste a una mujer. (V. **entregar.**)

entregar. tr. Proporcionar al ladrón los datos que necesita para robar a alguien. I **2.** Delatar. I **3.** intr. Dejarse **coger;** dejarse penetrar, gralmente. por el ano. I **4.** tr. Facilitar las condiciones para que una persona conquiste a otra. II ENTREGAR EL MARRÓN: v. **marrón.** I **2.** ENTREGAR EL ROSQUETE: v. **rosquete.** (Del esp. *entregar:* poner en manos o en poder de otro a una persona o cosa.)

entreverarse. intr. Mezclarse desordenadamente personas, animales o cosas [dado por el DRAE]. (Del esp. *entreverar:* mezclar, introducir una cosa entre otras.)

entrevero. m. Acción y efecto de **entreverarse.** I **2.** Pelea, combate. (V. **entreverarse.**)

entromparse. intr. Enojarse, disgustarse. (V. **trompa².**)

envenenado, da. adj. Receloso, pesimista,

amargado. | **2.** Indignado, ofendido. | **3.** Que padece una enfermedad venérea; sifilítico. | **4.** Aplicado a un automóvil, que tiene pedido de captura. (Del esp. *envenenar*: emponzoñar, inficionar con veneno.)

enyantador, ra. adj. Glotón. (V. **enyantar**.)

enyantar. intr. Comer. (Forma protésica del esp. ant. *yantar*: comer, tomar alimento.)

enyante. m. Comida. (V. **enyantar**.)

enyenarse. intr. Variante gráfica más difundida de **enllenarse**.

enyetado, da. ppio. perf. de **enyetar**. Que tiene mala suerte. (V. **yeta**.)

enyetar. tr. Traer o dar mala suerte. (V. **yeta**.)

enyetarse. intr. Tener mala suerte. (V. **yeta**.)

esbornia. f. Borrachera, embriaguez. (Del ital. *sbornia*: borrachera.)

esbrufata. f. Salpicadura que se produce al espurrear. | **2.** Serie ininterrumpida de sucesos. (Del ital. *sbuffata*: rociadura que se hace espurreando, con epéntesis de -*r*-.)

escabiado, da. ppio. perf. de **escabiarse**. Ebrio, borracho. (V. **escabio**[1].)

escabiador, ra. adj. Bebedor; ebrio consuetudinario. (V. **escabio**[1].)

escabiar. intr. Tomar bebidas alcohólicas, beber. (V. **escabio**[1].)

escabiarse. intr. Emborracharse. (V. **escabio**[1].)

escabio[1]**.** m. Vino ordinario. | **2.** Vino. | **3.** Bebida alcohólica en gral. | **4.** Borrachera. (Del ital. jergal *scabi*: vino.)

escabio, bia[2]**.** ppio. perf. Forma apocopada de **escabiado**.

escachato, ta. adj. Variante fonética de **escashato**.

escalera. f. Llave larga, con dientes de variado tamaño y grosor, usada por los delincuentes para abrir una cerradura. (Del esp. *escalera*: serie de escalones que sirve para subir y bajar, en alusión a la forma de la llave.)

escalinata. f. **escalera**. (Del esp. *escalinata*: escalera exterior de un solo tramo.)

escalineta. f. Variante alternativa de **escalinata**.

escapelarse. intr. Sacarse el sombrero. | **2.** Saludar levantando levemente el sombrero. (Del ital. *scappellarsi*: sacarse el sombrero; cf. **capelo**.)

escarbadientes. m. Alfiler de corbata. | **2.** Arma blanca. (En alusión a la punta filosa, del esp. *escarbadientes*: instrumento que sirve para limpiar los dientes y sacar lo que se mete entre ellos.)

escarparo. m. Zapatero. (V. **escarpiantes**.)

escarpiantes. m. pl. Zapatos; calzado en gral. (Del ital. *scarpa*: zapato.)

escarpín. m. Especie de zapatilla usada por los presidiarios en la cárcel. (Del esp. *escarpín*: zapato de una suela y de una costura.)

escarpios. m. pl. Botines, zapatos; calzado en gral. (V. **escarpiantes**.)

escasani. adj. Escaso; indigente, pobre. (Por juego paronom. entre el esp. *escaso* y *Escasany*, nombre de una conocida joyería de Buenos Aires.)

escaseli. adj. Escaso. (Por el agregado al esp. *escaso* del sufijo -*eli*; deform. fest. de tono italianizante.)

escashato, ta. adj. Arruinado, deteriorado; achacoso. (Del nap. *scassià*: deformarse [?].)

eschifrunista. m. Variante gráfica de **esquifrunista**.

escoba. f. Guitarra. (Por la frecuencia con que se imita el uso de una con la otra.)

escobero. m. Guitarrista. (V. **escoba.**)

escolasador, ra. adj. Jugador compulsivo. (V. **escolasar.**)

escolasar. intr. Jugar por dinero. (Del término de la giria brasileña *escola*: garito, casa de juego.)

escolaseador, ra. adj. Forma epentética de **escolasador.**

escolasear. intr. Forma epentética más frecuente de **escolasar.** ‖ ESCOLASEARLA: conocer en profundidad determinadas cuestiones, entender de algo en particular, dominar una actividad.

escolasero, ra. adj. **escolasador.** (V. **escolasar.**)

escolaso. m. Juego por dinero, gralmente. ilegal. (V. **escolasar.**)

escolazador, ra. adj. Variante gráfica de **escolasador.**

escolazar. intr. Variante gráfica de **escolasar.**

escolazo. m. Variante gráfica de **escolaso.**

escombro. m. Ostentación, aspaviento. ‖ HACER ESCOMBRO: magnificar la importancia de un hecho o el modo de realizarlo para llamar la atención [dado por el DRAE], hacer alarde. (Del esp. *escombro*: desecho, broza y cascote que queda de una obra de albañilería o de un edificio arruinado o derribado [?].)

escombrero, ra. adj. Ostentoso, fanfarrón. (V. **escombro.**)

escomúnica. f. Mala suerte, infortunio reiterado, adversidad. (Del ital. *scomunica*: excomunión.)

escoñado, da. ppio. perf. de **escoñar.**

escoñar. tr. Herir, lesionar. ‖ **2.** Arruinar, deteriorar. ‖ **3.** Hacer a alguien víctima de apremios ilegales, torturar. (Del nap. *scugnare*: romper.)

escorcha. adj. Forma apocopada de **escorchador.**

escorchado, da. ppio. perf. de **escorchar.**

escorchador, ra. adj. Fastidioso, latoso, pesado. (V. **escorchar.**)

escorchar. tr. Fastidiar [dado por el DRAE], incomodar; cargosear, molestar. ‖ **2.** Aburrir. (Del ital. *scocciare*: fastidiar, dar la lata, en cruce con el esp. *corcho*.)

escorchón, na. adj. **escorchador.** (V. **escorchar.**)

escrachado, da. ppio. perf. de **escrachar.** Fotografiado, retratado. ‖ **2.** Golpeado, zurrado. ‖ **3.** Arruinado, destruido. ‖ **4.** Delatado.

escrachador. m. Fotógrafo. (V. **escracho.**)

escrachar. tr. Retratar, fotografiar a alguien, sin habilidad o contra su voluntad. ‖ **2.** Estrellar una cosa contra algo. ‖ **3.** Romper la cara. ‖ **4.** Zurrar, pegar. ‖ **5.** Romper, destruir. ‖ **6.** Poner a alguien en evidencia; delatar, abierta y públicamente. (Para la primera acep., v. **escracho**; a partir de la segunda es probable pensar en un cruce del gen. *scraccâ*: expectorar con el ital. *schiacciare*: romper, destrozar.)

escrache. m. Protesta organizada por la agrupación HIJOS y/u otras asociaciones de derechos humanos frente a la casa de un ex dictador, secuestrador, torturador o miembro de la represión ilegal que tuvo lugar en la Argentina en 1976 y los años siguientes. ‖ **2.** Manifestación de repudio frente al domicilio particular de un político o dirigente sindical o ante un edificio público, como un ministerio o una embajada extranjera. ‖ **3.** Manifestación de repudio frente a la casa de un presunto delincuente. (V. **escrachar.**)

escrachería. f. Taller de fotografía. (V. **escracho.**)

escrachero. m. **escrachador.** (V. **escracho.**)

escracho. m. Estafa realizada por medio de un extracto de lotería falsificado. | **2.** Fotografía, gralmente. del rostro. | **3.** Rostro, cara. | **4.** Persona fea, de mal aspecto. | **5.** Tatuaje. (Posiblemente del argót. *escrache*: pasaporte, papel, en cruce con el ital. jerjal *scaracio*: billete, escrito [?].)

escruchante. m. Variante fonética de **escrushante.**

escruchar. tr. Variante fonética de **escrushar.**

escruche. m. Variante fonética de **escrushe.**

escrucho. m. Variante fonética de **escrusho.**

escrushante. m. Ladrón que actúa violando alguno de los accesos a un lugar sin reparar en los métodos. (V. **escrushar.**)

escrushar. tr. Robar violando, de alguna forma, los accesos a un sitio determinado. (Del ital. jergal *scrus*: robar con fractura.)

escrushe. m. Robo en el que el delincuente penetra a un lugar violentando alguna de sus entradas. (V. **escrushar.**)

escrushiante. m. Forma epentética de **escrushante.**

escrushiar. tr. Forma epentética de **escrushar.**

escrushie. m. Forma epentética de **escrushe.**

escrusho. m. **escrushe.** (V. **escrushar.**)

escudo. m. Falsa actividad lícita con que se encubre un delincuente. (Del esp. fig. *escudo*: amparo, defensa.)

escupir. intr. Hablar, declarar. | **2.** tr. Delatar, denunciar. || ESCUPIRLE EL ASADO A ALGUIEN: estropear sus intenciones o proyectos. (Del esp. *escupir*: arrojar saliva

por la boca; para el origen de la expr., cf. *Martín Fierro*, de José Hernández, vv. 2559-2582.)

escurrirse. intr. Notar, advertir; despabilarse. (Etimol. incierta.)

esgunfia. f. Forma apocopada de **esgunfiamiento.**

esgunfiado, da. ppio. perf. de **esgunfiar.** || adj. Desidioso, apático. | **2.** Indigente.

esgunfiador, ra. adj. Inoportuno, molesto, cansador. (V. **esgunfiar.**)

esgunfiamiento. m. Hastío, cansancio. | **2.** Dejadez, desidia, apatía. (V. **esgunfiar.**)

esgunfiar. tr. Hastiar, fastidiar, cansar; aburrir. U. t. c. prnl. (Del ital. *gonfiare*: inflar, hinchar –*i coglioni*: los cojones–, quizás a través del piam. *sgunfié.*)

esgunfio. m. **esgunfia.** || **esgunfio, fia.** ppio. perf. y adj. **esgunfiado.** (V. **esgunfiar.**)

esmujen. m. **cambalachero**, persona que atiende al público en un **cambalache.** (Etimol. incierta.)

esnif. m. y f. Variante alternativa de **snif.**

espada. f. Llave. (Del germ. *espada*: llave; tomado a su vez del ital. jergal *spada.*)

espagueti. m. Persona delgada. (Del ital. *spaghetti*: clase de fideos finos, largos y macizos.)

espamentador, ra. adj. Aspaventero. | **2.** Pendenciero. (V. **espamentar.**)

espamentar. intr. Forma alternativa de **aspamentar.**

espamentero, ra. adj. Forma alternativa de **aspamentero.**

espamento. m. Forma alternativa de **aspamento.**

espamentoso, sa. adj. Forma alternativa de **aspamentoso.**

esparar. tr. Distraer a la víctima para que

el **punguista** la despoje. (Del ital. jergal *sparâ el tir:* avisar.)

esparo. m. Maniobra de distracción de la víctima realizada por el ayudante del **punguista.** | **2.** Elemento utilizado para ocultar la mano del **punguista** –como un diario, libro, sombrero, etc.–. | **3.** Ayudante del **punguista.** | **4.** Indicación de un preso a otro acerca de la cercanía del guardián. (V. **esparar.**)

espárragos. m. pl. Dedos. (Por alusión a la forma de esa planta.)

espejaime. m. Cosa, cuestión, asunto. (Etimol. incierta.)

espejito. m. Juego infantil en el que se colocan apoyadas contra la pared figuritas, a las que alternativamente los jugadores les van arrojando otras con el fin de derribarlas; el que derriba la última se las lleva todas. (Del esp. *espejito:* dimin. de espejo, por la posición en la que se colocan las figuritas.)

esperijusar. intr. y tr. Variante alternativa de **espirajusar.**

esperijuse. m. Variante alternativa de **espirajuse.**

esperijushe. m. Variante fonética de **esperijuse.**

esperijushiar. intr. y tr. Variante alternativa de **espirajushiar.**

espeso, sa. adj. **denso.** | **2.** Complicado, delicado. || PONERSE ALGO ESPESO: complicarse, dificultarse. (En la primera acep., por ext. del amer. *espeso:* pesado, impertinente; en la s. del esp. *espeso:* que tiene mucha densidad.)

espeyeti(s). m. pl. Anteojos. (Del gen. *speggetti:* espejitos.)

espiantado, da[1]. ppio. perf. de **espiantar.** Fugado, escapado. | **2.** Despedido. | **3.** Sustraído, robado.

espiantado, da[2]. ppio. perf. de **espiantarse.** Maniático, loco. (V. **espiantar.**)

espiantador. m. Ladrón, gralmente. el que roba por sorpresa y huye. (V. **espiantar.**)

espiantamiento. m. Huida, evasión. (V. **espiantar.**)

espiantar. intr. Huir, escapar; ir. | **2.** tr. Echar, despedir. | **3.** Quitar, sustraer; robar. | **4.** Sacar con disimulo. (Del ital. *piantare:* plantar, burlar o abandonar a alguien, muy probablemente por cruce con el ital. *spiantare:* arrancar, desarraigar.)

espiantarse. intr. Irse precipitadamente sin ser advertido. | **2.** Irse. | **3.** Perder el juicio, enloquecerse. (Por ext. de signif. en la segunda acep.; v. **espiantar.**)

espiante. m. Huida, fuga, retirada; partida. | **2.** Tipo de hurto en que el ladrón actúa por sorpresa e inmediatamente se da a la fuga. || DAR EL ESPIANTE: despedir, expulsar. | **2.** TOMARSE EL ESPIANTE, TOCAR LA POLCA DEL ESPIANTE –cf. el ital. *fare il ballo del piantone:* plantar– y TOCAR ESPIANTE: irse, escaparse. (V. **espiantar.**)

espich. m. Forma apocopada de **espiche**[2].

espiche[1]. m. Herida, puñalada. (Por ext. del esp. *espiche:* arma o instrumento puntiagudo.)

espiche[2]. m. Discurso, monólogo extenso; perorata. (Del ing. *speech:* discurso, conversación.)

espina. f. Alfiler de corbata. | **2.** Escarbadientes. (Por alusión a la forma delgada y puntiaguda en los dos casos.)

espinel. m. En las exprs. TIRAR EL ESPINEL y RECORRER EL ESPINEL: intentar una conquista amorosa. (Del esp. *espinel:* especie de palangre con los ramales más cortos y el cordel más grueso.)

espíquer. m. Locutor. (Del ingl. *speaker*: orador, locutor.)

espiracusar. intr. y tr. Forma protésica de piracusar.

espiracuse. m. Variante paragógica de espiro.

espirajusar. intr. y tr. Forma protésica de pirajusar.

espirajuse. m. Variante alternativa de espiracuse.

espirajushamiento. m. Huida. (V. pirar.)

espirajushe. m. Variante fonética de espirajuse.

espirajushiamiento. m. Variante epentética de espirajushamiento.

espirajushiar. intr. y tr. Forma protésica de pirajushiar.

espirar. intr. y tr. Forma protésica de pirar. U. t. c. prnl.

espirejuse. m. Variante alternativa de espirajuse.

espirejushe. m. Variante fonética de espirejuse.

espiro. m. Forma protésica de piro.

esponja. f. Ebrio consuetudinario. (Por alusión al esp. *esponja*: esqueleto de ciertos espongiarios de masa elástica llena de huecos y agujeros que absorbe fácilmente los líquidos.)

espor. m. Ganancia. | 2. Dinero. (Del ingl. *sport*, que en el turf designa la ganancia de cada boleto ganador.)

esporazo. m. Ganancia abultada o excesiva. (V. espor.)

espumadera. f. Persona pecosa o picada de viruelas. (Por alusión al esp. *espumadera*: paleta circular y algo cóncava, llena de agujeros.)

esputsa. f. Mal olor. (Del gen. *spussa*: hedor, por cruce con el ital. *puzza*, de igual signif.)

esputsolento, ta. adj. Maloliente. (V. esputsa.)

esputsulento, ta. adj. Variante alternativa de esputsolento.

esquena. f. Espalda. | 2. Pereza. (Del gen. *schenna*: espalda –y no, como podría suponerse, del esp. *esquena*: espinazo de los vertebrados–; en la segunda acep. es regresión de esquenún.)

esquenún, na. adj. Haragán, perezoso, vago. (De la expr. gen. *schenna drita*: literalmente, espalda derecha; perezoso; por abrev. y aplicación del sufijo de origen gen. *-ún*; v. esquena.)

esquiafo. m. Bofetada. (Del ital. *schiaffo*: bofetón.)

esquifrunista. m. Ladrón que despoja al cliente de una prostituta, la cual es su cómplice. (Etimol. incierta.)

esquifuso, sa. adj. Sucio, maloliente, repugnante. | 2. Despreciable, execrable. (Del nap. *schifuso*: asqueroso.)

esquillador, ra. adj. Enojadizo, renegón. (V. esquillar.)

esquillar. intr. Renegar, rabiar. (Etimol. incierta.)

esquillarse. intr. Irritarse, enojarse. (V. esquillar.)

esquillo. m. Enojo, fastidio. (V. esquillar.)

esquina. f. Experiencia. En la expr. TENER ESQUINA: tener experiencia. (En alusión a los grupos de jóvenes que solían reunirse hace décadas en las esquinas; equivale a TENER CALLE; v. calle.)

esquiyar. intr. Variante gráfica de esquillar.

esquiyarse. intr. Variante gráfica de esquillarse.

esquiyo. m. Variante gráfica de esquillo.

esquizo, za. adj. Loco. (Por apócope del esp. *esquizoide*: esquizofrénico.)

estampa. f. Molde de cera que reproduce

el sistema de una llave o cerradura. (Por espec. del esp. *estampa*: cualquier efigie o figura trasladada al papel u otra materia.)

estampilla. f. Persona molesta y pegajosa. (Del amer. *estampilla*: sello de correos, por alusión a la goma que tiene en el reverso.)

estañero, ra. adj. Que suele concurrir a un despacho de bebidas. I **2.** Experimentado. (V. **estaño.**)

estaño. m. Mostrador de un bar o despacho de bebidas. I **2.** Bar o despacho de bebidas. II TENER ESTAÑO: TENER CALLE. (Por ext. del esp. *estaño*: metal más duro que el plomo y de color semejante al de la plata, en alusión al revestimiento de metal de los mostradores.)

estaquear. tr. Estirar un cuero fijándolo con estacas, estacar. I **2.** Por ext., torturar a un hombre estirándolo entre cuatro estacas. (Es una variante del amer. *estacar*: clavar con estacas.)

estarado, da. ppio. perf. de **estarar.** (V. **estaribel.**)

estarar. tr. Meter en la cárcel, apresar. (V. **estaribel.**)

estaribel. m. Cárcel, prisión. (Del germ. *estaribel*: cárcel.)

estaro. m. Forma apocopada, aunque más frecuente, de **estaribel.**

estaso. m. Tonto. (Etimol. incierta.)

estazo. m. Variante gráfica de **estaso.**

estirar. tr. Rebajar una droga con una sustancia de apariencia similar con el fin de obtener una mayor cantidad para comercializar, **cortar.** (Por ext. del esp. *estirar*: alargar.)

estofado. m. Asunto o hecho dudoso. II ARRUINAR EL ESTOFADO: hacer fracasar las intenciones o proyectos de alguien. (Del esp. *estofado*: guiso.)

estómago. m. En la expr. ESTÓMAGO RESFRIADO: persona incapaz de guardar un secreto. (Del esp. *estómago*: porción ensanchada del tubo digestivo, situada entre el esófago y el intestino; la asociación entre ambas palabras es de origen oscuro.)

estrada. f. Calle. (Del ital. *strada*: calle.)

estrecho, cha. adj. Delicado en exceso. (Por ext. del esp. *estrecho*: rígido, austero.)

estresazo. m. Cansancio extremo, fatiga física e intelectual por haberse sometido a una sobrecarga de trabajo o de situaciones angustiantes. II TENER UN ESTRESAZO: hallarse agotado física e intelectualmente. (Es aument. de *estrés*: tensión provocada por situaciones agobiantes que originan reacciones psicosomáticas o trastornos psicológicos a veces graves, tomado del ingl. *stress*: tensión, opresión; fatiga.)

estrilado, da. ppio. perf. de **estrilar.**

estrilador, ra. adj. Enojadizo. (V. **estrilar.**)

estrilar. intr. Enojarse, rabiar, renegar. (Del ital. *strillare*: aullar, chillar.)

estrilo. m. Enojo, rabia; animadversión. (V. **estrilar.**)

estriptís. m. Espectáculo en el que mujeres u hombres se desnudan al compás de la música. (Del ingl. *striptease*, de igual signif.)

estrolada. f. Zurra, paliza. (V. **estrolar.**)

estrolado, da. ppio. perf. de **estrolar** y de **estrolarse.**

estrolar. tr. Romper, deshacer; zurrar, golpear, dar una paliza. (Del mil. *strollà*: manchar [?].)

estrolarse. intr. Romperse, deshacerse; hacerse añicos. (V. **estrolar.**)

estrole. m. **estrolada.** (V. **estrolar.**)

estronzo. m. Excremento que sale al

evacuarse el vientre, **sorete**. (Es el ital. *stronzo*, de igual signif.)

estrunge. m. En la expr. DEL ESTRUNGE: de lo mejor. (Etimol. incierta.)

estufado, da. ppio. perf. de **estufar**.

estufador, ra. adj. Molesto, fastidioso, cansador. (V. **estufar**.)

estufar. tr. Molestar, incomodar, fastidiar; aburrir. (Del ital. *stufare*, de iguales signifs.)

estufarse. intr. Enfadarse, contrariarse. (V. **estufar**.)

estufe. m. Molestia, fastidio; aburrimiento. (V. **estufar**.)

estufiador, ra. adj. Forma epentética de **estufador**.

estufiarse. intr. Forma epentética de **estufarse**.

estufo. m. Forma apocopada de **estufado**.

estulero. m. Individuo que trabaja en un stud, o que suele concurrir a él en busca de un **dato**. (Del ingl. *stud*: caballeriza; nombre que se da en el Río de la Plata a las construcciones donde permanecen los caballos de carrera.)

excomúnica. f. Variante fonética de **escomúnica**.

existir. intr. En la expr. NO EXISTIR: ser algo indescriptible, fabuloso, excepcional; no tener ninguna importancia, carecer de todo valor. (Del esp. *existir*: tener una cosa ser real y verdadero.)

éxtasis. m. Droga ilegal obtenida por síntesis en un laboratorio que provoca una hiperexcitación sexual y se comercializa en forma de pastillas. (Por traducción del ingl. *ecstasy*, de igual signif.)

F

fáber. m. **lapicero**. (Por la conocida marca de fábrica *Faber*, empresa de origen alemán que fabrica lápices y otros elementos para escribir.)

faberiano. m. **fáber**.

fabriquera. f. Obrera de una fábrica o taller. (Del esp. *fábrica*: establecimiento destinado a la fabricación de ciertos objetos, obtención de determinados productos o transformación industrial de una fuente de energía.)

faca. f. Arma blanca de manufactura casera, especialmente la fabricada dentro de una cárcel. (Por ext. del esp. *faca*: cuchillo de grandes dimensiones y con punta, que suele llevarse envainado en una funda de cuero.)

face [féis]. f. En la expr. HACER FACE: HACER ROSTRO, **caretear**. (Es el ingl. *face*: cara, rostro.)

facha. f. Rostro, cara. ‖ FACHA BRUTA: aspecto desagradable. ǀ **2.** FACHA TOSTA: desvergonzado. ǀ **3.** HACER FACHA: ostentar elegancia. (Del ital. *faccia*: rostro; *faccia*

bruta: cara fea; *faccia tosta*: desvergonzado.)

fachada. f. Rostro, cara. (Por cruce entre **facha** y el esp. *fachada*: presencia, aspecto.)

fachatosta. adj. Desfachatado, descarado. (Del ital. *faccia tosta*: caradura.)

fachero, ra. adj. Que hace ostentación por medio de su vestimenta o posición socioeconómica. ǀ **2.** De aspecto muy agradable. (Del esp. *facha*: traza, figura, aspecto.)

facheta. f. Cara. (Del ital. *faccetta*: dimin. de *faccia*: rostro.)

facho, cha. adj. Que profesa ideas de extrema derecha. ǀ **2.** Autoritario. ǀ **3.** Conservador. (Del ital. *fascista*: fascista, seguidor del fascismo; por apócope.)

fachoso, sa. adj. **facho**. (Por el agregado de un sufijo despect.)

facilongo, ga. adj. Demasiado fácil. (Por la adición del sufijo *-ongo*, que a su valor usual como despect. agrega aquí el de jactancioso.)

facón. m. Cuchillo grande y puntiagudo usado por el paisano [dado por el DRAE]. | **2.** Por ext., cualquier cuchillo de grandes dimensiones. (Aument. del esp. *faca*; v. **faca**.)

factura. f. En la expr. ARRUINARLE A ALGUIEN LA FACTURA: echarle a perder un proyecto, negocio o intención. (Del argent. *factura*: nombre que se da a toda clase de bollos que suelen fabricarse y venderse en las panaderías.)

faina. f. Variante alternativa de **fainá**.

fainá. f. Torta de harina de garbanzos. (Es el gen. *fainâ*, de igual signif.)

faisán. m. Cigarrillo de marihuana. (Por juego paronom. entre **faso** y el esp. *faisán*: ave de caza muy apreciada por su carne.)

faite. m. Variante alternativa de **feite**.

faja. f. **fajada**. (V. **fajar**.)

fajada. f. Zurra, paliza. | **2.** Acometida. (V. **fajar**.)

fajado, da¹. ppio. perf. de **fajar**. Golpeado. | **2.** Forzado a pagar por algo más de lo que vale.

fajado, da². ppio. perf. de **fajarse**. Drogado.

fajador, ra. adj. Peleador, pendenciero. (V. **fajar**.)

fajar. tr. Golpear. | **2.** Dar. | **3.** Acometer con fuerza. | **4.** Pedir dinero prestado. | **5.** Cobrar en exceso por una venta o servicio. (Por espec. del esp. *fajar*: pegar a uno, golpearlo –difundido casi exclusivamente como amer., y originado en el germ. *fajas*: azotes–.)

fajarse. intr. Drogarse. (V. **fajar**.)

falanfe. f. Hambre. (Etimol. incierta.)

falanfear. intr. y tr. Comer. | **2.** Recibir alguna cosa sin desearlo. (V. **falanfe**.)

falante. f. Variante alternativa de **falanfe**.

fallar. intr. Faltar a un compromiso, no cumplir con lo estipulado. | **2.** No responder a las expectativas. (Por ext. del esp. *fallar*: en algunos juegos de cartas, poner un triunfo por no tener el palo que se juega; frustrarse una cosa no respondiendo a lo que se esperaba de ella.)

fallo, lla. adj. En la expr. ESTAR FALLO: estar privado de algo, gralmente. de dinero. (Del esp. *fallo*: en algunos juegos de naipes, falto de un palo.)

fallutada. f. Falsedad, deslealtad. (V. **falluto**.)

falluteada. f. Variante epentética de **fallutada**. (V. **falluto**.)

fallutear. intr. Actuar con falsedad. | **2.** tr. Engañar, mentir; traicionar. (V. **falluto**.)

falluteli. adj. **falluto**. (Por deform. fest. con el sufijo -*eli*, de carácter italianizante.)

fallutería. f. **fallutada**. (V. **falluto**.)

falluto, ta. adj. Falso, falsificado. | **2.** Simulador, hipócrita, desleal. | **3.** Ordinario, de mala calidad. | **4.** Dañado, deteriorado. (Del murciano *falluto*: sin valor.)

falopa. f. Droga, estupefaciente. | **2.** Dosis de una droga. | **3.** Reunión cuyos participantes se drogan. | **4.** Tumulto, desorden. || adj. De mala calidad. (Del ital. *faloppa*: capullo; bolilla mal hecha con una sustancia suelta [?].)

falopar. tr. Suministrar drogas. U. m. c. prnl. (V. **falopa**.)

falopear. tr. Variante epentética más difundida de **falopar**.

falopero, ra. adj. Drogadicto. (V. **falopa**.)

faltar. intr. En las exprs. ss.: FALTARLE A ALGUIEN ALGUNOS O VARIOS CARAMELOS (EN EL FRASCO): estar loco. | **2.** FALTARLE A ALGUIEN ALGUNOS O VARIOS JUGADORES (EN EL EQUIPO): estar loco. (Del esp. *faltar*: no estar donde debería, en la primera por comparación entre el cerebro, supuestamente carente de algunos elementos con los que funcionaría bien –neuronas, sensatez, cordura, etc.–, y un frasco de caramelos semivacío; en la s. por comparación con un equipo incompleto. Cf. la expr. del esp. *faltarle a uno un tornillo*.)

faltazo: m. Falta a una cita o compromiso. ‖ PEGARSE EL FALTAZO: no concurrir al trabajo o al establecimiento donde se estudia; eventualmente, faltar a un compromiso. (Aument. del esp. *falta*: ausencia de una persona del sitio en que hubiera debido estar.)

familiero, ra. adj. Apegado a la familia. (Del esp. *familia*: grupo de personas emparentadas entre sí.)

fana. adj. Forma apocopada de *fanático*.

fanado, da. ppio. perf. de **fanar**.

fanar. tr. Forma aferética de **afanar**.

fandiño, ña. adj. Gallego. ‖ **2.** Por ext., español. (Por lexicaliz. del apellido *Fandiño*.)

fané. adj. Arruinado, deteriorado; achacoso. (Del fr. *fané*, ppio. de *se faner*: marchitarse.)

fanega. adj. Tonto, estúpido. (Del esp. pop. *fanegas*: tonto.)

fanegada. f. Estupidez. (V. **fanega**.)

fanfa. adj. Forma apocopada de *fanfarrón*.

fanfear. intr. Fanfarronear. (V. **fanfa**.)

fango. m. Arrabal, suburbio. (Del esp. *fango*: lodo glutinoso, en alusión a las calles de tierra de los barrios suburbanos.)

fangos. m. pl. Forma apocopada de **fanguses**.

fangote. m. Paquete, bulto, envoltorio. ‖ **2.** Gran cantidad de algo. ‖ **3.** Gran cantidad de dinero. (Del ital. *fangotto*: paquete, envoltorio.)

fanguseria. f. Zapatería. (V. **fanguses**.)

fangusero. m. Zapatero. (V. **fanguses**.)

fanguses. m. pl. Botines, zapatos; calzado en gral. (Del ital. jergal *fangose*: zapatos.)

fanghusería. f. Variante fonética de **fanguseria**.

fanghusero. m. Variante fonética de **fangusero**.

fangushes. m. pl. Variante fonética de **fanguses**.

fanguyo. m. Enredo, confusión. ‖ **2.** –sólo en pl.– Zapatos. (Por cruce entre **fangushes** y **frangollo**.)

fanyugo. m. Forma metatésica de **fanguyo**.

faquero. m. **cuchillero**. (Del esp. *faca*: cuchillo de grandes dimensiones y con punta.)

faquireo. m. Indigencia, miseria. (Del esp. *faquir*: santón mahometano que vive de limosna y practica actos de singular austeridad.)

farabute. adj. Tonto, zonzo. ‖ **2.** Bribón, descarado. ‖ **3.** Ostentoso, fanfarrón. ‖ **4.** Informal, irresponsable. (Del ital. *farabutto*: pícaro, bribón, que proviene a su vez del germ. *faraute*: criado de rufianes o de mujeres públicas, alcahuete.)

farabuti. adj. Variante alternativa de **farabute**.

farándula. f. Conjunto de los integrantes del ambiente artístico teatral, cinematográfico, radial o televisivo. ‖ **2.** Conjunto de personas que han alcanzado cierta fama a través de los medios de comunicación, ya sea porque se desempeñan en ellos, ya porque se relacionan con la música, la danza, la moda, el deporte, la política, etc. (Por ext. del esp. *farándula*: profesión de los farsantes o comediantes y, en general, el ambiente relacionado con ellos.)

farandulero, ra. adj. Miembro de la **farándula.** I **2.** Que imita los hábitos de los miembros de la **farándula.** (V. **farándula.**)

fardo. m. Gran cantidad de algo. ‖ CARGAR (CON) EL FARDO: hacerse responsable de algo injustamente. I **2.** CARGARLE, ECHARLE O SOLTARLE EL FARDO A ALGUIEN: echarle la culpa o endilgarle la responsabilidad de algo, por lo gral. de manera injusta. (Del esp. *fardo*: lío grande de ropa u otra cosa, muy apretado, para poder llevarlo de una parte a otra.)

farfala. f. Muchacha. (Del ital. *farfalla*: mariposa.)

fariña. f. Harina gruesa de mandioca [dado por el DRAE]. ‖ MALA FARIÑA: Persona, cosa o situación temible, de cuidado. (Del gall. *fariña*: harina.)

fariñera. f. Cuchilla. (Del port. *farinha*: harina, que da su nombre al cuchillo con el que los gauchos se la sirven para acompañar su asado.)

farmacia. f. Reserva de pastillas de origen farmacológico utilizadas para drogarse. I **2.** Uso de dichas pastillas. (Por ext. del esp. *farmacia*: laboratorio y despacho del farmacéutico.)

farol. m. Vaso grande de bebida, gralmente. de vino. I **2.** –sólo en pl.– Ojos. (Por alusión al esp. *farol*: caja de vidrios o de otra materia transparente, dentro de la cual se pone luz para que alumbre.)

farolito. m. Individuo que trabaja para una casa de cambio muchas veces ilegal, cuya función es derivar al posible cliente al local. (Dimin. del esp. *farol*; v. **farol**, por estar pegado a la parte exterior de un local; cf. **arbolito.**)

farra. f. Burla [dado por el DRAE]. ‖ ANDAR O ESTAR DE FARRA: estar de diversión en diversión. I **2.** IR DE FARRA: salir a divertirse. **3.** TOMAR A UNO PARA LA FARRA: burlarse de uno, tomarle el pelo [dado por el DRAE]. (Voz común al port. *farra*: diversión ruidosa, y al vasco *farra* o *parra*: risa; para Corominas es probablemente de origen onomatopéyico.)

farrear. intr. Andar de **farra** o de parranda [dado por el DRAE]; divertirse. (V. **farra.**)

farrista. adj. Juerguista, aficionado a la juerga o **farra** [dado por el DRAE]. (V. **farra.**)

farruco, ca. adj. Español. (Por ext. del esp. *farruco*: aplícase en muchas provincias a los gallegos o asturianos recién salidos de su tierra.)

fasear. intr. Fumar. (V. **faso.**)

fasera. f. Cigarrera. (V. **faso.**)

fasería. f. Cigarrería. (V. **faso.**)

fasero. m. Cigarrero. (V. **faso.**)

fashion. adj. y adv. En las exprs. ss.: ESTAR FASHION: estar a la moda; adoptar formas de vestir, de arreglo personal o de costumbres fuera de lo común y en apariencia exquisitas o propias de la clase alta. I **2.** SER FASHION: estar de moda. (Del ingl. *fashion*: moda.)

fashon. adj. y adv. Forma sincopada de **fashion.**

fasito. m. Cigarrillo de marihuana, **porro.** ‖ FASITO LOCO: cigarrillo de marihuana. (Es dimin. de **faso.**)

faso. m. Cigarro, cigarrillo. I **2.** Cigarrillo de marihuana, **porro, rama.** I **3.** Marihuana. (Probablemente del ital. *fascio*: fajo, manojo, a través del vén. *fassu*, por alusión a la forma en que se vendía el tabaco; en la tercera acep. por metonimia.)

fasolera. f. Obrera de las fábricas de cigarrillos. (V. **faso.**)

fastrái. m. Variante alternativa de **fastrás.**

fastrás. m. Bofetada, sopapo. | **2.** Puñetazo. (Voz onomatopéyica de origen circense con que se acompañaban las bofetadas que, gralmente., se daban los payasos.)

fastrazo. m. Aument. de **fastrás.**

fasulear. intr. Fumar. (Por cruce entre **fasear** y **fasules.**)

fasules. m. pl. Billetes, dinero. (Del nap. *fasule*: poroto; dinero.)

fatero, ra. adj. Que suele involucrarse en hechos o negocios dudosos. | **2.** Que acostumbra tener amoríos clandestinos o de poca importancia. (V. **fato.**)

fato. m. Asunto; suceso. | **2.** Hecho o negocio dudoso. | **3.** Amor clandestino o de poca importancia. (Del ital. *fatto*: hecho, suceso.)

fatoso, sa. adj. Dudoso, aventurado, inseguro. (V. **fato.**)

fau. m. En el fútbol, infracción que consiste en agredir a un adversario. (Del ingl. *foul*: violación de reglas establecidas en un juego.)

faulear. tr. En el fútbol, agredir a un adversario. | **2.** Agredir, golpear. (V. **fau.**)

fayar. intr. Variante gráfica de **fallar.**

fayo, ya. adj. Variante gráfica de **fallo.**

fayutada. f. Variante gráfica de **fallutada.**

fayuteada. f. Variante gráfica de **falluteada.**

fayutear. intr. y tr. Variante gráfica de **fallutear.**

fayuteli. adj. Variante gráfica de **falluteli.**

fayutería. f. Variante gráfica de **fallutería.**

fayuto, ta. adj. Variante gráfica de **falluto.**

feba. f. Mujer, muchacha. (Etimol. incierta.)

feca. m. Vesre de *café*.

federico. m. Miembro de la Policía Federal Argentina. (Por juego paronom. entre el nombre propio *Federico* y el adj. *federal*: perteneciente o relativo a todos los estados provinciales regidos por un gobierno central único.)

feite. m. Herida en el rostro, hecha con arma blanca. | **2.** Cicatriz en el rostro. (Por aféresis de *afeite*, del esp. *afeitar*: raer con navaja la barba o el bigote. [?].)

felipe. m. Cigarrillo de la marca Philip Morris. (Por supuesta traducción del nombre.)

felpeada. f. Reprensión áspera (dado por el DRAE). | **2.** Paliza. (V. **felpear.**)

felpeadura. f. **felpeada.** (V. **felpear.**)

felpear. tr. Reprender ásperamente a una persona [dado por el DRAE]. | **2.** Zurrar, golpear. (Del esp. *felpa*: zurra de golpes; rapapolvo.)

felpudo. m. Persona obsecuente y servil. | **2.** Borrachera, embriaguez. || TENER A ALGUIEN DE FELPUDO: tratar a alguien sin consideración ni respeto. (Por ext. del esp. *felpudo*: estera que se usa gralmente. en la entrada de las casas a modo de limpiabarros; la segunda acep. alude a que el borracho muchas veces termina tirado en el piso, "hecho un felpudo".)

fequera. f. Cafetera. (V. **feca.**)

fercha. m. Variante alternativa de **fercho.**

fercho. m. Vesre de *chofer*.

ferramenta. f. Conjunto de herramientas que usa el ladrón. (Del ital. *ferramenta*: herramientas.)

ferramento. m. Armamento. (Del ital.

ferramento: conjunto de utensilios de hierro.)

ferros. m. Pesos, gralmente. en monedas. (Del ital. *ferro*: hierro, en probable alusión al peso de las monedas en los bolsillos.)

fesa. adj. Atolondrado, tonto. (Del ital. *fesso*: estúpido, tonto.)

fesaruli. adj. Variante fest. de **fesa**.

feso. adj. Variante poco difundida –y sólo para el m.– de **fesa**.

festichola. f. Fiesta. (Del ital. *festicciola*: fiestita.)

feta. f. Lonja. (Del ital. *fetta*: loncha, rebanada.)

fetén. adj. Excelente. || FETÉN FETÉN: muy bueno, óptimo; excepcional. (De la expr. caló *de fetén*: de lo mejor.)

feto. m. Persona fea en extremo. (Del esp. *feto*: producto de la concepción de una hembra vivípara, desde que pasa el período embrionario hasta el momento del parto.)

fiaca. f. Pereza, desgano, falta de voluntad. | **2.** Holganza. | **3.** Hambre. || m. y f. Persona perezosa. (Del ital. *fiacca*: astenia, desgano.)

fiacoso, sa. adj. Perezoso, desganado. (V. **fiaca**.)

fiacún, na. adj. **fiacoso**. (V. **fiaca**.)

fiambrera. f. Morgue. (Del esp. fam. *fiambre*: cadáver.)

fiaqueta. f. **fiaca**. (V. **fiaca**.)

ficha. En las exprs. ss.: CAERLE A UNO LA FICHA: entender completamente algo, aceptar, hacerse a la idea de algo. | **2.** SACARLE A ALGUIEN LA FICHA: reconocer qué clase de persona es alguien, saber si es bueno o es malo. | **3.** SALTAR LA FICHA: hacerse evidente. (Del esp. *ficha*: pieza pequeña que se usa para poner

en marcha determinados aparatos en la primera y tercera exprs.; la segunda se relaciona con otra acep. de la misma palabra: papel o cartulina en que se anotan datos que se archiva verticalmente con otras del mismo formato.)

fichado, da. ppio. perf. de **fichar**. Conceptuado. | **2.** Observado, examinado. | **3.** Conocido.

fichar. tr. Juzgar, conceptuar. | **2.** Observar detenidamente, examinar. | **3.** Observar para memorizar y retener. | **4.** Conocer. | **5.** intr. Registrar en una ficha o tarjeta los obreros y empleados su horario de ingreso y egreso del lugar de trabajo. | **6.** Visitar a la novia o novio. (Del esp. *fichar*: hacer la ficha antropométrica de un individuo –para las cuatro primeras aceps.–; en la quinta se relaciona con el esp. *ficha*: pieza pequeña de cartón; la última es ext. de la anterior.)

fichas. f. pl. En las exprs. ss.: PONERLE FICHAS A ALGUIEN: intentar convencer a otro de que obre de cierta manera. | **2.** PONER TODAS LAS FICHAS: apostar de lleno a que algo va a suceder. (Del esp. *ficha*: pieza pequeña, gralmente. plana y delgada, que se usa para poner en marcha determinados aparatos; pieza pequeña a la que se asigna un valor convenido y se usa en sustitución de dinero en casinos y otros establecimientos; en la primera expr. por alusión a las fichas que se introducen en los videojuegos para que funcionen; en la s. por alusión a las apuestas que se realizan en el juego de la ruleta.)

fiche. m. Forma aferética de **afiche**, agente de policía. (V. **afiche**.)

fichines. m. pl. Comercio al que se concurre a jugar con máquinas de videojuegos.

| **2.** Máquina de videojuegos. (Dimin. fest. del esp. *ficha*; v. **fichas**.)

fideo. m. Pene. | **2.** Burla, mofa. || AGARRAR O CATAR A ALGUIEN PARA EL FIDEO: burlarse de él. | **2.** TIRAR EL FIDEO: practicar la *fellatio*. | **3.** FIDEO FINO: desorden, confusión; juego infantil que consiste en tomarse por los brazos cruzados dos niñas y, girando hasta estar mareadas, finalmente soltarse. (Por alusión a la forma; del esp. *fideo*: pasta de harina en forma de cuerda delgada, en la primera acep.; por oscura asociación, en la segunda.)

fiera. adj. m. Hombre –usado como fórmula de tratamiento, gralmente. cuando no se conoce el nombre de la otra persona–. (Del esp. *fiera*: persona cruel o de carácter malo y violento; por antífrasis.)

fierita. adj. m. Dimin. afect. de **fiera**.

fierrazo. m. Cuchillada, golpe dado con un cuchillo. | **2.** Coito. || ECHARSE UN FIERRAZO: ECHARSE UN FIERRO. (V. **fierro**.)

fierrero, ra. adj. Apasionado por las máquinas en general. | **2.** Apasionado por los autos y las motocicletas. | **3.** Aficionado a las carreras de autos o de motos. | **4.** Aficionado a las armas de fuego. (V. **fierro**.)

fierrito. m. Miedo, temor. | **2.** Capricho; enamoramiento. (Originado quizás en la expr. *entrarle a uno el fierrito*, en alusión a la situación del duelo criollo, en la que uno de los contendientes se siente herido por el cuchillo del otro.)

fierro. m. Cuchillo. | **2.** Arma de fuego. | **3.** Automóvil de marca llamativo por sus cualidades y apariencia. | **4.** Máquina o equipo con prestaciones sobresalientes; por ext. cualquier cosa de buena calidad. | **5.** Persona descollante y confiable. | **6.** Semen. | **7.** Relación sexual. || ECHARSE UN FIERRO O PASAR FIERRO: mantener relaciones sexuales, gralmente. el varón. | **2.** HACER FIERROS: levantar pesas, hacer gimnasia para mejorar el estado atlético. | **3.** METERLE FIERRO: apretar el acelerador del automóvil. | **4.** SER DE FIERRO: ser firme, confiable, seguro. (Del esp. *fierro*: hierro, por sinécdoque en las cuatro primeras aceps.; metafóricamente en la s.; las últimas seguramente se relacionan con la expr. PASAR FIERRO.)

fiesta. f. Orgía. || CABERLE A UNO LA FIESTA: gustarle mucho participar en orgías, ser **fiestero**. | **2.** DE FIESTA: divertido, alegre. | **3.** HACER LA FIESTA O LA FIESTITA: satisfacer sexualmente dos o más hombres a una o más mujeres. | **4.** HACERSE LA O UNA FIESTA: organizar una orgía; tener un encuentro sexual desinhibido y muy apasionado con otra persona. (Del esp. *fiesta*: regocijo, diversión.)

fiestero, ra. adj. Que suele concurrir a orgías o encuentros sexuales de más de dos personas. | **2.** Que no posee inhibiciones sexuales. || **fiestera.** f. Mujer –a veces, una prostituta– que acostumbra participar en orgías. (V. **fiesta**.)

fiestita. f. Dimin. fest. de **fiesta**. | **2.** Encuentro sexual desinhibido y muy apasionado con otra persona. (V. **fiesta**.)

fifar. intr. y tr. Copular, mantener relaciones sexuales. U. t. c. prnl. | **2.** tr. Forzar sexualmente a alguien. (Etimol. incierta.)

fife. m. Coito. (V. **fifar**.)

fifí. m. Individuo elegante y afectado. | **2.** Individuo amanerado y afectado. || adj. Elegante, a la moda. | **2.** De clase alta. (Del argót. *fifís*: nenito.)

fifotear. intr. Mantener relaciones sexuales. (Por probable cruce entre **fifar** y **filotear.**)

figa. f. **concha.** (Por feminiz. del gen. *figo*: higo.)

figureti. adj. Que simula ser importante o pertenecer a ámbitos exclusivos. I **2.** Que se esfuerza por aparecer en los medios de comunicación junto a estrellas o figuras. (*Figureti* es un personaje creado por el actor cómico Freddy Villarreal en la década de 1990; derivado del esp. *figurar*: destacar, brillar en alguna actividad, por deform. fest. con el sufijo *-eti*, común a varios apellidos italianos con la forma *-etti*.)

fija. f. En el turf, referencia confidencial al resultado final de una carrera. I **2.** Caballo que se asegura ganará una carrera. I **3.** Suceso que va a acontecer indudablemente. (De la expr. esp. *de fijo*: seguramente, sin duda, a través de la expr. *en fija*: con seguridad, amer. del sur.)

fijazo. m. Aument. masculinizado de **fija.**

fijota. f. Aument. de **fija.**

filar. intr. Irse, retirarse; huir. I **2.** tr. Observar. I **3.** Embaucar, engatusar a través de una historia fingida que avive el interés —y con él, la distracción— de la víctima de la probable estafa. (La primera acep. proviene del gen. *filàrsela*: irse velozmente; las ss., del caló *fila*: rostro, semblante —como en el amer. *semblantear*: mirar a uno cara a cara para penetrar sus intenciones—.)

filatelista. m. Ladrón que se especializa en extraer el dinero de la billetera de la víctima sin sacarla de su lugar. (Del esp. *filatelista*: aficionado a la filatelia, en alusión a la delicadeza con que estas personas manipulan las estampillas o sellos postales.)

filito. m. Dimin. afect. de **filo²**.

filmar. intr. Actuar con afectación. (Del esp. *filmar*: cinematografiar.)

filo¹. m. Ayudante del ladrón, que recibe de él el objeto robado. I **2.** Ladrón que engatusa a su víctima. (V. **filar.**)

filo². m. Persona con quien se **afila** o flirtea. I **2.** Noviazgo incipiente. (V. **afilar.**)

filo³. m. Dinero. (Forma apocopada de **filosofía**; no debe descartarse sin embargo una influencia de **filomisho.**)

filomisho. m. Estafa que consiste en la venta de una máquina que presuntamente fabrica dinero. I **2.** Dicha máquina. (V. **filar** y **misho.**)

filosofía. f. Dinero. (Del esp. *filosofía*: ciencia que trata de la esencia, propiedades, causas y efectos de las cosas naturales, por antífrasis.)

filote. m. Coito. I **2.** Eyaculación. (Etimol. incierta.)

filotear. intr. Mantener relaciones sexuales. (V. **filote.**)

filtrado, da. adj. Agotado, extenuado, sin fuerzas. I **2.** Achacoso. (Del esp. *filtrar*: hacer pasar un líquido por un filtro, es decir, despojarlo de los residuos sólidos, en alusión a las fuerzas consumidas.)

finde. m. Fin de semana. (Por abrev. de la expr. *fin de semana*.)

finestra. f. Ventana. (Es el ital. *finestra*: ventana.)

finíshela. tr. Termínela, acábela. (De la inflexión verbal ital. *finíscila*: termínela.)

finíshila. tr. Variante alternativa y etimológica de **finíshela.**

finito¹. m. Cigarrillo de marihuana de escaso grosor. (Es el dimin. del esp. *fino*: delgado, en alusión a que un cigarrillo de marihuana es más fino que uno de tabaco.)

finito². adv. En la expr. QUE TE GARÚE FINITO: deseo irónico para con el otro, se usa como fórmula de una despedida en no muy buenos términos. (Es el dimin. de *fino*: delgado, adverbializado.)

finoli. adj. Fino. (Por apócope del esp. *finolis*: dícese de la persona que afecta finura y delicadeza.)

finucho. m. Hinojo. || **finucho, cha.** adj. Muerto. (De la voz *finùcchio*: hinojo, común a varias lenguas centromeridionales de Italia; en su acep. como adj., por juego paronom. con el esp. *finado*: muerto.)

finyinga. f. Forma epentética de **fiyinga**.

finyingo. m. Forma epentética de **fiyingo**.

fioca. m. Vesre irreg. de **cafiolo**.

fiola. f. Forma aferética de **cafiola**.

fiolo. m. Forma aferética de **cafiolo**.

firma. f. En la expr. PONERLE LA FIRMA A ALGO: estar seguro de ello. (Por alusión a la firma con que se avala un informe, solicitud o proyecto.)

firulete. m. Pasos de baile enrevesados, con los que se pretende mostrar habilidad. | **2.** Adorno superfluo y de mal gusto (Del esp. *floreta*: en la danza española, tejido o movimiento que se hacía con ambos pies.)

firulo. m. Prostíbulo. (Etimol. incierta.)

fisura¹. f. Estado de confusión mental a causa del consumo de drogas. | **2.** Estado de vulnerabilidad emocional. | **3.** Estado de agotamiento. | **4.** Síndrome de abstinencia en un drogadicto. | **5.** Estado psicofísico provocado por dicho síndrome. (Las últimas dos aceps. por antífrasis; v. **fisurar**.)

fisura². adj. Forma apocopada de **fisurado**.

fisurado, da. ppio. perf. de **fisurar**. Drogado. | **2.** Quebrantado emocionalmente. | **3.** Extenuado, agotado.

fisurar. intr. Caer bajo los efectos de la droga. | **2.** Quebrantarse emocionalmente. | **3.** Extenuarse, agotarse. | **4. descontrolarse.** (Del esp. *fisura*: fractura o hendedura longitudinal de un hueso.)

fiyinga. f. Variante alternativa de **fiyingo**.

fiyingo. m. Cuchillo de pequeñas dimensiones. (Etimol. incierta.)

flaco, ca. m. y f. Hombre o mujer, gralmente. jóvenes –usado como fórmula de tratamiento–. (Del esp. *flaco*: de pocas carnes.)

flanear. intr. Callejear. (Del fr. *flâner*: vagar, matar el tiempo.)

flash. m. Sensación súbita de bienestar producida en el momento de ingerir, aspirar o inyectarse droga, **viaje, trip**. | **2.** Alucinación producto del consumo de drogas. | **3.** Situación fuera de lo común que otorga un gran placer. || COMERSE UN FLASH: experimentar una situación inusual, sea esta placentera o dolorosa. (Del ingl. *flash*, de igual signif. que la primera acep.; las ss. son exts. de ésta.)

flashear. intr. Tener un **flash**. | **2.** Sorprenderse mucho. | **3.** Ser afectado profundamente por algo o por alguien. | **4.** tr. Impresionar vivamente, deslumbrar; conmover. (V. **flash**.)

flauta. f. Pene. || ¡A LA FLAUTA! y ¡LA GRAN FLAUTA!: exprs. que denotan sorpresa. (En alusión a la forma; las exprs. equivalen a *¡a la puta!* y *¡la gran puta!*)

flecha. f. Apetito sexual. (Del esp. *flechar*: inspirar amor, cautivar los sentidos repentinamente, posiblemente por creer que *flechazo*: amor que repentinamente se siente o inspira, es un aument.)

fletar. tr. Enviar a alguien a alguna parte contra su voluntad [dado por el DRAE]. | **2.** Despedir a alguien de un trabajo o empleo [dado por el DRAE]. | **3.** Echar, expulsar. (Por ext. del esp. *fletar*: embarcar mercaderías o personas en una nave para su transporte.)

fletarse. intr. Irse. (V. **fletar.**)

flete. m. Despedida; expulsión. | **2.** Caballo ligero [dado por el DRAE]. | **3.** Vehículo de alquiler que transporta bultos o mercaderías. | **4.** Carga transportada en dicho vehículo. (Para la primera acep., v. **fletar**; las ss. derivan del amer. *flete*: precio del alquiler de una nave o de otro medio de transporte.)

flía. f. Familia. (Es la abreviatura habitual del esp. *familia*: grupo de personas emparentadas entre sí que viven juntas.)

flit. m. Insecticida líquido que se aplica con vaporizador. || ECHARLE FLIT A ALGUIEN: ignorarlo, apartarlo; expulsarlo, despedirlo. (Por lexicaliz. de la marca de fábrica *Flit*.)

flor. f. En la expr. FLOR DE..., que antepuesto a un sust. o adj. refuerza su signif., como por ej. en FLOR DE GIL: muy tonto, FLOR DE HIJO DE PUTA: muy mala persona, FLOR DE JULEPE: gran susto, FLOR DE MINA: mujer extraordinaria. (De la expr. ital. *fior de*: excelente, magnífico, abundante, originalmente ponderativa.)

florear. tr. Exhibir algo haciendo alarde de ello. (V. **floreo.**)

florearse. intr. Lucirse, destacarse; ostentar elegancia, habilidad o talento. (V. **floreo.**)

floreo. m. Alarde, lucimiento; ostentación. (Del esp. *floreo*: dicho vano y

superfluo empleado sin otro fin que el de hacer alarde de ingenio.)

floreros. m. pl. Botines, zapatos. (Por alus. al esp. *florero*: vaso o maceta para poner flores.)

fóbal. m. Fútbol. (Por pronunciación aproximada de la grafía ingl. *football*: juego del fútbol.)

fogonera. f. Cocina. (Del esp. *fogón*: sitio adecuado en las cocinas para hacer fuego y guisar.)

fogonero. m. Cocinero. (V. **fogonera.**)

fondear. intr. Mantener relaciones sexuales un hombre con una mujer. (Del esp. *fondear*: examinar con cuidado una cosa hasta llegar a sus principios.)

fondero. m. Propietario de una fonda o casa de comidas. (v. **fondín.**)

fondín. m. Casa de comidas de ínfima categoría. (Del esp. *fonda*: establecimiento público donde se da hospedaje y se sirven comidas; modificado por el agregado del sufijo *-ín*, de origen gen.)

fondo. m. En la expr. FONDO BLANCO: hasta el final, que se utiliza entre bebedores para alentar a otro a tomar hasta que vea vacío el fondo de su copa o vaso. (Del esp. *fondo*: parte inferior de una cosa hueca.)

fono. m. Forma aferética del esp. *teléfono*.

fonola. f. Pianola. | **2.** Gramola, tipo de gramófono instalado en establecimientos públicos en el que los clientes pueden elegir determinados discos para escuchar depositando una moneda. (Por probable cruce entre el esp. *fonógrafo*: instrumento que registra y reproduce las vibraciones de cualquier sonido en un disco o cilindro y el esp. *pianola*: aparato que se une al piano y sirve para ejecutar mecánicamente las piezas preparadas al objeto, o bien con el esp.

gramola: marca registrada de ciertos gramófonos eléctricos.)

foquifoqui. m. Coito. || HACER FOQUI-FOQUI: copular. (Por duplicación y pronunciación aproximada del ingl. *fucking*: relación sexual, originado en el verbo *to fuck*: copular.)

forfai. adj. En el turf, retirado, eliminado –aplicado al caballo originariamente anotado para una carrera y retirado después–. | **2.** Falto de algo, gralmente. de dinero; indigente. | **3.** Desahuciado, sin esperanzas. (Del fr. *forfait* –derivado a su vez del ingl. *forfeit*–: pérdida del derecho a alguna cosa.)

forfait. adj. Variante alternativa y etimológica de **forfai.**

forfeit. adj. Variante alternativa y etimológica de **forfai.**

formador, ra. adj. Desprendido, inclinado a pagar gastos propios y ajenos. (V. **formar.**)

formar. tr. e intr. Pagar. U. m. c. prnl. (Del esp. *formar*: dar forma a una cosa.)

formativo. m. Baile cuya entrada es paga. (V. **formar.**)

formayo. m. Queso. | **2.** Mujer muy hermosa. (Del ital. *formaggio*: queso; en la segunda acep., en alusión a que está "para comérsela".)

forrazo, za. adj. Aument. de **forro, rra.**

forrear. tr. Utilizar a alguien. | **2.** Hacer bromas pesadas, fastidiar; basurear, humillar. | **3.** Ignorar. | **4.** Tratar despectivamente. (V. **forro.**)

forrito, ta. adj. Dimin. despect. de **forro, rra.**

forro. m. Escroto. | **2.** Anticonceptivo de goma elástica y delgada, que evita además el contagio de las enfermedades de transmisión sexual. || **forro, rra.** adj. Despreciable, rechazable; idiota, torpe. |

2. Fórmula de tratamiento entre pares que se tienen confianza, **boludo.** || DARLE A UNO EN O POR EL FORRO (DE LAS PELOTAS): fastidiarlo, molestarlo. | **2.** FORRO PINCHADO: inútil; estúpido, muy torpe. (Del esp. *forro*: resguardo o cubierta con que se reviste una cosa por la parte interior o exterior; la acep. como adj. es ext. de la anterior, en alusión al carácter descartable de este anticonceptivo.)

fortacho. m. Automóvil antiguo o en malas condiciones. (Por la conjunción de *Ford*, marca de fábrica y **tacho**; v. **tacho.**)

fortinero, ra. adj. Fanático del club Vélez Sarsfield. (Se origina en el apodo "El Fortín", instituido para el viejo estadio del club ubicado en el barrio porteño de Villa Luro, por considerárselo invulnerable entre 1924 y 1943, año en el que el club se mudó a Liniers.)

fosforera. f. Cabeza. (Por alusión al *fósforo*: metaloide sólido constituyente de los organismos vegetales y animales, cuya presencia se relaciona con el nivel de inteligencia.)

fotuto, ta. adj. Perjudicado. | **2.** Achacoso, enfermo. (Del ital. *fottuto*: arruinado.)

fragata. f. Antiguo billete de mil pesos. (En alusión al hecho de que en su reverso se reproducía el cuadro de Hugo Lebón *Fragata Sarmiento*; fue emitido en 1944.)

fragote. m. Estrépito, estruendo. | **2.** Rebelión militar. (Voz relacionada con el esp. *fragor*: ruido, estruendo, quizá formada a partir de un cruce con **fangote**; tuvo amplia difusión en la jerga política en la década de 1950.)

francesa. f. Tipo de llave corta utilizada por los ladrones de casas. | **2.** Práctica sexual que consiste en que un hombre coloque su pene entre los pechos de una mujer y realice un movimiento de vaivén. (Del esp. *francés*: natural de Francia o perteneciente a ella; para la primera acep. cf. *llave inglesa*; la s. probablemente aluda a un servicio prestado a comienzos del siglo XX en Buenos Aires por prostitutas de nacionalidad francesa.)

franela. m. Cliente de un prostíbulo que se limita a conversar y pasar el rato con las pupilas sin realizar ningún gasto. | **2.** f. Conjunto de caricias excitantes que se prodigan entre sí dos personas. | **3.** Cuidado excesivo y detenimiento para llevar a cabo una cosa. || PASAR LA FRANELA:

franelear. (De la expr. argót. *fair flanelle*: ir a un prostíbulo y no hacer uso de sus pupilas, en cruce con el esp. *franela*: tejido fino de lana.)

franeleada. f. **franeleo.** (V. **franela.**)

franelear. intr. Concurrir a un prostíbulo a conversar, beber o pasar el tiempo, sin requerir de los servicios de ninguna de sus pupilas. | **2.** Excitarse sexualmente a través de las caricias y el manoseo con otra persona. | **3.** tr. Manosear, toquetear lúbricamente; refregarse en alguien. | **4.** intr. Mantener indefinidamente sin resolver una situación determinada. | **5.** tr. Hacer esperar a alguien la resolución de una situación determinada. (V. **franela.**)

franeleo. m. Excitación sexual provocada por caricias, manoseos, besos y abrazos en la que no está incluido el coito. | **2.** Manoseo, toqueteo sexual. | **3.** Indefinición de una situación. (V. **franela.**)

franelero, ra. adj. Que gusta de franelear. (V. **franela.**)

frangollo. m. Asunto turbio, dudoso o complicado; engaño. (Por ext. del esp.

frangollo: cosa hecha de prisa y mal; cf. **fanguyo.**)

frangoyo. m. Variante gráfica más difundida de **frangollo.**

franguyo. m. Variante alternativa de **frangoyo.**

frasco. m. En las exprs. ss.: ESTAR DEL FRASCO: estar loco, ESTAR DE LA CABEZA. | **2.** VIVIR EN UN FRASCO: v. **vivir.** (Del esp. *frasco*: vaso de vidrio o de otra materia que sirve para contener líquidos u otras sustancias sólidas o en polvo. Cf. FALTARLE A ALGUIEN ALGUNOS O VARIOS CARAMELOS (EN EL FRASCO): v. **faltar.**)

frasquería. f. Farmacia de una cárcel. (v. **frasco.**)

fratachar. tr. Fratasar. | **2.** Manosear, toquetear lúbricamente. | **3.** Maquillarse, en gral. exageradamente. U. m. c. prnl. (V. **fratacho.**)

fratacho. m. Fratás, instrumento de albañilería. | **2.** Manoseo, toqueteo sexual. | **3.** Masturbación. (Del lomb. *fratazzo*: fratás.)

frate. m. Forma apocada de **fratelo.**

fratelo. m. Hermano. (Del ital. *fratello*: hermano.)

fregada. f. Manoseo, toqueteo sexual. (V. **fregar.**)

fregar. tr. Manosear, toquetear; refregarse en alguien. U. t. c. prnl. (Del esp. *fregar*: restregarse lúbricamente con fuerza una cosa con otra.)

frenar. tr. Detener, parar. U. t. c. prnl. | **2.** Reprender, amonestar. || FRENAR EL CARRO, FRENAR LA CHATA: impedir la insolencia o el maltrato por parte de otra persona, PARAR EL CARRO. (Del esp. *frenar*: moderar o parar con el freno el movimiento de una máquina o de un carruaje.)

freno. m. Hambre. (Del esp. *freno*: sujeción que se pone a uno para moderar sus acciones.)

frente. m. Eñ las exprs. ss.: DE FRENTE MARCH, DE FRENTE MAR: v. **march.** | **2.** IR AL FRENTE: encarar un riesgo o peligro sin demostrar miedo; entregarse con mucha facilidad la mujer. | **3.** MANDAR AL FRENTE A ALGUIEN: hacer que sea otra persona quien encare una situación difícil. | **4.** PASAR AL FRENTE: mejorar repentinamente la situación de una persona o de un grupo. (Es el esp. *frente*: parte delantera de una cosa. La segunda expr. deriva de la expr. esp. *al frente*: delante, hacia adelante, de la jerga militar –como la primera–; en ésta y en la s. *frente* designa el territorio donde se combate con cierta permanencia durante una guerra, por abrev. de *frente de batalla*.)

fresquete. m. Frío. (Por deform. de *fresco*.)

frilo, la. adj. Que carece de valor. | **2.** Tonto, bobo. (Voz proveniente del codillo, un juego de naipes en el que indica todo naipe que no sea del palo del triunfo.)

frito, ta. adj. En las exprs. ss.: ESTAR FRITO: hallarse en situación difícil, estar inutilizado o fracasado [dado por el DRAE]; no tener salida. | **2.** QUEDAR(SE) FRITO: dormirse profundamente por excesivo cansancio. | **3.** DARLE EL FRITO A ALGUIEN: matar. (Del esp. *frito*: cocinado en aceite o grasa hirviendo.)

froilán, na. adj. Tonto, bobo. (Por lexicaliz. del nombre propio *Froilán*.)

frula. f. Cocaína. (Etimol. incierta.)

fruncida. f. Cobardía; miedo, susto. || AGARRARSE UNA FRUNCIDA: acobardarse, asustarse. (V. **fruncir.**)

fruncido, da[1]. ppio. perf. de **fruncir.** Acobardado, asustado.

fruncido, da[2]. ppio. perf. de **fruncirse.** Engreído.

fruncir. intr. Acobardarse. U. t. c. prnl. (Por abrev. de la expr. FRUNCIR EL CULO: literalmente, apretar las nalgas y, por ext., asustarse; del esp. *fruncir*: arrugar; cf. **arrugar** y **arrugarse.**)

fruncirse. intr. Envanecerse, engreírse. (Por ext. del esp. *fruncirse*: afectar compostura, modestia y encogimiento.)

fruta. f. En la expr. MANDAR FRUTA: v. **mandar.** (Es el esp. *fruta*: fruto comestible.)

fuego. m. En la expr. SER UN FUEGO: impresionar, **flashear.** (Del esp. *fuego*: calor y luz producidos por la combustión.)

fuelle. m. **bandoneón.** | **2.** –gralmente. en pl.– Pulmón. || TENER LOS FUELLES PICADOS: padecer alguna enfermedad pulmonar. (En ambos casos, por alusión al esp. *fuelle*: instrumento para recoger aire y lanzarlo con dirección determinada.)

fuerte. adj. Físicamente atractivo, de cuerpo bien formado. (Por ext. del esp. *fuerte*: robusto, corpulento.)

fueye. m. Variante gráfica más difundida de **fuelle.**

fueyero. m. **bandoneonista.** (V. **fuelle.**)

fugasa. f. Pizza cubierta con cebolla. (Del gen. *fugassa*: hogaza.)

fugaseta. f. Pizza cubierta con cebolla y queso. (V. **fugasa.**)

fugaza. f. Variante alternativa más difundida de **fugasa.**

fugazeta. f. Variante alternativa más difundida de **fugaseta.**

ful. m. **fau.** (Por mala pronunciación del ingl. *foul*; v. **fau.**)

fulbito. m. **metegol.** | **2.** Partido de fútbol informal y amistoso, generalmente jugado en cancha chica con cinco jugadores por equipo, **picado.** ||

HACER FULBITO: en el fútbol, desarrollar un juego intrascendente, sin pretender mayor ventaja. (Dimin. afect. de **fulbo**.)

fulbo. m. Forma metatésica y apocopada de **fútbol** y del esp. *fútbol*. | **2. fulbito**, partido de fútbol. || NO CAZAR UN FULBO: no entender nada. (V. **fútbol**.)

fule. adj. Forma apocopada de **fulero**.

fulerazo, za. adj. A̱ument. de **fulero**.

fulería. f. Cosa falsificada u ordinaria, de mala calidad. | **2.** Indigencia, pobreza. | **3.** Maldad; deslealtad, traición. | **4.** Enojo. (V. **fulero**.)

fulero, ra. adj. Falso, de mala calidad. | **2.** Pobre. | **3.** Desagradable, feo, de mal gusto. | **4.** Malo, contrario a la moral; desleal. | **5.** Enojado. (Del germ. *ful*: falso, fallido, que dio el homónimo esp. *fulero*, aplicable a la persona falsa; en la última acep. hay un cruce con **fulo**.)

fulerón, na. adj. Aument. de **fulero**.

fulgén. m. Golpe rápido y sorpresivo. || DARLA DE FULGÉN: zurrar. (Parece ser una deform. de **ful**.)

fulján. m. Variante alternativa de **fulgén**.

full. adj. En la expr. A FULL: con toda la energía posible, bien; mucho; sobrecargado de obligaciones. (Del ingl. *full*: lleno, entero, completo, quizá por abrev. de *full-time*: tiempo completo.)

fulminante. m. Cerilla, fósforo. (Del esp. *fulminante*: dícese de las sustancias que explosionan por percusión con relativa facilidad.)

fúlmine. adj. Aciago, de mal agüero. (Del ital. *fulmine*: rayo, usado después como nombre de un personaje de historieta del dibujante Divito.)

fulo, la¹. adj. Empalidecido. | **2.** Irritado, enojado, furioso. (Alude a los *fulas*, negros de Guinea –traídos a América como esclavos, de piel de color aceitunado, que resultaba claro o pálido en relación con el de los otros negros–.)

fulo, la². adj. Forma sincopada de **fulero**.

fumada. f. Despojo; estafa. | **2.** Engaño. (V. **fumar**.)

fumado, da. ppio. perf. de **fumar**. Despojado, estafado. | **2.** Engañado. || adj. Drogado, bajo los efectos de la marihuana. (La acep. como adj. proviene del esp. *fumar*: aspirar y despedir el humo de la sustancia que se hace arder en cigarros, en pipa o en otra forma.)

fumanchar. intr. Forma sincopada de **fumanchear**.

fumanchear. intr. Fumar marihuana. (V. **fumanchero**.)

fumanchero, ra. adj. Consumidor habitual de marihuana u otros estupefacientes que se fuman. (Del port. *fumante* [pronunciado *fumanche*]: fumador, con el agregado del sufijo *-ero*.)

fumante. m. Cigarro, cigarrillo. (De *fumante*, ppio. pte. del esp. *fumar*: que fuma o que humea.)

fumantería. f. Cigarrería. (V. **fumante**.)

fumar. tr. Despojar a alguien de lo que posee; estafar, trampear. | **2.** Engañar. | **3.** intr. Consumir marihuana u otras drogas en pipas o cigarrillos armados a tal efecto. | **4.** Desentenderse, despreocuparse. (Las dos primeras aceps. provienen del esp. *fumarse*: gastar, consumir indebidamente una cosa; la s. es espec. del esp. *fumar*: aspirar y despedir el humo del tabaco, opio u otras sustancias.)

fumata. f. Reunión de personas donde se consume marihuana. | **2.** Acción de fumar droga en público [dado por el DRAE]. (Del ital. *fumata*: humareda.)

fumista. adj. Engañador, embaucador. (V. **fumar**.)

fumo. m. Humo, gralmente. de marihuana. | **2.** Marihuana. (Del ital. *fumo*: humo [?].)

fumón, ona. adj. Consumidor habitual de marihuana. (V. **fumar**.)

funcar. intr. Funcionar; obrar acertadamente. | **2.** Copular. (Por síncopa del esp. *funcionar*: ejecutar una persona, máquina, etc., las funciones que le son propias [?].)

funche. m. Variante alternativa de **funshe**.

fundas. f. pl. Calcetines, medias. (Del esp. *funda*: cubierta con que se envuelve una cosa para conservarla y resguardarla.)

fundido, da. adj. Abatido, extenuado. | **2.** Consumido, achacoso, muy enfermo. (Del esp. *fundirse*: arruinarse, aquí en alusión al motor de los coches.)

fundillos. m. pl. Calzoncillos. (Del esp. *fondillos*: parte trasera de los calzones o pantalones.)

fundiyos. m. pl. Variante gráfica de **fundillos**.

funebrero, ra. adj. Fanático del club de fútbol Chacarita Juniors. (Deriva del hecho de que la mayoría de los socios fundadores del club eran por entonces, en 1906, empleados del cementerio municipal de Buenos Aires, ubicado en el barrio de la Chacarita.)

funghi. m. Variante gráfica de **funyi**.

funshe. m. Variante alternativa de **funyi**.

funshería. f. Variante gráfica de **funyería**.

funyería. f. Sombrerería. (V. **funyi**.)

funyi. m. Sombrero. (Del ital. jergal *fungo*: sombrero, en cruce con el gen. *funzi*: hongos.)

fuquifuqui. m. Variante alternativa de **foquifoqui**.

furbante. adj. **furbo**.

furbo, ba. adj. Tramposo, astuto, bribón. (Del ital. *furbo*: astuto, pícaro.)

furca. f. Técnica de robo llevada a cabo por dos o más asaltantes, en la cual, mientras uno distrae a la víctima, el otro –o los otros– la atacan por la espalda, pasando un brazo por su cuello para inmovilizarla, y así despojarla del dinero y otros efectos personales. || DE FURCA: de asalto. (Del sic. *furca*: horca.)

furcar. tr. Robar utilizando la **furca**. | **2.** Por ext., engañar, defraudar.

furciar. intr. Trabarse al hablar, cometer **furcios**. (V. **furcio**.)

furcio. m. En el ámbito teatral y de los medios de comunicación, pronunciación de una palabra por otra. (Del fr. *fourche* –derivado de *fourcher*: enredarse, trabarse–, de igual signif.)

furquear. tr. Variante alternativa de **furcar**.

furquero. m. **furquista**. (V. **furca**.)

furquista. m. Asaltante especialista en la **furca**.

fusilado, da. adj. Exhausto, agotado física o mentalmente. | **2.** Indigente, en la ruina. | **3.** Deprimido. (Del esp. *fusilar*: ejecutar a una persona con una descarga de fusilería.)

fuso, sa. adj. Forma aferética de **rantifuso**.

fútbol. m. Pelota de fútbol. (Del esp. *fútbol*: juego entre dos equipos de once jugadores cuya finalidad es hacer entrar una pelota en un arco sin usar las manos y los brazos, por sinécdoque.)

fututo, ta. adj. Variante alternativa de **fotuto**.

G

---

gadorca. adj. Vesre de **cagador.**

gagá. adj. Reblandecido física, pero sobre todo intelectualmente, en decadencia. (Del fr. *gaga*: chocho.)

gaita. m. y f. Persona nacida en Galicia, gallego. | **2.** Persona nacida en España. | **3.** Hijo o descendiente de españoles. (Por juego paronom. entre *gallego* y el esp. *gaita*: instrumento músico de viento, pensando justamente en la gaita gallega; cf. **gallego.**)

galera. f. Sombrero de copa redondeada, o alta y cilíndrica, y alas abarquilladas [dado por el DRAE]. (Por alusión a la forma del esp. *galera*: carro grande, de cuatro ruedas, al que se pone ordinariamente una cubierta o toldo de lienzo fuerte.)

galerita. f. Dimin. de **galera.**

galerudo, da. adj. Aristocrático, refinado; rico. (V. **galera.**)

galgos. m. pl. En la expr. TIRAR LOS GAL-GOS: seducir, dar uno a entender a otra persona que está interesada en ella, o por lo menos que está interesado en tener relaciones sexuales con ella. (Por alusión a la actividad del cazador, que suelta sus perros de caza para que vayan a buscar la pieza; del esp. *galgo*: casta de perro muy ligero, utilizado para cazar.)

galguear. intr. Pasar necesidades, en especial hambre, y esforzarse por mejorar la situación. (Del esp. *galgo*: perro de caza muy ligero, por alusión a su delgadez y al mismo tiempo a su voluntad por alcanzar a la presa.)

galgueo. m. Escasez. | **2.** Hambre. (V. **galguear.**)

galito. m. Dimin. de **galo.**

gallarda. f. Gallina. (Por juego paronom. entre *gallina* y el esp. *gallarda*: especie de danza de la escuela española.)

gallardero. m. Gallinero. (V. **gallarda.**)

gallardete, ta. adj. **gallardo.** (Por juego paronom. con el esp. *gallardete*: insignia que se pone en lo alto del mástil de una embarcación.)

gallardo, da. adj. Gallego. | **2.** Español.

(Por juego paronom. entre *gallego* y el esp. *gallardo*: desembarazado, airoso.)

gallarduano, na. adj. Variante fest. de **gallardo**.

gallareta. adj. Variante fest. de **gallardo**.

gallegada. f. Dicho o acción propios de una persona ignorante. (V. **gallego**.)

gallego, ga. adj. Español. | **2.** Hijo o descendiente de españoles. | **3.** Bruto, ignorante. (En la primeras aceps., por ext. del esp. *gallego*: natural de Galicia; en la última, por la supuesta ignorancia de los gallegos.)

galleta. f. Tipo de nudo con que se ajusta al cuello el pañuelo. | **2.** Golpe de puño, trompada. || DAR O COLGAR LA GALLETA: dar por terminada una relación amorosa; dejar plantado a alguien; desairar; despedir; echar de un empleo. | **2.** DE GALLETA: inesperadamente. (En las aceps., por alusión a la forma del esp. *galleta*: cachete, bofetada; la primera expr. deriva de la esp. *colgar la galleta*: pedir el retiro o la separación de la Armada.)

galletazo. m. Golpe de puño muy fuerte. (Aument. de **galleta**.)

galleteado, da. ppio. perf. de **galletear**. (V. **galleta**.)

galletear. tr. Rechazar, desairar a alguien en una relación amorosa. | **2.** Despedir, echar. (V. **galleta**.)

galletero. m. Boxeador. (V. **galleta**.)

gallina. f. Bailarina. || adj. Fanático del club de fútbol River Plate. (Para la primera acep., por asociación con las patas de la *gallina*: hembra del gallo; la s. surgió después de la final de la Copa Libertadores de 1966, partido que River le ganaba a Peñarol de Montevideo por dos a cero y terminó perdiendo.)

gallinero[1]**.** m. Tribuna popular de un estadio. (Por ext. del esp. *gallinero*: paraíso del teatro.)

Gallinero[2]**.** m. Estadio del club de fútbol River Plate. (V. **gallina**.)

gallineta. m. Guardiacárcel. (Por alusión al *gallo*, símbolo de la policía de Buenos Aires [?].)

gallipín. m. **gallineta**.

gallo. m. Bailarín. || HOTEL DEL GALLO: v. **hotel**. (V. **gallina**.)

galo. m. Trozo, pedazo. (Por cruce entre **calo** y el esp. *gajo*: cada una de las partes en que está naturalmente dividido el interior de algunos frutos.)

gamba. f. Pierna. | **2.** Billete de cien pesos. | **3. pierna.** || HACERLE (LA) GAMBA A ALGUIEN: acompañarlo. | **2.** SER GAMBA: ser buen compañero o amigo. (Del ital. *gamba*: pierna, en la primera acep.; la segunda proviene del ital. jergal *gamba*: cien liras.)

gambeta. f. Ademán hecho con el cuerpo, hurtándolo y torciéndolo para evitar un golpe o una caída. | **2.** Evasiva, justificación inventada para eludir un compromiso. (Del esp. *gambeta*: movimiento especial que se hace con las piernas jugándolas y cruzándolas con aire; la segunda acep. es ext. de la primera.)

gambetear. tr. Rehusar un compromiso. | **2.** Esquivar, eludir un peligro o dificultad. (V. **gambeta**.)

gambusa. f. **gamba**. (Por el agregado del sufijo *-usa*, despect. o afect. según el caso.)

ganchero, ra. adj. Aficionado a concertar noviazgos y a realizar presentaciones de personas con fines amorosos. | **2.** Atractivo, que tiene gancho. (Para la primera acep., v. **gancho**; la segunda acep. proviene del esp. *gancho*: atractivo, especialmente hablando de las mujeres.)

ganchete. m. En la expr. DE GANCHETE: de reojo. (Por abrev. de la expr. esp. *a medio ganchete*: a medias [?].)

gancho. m. En las exprs. ss.: HACER GANCHO: favorecer una empresa; ayudar a que se produzca algo; concertar una relación amorosa o de amistad induciendo a alguien para que acepte a un tercero. | **2.** NI A GANCHO(S): de ninguna manera, NI A PALOS. | **3.** PONER EL GANCHO: firmar. (Del esp. *gancho*: instrumento corvo que sirve para prender, agarrar o colgar algo; el que con maña o arte solicita a otro para algún fin.)

ganchos. m. pl. Dedos. || METER LOS GANCHOS: hurtar. (Por anal. con el esp. *gancho*: instrumento corvo que sirve para prender, agarrar o colgar una cosa.)

ganchudo, da. adj. Preferido por la maestra de entre todos los alumnos. (Del esp. *gancho*: atractivo.)

ganso. m. Pene. (Por copia del ital. jergal *oca*: pene [?].)

gansolín. m. **ganso**. (Dimin. fest. de **ganso**.)

garaba. f. Mujer. (V. **garabito**.)

garabita. f. Muchacha. (V. **garabito**.)

garabito. m. Individuo culto y respetable. | **2.** Muchacho, hombre joven. (Etimol. incierta.)

garabo. m. Hombre. (V. **garabito**.)

garca. adj. Forma apocopada y más difundida de **garcador**.

garcada. f. Vesre de **cagada** –a través de **garcar**–.

garcado, da. ppio. perf. de **garcar**.

garcador, ra. adj. Vesre de **cagador** –a través de **garcar**–.

garcaino, na. adj. Variante fest. de **garca**.

garcar. tr. Vesre de **cagar**.

garcha. f. Pene. | **2.** Cosa de mala calidad, de poco valor. | **3.** Mala suerte. (Etimol. incierta.)

garchar. intr. Copular. (V. **garcha**.)

garco. m. Acción de **garcar**. | **2.** Excremento. || ECHARSE UN GARCO: defecar. (V. **garcar**.)

Gardel. m. En las exprs. ss.: CANTARLE A GARDEL: v. **cantar**. | **2.** IR A CANTARLE A GARDEL: v. **cantar**. | **3.** SER GARDEL: tener un prestigio ganado; ser el mejor en una actividad. | **4.** SER GARDEL Y LE PERA, SER GARDEL Y RAZZANO: haber alcanzado un altísimo grado de prestigio. (Por lexicalización del apellido del mayor cantor de tangos de todos los tiempos: Carlos *Gardel* [¿1890?-1935]; en la última expr., con los agregados de los apellidos de Alfredo *Le Pera* [1904-1935], quien formó con Gardel una dupla autoral que pasó a la historia, y de José *Razzano* [1887-1960], quien formó con Gardel un muy prestigioso dúo entre 1913 y 1925.)

garfiña. f. Hurto, robo. (V. **garfiñar**.)

garfiñar. tr. Hurtar. (Del germ. *garfiñar*: hurtar, robar sin intimidación ni fuerza.)

garfios. m. pl. Dedos. (Por alusión al esp. *garfio*: instrumento de hierro, curvo y puntiagudo, que sirve para aferrar algún objeto.)

garganta. f. En la expr. MUY DE LA GARGANTA: excelente. (Del esp. *garganta*: espacio comprendido entre el velo del paladar y la entrada del esófago y la laringe; en alusión al buen sabor de los alimentos.)

gargantúa. m. Individuo de apetitos insaciables, especialmente el glotón. (Tomado de *Gargantúa* –uno de los protagonistas de la novela de François Rabelais (1494-1553) *Gargantúa y*

Pantagruel–, que presenta estas características.)

garompa. f. Variante alternativa más difundida de **gorompa**.

garpador, ra. adj. Vesre de *pagador* –a través de **garpar**–.

garpar. tr. Vesre de *pagar*.

garpe. m. Pago. (V. **garpar**.)

garqueta. adj. Variante fest. de **garca**.

garrón. m. Individuo que recibe gratis los favores de una prostituta. I **2.** Disfrute gratuito de una prostituta. I **3.** Favor sexual que una persona otorga a otra que la codicia. I **4.** Prisión sufrida injustamente. I **5.** Suceso desfavorable, sentido como injusto. I **6.** Situación difícil, incómoda o engorrosa. II COMERSE UN GARRÓN: ser apresado injustamente; sufrir un percance o perjuicio inesperado. I **2.** DE GARRÓN: gratuitamente. (Por deform. del germ. *gorrón*: que tiene por hábito comer, vivir, regalarse o divertirse a costa ajena; a partir de la cuarta acep. no puede darse cuenta de su evolución semántica; en la primera expr. quizá se trate del esp. *garrón*: extremo de la pata de los animales, gralmente. muy duro.)

garronazo. m. Aument. de **garrón**.

garroneador, ra. adj. **garronero**. (V. **garrón**.)

garronear. intr. y tr. Gorronear, pedir y conseguir algo en forma gratuita. (V. **garrón**.)

garronero, ra. adj. Gorrón; **manguero**, pedigüeño; que se divierte y disfruta de espectáculos y bailes sin pagar. I **2.** m. Que tiene relaciones sexuales con una prostituta sin pagarle. (V. **garrón**.)

garroneti. adj. **garronero**. (Variante fest. por el agregado del sufijo italianizante *-eti*.)

garrotear. tr. Romper el anillo de un reloj de bolsillo, para poder llevárselo. (Formado a partir de la expr. esp. *dar garrote*: quitar el ratero la anilla a un reloj de bolsillo para separarlo de la cadena.)

garsonié. m. Lugar reservado para citas amorosas. (Del fr. *garçonnière*: cuarto de soltero.)

garufa. f. Fiesta, diversión nocturna. I **2.** Juerga, diversión, parranda [dado por el DRAE]. I **3.** m. Individuo divertido aficionado a la juerga. (Por cruce entre el gall. *gallaroufa*: jarana y el esp. *garulla*: conjunto desordenado de gente [?].)

garufear. intr. Divertirse, jaranear, andar de parranda. (V. **garufa**.)

garufero, ra. adj. Aficionado a las fiestas y parrandas, juerguista. (V. **garufa**.)

garufiar. intr. Variante alternativa de **garufear**.

garufista. adj. **garufero**. (V. **garufa**.)

gas. m. En la expr. DARLE GAS: arrancar; seguir; animarse; apresurarse. (Por ext. de la expr. esp. *dar gas*: actuar sobre el acelerador de un automóvil para aumentar la velocidad de su motor.)

gasolero, ra. adj. Económico, moderado en los gastos. I **2.** Ahorrativo. I **3.** Tacaño, mezquino. (Formado sobre el ingl. *gas oil* –en esp., *gasóleo*–: tipo de gasolina más barato que se utiliza normalmente en los motores Diesel.)

gastada. f. **gaste**. (V. **gastar**.)

gastar. tr. Mofarse, burlarse de alguien; hablarle peyorativa o irónicamente. II GASTARLA: en el fútbol, manejar la pelota con gran habilidad; por ext., realizar una actuación descollante en cualquier ámbito. (Por ext. del esp. *gastar*: deteriorar una cosa; quizá por abrev. de la expr. *gastar una broma*.)

gaste. m. Mofa, burla. (V. **gastar**.)

gata. f. Mujer exuberante y sensual. (Por alusión al esp. *gata*: hembra del gato, en referencia a los movimientos de este animal.)

gataparida. f. Juego consistente en sentarse varios niños en un banco y empujarse con el objeto de desalojar a los ubicados en cada extremo, hasta quedar un solo ocupante y vencedor. (Variante del juego español *salga la parida*, quizá por confusión con la expr. esp. *gata parida*: persona flaca y extenuada.)

gatear. intr. Ejercer la prostitución en un nivel socioeconómico elevado. (V. **gato**.)

gatera¹. f. Prostituta. (V. **gato**.)

gatera². f. Compartimiento donde el caballo de carrera espera para iniciar una competencia. (Del ingl. *gate*: compuerta.)

gatero. m. Varón, homosexual o no, que ofrece servicios sexuales a cambio de dinero. (V. **gato**.)

gatienzo. m. **gato**, prostituta de categoría; por ext., prostituta. (Por el agregado del sufijo *-enzo*, simulando que se trata de un apellido, como Matienzo, por ejemplo; cf. **matienzo**.)

gatillar. tr. Pagar. | **2.** Hablar. || GATILLAR AL BARDO: hablar inútilmente. (Del esp. [aún no anotado en el DRAE] *gatillar*: accionar el percutor de un arma de fuego, por uso metafórico.)

gato. m. Ladrón que entra subrepticiamente en una casa o comercio y permanece escondido hasta que encuentra la ocasión propicia para realizar el robo. | **2.** Cliente de la prostituta. | **3.** Prostituta de categoría, con frecuencia una modelo que hace apariciones en los medios de comunicación y los lugares públicos de moda. | **4.** Peluquín, **quincho**. | **5.** Lugarteniente y guardaespaldas de un **pluma**. || HACER GATO: **gatear**. | **2.** POBRE GATO: indigente, individuo que carece de bienes y dinero. (La primera acep. es espec. del esp. *gato*: ladrón, ratero que hurta con astucia o engaño; la segunda y la tercera quizás aludan al hecho de que ambos salen de noche, aunque también cabe pensar para la segunda una relación con el esp. *gato*: bolso o talego en que se guarda el dinero, en cuyo caso la s. sería por metonimia; la cuarta acep., por alusión a la piel del *gato*; la quinta por oscura asociación.)

gauchada. f. Servicio o favor ocasional prestado con buena disposición [dado por el DRAE]. (V. **gaucho**.)

gauchito, ta. adj. Dimin. de **gaucho, cha**.

gaucho, cha. adj. Amigo de hacer favores, servicial; persona que reúne las cualidades de nobleza, valentía y generosidad atribuidas modernamente al gaucho. | **2.** Noble, de buen corazón, amable. | **3.** Sano, fuerte. | **4.** Aplicado a animales o cosas, que proporciona satisfacción por su rendimiento. (Del esp. *gaucho* –seguramente de origen guar.–: nombre con que se designa al campesino que en los siglos XVIII y XIX habitaba en las llanuras rioplatenses de la Argentina, en el Uruguay y en Río Grande del Sur, Brasil.)

gavilán. m. Picaflor, seductor. (Por alusión al esp. *gavilán*: ave rapaz.)

gavión. m. **gavilán**. (Del port. *gaviâo*: gavilán.)

gavionaje. m. Reunión o conjunto de **gaviones**. (V. **gavión**.)

gayarda. f. Variante gráfica de **gallarda**.

gayardero. m. Variante gráfica de **gallardero.**

gayardete, ta. adj. Variante gráfica de **gallardete.**

gayardo, da. adj. Variante gráfica de **gallardo.**

gayarduano, na. adj. Variante gráfica de **gallarduano.**

gayareta. adj. Variante gráfica de **gallareta.**

gayegada. f. Variante gráfica de **gallegada.**

gayego, ga. adj. Variante gráfica de **gallego.**

gayeta. f. Variante gráfica de **galleta.**

gayetazo. m. Variante gráfica de **galletazo.**

gayeteado, da. ppio. perf. Variante gráfica de **galleteado.**

gayetear. tr. Variante gráfica de **galletear.**

gayina. f. Variante gráfica de **gallina.**

gayinero¹. m. Variante gráfica de **gallinero¹.**

Gayinero². m. Variante gráfica de **Gallinero².**

gayipín. m. Variante gráfica de **gallipín.**

gayo. m. Variante gráfica de **gallo.**

gedentear. intr. Consumir bebidas alcohólicas hasta emborracharse. (V. **geder.**)

geder. intr. Embriagarse, emborracharse. (Etimol. incierta.)

gediento. adj. Borracho. (V. **geder.**)

gemelos. m. pl. Grillos o grilletes que se colocan a los presos. I **2.** Testículos. (En ambas aceps., en alusión a que son dos; del esp. *gemelos*: elementos iguales de diversos órdenes que, apareados, cooperan a un mismo fin.)

generala. f. Cierto juego de dados. (Etimol. incierta.)

geniol. m. Aspirina. I **2.** Cocaína. (En la primera acep. por lexicaliz. de la marca de fábrica *Geniol*; en la s. por alusión al color blanco de la cocaína.)

ghira. f. Forma apocopada de **ghiranta.**

ghiranta. f. Variante gráfica de **yiranta.**

ghirar. intr. Variante gráfica de **yirar.**

gigoló. m. Variante gráfica y etimológica de **yigoló.**

gil, la. adj. Tonto, cándido, ingenuo. I **2.** Probable víctima de una estafa. I **3.** Honrado, decente. II GIL A CUADROS: v. **cuadro.** I **2.** GIL DE GOMA: GIL A CUADROS. (Del esp. *gilí*: tonto, lelo, seguramente por cruce con el apellido esp. *Gil.*)

gilada. f. Conjunto de **giles;** desde el punto de vista de los delincuentes, la gente honesta. I **2.** Dicho o acción propios de un **gil.** (V. **gil.**)

gilastro, tra. adj. Variante fest. y en gral. despect. de **gil.**

gilastrón, na. adj. Variante alternativa de **gilastrún.**

gilastrún, na. adj. Variante fest. –y agenovesada– de **gil.**

gilé. f. Variante gráfica de **yilé.**

gilear. intr. Perder el tiempo en cosas sin importancia. (V. **gil.**)

gilería. f. **gilada.** (V. **gil.**)

gilerún, na. adj. Variante fest. de **gil.**

giliberto, ta. adj. **gil.** (Por cruce con el nombre propio esp. *Gilberto.*)

gilimursi. adj. Variante fest. de **gil.**

gillete. f. Variante gráfica y etimológica de **yilé(t).**

gilón, na. adj. Variante alternativa de **gilún.**

gilún, na. adj. Aument. de **gil.**

gilurdo, da. adj. **gil.** (Por cruce con el esp. *palurdo*: tosco, grosero. [?].)

gira¹. f. Variante gráfica de **yira.**

gira². f. En la expr. ANDAR O ESTAR DE GIRA: pasar una o más noches de lugar en lugar, gralmente. bares o **boliches**, sin acostarse a dormir. (Por ext. del esp. *gira*: serie de actuaciones sucesivas de una compañía teatral o de un artista en diferentes localidades.)

giranta. f. Variante gráfica de **yiranta**.

girar. intr. Variante gráfica de **yirar**.

giro. m. Variante gráfica de **yiro**.

globear. intr. Mentir. (V. **globo¹**.)

globero, ra. adj. Mentiroso. (V. **globo¹**.)

globo¹. m. Mentira. (Por anal. con el esp. *bola*: mentira, embuste [?].)

globo². m. **patovica**. | **2.** Preservativo, **forro**. (Del esp. *globo*: receptáculo de materia flexible lleno de gas o aire, que sirve de juguete para los niños; en la primera acep. por alusión a los brazos musculosos, como si hubiesen sido inflados; en la s. por el parecido entre ambos.)

gobelinos. m. pl. Testículos. (Por juego paron. entre el esp. *globo*: esfera y el esp. *gobelino*: tela de tapicería.)

gobelins. m. pl. **gobelinos**. (Por supuesta remisión al ingl., donde *gobelin* significa "gobelino, tapiz rico en diseños".)

godeguín, na. adj. Variante fonética de **codeguín**.

godino. m. Pervertidor de menores. (En alusión a José Santos *Godino*, alias "el Petiso orejudo", quien fue condenado a reclusión por tiempo indeterminado en 1914 por varios homicidios y tentativas contra menores.)

gofo. m. Cierto juego de naipes. (Del ital. *goffo*: primera, juego de naipes en el que las cartas tienen otros valores que no son los suyos.)

gol. m. En la expr. GOL DE MEDIA CANCHA: acierto, **pegada**. (Es el esp. *gol*: en el fútbol, tanto anotado.)

golilla. f. Pañuelo que se usa alrededor del cuello y cuyas puntas se enlazan delante o a un costado [dado por el DRAE]. (Del esp. *gola*: garganta.)

goliya. f. Variante gráfica de **golilla**.

golombo. m. **quilombo**. (Por deform. propia del cocoliche de principios del siglo XX.)

golpe. m. Robo, atraco. | **2.** Aspiración de cocaína, **saque**. (En la primera acep. del ital. jergal *colpo*: robo; la segunda provendría del esp. *golpe*: acción de golpear o tener un encuentro repentino y violento dos cuerpos.)

golpearse. intr. Inhalar cocaína. (V. **golpe**.)

golpeo. m. Actividad del delincuente anterior al robo, que consiste en llamar a la puerta de la casa elegida, para constatar si hay gente o no. (Por espec. del esp. *golpeo*: acción y efecto de golpear.)

goma. f. Bastón utilizado por la policía para reprimir en manifestaciones y golpear a los detenidos. | **2. forro**. | **3.** Pene. | **4.** Seno. | **5.** Desorden; pelea, gralmente. a golpes de puño. || adj. Que se cree vivo y pícaro sin serlo; tonto, ganso. || ANDAR CON O EN GOMA: tener auto. | **2.** GIL DE GOMA: v. **gil**. | **3.** HABER GOMA: haber gresca. | **4.** HACERLA DE GOMA: en el fútbol, mostrar habilidad con la pelota. | **5.** HACER DE GOMA: zurrar, golpear duramente; romper; apabullar, superar a otro de manera aplastante; fornicar. | **6.** HACERSE DE GOMA: romperse; lastimarse, herirse. | **7.** NO SABER UNA GOMA: NO SABER UN POMO. | **8.** PASAR GOMA: fornicar, PASAR FIERRO. | **9.** TIRAR LA GOMA: succionar el pene, practicar la *fellatio*. (Del esp. *goma*: caucho

–para las primeras dos aceps.–; la tercera es ext. metonímica de la segunda; en
la cuarta se hace alusión a la consistencia de los pechos; la quinta es oscura;
como adj. es ext. de la tercera –cf. **banana** y **pija**–.)

gomán. m. Vesre de **mango**.

gomazo. m. Aument. de **goma** –en su
acep. como adj.–.

gomera. f. Tirador, horquilla con mango,
a los extremos de la cual se sujetan dos
gomas unidas por una badana, en la que
se colocan piedrecitas o improvisados
proyectiles. (Del esp. *goma*, en alusión a
las tiras unidas a los extremos de la hor-
queta.)

gomerazo. m. Disparo de **gomera**.

gomía. m. Vesre de *amigo*.

gomina. f. Fijador de cabello [dado por el
DRAE]. (Por lexicaliz. de la marca de fá-
brica *Gomina*, elaborada desde 1914 en
Buenos Aires por el farmacéutico José
Antonio Brancato.)

gonca. adj. Vesre de **cagón**.

gongri. adj. m. Vesre de *gringo* y **gringo**.

gordo, da. adj. Hombre o mujer, según el
caso –usado como fórmula de tratamiento muy familiar–. (Del esp. *gordo*:
que tiene muchas carnes.)

Gordos. m. pl. Conjunto de dirigentes sin-
dicales que llevan mucho tiempo al frente de sus sindicatos y son cuestionados
por la opinión pública en razón de su
presuntamente holgada situación económica. (Del esp. *gordo*: de abundantes carnes, por alusión al bienestar físico material que parecen ostentar estos dirigentes,
más propio de un empresario que de un
representante de los trabajadores.)

gorila. m. Opositor al peronismo. | **2.** In-
dividuo reaccionario y autoritario.

(Procede del programa radiofónico de
la década de 1950 *La Revista Dislocada*,
uno de cuyos personajes cantaba una
canción que tenía una frase que decía
"Deben ser los gorilas, deben ser...". La
fantasía popular identificó a estos "gorilas" como los enemigos del régimen, y
en 1955 parte de los golpistas se autode-
nominaron de esta forma; la segunda
acep. es ext. de la primera.)

gorompa. f. Vesre irreg. de **poronga**.

gorompear. intr. Copular. (A través de
gorompa, v. **poronga**.)

gorra. m. Agente de policía. || f. Policía,
institución policial. || ESTAR DE LA GORRA:
ESTAR DE LA CABEZA. | **2.** PONERSE LA GO-
RRA: **ortibarse**. | **3.** SACARSE LA GORRA:
desortibarse. | **4.** SER GORRA: ser **botón**,
ser **ortiba**; ser formal, serio o responsable; ser **careta**. (Por metonimia, dado
que los policías usan una *gorra*.)

gorrero, ra. adj. Perteneciente o relativo a
la policía. (V. **gorra**.)

gorrión, na. adj. Gorrón. (Por juego paron. entre *gorrón* y el esp. *gorrión*: pájaro pequeño y muy voraz.)

goruta. m. Vesre de **tarugo**.

gotán. m. Vesre de **tango**.

gozar. tr. Burlarse de alguien, gralmente.
sin que éste lo advierta. (Por ext. del esp.
gozar: tener gusto, complacencia y alegría de una cosa.)

grafo. m. Forma aferética de *fonógrafo*.

gramo. m. Dosis de cocaína que se vende
ensobrada en un **papel**. (Por espec. del
esp. *gramo*: cantidad de alguna materia
cuyo peso es un gramo.)

gran. adj. En la expr. HACER LA GRAN... seguida de un nombre propio, por lo gral.
de cierto conocimiento público –o al
menos del conocimiento pleno de los

interlocutores–, que significa que aquel de quien se está hablando actúa en el mismo sentido en que lo hizo alguna vez la persona nombrada. Así, por ejemplo, HACER LA GRAN CAVALLO: comprometerse públicamente a obtener un superávit fiscal; HACER LA GRAN "MOSTAZA" MERLO: decir que va a irse paso a paso en determinada actividad, deportiva o no; HACER LA GRAN CHARLY GARCÍA: no presentarse uno en un lugar donde estaba comprometida su presencia; HACER LA GRAN PONCIO PILATOS: desentenderse de algo, lavarse las manos. (Es el esp. *gran*: grande, que supera a lo común y regular.)

granfiña. m. Ladrón. (V. **granfiñar**.)

granfiñar. tr. Robar. (Del ital. jergal *sgranfignare*: robar –que pasó al germ. como *garfiñar*–; cf. **ranfiñar**.)

grapa. f. Aguardiente obtenida del orujo de la uva. (Del ital. *grappa*, de igual signif.)

grapín. m. Aficionado a la bebida. (V. **grapa**.)

grasa. m. y f. Proletario, persona de humilde condición social. l **2.** Persona ordinaria y rústica, sin educación. l **3.** Persona ignorante y torpe. l **4.** Persona de hábitos y preferencias vulgares [dado por el DRAE]. ll adj. De mal gusto, ordinario; fuera de moda. (Del esp. *grasa*: mugre o suciedad que sale de la ropa o está pegada en ella por el continuado ludir de la carne, tal vez en cruce con el ingl. norteamericano *greaser*: menestral, obrero; inhábil, torpe.)

graserío. m. Conjunto de **grasas**. (V. **grasa**.)

grasita. m. Individuo humilde adepto al peronismo. (Dimin. afect. de **grasa**, difundido por Eva Perón en la década de 1940.)

gras(s). f. Marihuana. (Del ingl. *grass*: hierba.)

grasulín, na. adj. Variante fest. de **grasún**. (V. **grasa**.)

grasún, na. adj. **grasa**, ordinario, rústico. (Con el agregado del sufijo gen. *-ún*, ; v. **grasa**.)

grata. m. Ladrón. (Del ital. *gratta*: ladrón.)

gratarola. adj. Gratuito. l **2.** adv. Gratis, gratuitamente [dado por el DRAE]. (Por juego paronom. con el apellido ital. *Gratarola*.)

grebanada. f. Conjunto de **grébanos**.

grébano. m. Italiano. (Del gen. *grébano*: rústico.)

grela. f. Mujer. l **2.** Suciedad, mugre. (La segunda acep. comenzó a difundirse en la década de 1960 sin que pueda darse una explicación de semejante evolución semántica; etimol. incierta.)

grelo. m. Varón. (Por masculinización de **grela**; v. **grela**.)

grelún, na. adj. Tonto. (V. **grela**.)

gremu. f. Vesre de *mugre*.

grilero. m. Ladrón cuya especialidad es sustraer del **grilo**.

grillero. m. Variante fonética de **grilero**.

grillete. m. **grillo**. (Por juego paronom. con el esp. *grillete*: arco de hierro, que sirve para asegurar una cadena a la garganta del pie de un presidiario, a un punto de una embarcación, etc.)

grillo. m. **grilo**. (Por posible cruce con el esp. *grillo*, pero usado en la expr. popular *cantar el grillo*: sonar el bolsillo.)

grilo. m. Bolsillo lateral del saco o del pantalón. l **2.** Bolsillo en gral. (Del ital. jergal *grigio*: bolsillo, quizá con infl. del ital. jergal *grillet*: bolsillo.)

gringada. f. Conjunto de **gringos**. l **2.** Acto propio de un **gringo**.

gringo, ga. adj. Italiano. | **2.** Aplicado a una persona rubia y de tez blanca. (En la primera acep., por espec. del esp. *gringo* –deform. de *griego*–: extranjero; en la segunda, por considerarse **gringos** especialmente a las personas de habla inglesa, que presentan en gral. las características descriptas en ella.)

gris. m. Guardiacárcel. (Del esp. *gris*: color que resulta de la mezcla del blanco y el negro, por alusión al color del uniforme.)

griseta. f. Mujer joven y humilde. (Del fr. *grisette*: obrerita.)

griyero. m. Variante gráfica de **grillero.**

griyete. m. Variante gráfica de **grillete.**

griyo. m. Variante gráfica de **grillo.**

groggi. adj. Variante gráfica de **grogui.**

grogui. adj. Tambaleante, turulato a causa de un golpe. (Del ingl. *groggy*: vacilante –difundido a partir del boxeo–.)

groncho, cha. adj. De baja condición. | **2.** Ordinario, rústico, mal vestido. (Difundido a partir de la década de 1970; por aféresis de **negroncho.**)

grone. adj. Vesre de *negro* y **negro.**

grongui. adj. Variante alternativa de **gongri.** (Por metátesis de -*r*-.)

groso, sa. adj. Grande. | **2.** Importante, valioso, sustancial; de buena calidad. | **3.** Serio, grave. (Del port. *grosso*: grueso, grande, mejor que del ital. *grosso*, de igual signif.; no debe, sin embargo, descartarse una infl. de la expr. latina *grosso modo*: de manera grosera.)

grosso, sa. adj. Variante alternativa y etimológica de **groso.**

grúa. m. Individuo que recibe apuestas para el juego clandestino. (Por alusión al esp. *grúa*: máquina que sirve para levantar pesos y llevarlos de un punto a otro.)

grullo. m. Forma aferética de **mangrullo.**

grupi. f. Mujer joven aficionada a la música del *rock*. | **2.** Admiradora de un músico de *rock*, que lo sigue a todas partes, por lo gral. con la intención de mantener relaciones sexuales con él. (Del ingl. *groupie*, de igual signif.)

grupí. m. **gurupí.** (Por cruce con **grupo.**)

grupina. f. Mujer que les saca dinero a los hombres a través de promesas y engaños. (V. **grupo.**)

grupista. m. Delincuente que estafa a sus víctimas a través de engaños. | **2.** Mentiroso. (V. **grupo.**)

grupo. m. Ayudante del ladrón, cuya misión en la estafa es atraer a la víctima. | **2.** Mentira, embuste. (Etimol. incierta.)

gruyera. f. Billetera. (V. **gruyo.**)

gruyo. m. Forma aferética de **mangruyo.**

guachada. f. Acto miserable; traición. (V. **guacho.**)

guachín. m. Niño. | **2.** Adolescente, joven. | **2.** Muchacho –fórmula de tratamiento afectuosa, como **pibe** o **chabón**–. || adj. Dimin. fest. de **guacho.** (V. **guacho.**)

guacho, cha. adj. Huérfano [dado por el DRAE]. | **2.** Hijo ilegítimo. | **3.** Adolescente, joven sexualmente apetecible. | **4.** Adolescente, joven. | **5.** Miserable, vil, de mala entraña. || ESTAR EN GUACHO (PISTOLA): mostrarse altanero, aparatoso. | **2.** HACERSE CARGO DEL GUACHO: hacerse responsable de una culpa ajena. (Del quich. *wacha*: indigente; huérfano –como amer. el adj. *guacho* se aplica a toda cría que ha perdido a su madre–; por exts. sucesivas –algunas no muy claras–.)

Guadaña. f. Muerte –como personificación–. (Del esp. *guadaña*: instrumento para segar a ras de tierra, por sinécdoque; cf. **Huesuda.**)

guadañanza. f. Ganancia. (V. **guadañar.**)

guadañar. tr. Ganar. (Del ital. *guadagnare*: ganar.)

guadañazo. m. Muerte, acción de la **Guadaña.** (V. **Guadaña.**)

gualén. m. Individuo charlatán. (Es el vesre del esp. *lengua*: órgano que sirve para articular los sonidos de la voz.)

gualicho. m. Hechizo dañino [dado por el DRAE]. | **2.** Objeto que supuestamente lo produce. | **3.** Brebaje o filtro amoroso. (Del tehuelche *walleechu*: nombre dado al espíritu del mal.)

guampa. f. Asta o cuerno del animal vacuno. || CLAVAR LAS GUAMPAS: caer, morir. (Del quich. *wampa*: cuerno.)

guampear. intr. Faltar a la fidelidad en una relación amorosa. (Por equivalencia con **cuernear**; v. **guampa.**)

guampudo, da. adj. Cornudo. (V. **guampa.**)

guanaco. m. Peso moneda nacional. (Por oscura asociación con el esp. *guanaco*: mamífero rumiante originario de la región andina del sur.)

guantón. m. Puñetazo. (Supuesto aument. del esp. *guante*: cubierta para proteger la mano que usan los boxeadores.)

guapear. intr. Hacer alarde de **guapo**. | **2. compadrear.**

guapo. m. **compadrito.** (Por ext. del esp. *guapo*: hombre pendenciero y perdonavidas.)

guarangada. f. Grosería, descaro. (V. **guarango.**)

guarango, ga. adj. Grosero, descarado. (Del quich. *waranga*: jefe de mil hombres; mandón [?].)

guaranguería. f. **guarangada.** (V. **guarango.**)

guarapo. m. **mate** demasiado dulce.

(Por ext. de *guarapo* –originalmente voz quichua–: jugo de la caña dulce exprimida.)

guarda. intr. y tr. Mirar, prestar atención (sólo en imperat.). || interj. Atención, cuidado, **ojo.** (Es la 2ª pers. singular del imperat. del ital. *guardare*: mirar, posteriormente gramaticalizado y convertido en interj., en probable cruce con el esp. *guarda*: cuidado.)

guardabarros. m. pl. Orejas. (Por alusión al esp. *guardabarros*: cada una de las chapas de figura adecuada que van sobre las ruedas de los vehículos y sirven para evitar las salpicaduras.)

guardabosque. m. Protector de la castidad de una mujer relacionada estrechamente con él. (Por alusión fest. al esp. *guardabosque*: persona destinada para guardar los bosques.)

guardado, da. ppio. perf. de **guardar.** || ESTAR GUARDADO: estar preso. (V. **guardar.**)

guardar. tr. Apresar, meter en la cárcel. (Del esp. *guardar*: tener cuidado de una cosa y vigilancia sobre ella.)

guasada. f. Acción o dicho groseros, torpes o chabacanos. (V. **guaso.**)

guasca. f. Pene. | **2.** Semen. (Del quich. *wáskha*: tira de cuero crudo; la segunda acep. se da por metonimia.)

guaso, sa. adj. Maleducado, grosero. (Es amer., pero de etimol. incierta.)

guerra. f. En las exprs. ss.: PERDER COMO EN LA GUERRA: tener un fracaso rotundo. | **2.** QUERER O BUSCAR GUERRA: mostrarse con deseos de entablar una relación amorosa, particularmente la mujer. (En alusión al maquillaje o arreglo de la mujer, que se pinta según el saber popular "como los indios, cuando quieren guerra".)

guerrera. f. Mujer que suele entablar relaciones amorosas de tipo circunstancial. (V. **guerra.**)

güevada. f. Variante fonética de **huevada.**

güevear. intr. Variante fonética de **huevear.**

güevo. m. Variante fonética de **huevo.**

güevón, na. adj. Variante fonética de **huevón.**

güevudo, da. adj. Variante fonética de **huevudo.**

güífalo. m. Variante alternativa de **güífaro.**

güífaro. m. Italiano. (Etimol. incierta.)

guigne. m. Variante gráfica y etimológica de **guiñe.**

güili. m. Variante alternativa de **willy.**

guillar. tr. Cosechar, obtener ganancias. (Del esp. *guilla*: cosecha copiosa.)

guille. m. Chifladura. (Del esp. *guillarse*: chiflarse, perder la cabeza.)

güin. m. En el fútbol, jugador que ocupa el ala derecha o izquierda del ataque. **| 2.** Costado. ‖ POR TODOS LOS GÜINES: por todas partes. (Del ingl. *wing*: ala; en el fútbol, delantero que se mueve por los costados del campo de juego.)

guinche. m. Grúa o cabrestante utilizado en los muelles portuarios para carga y descarga de mercaderías en los navíos. (Del ingl. *winch*: montacargas; malacate.)

guinchero. m. **grúa.** (V. **guinche.**)

guindado. m. Confitería cuyos clientes, habitualmente parejas, no bajan de sus automóviles, donde los atiende y sirve el personal. (Proviene del nombre de un conocido local, *El guindado*, sito en la zona de los bosques de Palermo, en la ciudad de Buenos Aires.)

guindas. f. pl. Testículos. (Del esp. *guin-*

da: fruto del guindo, por alusión a la forma.)

güiner. adj. m. Variante gráfica de **winner.**

guiñe. m. Mala suerte, infortunio. (Del fr. *guigne*: mala suerte.)

guiñudo, da. adj. Que trae mala suerte. (V. **guiñe.**)

güiscacho. m. Güisqui. (Es variante afect.)

guiso, sa. adj. Tonto; atolondrado, inhábil. (Etimol. incierta.)

guita. f. –gralmente. en pl.– Centavo, peso. ‖ NO TENER NI CINCO GUITAS: tener muy poco dinero o no tener nada. (Tomado del esp. fam. *guita*: dinero contante.)

guitarra. f. Dinero. (Por juego paronom. entre el esp. fam. *guita*: dinero contante, y el esp. *guitarra*: instrumento musical de cuerda.)

guitarreada. f. **guitarreo.**

guitarrear. intr. Improvisar acerca de temas que se desconocen. (V. **guitarreo.**)

guitarreo. m. Discurso improvisado con desconocimiento total del tema del que se trata. (Por alusión al esp. *guitarreo*: toque de guitarra repetido o cansado.)

guitarrero, ra. adj. Charlatán; que improvisa acerca de temas que desconoce. (V. **guitarreo.**)

guitarrita. f. Máquina que supuestamente sirve para fabricar moneda legal, utilizada en algunas estafas. (V. **guita.**)

guitero. m. Cobrador. (V. **guita.**)

guitudo, da. adj. Adinerado. (V. **guita.**)

guiya. f. Estafa, en especial la realizada cuando, en un cambio de dinero o pago por algo, se reemplaza un billete por otro de menor valor. (Del brasil. *guilha*: fraude.)

guiyar. tr. Estafar, sacándole a la víctima su dinero con engaños. (V. **guiya.**)

guiye¹. m. Variante gráfica más difundida de **guille.**

guiye². m. Beneficio conseguido por medio de una estafa. | **2.** Beneficio obtenido con poco esfuerzo. (V. **guiya.**)

guiyero. m. Estafador. (V. **guiya.**)

gunfio. m. Forma aferética de **esgunfio.**

gurda. adj. En la expr. A LA GURDA: excepcional, excelente; a lo grande, en gran medida. (Del esp. *gorda* –por "grande"– con interferencia gen. [?].)

gurrumín, na. adj. Pequeño, petiso. | **2.** Chiquillo, niño. (Del esp. *engurruminar*: arrugar, encoger.)

gurupí. m. Falso postor que, de acuerdo con el rematador, aumenta las ofertas en los remates. (Del fr. *croupier*: persona asociada en secreto a un negocio.)

H

habilitar. tr. Convidar, compartir algo que se tiene y se está consumiendo. | **2.** En el caso de personas, presentarlas. (Por ext. del esp. *habilitar*: dar a uno el capital necesario para que pueda negociar por sí; proveer a alguien de lo que necesita para un viaje y otras cosas semejantes.)

hacer. tr. Robar, hurtar. U. t. c. prnl. | **2.** Copular el macho. || DEJARLO HACER A ALGUIEN: dicho por una mujer, dejar que el hombre la penetre, con una actitud pasiva por parte de ella durante el coito. | **2.** HACER LA COLA O LA COLITA: practicar en posición activa el coito anal. | **3.** HACERLE A ALGUIEN LA CABEZA: v. **cabeza**¹. | **4.** HACER PUERTA: permanecer sin un propósito definido a las puertas de una discoteca y, por ext., en la puerta de cualquier local o edificio. El resto de las exprs. formadas con **hacer** figura bajo los susts. correspondientes. (Por anal. con el ital. jergal *fare*: robar, copular el macho.)

hacerse. tr. Someterse a una cirugía estética, que gralmente. implica la colocación de prótesis, **recauchutarse**; así HACERSE LA COLA Y HACERSE LAS LOLAS: colocarse prótesis de silicona u otro material en las nalgas y los pechos, respectivamente. || HACERSE ENCIMA: orinarse o defecarse sin poder evitarlo. El resto de las exprs. formadas con **hacerse** figura bajo los susts. correspondientes. (Del esp. *hacer*: expeler del cuerpo las aguas mayores y menores.)

hachazo. m. Cuchillada. (Del esp. *hachazo*: golpe dado con el hacha.)

hamacada. f. Figura del baile del **tango**. (V. **hamacarse**.)

hamacarse. intr. Trabajar esforzadamente. | **2.** En el baile del **tango**, balancear de cierta forma el cuerpo. (Del amer. *hamacarse*: mecerse en hamaca.)

hambre. m. Excitación sexual. | **2.** Falta de inteligencia o viveza. || QUÉ HAMBRE: entre niños y adolescentes, exclamación que se utiliza para descalificar a una persona. | **2.** TENER HAMBRE: ser un tonto, carecer de inteligencia o de viveza. (En la primera acep., por ext. del esp. *hambre*: apetito o deseo ardiente de una cosa; en la s. por probable alusión a la expr. *ser un muerto de hambre*: carecer de lo necesario.)

hándicap. m. Superioridad, facilidad, ventaja. | **2.** En el turf, carrera en la que cada caballo lleva un jinete de peso proporcionado a sus condiciones y posibilidades. (Del ingl. *handicap*: impedimento, desventaja, por antífrasis.)

heavy [jévi]. adj. Variante etimológica de **jevy.**

hecho, cha. ppio. perf. de **hacer.** Robado. || adj. Satisfecho, cumplido. | **2.** Ebrio. || SALIR HECHO: en el juego, retirarse sin pérdida ni ganancia. (Para la primera acep., v. **hacer**; las aceps. como adj. son exts. del esp. *hecho*: perfecto.)

heladera. f. Calabozo. (Por alusión al esp. *heladera*: nevera.)

hembra. f. Llave de caña hueca usada por los delincuentes. | **2.** Concubina, amante. (Del esp. *hembra*: animal de sexo femenino, mujer.)

hembraje. m. Conjunto o grupo de mujeres [dado por el DRAE]. (V. **hembra.**)

herramienta. f. Arma del ladrón. (Por ext. del esp. *herramienta*: arma blanca, puñal, correlativo al hecho de llamar **trabajo** al robo.)

hiena. m. Homosexual que suele actuar activamente; pederasta. (Por alusión al esp. *hiena*: animal nocturno que se alimenta principalmente de carroña.)

hígado. m. En la expr. DAR ALGO EN EL HÍGADO: producir algo envidia o fastidio. (Es el esp. *hígado*: víscera propia de los vertebrados, cuya principal función es la secreción de la bilis.)

higuera. f. En la expr. CAERSE DE LA HIGUERA: **avivarse**, darse cuenta de algo. (Es el esp. *higuera*: árbol de la familia de las moráceas.)

hijaputez. f. Deslealtad; vileza. (Derivado de la expr. injuriosa esp. *hijo de puta*.)

hijo. m. En las exprs. ss.: HACER UN HIJO MACHO: hacerle pasar a alguien un mal momento, gralmente. de peligro. | **2.** TENER DE HIJO (O DE HIJA) A ALGUIEN: tratar a alguien como si se gozara de su tutela, tiranizarlo; en el ámbito deportivo, superar reiteradamente un competidor a su adversario. (Del esp. *hijo*: persona o animal respecto de su padre o de su madre.)

hijoputada. f. Variante alternativa poco difundida de **hijaputez.**

hijoputez. f. Variante alternativa poco difundida de **hijaputez.**

hilacha. f. En la expr. MOSTRAR LA HILACHA: descubrir, sin quererlo, alguna bajeza o aspecto negativo que venía ocultándose. (Por deform., en su origen gauchesca, de la expr. esp. *mostrar la hilaza*: hacer patente el vicio o defecto que tenía y se ignoraba.)

hilo. m. En la expr. AL HILO: en rápida e ininterrumpida sucesión. (Por deform. leve de la expr. esp. *a hilo*: sin interrupción.)

hincha. adj. Forma apocopada de **hinchapelotas.**

hinchabolas. adj. **hinchapelotas.** (De **hinchar** y **bolas**[1].)

hinchado, da. ppio. perf. de **hinchar.** Fastidiado. || ESTAR HINCHADO LAS PELOTAS: estar sumamente enojado. (V. **hinchar**; la expr. presenta junto al adj. una rareza propia de la gramática clásica: un acusativo de relación.)

hinchaguindas. adj. **hinchapelotas.** (De **hinchar** y **guindas.**)

hinchapelotas. adj. Fastidioso, molesto. (V. **hinchar.**)

hinchar. tr. Incomodar, fastidiar. | **2.** Animar, alentar a un equipo, gralmente. de fútbol, o a un deportista individual. (La primera acep. es abrev. de las exprs. HIN-CHAR LAS GUINDAS, LAS PELOTAS O LOS HUEVOS, todas de igual signif.; la segunda se da por cruce con **cinchar.**)

hinchón, na. adj. Aument. de **hincha.** (V. **hinchar.**)

hinchún, na. adj. Variante alternativa de **hinchón.**

histérico, ca. adj. Alterado, preocupado. | **2.** Se aplica a quien practica la seducción, pero evita todo contacto amoroso. (Por ext. del esp. *histérico*: enfermo de histeria; la s. se corresponde con un uso propio de la jerga de los psicoanalistas.)

histeriqueada. f. Acción propia de un **histérico.**

histeriquear. intr. Atraer hacia sí todas las miradas. | **2.** Seducir a alguien, pero evitando cualquier contacto de tipo amoroso. (V. **histérico.**)

historia. f. Problema. En las exprs. ss.: HACER HISTORIA: causar un problema; quejarse. | **2.** HACERSE HISTORIA(s): hacerse problemas, obsesionarse. | **3.** TENER UNA HISTORIA: tener una relación amorosa pasajera o de poca importancia. (Por ext. del esp. fig. *historia*: enredo.)

hoja. f. En la expr. HOJA DE REPOLLO: billete antiguo de diez pesos. (Por alusión a su color.)

hojaldra. f. En la expr. DE HOJALDRA: gratuito; gratuitamente. (Por juego

paronom. entre la expr. DE OJO y el esp. *hojaldre*: masa que hace, al cocerse en el horno, muchas hojas delgadas superpuestas.)

homo. adj. Forma apocopada de *homosexual.*

horma. f. En la expr. QUEDARSE EN LA HORMA: mantenerse quieto, no reaccionar, HACERSE EL SOTA. (Del esp. *horma*: molde con que se fabrica o se da forma a algo.)

hornalla. f. Hornilla. | **2.** Cada una de las fosas nasales. (Por deform. del esp. *hornilla*: hueco hecho en el macizo de los hogares; la segunda acep. es una ext. fest.)

hornear. intr. Sacarse con el dedo los mocos de la nariz. (V. **hornalla.**)

horno. m. Infierno. (Por anal. con el esp. *horno*: caja de hierro en los fogones de ciertas cocinas, para asar o calentar viandas.)

hortelano. m. Ano. (Por homofonía final con el esp. *hortelano*: el que cuida y cultiva huertas.)

hotel. m. En la expr. HOTEL DEL GALLO: Departamento Central de Policía; originariamente aludía al edificio ubicado en la ciudad de Buenos Aires sobre la calle Bolívar frente a la Plaza de Mayo –demolido en 1899–; luego designó al actual Departamento, sito en la calle Moreno 1550. (Por alusión al gallo que como ícono forma parte del escudo de la Policía Federal Argentina.)

hoyo. m. Ano. (Por alusión al esp. *hoyo*: concavidad u hondura formada naturalmente en la tierra o hecha de intento.)

huesito. m. Dado. | **2.** Taba. | **3.** Persona con la cual se tiene una relación afectiva pasajera. (Del esp. *hueso*: cada una de las piezas duras que forman el esqueleto de los vertebrados, en las primeras aceps. por sinécdoque, pues tanto el dado como la taba suelen ser piezas de hueso o algún material semejante; en la tercera por alusión al hueso con el que los perros se alimentan y juegan un rato, pero que luego es cambiado por otro.)

hueso. m. Taba. (Por sinécdoque, v. **huesito.**)

Huesuda. f. Muerte –como personificación–. (Por asociación con la figura que la representa, un esqueleto humano que suele llevar una guadaña; del esp. *huesudo*: que tiene o muestra mucho hueso.)

huevada. f. Tontería. (V. **huevo.**)

huevear. intr. HACER HUEVO. (V. **huevo.**)

huevo. m. Testículo [dado por el DRAE como vulgarismo esp.]. | **2.** Agujero. | **3.** m. pl. Valentía, arrojo. || CHUPARLE A UNO UN HUEVO: v. **chupar.** | **2.** HACER HUEVO: holgazanear, pasar el tiempo sin dedicarse a nada en especial; hacer tiempo. | **3.** PONER HUEVO(S): esforzarse, poner ganas, voluntad para hacer algo. | **4.** SACARSE UN HUEVO: sacarse un cero o una mala nota en la escuela. | **5.** ROMPER LOS HUEVOS: fastidiar, ROMPER LAS PELOTAS. | **6.** TENER HUEVO(S): ser valiente, demostrar coraje. (Del esp. *huevo*: cuerpo redondeado que producen las hembras de las aves y otras especies y que contiene el germen del embrión y las sustancias destinadas a su nutrición, por alusión a la forma redondeada.)

huevón, na. adj. Lento, tardo, bobalicón, ingenuo [dado por el DRAE como amer.]. (V. **huevo.**)

huevudo, da. adj. **huevón.** (V. **huevo.**)

hugo. m. Arcada vomitiva, vómito. || LLAMAR A HUGO: vomitar. (Es personificación de la onomatopeya que acompaña al acto de vomitar.)

humear. intr. Contrabandear cigarrillos. (V. **humo.**)

humo. m. Contrabando de cigarrillos. || ESTAR EN EL HUMO: intervenir en el contrabando de cigarrillos. | **2.** ÍRSELE O VENÍRSELE A ALGUIEN AL HUMO: enfrentar rápida y directamente a una persona; atacarlo de hecho o de palabra. (Por una combinación fest. entre la expr. esp. *hacerse humo*: desaparecer, y el humo que echan los cigarrillos.)

hundido, da. adj. Condenado a prisión por largo tiempo. (Del esp. *hundir*: meter en lo hondo.)

I

idea. f. En la expr. TENERLE IDEA A ALGUIEN: tener preconceptos negativos acerca de él, desconfiar de él. (Por espec. negativa del esp. *idea*: concepto, opinión o juicio formado de una persona o cosa.)

imbancable. adj. Inaguantable, insoportable. (V. **bancar.**)

impase. m. Suspensión provisional del desarrollo de una actividad. (Del ingl. *impasse*: dificultad insalvable.)

imperial. m. Tranvía de dos pisos. (Del esp. *imperial*: sitio con asientos que algunos carruajes tienen encima de la cubierta.)

in. adv. En la expr. ESTAR IN: estar de moda; ESTAR EN LA ONDA. (Es el ingl. *in*: dentro; de moda, en su tiempo o estación.)

incendiar. tr. Mostrar o manifestar ante terceros algún defecto o actitud vergonzante de alguien, denigrar. (Usado como sinónimo de **quemar**; del esp. *incendiar*: poner fuego a cosa que no está destinada a arder.)

incendiarse. intr. **quemarse**, aparecer en actitud vergonzante o diciendo algo muy inapropiado ante otros. (V. **incendiar.**)

incinerar. tr. **incendiar.** (Del esp. *incinerar*: reducir una cosa a cenizas.)

incinerarse. intr. **incendiarse.** (V. **incinerar.**)

indiada. f. Tropelía, desmán. | **2.** Conjunto de jóvenes de la alta sociedad que hacia fines del siglo XIX se dedicaban a cometer todo tipo de desmanes. (Del esp. *indiada*: conjunto o muchedumbre de indios.)

indicador. m. Informante del ladrón. (Del esp. *indicador*: que indica o sirve para indicar.)

indio, dia. adj. Revoltoso, travieso. (Del esp. *indio*: antiguo poblador de América.)

indique. m. Variante alternativa de **indicador.**

industrial. m. Cigarrillo común vaciado de tabaco y vuelto a rellenar con marihuana. (Del esp. *industrial*: perteneciente a la industria.)

infante. m. Peatón. (Fest. del esp. *infante*: soldado que sirve a pie.)

infantería. f. En la expr. DE INFANTERÍA: de a pie. (V. **infante**.)

inflado, da. ppio. perf. de **inflar**.

inflador, ra. adj. Fastidioso, molesto. (V. **inflar**.)

inflar. tr. Fastidiar, molestar. ‖ INFLAR EL BOMBO: dejar embarazada a una mujer. (Como **hinchar**, es abrev. de INFLAR LAS PELOTAS, de igual signif.)

instrumento. m. Pene. (Del esp. *instrumento*: aquello de que se sirve el hombre para hacer una cosa.)

interesante. adj. En la expr. HACERSE EL INTERESANTE: fingir que no se tiene interés en algo o en alguien. (Del esp. *interesar*: inspirar interés o afecto una persona.)

interminable. f. Sífilis. (Por sustantiv. del esp. *interminable*: que no tiene término o fin, en alusión a lo duradero de esta enfermedad.)

internar. tr. Aburrir, cansar. (Por ext. del esp. *internar*: disponer o realizar el ingreso de una persona en un hospital, clínica, etc.)

inventario. m. Prontuario de un delincuente. (Del esp. *inventario*: asiento de los bienes y demás cosas pertenecientes a una persona o comunidad.)

invernizio. m. Sobretodo. (Por juego paronom. entre el esp. *invierno* y el apellido de la escritora italiana *Carolina Invernizio*, cuyas novelas estuvieron de moda en Buenos Aires en las primeras décadas del siglo XX.)

invicto. m. En la expr. PERDER EL INVICTO: perder la virginidad. (De la expr. futbolística similar, aplicada a un equipo que pierde por primera vez un partido en determinado campeonato; del esp. *invicto*: no vencido.)

inyectado, da. ppio. perf. de **inyectarse**.

inyectarse. intr. Narcotizarse por vía endovenosa. ‖ 2. Drogarse en gral. (Del esp. *inyectar*: introducir a presión un líquido en el interior de un cuerpo.)

ir. intr. Ser del agrado o interés de uno, caber. ‖ FUISTE: estás perdido, no tenés salvación. ‖ 2. IR AL FRENTE: v. **frente**. ‖ 3. IRLA DE ALGO: simular ser algo que no se es. ‖ 4. IRLE A ALGUIEN COMO O PARA EL CULO, EL ORTO O LA MIERDA: v. **culo**. ‖ 5. IR MUERTO: participar de algo sin obtener beneficios. ‖ 6. IR PARA LARGO: tardar mucho tiempo de aquí en adelante. ‖ 7. NO IRLA CON ALGO O CON ALGUIEN: no estar de acuerdo. ‖ 8. VAMO(S) Y VAMO(S): fórmula con la que el hablante expresa su intención de realizar con su interlocutor un arreglo económico ilícito, en el que ambos compartirían la ganancia por partes iguales. ‖ 9. YA FUE: ya pasó, ya terminó. (Del esp. *ir*: moverse de un lugar a otro; dicho de una cosa, sentar bien o mal.)

irse. intr. Hacer o decir algo inoportuno. ‖ 2. acabar, alcanzar el orgasmo. ‖ IRSE A LA MIERDA: partir; **zarparse**, IRSE DE MAMBO. ‖ 2. IRSE AL MAZO: desistir de un propósito, no aceptar un desafío. ‖ 3. IR(SE) A LOS BIFES: v. **bife**. ‖ 4. IRSE DE BOCA: decir inconveniencias. ‖ 5. IRSE DE MAMBO: v. **mambo**. ‖ 6. IRSE EN SECO: v. **seco**. ‖ 7. ÍRSELE A ALGUIEN AL HUMO: v. **humo**. (En la primera acep. seguramente por abrev. de la expr. *irse de tema*; v. **ir**.)

isa. interj. ¡Vamos! ‖ 2. ¡Cuidado! (Del gen. *isa*: ¡ánimo!, ¡fuerza! [?].)

ísimo, ma. adj. Que posee en grado sumo

una determinada cualidad inferible para el interlocutor a partir de la situación comunicativa. (Es el sufijo -*ísimo, ma,* propio del grado superlativo de los adjetivos en español, independizado y utilizado como palabra autónoma con valor de comodín lingüístico.)

isolaina. interj. Variante alternativa de **isolina.**

isolina. interj. **isa.** (Por juego paronom. con el nombre propio *Isolina.*)

ispa. m. Vesre de *país.*

italianada. f. **tanada.** (Del esp. *italiano:* natural de Italia.)

izquierda. f. En la expr. POR IZQUIERDA: al margen de la ley. (Por anal. con la expr. POR DERECHA; v. **derecha.**)

J

jabón. m. Susto [dado por el DRAE]. | 2. Miedo, temor. (Formado a partir de la expr. esp. *dar a uno un jabón*: castigarlo o reprenderlo ásperamente.)

jabonado, da. ppio. perf. de jabonar.

jabonar. Forma sincopada de jabonear.
|| JABONAR EL PISO: v. piso.

jabonarse. Forma sincopada de jabonearse.

jaboneado, da. ppio. perf. de jabonear. (V. jabón.)

jabonear. tr. Atemorizar, asustar. (V. jabón.)

jabonearse. intr. Temer, asustarse. (V. jabón.)

jabonera. f. Figuranta que simulaba tocar el violín en una orquesta de señoritas. (Del esp. *jabón*: pasta soluble en agua que sirve para lavar, en alusión a que las jaboneras ponían jabón en las cerdas del arco para que éste resbalara sobre las cuerdas sin producir ningún sonido.)

jacobo. m. Judío. (Por la frecuencia del nombre propio *Jacobo* en la colectividad hebrea.)

jaevi. f. Vesre irreg. de *vieja* y vieja.

jafi. f. Vesre de fija.

jai. m. Forma apocopada de jaife y jailai.

jaife. m. Forma sincopada de jailaife.

jaifón. m. Aument. de jaife.

jailafe. m. Forma sincopada de jailaife.

jailai. m. Forma apocopada de jailaife.

jailaife. m. Lechuguino, petimetre; individuo de la clase alta. || adj. Elegante. (De la expr. ingl. *high life*: alta sociedad.)

jailefe. m. Forma sincopada de jaileife.

jaileife. m. Variante alternativa de jailaife.

jalado, da. ppio. perf. de jalarse. Drogado.

jalar. intr. Inhalar cocaína a través de las fosas nasales. U. t. c. prnl. (Del esp. *jalar*: tirar, atraer.)

jamaica. m. En la expr, TODO JAMAICA: TODO JAMÓN. (Por juego paronom. entre *jamón* y *Jamaica*: nombre de un país centroamericano.)

jamar. tr. Mirar fijamente. | 2. Comprender. (Del caló *jamar*: tomar alimento, por anal. con **manyar**.)

jamón. adj. En buenas condiciones, **joya**. ‖ m. JAMÓN DEL MEDIO: de excelente calidad; referido a mujeres, de gran belleza y exuberancia. | **2**. TODO JAMÓN: todo bien, TODO PIOLA. (Del esp. *jamón*: pierna trasera del cerdo curada o cocida entera, por alusión a las fetas de la mitad del jamón, que son mejores que las fetas de los extremos, por ser parejas y no secarse.)

jamones. m. pl. Muslos, piernas. (Del esp. ant. *jamón*: anca, pierna; por alusión a la pierna del cerdo.)

jándica. m. **hándicap**. (Por transliteración, con apócope.)

japende. adj. f. Vesre de **pendeja**. (v. **pendejo**.)

japi. f. Vesre de **pija**.

jaraba. f. Vesre de *baraja*.

jarangón. m. Fiesta desordenada y tumultuosa. | **2**. Tumulto, alboroto. (Del esp. *jarana*: diversión bulliciosa de gente ordinaria.)

jardinera. f. Prostituta. (Por oscura alusión al esp. *jardinera*, en alguno de sus signifs.)

jarra. f. En la expr. JARRA LOCA: bebida en la que se mezclan distintas bebidas alcohólicas y en ocasiones alguna dosis de droga. (Es el esp. *jarra*: vasija con cuello y boca anchos.)

jaula. f. Cárcel. | **2**. **bandoneón**. (Del esp. *jaula*: caja dispuesta para encerrar animales pequeños; en la segunda acep., por alusión a la forma en que se transporta la caja donde el instrumento se guarda.)

javie. f. Vesre de *vieja* y **vieja**.

jay. m. Variante gráfica de **jai**.

jeavy. adj. Variante alternativa de **jevy**.

jedi. tr. En la expr. EL QUE TE JEDI: Juan Domingo Perón, durante los años en los que estuvo proscripto y su nombre no podía ser pronunciado en público. | **2**. EL (o LA) QUE TE JEDI: cualquier persona a la que se quiere hacer referencia sin nombrarla, especialmente si es alguien con poder o mando o posee una mayor jerarquía que el hablante. (Es el vesre del esp. *dije* en la expr. EL QUE TE DIJE, de igual signif.)

jefe. m. Fórmula de tratamiento coloquial para dirigirse a un desconocido, maestro. ‖ adj. Importante, fuerte. (Del esp. *jefe*: superior o cabeza de un cuerpo u oficio; cf. **maestro**.)

jemanfutismo. m. Variante gráfica –aunque no fonética– de **yemanfutismo**.

jeringa. adj. Fastidioso, cargoso, molesto. | **2**. Aburrido. (Del esp. fig. *jeringa*: molestia, pejiguera, importunación.)

jeringazo. m. Coito. (Por ext. del esp. *jeringazo*: acción de arrojar el líquido introducido en la jeringa.)

jeringón, na. adj. Aument. de **jeringa**.

jeringuear. tr. Importunar, incomodar, fastidiar. (Por deform. del esp. *jeringar*: molestar o enfadar.)

jermu. f. Vesre de *mujer*.

jeropa. m. Vesre de **pajero**.

jerquear. intr. Fornicar. (Etimol. incierta.)

jet [yet]. m. **avión**. (De la voz ingl. *jet*: avión que usa motores de reacción.)

jeta. f. En la expr. DE JETA: gratis. (Del esp. fam. *jeta*: cara humana.)

jeteador, ra. adj. Pedigüeño, sablista. (V. **jeta**.)

jetear. intr. Gorronear, pedir algo y obtenerlo gratuitamente. | **2**. Proceder con descaro ante una situación difícil [dado por el DRAE.] (V. **jeta**.)

jetero, ra. adj. **jeteador.** (V. **jeta.**)

jetón, na. adj. **jeteador.** | **2.** Descarado. (V. **jeta.**)

jetonear. tr. Fotografiar. | **2.** intr. Exhibirse ostentosamente, HACER ROSTRO. (V. **jeta.**)

jetra. m. Vesre de *traje*.

jetta. f. Variante gráfica –aunque no fonética– de **yeta.**

jettatore. m. Variante gráfica y etimológica –aunque no fonética– de **yetatore.**

jetudo, da. adj. Enojado. (En relación con la expr. esp. *cara larga*: la que expresa tristeza o contrariedad; v. **jeta.**)

jevi. adj. Variante gráfica de **jevy.**

jevy. adj. **metalero, pesado.** || JEVY METAL: bebida formada por la mezcla de vino blanco y gaseosa con sabor a lima-limón. (Del ingl. *heavy*: pesado.)

jica. f. Pinza o alambre especiales que usan los ladrones en distintos tipos de robo. (Etimol. incierta.)

jicador. m. Ladrón especializado en el uso de la **jica.** (V. **jica.**)

jilguero, ra. adj. **gil.** (Por juego paronom. con el esp. *jilguero*: pájaro de plumaje pardo por el lomo y blanco con una mancha roja en la cara.)

jineta. m. Sargento de las fuerzas armadas o de seguridad. (Del esp. *jineta*: charretera de seda que usaban los sargentos como divisa.)

jipi. m. y f. Persona que imita las actitudes, el modo de vestir y otras características salientes del movimiento iniciado a mediados de la década de 1960 en California, Estados Unidos. (Del ingl. *hippie*: miembro o adherente al mencionado movimiento.)

jipón, ona. adj. Aument. de **jipi.**

jiposo, sa. adj. Que viste y actúa anacró-

nicamente como un **jipi.** (El sufijo es claramente despect.; v. **jipi.**)

jiquero. m. **jicador.** (V. **jica.**)

jirafa. f. Linterna. (Por alusión al cuello largo de este animal.)

joda. f. Perjuicio; molestia, inconveniente. | **2.** Mofa, broma. | **3.** Discurso o acción que revelan falta de seriedad. | **4.** Diversión, fiesta. || ANDAR O ESTAR EN LA JODA: pertenecer a un ambiente determinado de carácter marginal. | **2.** ¡QUÉ JODA!: exclamación que indica contrariedad. | **3.** TOMAR EN JODA O PARA LA JODA: no tomar en serio, no creer; desconsiderar. (V. **joder.**)

joder. tr. Perjudicar. U. t. c. prnl. | **2.** Molestar. | **3.** intr. Chancear, bromear. | **4.** Divertirse. (Del esp. *joder*: mantener relaciones sexuales, penetrar; fastidiar.)

jodido, da. ppio. perf. de **joder.** Perjudicado, arruinado; empobrecido. | **2.** Molesto. || adj. Achacoso, deteriorado. | **2.** Maligno, dañino. | **3.** De mal carácter. | **4.** Difícil. (V. **joder.**)

jodón, na. adj. Burlón, bromista. (V. **joder.**)

joevi. m. Vesre irreg. de *viejo* y **viejo.**

john. m. Variante gráfica de **yon.** (Por cruce con el nombre ingl. *John.*)

jói. m. Vesre de *hijo*.

jol. m. Vestíbulo. (Por castellanización del ingl. *hall*, de igual signif.)

jonca. m. Vesre de *cajón* –especialmente en referencia a un ataúd–.

jopende. adj. m. Vesre de **pendejo.**

jotraba. m. Vesre de *trabajo* y **trabajo.**

jovato, ta. adj. Viejo, anciano. (Del vesre **jovie,** con infl. del esp. *novato*.)

jovie. m. Vesre de *viejo* y **viejo.**

joya. adj. Muy bueno, excelente, perfecto, **masa.** | **2.** Hermoso. | **3.** Acertado, adecuado. || interj. De acuerdo. || JOYA, NUNCA

TAXI: nuevo, casi sin uso; referido a mujeres, virgen. | **2.** TODO JOYA: v. **todo**. (Del brasil. *jóia*: joya, a partir de su uso en la expr. *ser uma jóia*: ser muy bueno o bonito, ser excelente.)

juana. f. Marihuana. (Por juego paronom. con el nombre propio *Juana*.)

jugado, da. ppio. perf. de **jugarse**. Comprometido. | **2.** Entregado a una posibilidad. || adj. Perdido, sin alternativa. (V. **jugarse**.)

jugador. m. En la expr. QUÉ JUGADOR: elogio polisémico que se le hace a alguien y es aplicable a cualquier acción llevada a cabo por esa persona. (Es el esp. *jugador*: que tiene especial habilidad y es muy diestro en el juego.)

jugarse. intr. Comprometerse. | **2.** Entregarse a una posibilidad. (Por ext. del esp. *jugarse*: arriesgarse, aventurarse.)

juiciosa. f. Cárcel. (Fest. del esp. *juicioso*: que tiene juicio; hecho con juicio; por sustantiv.)

julepeada. f. Acción y efecto de **julepearse**, susto. (V. **julepear**.)

julepeado, da. ppio. perf. de **julepear**.

julepear. Asustar, infundir miedo [dado por el DRAE]. U. t. c. prnl. (Del esp. fig. *julepe*: susto, miedo.)

junado, da. ppio. perf. de **junar**.

junador, ra. adj. Observador. | **2.** Conocedor. (V. **junar**.)

junadores. m. pl. Ojos. (V. **junar**.)

junamento. m. Forma sincopada de **junamiento**.

junamiento. m. Reconocimiento; indagación. (V. **junar**.)

junar. tr. Observar, mirar fijamente. | **2.** Advertir; conocer. | **3.** Comprender. | **4.** Conocer en profundidad un tema o una actividad determinados. (Del caló *junar*: escuchar.)

junta. f. Compañía. (Del esp. *juntarse*: acompañarse.)

juntado, da. adj. Concubino, que vive en concubinato. (Del esp. *juntarse*: tener acto carnal.)

juntapuchos. m. Vagabundo, haragán. (Del esp. *juntar*: reunir y **pucho**; por alusión al hecho de que, para fumar, recoge colillas de cigarrillos; v. **pucho**.)

justa. f. En la expr. BATIR LA JUSTA: v. **batir**.

justiniano, na. adj. Justo, limitado. (Por juego paronom. entre el esp. *justo* y el nombre propio *Justiniano*.)

justo. m. En la expr. BATIR EL JUSTO: BATIR LA JUSTA. (V. **batir**.)

K

kaften. m. Variante gráfica de **caften**.

kekero. m. Variante gráfica de **quequero**.

keko. m. Variante gráfica de **queco**.

kerosén. m. Variante gráfica de **querosén**.

kía. m. y f. Variante gráfica de **quía**.

kilo. adj. De gran calidad, excelente. ‖ adv. Magníficamente, muy bien. I **2**. Mucho. ‖ ¡QUÉ KILO!: exclamación que expresa un hecho auspicioso. (Del esp. *kilo*: forma abreviada de *kilogramo*, unidad de peso.)

kilombazo. m. Variante gráfica de **quilombazo**.

kilombear. intr. Variante gráfica de **quilombear**.

kilombera. f. Variante gráfica de **quilombera**.

kilombero. m. Variante gráfica de **quilombero**.

kilombificar. intr. Variante gráfica de **quilombificar**.

kilombo. m. Variante gráfica de **quilombo**.

kinotos. m. pl. Variante gráfica de **quinotos**.

kiosco. m. Variante gráfica y etimológica de **quiosco**.

kolynos. adj. De buena dentadura. I **2**. Desdentado. (Por lexicaliz. de la marca de fábrica de la pasta dentífrica *Kolynos*; en la segunda acep., por antífrasis.)

K

L

laborar. intr. y tr. Variante alternativa de **laburar.**

laboro. m. Variante alternativa de **laburo.**

laburador, ra. adj. Trabajador, laborioso. (V. **laburar.**)

laburanta. f. Trabajadora; obrera, operaria, empleada. (V. **laburar.**)

laburante. m. Trabajador; obrero, operario, empleado. (V. **laburar.**)

laburar. intr. Trabajar [dado por el DRAE]. | **2.** Ejercer la prostitución. | **3.** Robar, hurtar. | **4.** tr. Obtener el favor de alguien. || LABURAR(LA) DE...: fingir una condición u oficio. (Del ital. *lavorare*: trabajar, con interferencia gen.)

laburarse. tr. Procurar para sí, intentar obtener algo; tratar de convencer. (V. **laburar.**)

laburito. m. Trabajo mal pago, gralmente. de pocas horas | **2.** Robo de poca monta. (V. **laburar.**)

laburo. m. Trabajo [dado por el DRAE], ocupación. | **2.** Acción tendiente a obtener el favor de alguien. | **3.** Robo, hurto. | **4.** Producto de un robo. | **5.** Intento de obtener alguna cosa o de convencer de algo a alguien. (Del ital. *lavoro*: trabajo, con interferencia gen.; cf. **laburar.**)

lache. m. Forma aferética de **cambalache.**

lacre. m. Sangre. (Del esp. *lacre*: pasta sólida, compuesta de goma laca y trementina con añadidura de bermellón; por alusión al color.)

lacroze. m. Tranvía. | **2.** Antiguo billete de diez pesos moneda nacional. (Del nombre de la compañía de tranvías *Federico Lacroze* que, en la primera acep., llega a ser sinónimo por lexicaliz. y, en la segunda, alude al color verde de los tranvías de la empresa.)

ladeado, da. adj. Enojado, enfadado. | **2.** Rústico, tosco; de humilde condición. | **3.** –sólo en f.– Adúltera, infiel; prostituida. (Del esp. *ladearse*: enemistarse; inclinarse a una cosa, dejarse llevar de ella.)

ladear. tr. Hacer a un lado a alguien. (Del esp. *ladear:* inclinar y torcer una cosa hacia un lado.)

ladera. f. Prostituta explotada por un rufián, que comparte su trabajo con otra que es la preferida de éste. (V. **ladero.**)

ladero. m. Acompañante. | **2.** Ayudante o cómplice de un delincuente. (De la expr. esp. *ladearse con uno:* andar o ponerse a su lado.)

ladilla. f. Persona molesta y fastidiosa. (De la expr. esp. *pegarse uno como ladilla:* arrimarse a otro con pesadez y molestándole; del esp. *ladilla:* insecto anopluro que vive parásito.)

ladiya. f. Variante gráfica de **ladilla.**

ladrar. intr. Protestar. (Del esp. fig. *ladrar:* amenazar sin acometer.)

ladri. m. y f. Político o funcionario público corrupto o sospechado de corrupción. | **2.** Cualquier persona que obtiene éxitos, especialmente económicos, sin esforzarse demasiado. || adj. Que finge trabajar sin hacerlo, vago, holgazán; que holgazanea en el trabajo a la vista de todos sus compañeros, pero simula cumplir con su deber frente a sus superiores. (Aunque podría pensarse en una forma apocopada de **ladrillo,** parece provenir del ital., donde *ladri* es el pl. de *ladro:* ladrón.)

ladrillo. m. Ladrón. (Del germ. *ladrillo:* ladrón.)

lágrima. f. Persona que inspira lástima; individuo infeliz. | **2.** Pocillo, taza o vaso con leche caliente y unas gotas de café. (Del esp. *lágrima:* cada una de las gotas que segrega la glándula lagrimal; en la primera acep. por metonimia, en la segunda por alusión a las

gotas de café que se derraman como lágrimas sobre la leche.)

lambeculos. adj. Obsecuente, adulón. (De **lamber** y el esp. *culo:* ano.)

lambedor, ra. adj. **lambeculos.** (V. **lamber.**)

lamber. tr. Halagar exageradamente, adular. (Por abrev. de la expr. LAMBER EL CULO; es forma epentética del esp. *lamer:* pasar repetidas veces la lengua por una cosa.)

lambería. f. Peluquería. (V. **lamber.**)

lambido. adj. m. Afeitado. (V. **lamber.**)

lamentarse. intr. Requebrar, amartelar. (Del esp. *lamentar:* sentir una cosa con llanto.)

lampador. m. Pagador, tesorero. (V. **lampar.**)

lampar. tr. Entregar, dar. | **2.** Pagar. | **3.** Robar. (Del vén. *lampanti:* dinero [?]; en la tercera acep. parece haber un cruce con el esp. *limpiar* y el esp. *lampazo:* escobón hecho con ramas verdes atadas a la punta de un palo.)

lamparita. f. En la expr. PRENDÉRSELE A ALGUIEN LA LAMPARITA: darse cuenta de algo, tener una buena idea. (Del esp. *lamparita:* dimin. de *lámpara.*)

lanas. f. pl. Cabellos largos. (Del esp. *lana:* pelo de las ovejas y carneros.)

lance. m. Intento de obtener algo. En la expr. TIRAR O TIRARSE UN LANCE: apostar a un caballo con pocas probabilidades de ganar; intentar algo; intentar una conquista amorosa. (Del esp. *lance:* acción de echar la red para pescar, con infl. de la expr. *echar un buen, o mal, lance* y de TIRAR LA LANZA.)

lancear. tr. Robar, gralmente. por medio de la **lanza.**

lancero. m. Ladrón que utiliza la **lanza**

o TIRA LA LANZA. | **2.** Galanteador. | **3.** Osado, audaz. (Para la primera acep., v. **lanza**; para la s., v. **lance**.)

lanceta. f. Forma afect. de **lanza**.

lancha. f. Automóvil policial. (Es llamado así por su andar sereno en las recorridas de rutina.)

lanchear. intr. Patrullar las calles la policía en busca de sospechosos con la intención de detenerlos. (V. **lancha**.)

lancheo. m. Procedimiento policial, gralmente. realizado de noche, en el que la policía recoge sospechosos y/o chicos de la calle en forma masiva. (V. **lancha**.)

lanchero. m. Agente que patrulla en un automóvil policial. (V. **lancha**.)

lanfiar. intr. Forma aferética de **malanfiar¹** y de **malanfiar²**.

langa. m. Vesre de *galán*. | **2.** Forma aferética y apocopada de **palangana**.

langostero, ra. m. y f. Empleado público que cobraba su sueldo sin concurrir a trabajar. (Llamado así por la notoriedad que, en su momento, tuvo un grupo de empleados de la Dirección de Defensa Agrícola, organismo al que se le había adjudicado en la Argentina la misión de erradicar la plaga de la langosta; cf. **ñoqui**, palabra que terminó por reemplazarla.)

langostino. m. Billete de diez mil pesos moneda nacional, emitido a comienzos de la década de 1960. (Por alusión a su color.)

lanza. f. Instrumento que puede consistir en una tijera, pinza de cirugía o pedazo de alambre preparados para el robo, gralmente. en los medios de transporte público. | **2.** Suerte de pinza improvisada por los dedos índice y pulgar para robar de los bolsillos. | **3.** Robo practicado

por el **punguista** a través de un instrumento o simplemente con sus manos. || TIRAR LA LANZA: robar mediante la **lanza**. (Del esp. *lanza*: arma ofensiva compuesta de una asta o palo largo en cuya extremidad está fijo un hierro puntiagudo [?].)

lanzar. intr. TIRAR LA LANZA. (V. **lanza**.)

lanzazo. m. Acción de TIRAR LA LANZA (V. **lanza**.)

lapicero. m. Individuo que acepta juego clandestino por cuenta de un banquero. (Del esp. *lápiz*: barrita de grafito encerrada en un cilindro de madera.)

lápiz. m. **lapicero**.

largada. f. Acto de comenzar a correr los caballos en una carrera. | **2.** Partida de una carrera de cualquier tipo. (V. **largar**.)

largar. tr. Entregar, dar. | **2.** Alejar, despedir, echar. | **3.** intr. En el turf, partir los caballos. | **4.** En cualquier carrera, partir. || LARGAR DURO, LARGAR PARADO y LARGAR POR BARANDA –todas exprs. del turf en su origen–: desamparar, dejar abandonado; alejarse de alguien sin reconocer sus servicios ni pagarle por ellos. | **2.** LARGAR EL ROLLO: decir cuanto se tenía que decir, confesar la verdad. (Del esp. *largar*: soltar, dejar libre.)

larguero, ra. adj. Que da muchas vueltas para explicar una cosa o se extiende demasiado en el uso de la palabra. | **2.** Que tarda mucho en hacer algo. (Del esp. *largo*: prolongado.)

larguía. interj. ¡Fuera! ¡Largá! (por juego paronom. entre *largá* –2ª pers. del imperat. rioplatense– y el apellido *Larguía*.)

larvear. intr. Pasar el tiempo sin hacer nada útil, HACER HUEVO. (Del esp. *larva*: animal en estado de desarrollo, por alusión a la improductividad de este estado.)

lastrada. f. Comilona; almuerzo o cena abundante. | **2.** Vómito. (La segunda acep. se da por antífrasis; v. **lastre**.)

lastrar. intr. y tr. Comer vorazmente [dado por el DRAE]. U. m. c. prnl. | **2.** tr. Matar. U. m. c. prnl. | **3.** intr. Vomitar. ‖ LASTRÁRSELA: COMÉRSELA, MORFÁRSE-LA. (La segunda acep. se da por anal. con **comer** y **morfar**; la tercera, por antífrasis, aunque también podría entenderse **lastrar** como "librarse de lastre"; v. **lastre**.)

lastre. m. Comida. (Del esp. *lastre*: peso que se pone en el fondo de la embarcación, a fin de que ésta entre en el agua hasta donde convenga.)

lata. f. Ficha de metal que reciben de la regenta del prostíbulo cada una de las pupilas a cambio del dinero que recaudan, que después ellas entregarán a la vez a su rufián, para que éste perciba el importe de manos de la regenta. | **2.** Dosis de pasta base contenida en una lata de gaseosa agujereada para fumar. ‖ BARRIO DE LAS LATAS: LA QUEMA. (Del esp. *lata*: lámina de hierro o acero, estañada por las dos caras; en la expr. se alude a las precarias viviendas de dicho barrio, construidas por lo gral. con envases de lata de querosén o nafta.)

latero, ra. adj. Latoso [dado por el DRAE como amer.], charlatán. (Del esp. fig. *lata*: discurso o conversación fastidiosa.)

lavada. f. En la expr. DAR UNA LAVADA DE CABEZA A ALGUIEN: reprender. (Por anal. con la expr. argót. *laver la tête à quelcun*, de igual signif.)

lavado. adj. m. En la expr. ESTAR LAVADO Y PLANCHADO: no tener nada que perder,

ESTAR LISTO. (Del esp. *lavar*: limpiar con agua.)

lavandero. m. Abogado. (Por anal. con el ital. jergal *lavandaio*: abogado.)

lavarse. intr. Fornicar la prostituta con un cliente. (Del esp. *lavarse*: limpiarse con agua u otro líquido.)

lavorar. intr. y tr. Variante gráfica de **laborar**.

lavoro. m. Variante gráfica y etimológica de **laboro**.

L.C. m. Iniciales de la clasificación policial "ladrón conocido".

leche. f. Suerte, éxito. | **2.** Secreciones propias del orgasmo femenino. ‖ DAR LECHE: producir ganancias. (Del esp. *leche*: semen; en la expr. se alude a la leche que dan las vacas.)

lechera. f. En el juego de las **bolitas**, canica blanca o bien bola de la suerte. | **2.** Cartera, billetera. | **3.** Cualquier cosa que produzca ganancia. (V. **leche**.)

lechería. f. Tesorería. | **2.** Cualquier otra dependencia donde se guarda dinero. (V. **leche**.)

lechero[1]. m. Medio de transporte –gralmente. un tren o microómnibus– con muchas paradas y, consecuentemente, lerdo para llegar a destino. (Por ext. del esp. *lechero*: persona que vende leche, en alusión a la necesidad que tiene de detenerse a cada momento para repartirla, como antaño hacían los lecheros casa por casa.)

lechero, ra[2]. adj. Favorable. (V. **leche**.)

lechucear. tr. Traerle mala suerte a alguien, especialmente si participa de un juego. | **2.** Mirar fijamente, tal como lo hace la lechuza. | **3.** Espiar, observar tratando de no ser visto. | **4.** intr. Pronosticar fatalidades o desgracias. | **5.** Traer mala suerte. (V. **lechuza**.)

lechucero, ra. adj. Agorero, que pronostica sucesos nefastos o inevitables. (V. **lechuza**.)

lechudo, da. adj. Suertudo, afortunado. (V. **leche**.)

lechuga. f. Cierta crema cosmética. | **2.** Marihuana sembrada y cosechada en forma particular. | **3.** Marihuana de mala calidad. (Del esp. *lechuga*: planta herbácea de hojas comestibles; en la primera acep. por lexicaliz. del nombre *Crema Lechuga*, importada desde Francia a Buenos Aires en las primeras dos décadas del siglo XX; en la s. en alusión al color verde, común a ambas; la tercera alude al hecho de que la lechuga no tiene gusto.)

lechuza. m. y f. Persona de mal agüero, a quien se le atribuye el traer consigo la mala suerte y transmitirla a los demás. | **2.** m. Empleado de empresas fúnebres que ofrece sus servicios en hospitales y otros establecimientos médicos a los familiares de los moribundos. (Por alusión al esp. *lechuza*: ave rapaz y nocturna, supuestamente de mal agüero.)

lechuzón, na. adj. Agorero. (V. **lechuza**.)

legal. adj. Formal, maduro, asentado –dicho de personas–. | **2.** Legalista, apegado a las normas. | **3.** Que no consume drogas. | **4.** Veraz, sin trampa –dicho de una relación amorosa–. | **5.** Seguro, confiable –dicho de cosas–. (Del esp. *legal*: prescripto por ley y conforme a ella; no debe descartarse sin embargo una interferencia con el brasil. *legal*, aplicable a una persona o cosa que gusta por su simpatía, belleza u otra cualidad.)

leguiyún, na. adj. Holgazán, perezoso. (Etimol. incierta.)

lele. m. Forma aferética de *pelele*.

lengo. m. Pañuelo, gralmente. de cuello.

(Etimol. incierta.)

lengualarga. m. y f. Persona que no acostumbra guardar reserva al hablar. | **2.** Persona desvergonzada, mal hablada. (Del esp. *lengua*: órgano muscular situado en la cavidad de la boca de los vertebrados, y el esp. *largo*: que tiene más o menos longitud.)

lengue. m. Variante alternativa más frecuente de **lengo**.

lenguero. m. Ladrón cuya especialidad es robar el pañuelo del bolsillo superior del saco de la víctima. (V. **lengo**.)

lentazo. m. Ojeada. (V. **lente**.)

lente. m. Mirada, ojeada. || TIRAR EL LENTE: mirar, observar. (Por alusión al lente de los anteojos.)

lenteada. f. Observación. (V. **lente**.)

lentear. tr. Observar, mirar con atención. (V. **lente**.)

lenteja[1]**.** adj. Observador. | **2.** Que usa anteojos. (Por juego paronom. entre **lente** y el esp. *lenteja*: planta leguminosa.)

lenteja[2]**.** adj. Lento. (Por juego paronom. entre el esp. *lento* y el esp. *lenteja*: planta leguminosa.)

lentejeada. f. **lenteada.** (Cf. **lenteja**[1]; v. **lente**.)

lentejear. tr. **lentear.** (Cf. **lenteja**[1]; v. **lente**.)

leñada. f. Zurra, paliza. (Del esp. *leña*: castigo, paliza.)

leñar. tr. Castigar a golpes, zurrar. (V. **leñada**.)

leona. f. Mujer atractiva y, por lo gral., provocadora. (Del esp. *leona*: hembra del león.)

leonera. f. Calabozo colectivo. (Del esp. *leonera*: lugar en que se tienen los leones y, a la vez, aposento habitualmente desarreglado que suele haber en las casas.)

leones. m. pl. Pantalones. (Es forma aferética del esp. *pantalones*, en cruce con el esp. *león*: mamífero carnívoro.)

leproso, sa. adj. Fanático del club de fútbol Newell's All Boys de Rosario. (Del esp. *leproso*: enfermo de lepra; el apodo nació a la par que el de su tradicional rival, Rosario Central, en la organización de un partido amistoso a beneficio de los enfermos de lepra del hospital Carrasco de Rosario, que Newell's estaba dispuesto a jugar; cf. **canalla**.)

leva. f. Forma apocopada de *levita*.

levantador. m. Ladrón de automóviles o de los muebles y demás bienes de una casa. (V. **levantar**.)

levantar. tr. Conseguir un cliente la prostituta. | **2.** Llevar a cabo una conquista amorosa, gralmente. circunstancial. U. m. c. prnl. | **3.** Aceptar apuestas clandestinas de quiniela o carreras de caballos. | **4.** En el ámbito policial, detener a alguien. | **5.** Robar un auto. || LEVANTAR EL MUERTO: hacerse cargo de una deuda de otro; pagar solo un gasto compartido con otros. | **2.** LEVANTAR EN PESO: retar, reprender. (Del esp. *levantar*, quizás en un cruce interno de, por lo menos, dos de sus aceps.: "alzar la cosecha" y "reclutar, alistar" –para las dos primeras aceps.–; la s. es abrev. de la expr. *levantar juego*; la cuarta alude al hecho de subir al detenido al móvil policial; la quinta acep. es ext. de otra acep. de *levantar*: recoger o quitar algo de donde está.)

levante. m. Conquista amorosa. | **2.** Reprimenda. || HACER(SE) UN LEVANTE: concretar una conquista amorosa. | **2.** PEGAR UN LEVANTE: amonestar duramente. | **3.** TENER LEVANTE: tener aptitudes demostradas para la conquista amorosa, generar un interés erótico en otras personas. (V. **levantar**.)

ley. f. Policía, institución policial. | **2.** Conjunto de funcionarios policiales. (Del esp. *ley*: precepto dictado por la autoridad competente, por metonimia.)

licuadora. f. Automóvil patrullero de la policía, **trulla**. (Del esp. *licuadora*: aparato eléctrico para licuar frutas u otros alimentos, por alusión a su fanal giratorio.)

liebre. f. En la expr. CORRER LA LIEBRE: pasar hambre o necesidades. (Por probable vinculación entre la delgadez del galgo que persigue la liebre y el individuo hambriento; por anal. con CORRER LA CONEJA; v. **coneja**.)

liendre. f. Persona astuta y despabilada. (Del esp. *liendre*: huevo de piojo.)

lienzos. m. pl. Pantalones. || BAJARSE LOS LIENZOS: desnudarse para mantener relaciones sexuales; someterse a las directivas de alguien en un asunto determinado; claudicar. (Originado en la expr. LOS DE LIENZO: los pantalones; del esp. *lienzo*: tela que se fabrica de lino, cáñamo o algodón.)

liero, ra. adj. Que provoca desórdenes. (Del esp. *lío*: barullo, gresca.)

liga. f. Comprensión recíproca entre dos o más personas ligadas por el afecto. (Del germ. *liga*: relación de amistad.)

ligada. f. Hecho de recibir alguien las cartas adecuadas en un juego de baraja. (V. **ligar**.)

ligador, ra. adj. Afortunado en el juego. | **2.** Que suele salir ganancioso en las peleas. (V. **ligar**.)

ligar. tr. Obtener, conseguir. | **2.** Recibir, percibir, tocarle a uno algo. | **3.** Ser objeto de algo no deseado. | **4.** Entregar, dar.

(Del esp. *ligar*: en ciertos juegos de naipes, juntar dos o más cartas adecuadas al lance; la cuarta acep. se da por antífrasis.)

ligero, ra. adj. Hurtador. | **2.** –sólo en f.– Fácil de seducir. (Del esp. *ligero*: ágil, veloz.)

lija. f. Hambre. (Por alusión al *papel de lija*: papel con polvos o arenillas de vidrio o esmeril adheridos, que sirve para pulir maderas o metales, en referencia a la sensación de tener hambre, que se grafica como si le estuviesen lijando el estómago a uno.)

lillo. m. Papel para armar cigarrillos, usado actualmente en especial para el armado de **porros**. (Por aféresis de *papelillo*, de igual signif.)

lima. f. Camisa. (Del germ. *lima*: camisa, prenda interior de vestir.)

limado, da. adj. Mentalmente arruinado por el consumo de drogas y, algunas veces, de alcohol. | **2.** Oligofrénico. | **3.** Maleducado, desubicado, irrespetuoso. (Del esp. *limado*: que ha sido rebajado o alisado con la lima, por alusión al desgaste del cerebro.)

limones. m. pl. Senos. (Por alusión a la forma del *limón*: fruto del limonero.)

limosnero. m. Varilla larga y chata utilizada para hurtar el dinero de las alcancías ubicadas en las iglesias. | **2.** Ladrón de alcancías de iglesia. (Del esp. *limosnero*: encargado de recoger y distribuir limosnas.)

limpiar. tr. Asesinar, matar. | **2.** Absolver. (Del esp. *limpiar*: quitar la suciedad o inmundicia de una cosa.)

limpio, pia. m. y f. Delincuente no fichado ni conocido por la policía. (Del esp. *limpio*: que no tiene mancha o suciedad.)

línea. f. Dosis de cocaína dispuesta en una línea, **raya**. || BAJAR LÍNEA: v. **bajar**. | **2.** DARSE UNA LÍNEA: aspirar una dosis de cocaína. | **3.** DE LÍNEA: valiente, justo, recto; rectamente. | **4.** PONER EN LÍNEA: reconvenir, llamar la atención; encauzar. (La segunda expr. se relaciona con la acep.; las ss. son exprs. del esp. pertenecientes al ámbito militar: *tropa de línea*: la organizada para maniobrar y combatir en orden cerrado; *poner en línea*: formar la tropa.)

linghera. m. Variante gráfica de **linyera**.

lingherear. intr. Variante gráfica de **linyerear**.

lingiera. m. Forma epentética de **linyera**.

linusa. f. Pereza. (Del mil. *linosa*: haraganería.)

linuso, sa. adj. Perezoso. (V. **linusa**.)

linuya. f. Variante fonética de **linusa**.

linyera. m. Jornalero inmigrante, originario de Italia, que venía hacia fines del siglo XIX a trabajar en las cosechas. | **2.** Atado en que se guardan ropa y efectos personales [dado por el DRAE]. | **3.** Persona vagabunda, abandonada y ociosa, que vive de variados recursos [dado por el DRAE]. (Del piam. jergal *lingèra*: pandilla de vagabundos, que a su vez se origina en el piam. *llinger*: pobre.)

linyerear. intr. Errar, vagabundear. (V. **linyera**.)

lipo. f. En la expr. HACERSE UNA LIPO: quitarse grasa del cuerpo. (Por apócope de *lipoaspiración*: tratamiento estético que consiste en extraer grasa de ciertas partes del cuerpo.)

liso. m. Rufián. (V. **caralisa**.)

listo, ta. adj. En la expr. ESTAR LISTO: estar perdido, estar gravemente enfermo. (Por ext. de la expr. esp. *estar listo*:

resultar fallidos el propósito o esperanza de una persona.)

liviana. f. En la expr. ESTAR O ANDAR EN LA LIVIANA: pertenecer a un grupo de delincuentes de poca monta; estar entre los adictos de las drogas consideradas menores, como la marihuana, los psicofármacos o las anfetaminas. (Del esp. *liviano*: de poco peso, por oposición a la **pesada**.)

liyo. m. Variante gráfica de **lillo**.

llanta. f. Zapato; calzado en gral. –en pl. especialmente zapatillas de marca, con suelas gruesas y en modelos llamativos–. | **2.** Anillo. || EN LLANTAS: en zapatillas. | **2.** ANDAR O ESTAR EN LLANTA: estar en mala situación económica; estar calzado con zapatillas. | **3.** DEJAR EN LLANTA A ALGUIEN: abandonarlo en mala situación. | **4.** QUEDAR(SE) EN LLANTA: resultar empobrecido y desamparado. (Del esp. *llanta*: cerco de goma que cubre la rueda de los coches para suavizar el movimiento –para la primera acep.–; cerco metálico exterior de las ruedas de los coches y carros –para la segunda–.)

llatebo. f. Vesre de *botella*.

llaverazo. m. Protesta callejera realizada por los deudores de créditos hipotecarios a partir de la crisis económica argentina que se desató entre diciembre de 2001 y enero de 2002. (Del esp. *llavero*: utensilio en el que se llevan las llaves; cf. **cacerolazo**.)

llavero. m. Guardián de la cárcel que cuida de las llaves de los calabozos. | **2.** Delincuente cuya misión es fabricar, y muchas veces llevar al lugar del delito, las llaves especiales que usarán. (Son ext. del esp. *llavero*: persona que tiene a su cargo la custodia de las llaves de una

plaza, ciudad, iglesia, palacio, cárcel, etc. y por lo común el abrir y cerrar con ellas.)

lleca. f. Vesre de *calle* y **calle**.

llegar. intr. Alcanzar el orgasmo, acabar, irse. || NO LLEGARLE A ALGUIEN AGUA AL TANQUE: estar loco. (Por espec. del esp. *llegar*: alcanzar o producir una determinada acción.)

llenar. tr. Embarazar. | **2.** Fastidiar, cansar, aburrir. || LLENAR LA CANASTA: v. **canasta**. | **2.** LLENARLE A ALGUIEN LA CARA DE DEDOS: trompearlo, cachetearlo, golpearlo duramente. (En la primera acep., por espec. del esp. *llenar*: fecundar el macho a la hembra; en la segunda equivale a **hinchar** en su primera acep.; v. **hinchar**; en la segunda expr., del esp. *llenar*: ocupar por completo con alguna cosa un espacio vacío.)

lleno, na. ppio. perf. de **llenar**. –sólo en f.– Embarazada. | **2.** Cansado, aburrido; fastidiado.

llobaca. m. Vesre de *caballo*.

llompa. m. Forma aferética de **bellompa**.

llorar. intr. En las expr. ss.: LLORAR LA CARTA: hacer solicitudes amorosas a una mujer; dar lástima para pedir algo. | **2.** LLORAR MISERIA: mostrarse o presentarse como falto de dinero. (Del esp. *llorar*: encarecer lástimas, adversidades o necesidades –se usa de modo particular más cuando la acción se realiza importuna o interesadamente–; la primera expr. parece tener su origen en el hecho de que, a comienzos del siglo XX, en la ciudad de Buenos Aires se acostumbraba a llamar a la puerta de una casa y entregar una carta firmada por algún personaje conocido, en la que se describía la afligente situación de la familia portadora de la carta, a fin de solicitar ayuda para éstos.)

llorón, na. adj. Quejoso, lastimero. | **2.** Pedigüeño. (V. **llorar.**)

llotivenco. m. Vesre irreg. de **conventillo.**

loba. f. **leona.** (Del esp. *loba*: hembra del lobo.)

loca. f. Prostituta [dado por el DRAE]. | **2.** Mujer fácil. | **3.** Homosexual masculino. || DARLE O ENTRARLE A UNO LA LOCA: sentir la necesidad imperiosa de hacer o decir algo no previsto. (Del esp. *loco*: de poco juicio, disparatado e imprudente.)

locatario, ria. adj. Loco. | **2.** –sólo en f.– **loca.** (Por juego paronom. con el esp. *locatario*: arrendatario.)

locateli. adj. Loco. | **2.** –sólo como f.– **loca.** (Por juego paronom. con el apellido del aviador italiano Antonio *Locatelli*, que en 1919 unió el Atlántico con el Pacífico atravesando la cordillera de los Andes.)

loco, ca. adj. Hombre o mujer, gralmente. jóvenes –usado como fórmula de tratamiento–. En su origen, a fines de la década de 1960, la forma masculina se usaba tanto para varones como para mujeres. || A LO LOCO: mucho, en gran cantidad. | **2.** COMO LOCO: A LO LOCO. | **3.** LOCO LINDO: persona divertida y fresca, imprudente, despreocupada y algo extravagante. (Del esp. *loco*: de poco juicio, disparatado e imprudente.)

locura. f. Pérdida de la lucidez por haber consumido drogas o ingerido bebidas alcohólicas en demasía. || adj. **loco.** (Por ext. del esp. *locura*: demencia; en su valor de adj. por juego paronom.)

lofiar. tr. Estafar, engañar. (Es vesre irreg. de **filar,** aunque aparentemente con el sentido ampliado; v. **filar** –en su tercera acep.–.)

logi. adj. m. Vesre irreg. de **gil.**

lola¹. f. Galleta. | **2.** Pecho, seno –gralmente. en pl.–. || HACERSE LAS LOLAS: v. **hacerse.** | **2.** QUERER LOLA: persistir en un enojo con alguien de manera abierta y declarada; demostrar interés hacia una persona con vistas a entablar una relación amorosa con ella, pero en la cual el acento está puesto en lo sexual. | **3.** NO QUERER LOLA: abstenerse de intervenir en una discusión, situación o problema. (La primera acep. se da por lexicaliz. de la marca de fábrica de las galletitas *Lola*, muy difundidas en Buenos Aires durante el primer tercio del siglo XX; la segunda acep. tal vez provenga, por sinécdoque, del amer. –difundidísimo en Chile– *lola*: muchacha, mujer joven.)

lola². Interj. Voz que se utiliza para desentenderse frente a un problema de otro. (Por apócope de *lamento* en la expr. *lo lamento.*)

loma. f. En las exprs. LA LOMA DEL CULO, LA LOMA DEL ORTO y LA LOMA DE LOS QUINTOS: lugar muy alejado. (Del esp. *loma*: altura pequeña y prolongada; cf. EL CULO DEL MUNDO.)

lomear. tr. Palmear a alguien en la espalda. (Del esp. *lomo*: parte inferior y central de la espalda.)

lomo. m. Cuerpo muy bien formado, tanto del hombre como de la mujer. (Por ext. del esp. *lomo*: parte central de la espalda.)

lompa. m. Vesre sincopado de *pantalón.*

lona. f. En las exprs. ss.: IRSE A LA LONA: abandonar la lucha, perder. | **2.** MANDAR A LA LONA: vencer en forma contundente. (Es el esp. *lona*: suelo sobre el que se realizan competiciones de boxeo, lucha libre y grecorromana.)

longhi. adj. Variante gráfica de **lonyi.**

longhipietro, tra. adj. Variante gráfica de **lonyipietro.**

longi. adj. Variante gráfica de **lonyi.**

longipietro, tra. adj. Variante gráfica de **lonyipietro.**

lonyi. adj. Bobo, tonto, mentecato. (Del caló *longui*: distraído, tonto, con interferencia del ital.)

lonyipietro, tra. adj. Variante fest. de **lonyi.**

lookear [luquear]. tr. Variante gráfica y etimológica de **luquear²**.

lope. m. Vesre de *pelo.*

lora. f. Mujer, esposa o querida. **| 2.** Mujer liviana, prostituta. (Para la primera acep., v. **loro** en su primera acep.; la segunda proviene del fr. *lorette*: mujer de costumbres libres.)

lorca. m. Vesre de *calor* y de **calor.**

Lorea. m. Depósito de Contraventores, que desde 1912 estuvo situado en la calle Lorea Nº 261 –actualmente llamada Presidente Luis Sáenz Peña–. (La denominación proviene obviamente del nombre de la calle; responde a la costumbre, muy común en Buenos Aires, de denominar a un lugar determinado –incluso una casa particular– por el nombre de la calle en la que se halla emplazada.)

lorenzo. m. Mujer fea, **loro.** (Por juego paronom. con el nombre propio *Lorenzo.*)

loreta. f. **lora** –en su segunda acep.–.

lorito. m. Copa de ajenjo sin goma. (Dimin. del esp. *loro*: papagayo de un color verde claro; por alusión al color.)

loro, ra. adj. De valor; intrépido, valiente. **| 2.** Charlatán. **||** m. Mujer sin atractivos. (En la primera acep., del lenguaje gauchesco, en el que también se le dice *loro* al billete de mil pesos; en las ss., por alusión al esp. *loro*: papagayo de un color verde claro.)

lote. m. Kilo de droga. (Del esp. *lote*: cada una de las partes en que se divide un todo que se ha de distribuir entre varias personas.)

luca. f. Dinero. **| 2.** Billete de mil pesos. (Del caló *luca*: peseta.)

lucarda. f. Variante fest. de **luca.**

luciérnaga. f. Piedra preciosa. (Por alusión al esp. *luciérnaga*: insecto coleóptero, cuya hembra despide de su abdomen una luz fosforescente de color blanco verdoso.)

lucrecia. f. **luca.** (Por juego paronom. con el nombre propio *Lucrecia.*)

lukear. tr. Variante gráfica de **luquear².**

lulingo. m. Hombre joven y afectado. (Etimol. incierta.)

lumpen. m. y f. Persona de bajos ingresos, gralmente. porque no tiene un oficio o trabajo fijo, cuyas actividades rayan en lo marginal. (Por abrev. del alemán *Lumpenproletariat*: bajo proletariado, derivado de *Lumpen*: harapo.)

lumpenaje. m. Clase baja. **| 2.** Segmento social formado por los marginados. (V. **lumpen.**)

luna. f. Malhumor. **||** MEDIA LUNA: v. **media.** (Por ext. del signif. del esp. *luna*: efecto que hace la Luna en los faltos de juicio y otros enfermos, y en vista de la expr. esp. *estar uno de buena o de mala luna*: estar de buen o mal humor.)

lunático, ca. adj. Predispuesto al malhumor o al enojo. (V. **luna.**)

lunfa. m. Forma apocopada de **lunfardo**.

lunfardaje. m. Reunión o conjunto de ladrones o **lunfardos**.

lunfardesco, ca. adj. Relativo al habla denominada **lunfardo**.

lunfardía. f. Habla llamada **lunfardo**. (El término se difundió ampliamente cuando José Gobello publicó en 1953 su libro *Lunfardía*, que constituye el primer acercamiento serio desde el punto de vista lingüístico al estudio del **lunfardo**.)

lunfardismo. m. Palabra o locución propia del **lunfardo** [dado por el DRAE].

lunfardo. m. Ratero, ladrón. | **2.** Jerga del ladrón porteño. | **3.** Habla que originariamente empleaba, en la ciudad de Buenos Aires y sus alrededores, la gente de clase baja. Parte de sus vocablos y locuciones se introdujeron posteriormente en la lengua popular y se difundieron en el español de Argentina y Uruguay [dado por el DRAE]. | **4.** Vocabulario de voces y expresiones populares propio del Río de la Plata, formado a partir de los vocablos aportadas por la inmigración –especialmente la española e italiana– y la jerga ladronil, sumadas a un sustrato de voces aborígenes que ya integraban el habla coloquial de Buenos Aires, y acrecentado en las últimas décadas por una gran cantidad de vocablos de otras procedencias y términos de creación local. | **5.** Repertorio léxico integrado por voces y expresiones de diverso origen utilizados en alternancia con el vocabulario del español estándar, nacido en Buenos Aires y difundido transversalmente en todas las capas sociales de la Argentina. (Presumiblemente deriva del roman. *lombardo*: ladrón, deformado primeramente en *lumbardo*, hasta llegar a la forma hasta ahora definitiva.)

lunfita. m. Ladrón que roba cosas de poco valor, ladronzuelo. (V. **lunfardo**.)

lungo, ga. adj. Largo. | **2.** Alto. || HACERLA LUNGA: alargar más de la cuenta una explicación, relato o situación. | **2.** SABERLA LUNGA: tener amplios conocimientos de un tema en particular; tener mucha experiencia y saber resolver cualquier inconveniente. (Del ital. *lungo*: largo; lento.)

luqueado, da. ppio. perf. de **luquear**² y de **luquearse**. | **2.** Bien arreglado, bien vestido, **producido**. (V. **luquear**².)

luquear¹. intr. y tr. Trabajar, particularmente comercializando mercaderías ilícitas. | **2.** Traficar en pequeña escala, en especial estupefacientes. | **3.** Solicitar dinero en la calle para la compra de vino, cerveza u otros productos de bajo costo. (V. **luca**.)

luquear². tr. En el mundo de la moda, vestir y definir el aspecto o *look* de alguien, especialmente el de modelos o personas famosas. (Del ingl. *look*: aspecto, apariencia.)

luquearse. intr. Vestirse y arreglarse con esmero, **producirse**. | **2.** Estar vestido a la moda. (V. **luquear**².)

luqueo. m. Trabajo ocasional, **rebusque**. | **2.** Tráfico de estupefacientes u otras mercaderías ilícitas en pequeña escala. (V. **luca**.)

lurpiada. f. Bajeza, perjuicio. | **2.** Estafa. (V. **lurpiar**.)

lurpiar. tr. Perjudicar. | **2.** Defraudar, estafar. (Del gall. *lurpiar*: robar; hacer daño.)

lusante. m. Farol. (Del esp. *luz:* utensilio o aparato que sirve para alumbrar [?].)

lustrada. f. Acto de lustrar el calzado. | **2.** En el fútbol, jugada violenta y malintencionada. | **3.** Paliza, zurra. (En la primera acep., del esp. *lustrar:* dar lustre, en relación con el esp. *lustrador:* lustrabotas; para las restantes, v. **lustrar.**)

lustrar. tr. En el fútbol, jugar con violencia, golpeando a los contrarios. | **2.** Castigar, golpear. (Del esp. *lustrar:* dar lustre y brillantez a una cosa, en alusión fest. a las manos y pies que golpean.)

luyir. tr. Desgastar por el uso. (Del gen. *lûxî:* brillar, en razón de que las telas gastadas gralmente. adquieren un brillo particular.)

M

ma¹. interj. Pero, sino. (Del ital. *ma*, de igual signif.)

ma². f. Forma apocopada de *mamá*.

macaco, ca. adj. Feo, deforme [dado por el DRAE como chilenismo]. | **2.** Brasileño, negro. | **3.** Histriónico, payasesco. (Del port. *macaco* –tomado del congoleño–: cierta especie de mono.)

macana. f. Mentira y, en gral., cualquier circunstancia, actitud o hecho perjudicial. | **2.** Contratiempo, hecho o situación que provoca incomodidad o disgusto. | **3.** Regalo de poca importancia [dado por el DRAE]. || ¡QUÉ MACANA!: exclamación con la que se expresa contrariedad [dado por el DRAE]. (Del amer. *macana*: garrote, derivado del taíno, donde designa un machete o porra que usaban los indios americanos.)

macanazo. m. Aument. de **macana**.

macaneador, ra. m. y f. Persona que dice o suele decir **macanas**, embustero [dado por el DRAE].

macanear. intr. Exagerar. | **2.** Decir desa-tinos o embustes [dado por el DRAE como amer.]. | **3.** Mentir. (V. **macana**.)

macaneo. m. Exageración. | **2.** Acción y efecto de **macanear** [dado por el DRAE]. | **3.** Fabulación desmedida, sucesión de embustes. (V. **macana**.)

macanudamente. adv. Excelentemente. (V. **macana**.)

macanudo, da. adj. Franco, confiable. | **2.** Grande, notable. || interj. Se emplea para expresar asentimiento, aprobación o admiración. (V. **macana**.)

macaquear. intr. Monear. | **2.** Aparecer como obstinado y terco. (V. **macaco**.)

macearse. intr. Asustarse, **arrugar**, IRSE AL MAZO. (Formado sobre el sust. **mazo**, con el mismo sentido que tiene la expr. que con él se forma. V. **mazo**.)

maceta. f. Persona con achaques, pesada y torpe. | **2.** Débil de carácter, dominable. (Del esp. *maceta* –usado en Sudamérica–: dícese del caballo viejo, de cascos crecidos y que, por esa causa, anda con dificultad.)

macha¹. f. Borrachera, embriaguez. (V. **macharse.**)

macha². f. Mujer. (Por feminiz. de **macho.**)

machado, da. ppio. perf. de **macharse.**

macharse. intr. Emborracharse, embriagarse. (Del quich. *macháyay*: emborracharse.)

machazo. m. Aument. de **macho** –en su segunda acep.–.

machete. m. Arma de los vigilantes de antaño. | **2.** Pene. | **3.** Apunte que los estudiantes llevan oculto para copiarse en los exámenes, chuleta. (Del esp. *machete*: arma más corta que la espada, ancha, de mucho peso y de un solo filo.)

machetear. intr. y tr. Fornicar. (V. **machete.**)

machetearse. intr. Copiarse un estudiante en un examen por medio de un **machete.**

machetero, ra. adj. Dícese del estudiante que **se machetea.**

machimbre. m. Pieza de madera formada por dos partes ensambladas.| **2.** Concubino. (Del esp. *machihembrar*: v. **amachimbrarse.**)

machito, ta. adj. Provocador, prepotente. (Dimin. del esp. *macho*: fuerte, valiente.)

macho. m. Concubino, varón respecto de su mujer. | **2.** Llave de caña maciza. || adj. **canchero, machito.** (Del esp. *macho*: animal de sexo masculino.)

machona. f. Niña o jovencita de hábitos o acciones propios de varones. (V. **macho.**)

maconia. f. Marihuana. (Del port. *maconha*, de igual signif.)

macoña. f. Variante alternativa de **maconia.**

macró. m. Rufián, proxeneta. (Del fr. *maquereau*: rufián.)

macrof. m. Variante paragógica de **macró.**

macuco, ca. adj. Bello, agradable. | **2.** Afable. (Del chilenismo *macuco*: astuto, taimado [?].)

madama. f. Mujer encargada de la regencia de un prostíbulo. (Del fr. *madame*: señora.)

madera. f. En el fútbol, jugador torpe. | **2.** Torpe en cualquier actividad. (Del esp. *madera*: parte sólida de los árboles debajo de la corteza.)

madona. f. En las exprs. ss.: ¡A LA MADONA!, con significación de sorpresa o admiración. | **2.** DE LA MADONA: grande, extraordinario, desmesurado. (De la expr. ital. *¡La Madonna!*, expr. ponderativa que alude a la Santísima Virgen María.)

madre. f. Fórmula de tratamiento entre personas de baja condición. (En el esp. *madre*: mujer respecto de sus hijos.)

madrugar. tr. Castigar o herir a uno de forma sorpresiva, sin darle tiempo para defenderse. (Del esp. *madrugar*: anticiparse uno a la acción de un rival o un competidor.)

madruguista. m. Ladrón que opera en la madrugada en el interior de las viviendas. (Del esp. *madrugada*: el alba, el amanecer.)

madurar. tr. Dejar el **esparo** a la víctima de una **punga** en condiciones de ser robado fácilmente. (Del esp. *madurar*: dar sazón a los frutos.)

maestro. m. Fórmula de tratamiento coloquial para dirigirse a un desconocido, **jefe.** || **maestro, tra.** adj. Entendido en algo, conocedor o experto en determinado tema. (Del esp. *maestro*: persona que es práctica en una materia y la maneja con desembarazo.)

Magoya. m. Personaje supuesto. || ANDÁ

A CONTÁRSELO A MAGOYA: respuesta que denota incredulidad manifiesta. (Etimol. incierta.)

mal. adv. Mucho, desmesuradamente. ‖ adj. Admirable, increíble; llamativo. ‖ **2.** Muy bueno, buenísimo, excelente. (Es el esp. *mal*: insuficientemente, poco, por antífrasis.)

malandra. m. y f. Delincuente, malviviente. ‖ **2.** Persona en la que no se puede confiar. (Del esp. *malandrín*: maligno, perverso, bellaco; por suponerlo dimin.)

malandraca. m. y f. **malandra.** (Es forma fest.)

malandraco. m. **malandraca.** (Por masculinización.)

malandrazo, za. m. y f. Aument. de **malandra.**

malandrino, na. m. y f. **malandra.** (Por cruce con el ital. *malandrino*: salteador.)

malanfia. f. Gente de mal vivir; **malevaje.** ‖ **2.** Negocio o trabajo sucio. (V. **malanfio.**)

malanfiar[1]. intr. Comer. (Por deformación de **maranfio**, en cruce con **malanfio.** V. **maranfio.**)

malanfiar[2]. intr. Delinquir, llevar una vida al margen de la ley. ‖ **2.** Defraudar, estafar. (V. **malanfio.**)

malanfio. m. Embrollo. ‖ **2.** Hecho o negocio dudoso. ‖ **3.** Riña, alboroto. (Etimol. incierta.)

malaria. f. Mala suerte, período de adversidades. (Por juego paronom. entre el esp. *mal* y el esp. *malaria*: fiebre palúdica, paludismo.)

malco. adj. Sexualmente insatisfecho. (Por apócope de **cogido** en la expr. MAL COGIDO.)

malcopado, da. adj. MAL COPADO. (V. **copado.**)

malcoparse. intr. COPARSE MAL. (V. **coparse.**)

maleta. adj. Chambón, torpe. ‖ **2.** De mala calidad. ‖ ANDAR COMO MALETA DE LOCO: no tener objetivo claro, no saber bien qué se quiere o se pretende [dado por el DRAE como uruguayismo]. (Por juego paronom. entre el esp. *malo*: dañoso o nocivo a la salud y el esp. *maleta*: quien practica con torpeza o desacierto la profesión que ejerce.)

maletero. m. Ladrón especializado en el **boleo** o robo de equipajes, que suele actuar en las estaciones de ferrocarril, terminales de ómnibus y aeropuertos. (Del esp. *maletero*: el que por oficio transporta maletas o equipajes.)

malevaje. m. Conjunto de **malevos** [dado por el DRAE].

malevo. m. Hombre matón y pendenciero que vivía en las orillas de Buenos Aires. ‖ **malevo, va.** adj. Propio del **malevo** o relativo a él. ‖ **2.** Malévolo, malhechor, matón [dado por el DRAE]. ‖ **3.** Pendenciero, valentón. ‖ **4.** De hábitos vulgares. (Del esp. *malévolo*: inclinado a hacer mal; por apócope.)

mama. f. Embriaguez, borrachera. (Del esp. *mamarse*: embriagarse, emborracharse.)

mamadora. f. Mujer afecta a practicar la *fellatio.* (Del esp. *mamar*: atraer, sacar, chupar con los labios y lengua la leche de los pechos.)

mamajuana. f. Damajuana. (Por deform. fest.; por cruce entre **mama** y el esp. *damajuana*: bombona, vasija de boca estrecha, muy barriguda, que se usa para el transporte de ciertos líquidos.)

mamaza. f. Mujer de cuerpo exuberante. (Aument. del esp. *mamá*: madre.)

mambeado, da. ppio. perf. de **mambear.** (V. **mambo.**)

mambear. tr. Desorientar, confundir. I **2.** Drogar. I **3.** Enloquecer. U. t. c. prnl. en todas las aceps. (V. **mambo.**)

mambo. m. Confusión, desorden. I **2.** Estado de aturdimiento producido por la droga, efecto de la droga. I **3.** Situación mental confusa que se presenta como un problema de difícil resolución. I **4.** –especialmente en pl.– Problemas personales. I **5.** Locura. II CURTIR UN MAMBO: volverse adicto; dedicarse a algo, **coparse** con algo. I **2.** IRSE O PASARSE DE MAMBO: sobrepasarse, desmadrarse, hacer o decir algo fuera de lugar; exagerar. (Del cubanismo *mambo*, de origen bantú: género musical bailable, derivado del son montuno, creado a fines de la década de 1930, difundido y perfeccionado en la década s. por el pianista Dámaso Pérez Prado.)

mamerto, ta. adj. Chambón, torpe. (Por lexicaliz. del nombre propio *Mamerto*.)

mamita. f. Mujer muy atractiva. (Es el dimin. del esp. *mamá*: madre.)

mamúa. f. Embriaguez, borrachera [dado por el DRAE]. (V. **mama.**)

mamucha. f. **mamuchi.**

mamuchi. f. Forma afect. de **mamita** y de *mamá.*

mamurri. f. Forma afect. de **mamita.**

man. m. Variante alternativa de **men.**

mancada. f. Fracaso, revés. I **2.** Robo descubierto. (V. **mancar.**)

mancado, da. ppio. perf. de **mancar.** Descubierto al cometer un delito. I **2.** Reconocido pese al disimulo.

mancador, ra. adj. Observador. I **2.** Confidente, soplón. (V. **mancar.**)

mancamiento. m. Observación disimulada. (V. **mancar.**)

mancar. tr. Sorprender al ladrón y hacer fracasar el robo. I **2.** Conocer a fondo, tras las apariencias. (Del ital. *mancare*: fracasar; en la segunda acep. en cruce con **manyar.**)

mancarrón, na. adj. Achacoso, viejo. (Del esp. *mancarrón*: matalón, dícese de la caballería flaca, endeble y que rara vez se halla libre de mataduras.)

mancarse. intr. Lisiarse un caballo. I **2.** Perder un caballo una carrera. I **3.** Fracasar un negocio. (Del esp. *mancar*: lisiar, estropear, herir a uno en las manos, imposibilitándole el libre uso de ambas, o de una de ellas.)

mancha. f. Juego de niños en el que uno, que es mancha, corre a los demás hasta tocar a otro, que es entonces mancha. (Del esp. *mancha*: señal que una cosa hace en un cuerpo, ensuciándolo o echándolo a perder.)

manco. adv. De ningún modo, no. (Del ital. *manco*: ni siquiera.)

mancusar. intr. Hablar. I **2.** tr. Conocer, saber. (V. **mancar.**)

mandanga. f. Marihuana. (Probablemente por homofonía inicial entre *marihuana* y *mandanga*: indolencia, pachorra.)

mandanguero, ra. m. y f. Vendedor minorista de marihuana. I **2.** Consumidor de marihuana. (V. **mandanga.**)

mandar. tr. Decir. II MANDAR AL FRENTE: v. **frente.** I **2.** MANDAR AL TACHO: v. **tacho.** I **3.** MANDAR CUALQUIERA: v. **cualquiera.** I **4.** MANDAR FRUTA: dar información falsa; decir incoherencias o necedades; hablar fuera de lugar; mentir, exagerar, MANDAR CUALQUIERA. I **5.** MANDÁRSELA A GUARDAR

A ALGUIEN: retrucar, replicar; decirle al interlocutor todo lo que se piensa sobre él; forzar, violar; penetrar carnalmente; matar. | **6.** MANDAR PLOMO: disparar, especialmente disparar a matar. (Del esp. *mandar*: manifestar uno la voluntad de que se haga una cosa; enviar; en el caso de MANDAR FRUTA se alude al hecho de enviar algo comestible, que los demás **se coman** o **se traguen**.)

mandarina. f. En las exprs. ss.: BUENA MANDARINA: persona avispada o astuta en exceso. | **2.** CHUPATE ESA MANDARINA: frase con la que se concluye enfáticamente un enunciado o acción. (Por oscura alusión al esp. *mandarina*: especie de naranja más roja, sin pepitas y más dulce.)

mandarse. intr. Actuar, hacer o producir algo. | **2.** Dirigirse a un lugar o entrar en él de improviso o ilegítimamente. || MANDARSE UN MOCO: v. **moco.** | **2.** MANDARSE LA PARTE: fingir. (Del esp. *mandar*: encomendar o encargar una cosa a otro.)

mandibulear. intr. Balbucear, farfullar, en razón de estar drogado. (Del esp. *mandíbula*: cada una de las dos piezas que limitan la boca de los vertebrados y en las cuales están implantados los dientes.)

mandoleón. m. Deform. de **bandoneón.** (Por infl. del ital. *mandola*: mandolina.)

mandolión. m. Variante alternativa de **mandoleón.**

mandolionista. m. Deform. de **bandoneonista.**

manduque. m. Comida. (Del esp. fam. *manducar*: comer.)

manejador, ra. adj. Dícese de quien tiende a dirigir, por lo común en beneficio propio, las acciones de los otros. (Del esp. *manejar*: gobernar, dirigir.)

manfichismo. m. **manfutismo.** (Por cruce con el fr. *ficher*: tomar a broma.)

manflora. m. Varón homosexual. (Del esp. *manflorita* –deform. pop. de *hermafrodita*–: dícese del hombre afeminado, tomado por dimin.)

manflorón. m. Aument. de **manflora.**

manfutismo. m. Forma aferética de **yemanfutismo.**

manfutista. adj. Forma aferética de **yemanfutista.**

manga. f. Grupo de personas o cosas. || TIRAR LA MANGA: pedir dinero prestado [dado por el DRAE]. (Del esp. *manga*: partida o destacamento de gente armada; en la expr., del esp. *manga*: parte del vestido en que se mete el brazo.)

mangador, ra. adj. **manguero.** (V. **manga.**)

manganeta. f. Artimaña, engaño, trampa. (Del esp. *manganilla*: engaño, treta, ardid de guerra.)

mangangá. m. Persona fastidiosa por su continua insistencia [dado por el DRAE]. | **2.** Peso, unidad monetaria. (Del guar. *mamangá*: insecto himenóptero parecido al abejón, de cuerpo grueso y velludo; para la s. acep. debe pensarse en un juego paronom. con **mango.**)

mangante. m. **manguero.** (V. **manga.**)

mangar. tr. Pedir. (Del caló *mangar*: pedir, mendigar, con infl. de la expr. TIRAR LA MANGA; v. **manga.**)

mangazo. m. Sablazo. (V. **manga.**)

manghín. adj. m. Variante gráfica –aunque no fonética– de **manyín.**

mango. m. Divisa de un peso, unidad monetaria. || AL MANGO, A LOS MANGOS: extraordinariamente; a toda velocidad, al máximo. (Probablemente del port. *mango*: moneda antigua.)

mangos. m. pl. Forma aferética de **ta-mangos.**

mangrullo. m. **mango.** (Por cruce con el argent. *mangrullo*: atalaya con una pequeña plataforma en lo alto.)

mangruyo. m. Variante gráfica de **mangrullo.**

manguear. tr. Variante epentética más difundida de **mangar.**

manguero, ra. adj. Pedigüeño, sablista. (V. **manga.**)

manguita. m. Vigilante, agente de tráfico. (Del esp. *manga*, por alusión a las medias mangas blancas que usaba el vigilante sobre el uniforme hasta la década de 1970.)

manife. f. Vesre irreg. de *fémina.*

manija. f. Influencia, poder. ‖ DAR MANIJA: impulsar algo o a alguien; apurar un asunto o trámite; **manijear.** ǀ **2.** DARSE MANIJA: alentar el propio entusiasmo; obsesionarse, pensar insistentemente en un mismo asunto. ǀ **3.** TENER LA MANIJA: ejercer el mando. ǀ **4.** TENER MANIJA: ejercer influencia en sectores del poder. (Del esp. *manija*: mango, puño o manubrio de ciertos utensilios y herramientas.)

manijazo. m. En la expr. DAR UN MANIJA-ZO: influenciar casi coercitivamente a alguien en la prosecución de un fin. (Aument. de **manija.**)

manijear. intr. y tr. Influenciar; ejercer poder. (V. **manija.**)

manijearse. intr. Darse ánimo. (V. **manija.**)

manijero, ra. adj. **manejador.** ǀ **2.** Acostumbrado a DAR MANIJA o DARSE MANIJA. (V. **manija.**)

mano. f. Movimiento. ǀ **2.** Asunto; tema, materia; **onda.** ‖ ESTAR HASTA LAS MANOS: estar sobrecargado de trabajo, saturado, ocupadísimo; estar entusiasmado o interesado; estar pendiente de un único asunto o de una única persona; estar comprometido; estar en peligro. ǀ **2.** PA-RAR LA MANO: terminar, no prolongar una cuestión, CORTARLA. ǀ **3.** PONER UNA MANO: v. **poner.** ǀ **4.** VENIR PESADA LA MANO: estar por desatarse un conflicto; estar a punto de presentarse un gran problema. (Por ext. del esp. *mano*: número de personas unidas para una cosa; en la primera expr., del esp. *mano*: parte del cuerpo humano unida a la extremidad del antebrazo, posiblemente por abrev. de *estar metido* o *comprometido hasta las manos.*)

manochanta. m. y f. **manosanta,** especialmente en su tercera acep. (Creado por el animador de TV Raúl Portal en la década de 1990 a partir de un cruce de **manosanta** con **chanta.**)

manolarga. m. El que juega de manos u ofende al tocar. ǀ **2.** Estafador. (De la expr. esp. *largo de manos*: atrevido en ofender con ellas.)

manosanta. m. y f. Persona a quien se le atribuyen poderes de curación por medio de sus manos [dado por el DRAE]. ǀ **2.** Curandero o curandera. ǀ **3.** Persona con supuestos poderes psíquicos o espirituales, que cobra por sus servicios. (Del esp. *mano*: parte del cuerpo humano unida a la extremidad del antebrazo y el esp. *santo*: que tiene singular virtud para la curación de algunas enfermedades.)

manosear. tr. Tratar reiterada e imprudentemente un tema o la conducta de una persona provocando su descrédito. ǀ **2.** Someter a otro reiterada o prolongadamente a un trato humillante. (Por ext. del esp. *manosear*: tocar repetidamente una cosa.)

manotear. tr. Sustraer con un movimiento rápido. (Del esp. *manotear*: dar golpes con la mano.)

manquero. m. Delincuente, ladrón. (V. **mancar.**)

manteada. f. Golpes que un grupo propina a uno de sus miembros, gralmente. sin daño y como juego. (V. **mantear.**)

mantear. tr. Golpear a uno en tren de chanza, gralmente. entre varias personas. (Del esp. *mantear*: lanzar varias personas al aire, con una manta cogida por las orillas, a otra, que al caer sobre la manta vuelve a ser lanzada repetidas veces hacia arriba, como castigo o broma pesada.)

manteca. m. y f. Persona débil de carácter. ‖ –sólo en f.– En la expr. TIRAR MANTECA AL TECHO: derrochar dinero en lujos y placeres; divertirse al máximo en una fiesta. (Del esp. *manteca*: producto de la crema extraída de la leche de vaca. En la acep., por la facilidad con que la manteca se derrite; la expr. alude a tiempos en los que derrochar manteca era indicativo de cierto nivel económico.)

mantequita. m. y f. Persona floja, que se lamenta por pequeñeces. (V. **manteca.**)

manú. adj. Tonto. (Del caló *manú*: varón, hombre.)

manya. f. Comida, alimento. (Por apócope de **manyada**; v. **manyar.**)

manyacaña. adj. Ebrio consuetudinario. (Por conjunción de **manyar** y **caña.**)

manyacirios. adj. Asiduo concurrente a la iglesia. (Construido sobre el modelo del esp. *chupacirios*, por conjunción de **manyar** y el esp. *cirio*: vela de cera, larga y gruesa.)

manyada. f. Comida. ‖ **2. manyamiento.** (V. **manyar.**)

manyado, da. ppio. perf. de **manyar.**

manyamiento. m. Reconocimiento policial; comprobación de la identidad. (Del ital. jergal *mangiament*, de igual signif.; cf. **manyar.**)

manyaoreja. adj. Adulador, obsecuente. (Por conjunción de **manyar** y el esp. *oreja*, por alusión a la actitud típica del soplón que susurra al oído de su superior.)

manyapapeles. m. Abogado. (Por conjunción de **manyar** y el esp. *papel*, en alusión a los expedientes que maneja.)

manyar. intr. y tr. Comer. U. t. c. prnl. ‖ **2.** tr. Saber, conocer, comprender. ‖ **3.** Reconocer, identificar. ‖ **4.** Observar. ‖ MANYAR EL ESTOFADO O EL TIEMPO: comprender. ‖ **2.** NO MANYAR NI CABALLO (ENSILLADO): no entender algo. (La primera acep. deriva del ital. *mangiare*: comer; las ss., de la expr. ital. *mangiare la foglia*: entender la causa de algo.)

manyatina. f. Comida. (V. **manyar.**)

manyín. adj. m. **manyacaña.** (V. **manyar.**)

manyoreja. adj. Variante sincopada de **manyaoreja.**

manyún, na. adj. Glotón. (V. **manyar.**)

manzanera. f. Mujer que en algunos municipios de la provincia de Buenos Aires, a cambio de una retribución pública, se ocupa de atender las necesidades económicas de sus vecinos más cercanos. (Del esp. *manzana*: espacio urbano, gralmente. cuadrangular, delimitado por calles por todos sus lados.)

mañanero. m. Relación sexual sostenida en horas de la mañana. (Por abrev. de la expr. POLVO MAÑANERO y posterior sustantiv. del adj.; del esp. *mañanero*: relativo a la mañana.)

mañero, ra. adj. Que tiene mañas, mañoso. (Del esp. *maña*: vicio o mala costumbre.)

maqueró. m. Variante alternativa de **macró.**

máquina. f. Arma de fuego. | **2. picana.** | **3.** Automóvil o motocicleta en perfectas condiciones. | **4.** Mujer de físico exuberante. | **5.** Hombre –usado como fórmula de tratamiento, como **fiera**–. ‖ DAR MÁQUINA: torturar utilizando una picana. | **2.** DARSE MÁQUINA: torturarse; preocuparse, ponerse ansioso. (Del esp. *máquina*: conjunto de aparatos combinados para recibir cierta forma de energía, transformarla y restituirla en otra más adecuada, o para producir un efecto determinado; en la cuarta acep., por alusión a su supuesta perfección fabricada.)

maquinita. f. **picana, máquina.** ‖ TENER LA MAQUINITA: poseer riquezas y atribuir este hecho a la posesión de una máquina impresora de billetes, conocida como **filomisho.** (Dimin. de **máquina.**)

mar. intr. En la expr. DE FRENTE MAR: v. **march.**

maraca. m. Hombre afeminado. | **2.** Varón homosexual. ‖ MARACA CAÑÓN: excelente; de muy buena calidad. (Por juego paronom. entre *marica*: hombre homosexual y *maraca*: instrumento musical sudamericano; la expr. es oscura.)

maranfio. m. Comida. | **2.** Desorden. (Etimol. incierta.)

marca. f. Cicatriz en el rostro. (Del esp. *marcar*: herir por corte o contusión con herida que deje señal.)

marcado, da. ppio. perf. de **marcar.**

marcar. tr. Observar con atención y disimulo, examinar, **campanear**; mirar insistentemente, por lo gral. con el fin de lograr una conquista amorosa. | **2.** Señalar, identificar. | **3.** Delatar. (Del esp. *marcar*: señalar con signos distintivos.)

march. intr. En la expr. DE FRENTE MARCH: DE UNA. (Es el ingl. *march*, imperat. de *to march*: marchar; la expr. se utiliza en el ámbito castrense para poner en marcha las tropas.)

marchanta. f. En las exprs. ss.: A LA MARCHANTA: sin ton ni son, de cualquier manera, descuidadamente. | **2.** TIRARSE A LA MARCHANTA: abandonarse, dejarse estar. (Deform. del argent. *manchancha*: acción de arrojar monedas u objetos para que se los disputen los niños, en cruce con el esp. *marchante*: el que trafica o comercia.)

marchatrás. m. Varón homosexual. (Del esp. *marcha*: acción de marchar y el esp. *atrás*: parte que está o queda a las espaldas de uno; la expr. *marcha atrás* está tomada del lenguaje automovilístico.)

marea. f. En la expr. MAREA ROJA: menstruación. (En alusión a la llamada *marea roja*: proliferación de ciertas algas marinas unicelulares productoras de toxinas, que al acumularse en el cuerpo de moluscos y crustáceos hacen peligroso su consumo, por alusión al color de la sangre.)

marengo. m. Peso. (Del ital. *marengo*: moneda de veinte liras.)

margen. m. En la expr. TENER MARGEN: tener posibilidades ciertas de encarar un asunto. (Es el esp. *margen*: ocasión, oportunidad para un acto o suceso.)

maría[1]. f. Caja fuerte o caja de caudales. (Etimol. incierta.)

María[2]. f. En la expr. MARÍA MUÑECA: masturbación masculina. (Eufemismo por el germ. *puñeta*: masturbación masculina [?].)

mariano. m. Carrero o carretero. | **2.** Individuo valiente. (Etimol. incierta.)

marimba. f. Paliza, castigo violento. (Del quimbundo *marimba*: tambor, instrumento de percusión.)

maringote. m. Marinero. (Por deform. fest.)

marmota. adj. Chambón, torpe. (Del esp. *marmota*: persona que duerme mucho.)

maroma. f. Desorden, lío, gresca. || VENIRSE LA MAROMA: suscitarse una situación de riesgo. (Del esp. *maroma*: cuerda gruesa de esparto o cáñamo; en alusión al uso que los indios le daban a la cuerda en sus combates, que era sostenida, tensada por dos jinetes galopando velozmente.)

marosca. f. En la expr. ¡(A) LA MAROSCA!: expr. de asombro. (Del nap. *marosca*: eufemismo por *malora*, en mala hora [?].)

marote. m. Cabeza. (Del fr. *marotte*: cabeza de cartón, madera u otro material, que se usa en las tiendas para exhibir pelucas y sombreros.)

marquetinero, ra. adj. Dicho de un producto comercial, atractivo o exitoso en el mercado. || m. y f. Persona que trabaja haciendo investigación de mercado. (Formado sobre la base del ingl. *marketing*: mercadotecnia, investigación de mercado, estudio de las posibilidades de venta que tiene determinado producto.)

marquillado. adj. m. Dícese del naipe marcado o preparado para hacer trampas. (Del esp. *marquilla*: dimin. de *marca*.)

marroca. f. Cadena del reloj. | **2.** Cadena en gral. (Etimol. incierta.)

marroco. m. Pan. (Del ital. jergal *maroc*: pan, en probable cruce con el caló *manró*: pan.)

marrón. m. Ano. || ENTREGAR EL MARRÓN: dejarse penetrar por el ano. (Por alusión a su color.)

marronazo. m. Puñetazo. (Aument. del esp. *marrón*: piedra con que se juega al marro.)

marroneada. f. Penetración anal. (V. **marrón.**)

marronear. intr. Penetrar analmente. (V. **marrón.**)

marroquería. f. Panadería. (V. **marroco.**)

marrusa. f. Paliza, zurra. (Etimol. incierta.)

martes. m. En las exprs. ss.: MARTES TRECE: sorpresa, situación inesperada; robo ocasional realizado por amigos o conocidos de la víctima. | **2.** SALIR CON UN MARTES TRECE: actuar de forma inesperada; decir o hacer algo sorpresivo o intempestivo. (Por ext. de la expr. *martes trece*, día que es considerado como de mala suerte.)

martín. m. En la expr. MARTÍN PESCADOR: cierto juego infantil; instrumento empleado para hurtar en los interiores de las casas, formado con un anzuelo o garfio de tres puntas que pende de una cuerda o sedal. (Del esp. *martín pescador*: por alusión a la destreza con la que este pájaro atrapa a los peces de los que se alimenta.)

martona. f. Mujer de senos prominentes. (Por lexicaliz. del nombre *La Martona*, conocida empresa láctea de Buenos Aires.)

marucho. m. Marinero. (Por cruce con el chilenismo *marucho*: joven que va montado en la yegua madrina.)

marulo. m. Cabeza. (Posiblemente por deform. fest. de **marote.**)

más. adv. En la expr. LO MÁS: lo mejor. (Del esp. *más*: adv. que, construido con el artículo determinado, forma el superl. relativo.)

masa. f. Algo compacto, perfecto, de excelente calidad. | **2.** Persona o cosa grande, importante, de interés. | **3.** Persona robusta, fuerte, atractiva. | **4.** Persona inteligente y simpática, **piola.** || DAR MASA: dar una paliza, golpear; exigir a una máquina; penetrar carnalmente, **coger,** mantener relaciones sexuales con una mujer o un homosexual pasivo. (Del brasil. *massa*: marihuana que adquirió consistencia y calidad a través de procesos de refinamiento; por ext. excelente, óptimo; en la expr. por cruce con el esp. *maza*: arma antigua, hecha de palo guarnecido de hierro, o toda de hierro, con la cabeza gruesa.)

masacote. m. Cosa endurecida, tosca, por el paso del tiempo o un defecto en su elaboración. (Del esp. *masa*: mezcla que proviene de la incorporación de un líquido con una materia pulverizada.)

mascafrecho. m. Individuo homosexual, afecto a practicar la *fellatio*. (Del esp. *mascar*: partir y triturar algo con la dentadura, y **afrecho;** v. **afrechudo.**)

mascanuca. m. Homosexual activo. | **2.** Homosexual en general, **mascafrecho.** (Del esp. *mascar*: partir y triturar algo con la dentadura y el esp. *nuca*: parte alta de la cerviz.)

mascapito. m. Varón homosexual. (Del esp. *mascar* y **pito;** v. **mascar.**)

mascar. tr. En la expr. MASCÁRSELA: ser homosexual el varón, COMÉRSELA. (Del esp. *mascar*: partir y triturar algo con la dentadura.)

masita. f. **masa.** | **2.** En el fútbol y otros deportes, tiro muy débil. || COMERSE LA MASITA: ser homosexual el varón. | **2.** DAR MASITA: DAR MASA. | **3.** TIRAR UNA MASITA:

En fútbol y otros deportes, hacer un remate o tiro muy débil. (Dimin. afect. de **masa;** para la primera expr., cf. **comerse;** para la s., cf. **masa;** en la tercera, del amer. *masita*: pastelillo dulce, en alusión a su fragilidad e inconsistencia.)

masoca. adj. Forma apocopada de **masoquista.**

masoquearse. intr. Castigarse, torturarse psicológicamente. (V. **masoquista.**)

masoquista. adj. Autodestructivo, que actúa de manera desfavorable para sí mismo. (Por ext. del esp. *masoquista*: persona que practica el masoquismo.)

mataburro(s). m. Diccionario. (Del esp. *matar*: quitar la vida y el esp. *burro*: hombre rudo y de poco entendimiento.)

matador, ra. adj. Llamativo, interesante; seductor. || FRASE MATADORA: expresión a través de la cual se vuelca la atención hacia sí; frase utilizada para la conquista amorosa. (Por ext. del esp. *matador*: que mata.)

matambre. m. Muerto. (Del argent. *matambre*: capa de carne y grasa que se saca de entre el cuero y el costillar de los animales vacunos; cf. el esp. *fiambre*.)

matar. tr. Causar gran impresión en los otros en virtud de la propia belleza o elegancia. | **2.** Impresionar positivamente por la habilidad para cierta actividad o por las condiciones intelectuales. | **3.** **coger,** mantener relaciones sexuales con esa persona. | **4.** intr. Triunfar, superar obstáculos o adversarios. || MATAR MIL O DIEZ MIL: imponerse abrumadoramente; ser excelente; estar bien algo. (Del esp. *matar*: quitar la vida.)

mate. m. Calabaza, fruto de la calabacera, especialmente el que se usa para preparar y servir la infusión de **yerba,** que se sorbe de ella mediante una bombilla. I **2.** Por ext., cualquiera de los recipientes, de diversas formas y materias, que se emplean para tomar la infusión de **yerba**. I **3.** Infusión de YERBA MATE. I **4.** Cabeza humana. I **5.** Juicio, talento, capacidad [dados todos por el DRAE]. II BARAJAR EL MATE: tomar el **mate**, al pasar, la persona a la que no le tocaba el turno [dado por el DRAE como uruguayismo]. I **2.** CEBAR MATE: v. **cebar**. I **3.** CURAR EL MATE: preparar la calabacita del **mate** eliminando los hollejos y partes superfluas del interior; hacer que la calabaza adquiera, antes del uso, el sabor particular de la **yerba**, de modo que el **mate** resulte más agradable. I **4.** MATE AMARGO: el que se **ceba** sin azúcar [dado por el DRAE]. I **5.** MATE CIMARRÓN: MATE AMARGO [dado por el DRAE]; v. **cimarrón**. I **6.** MATE COCIDO: el que se prepara por decocción, como el té, y se sirve en taza o en jarro. I **7.** MATE CORTO: v. **corto**. I **8.** MATE DE HOSPITAL: mate frío. I **9.** MATE DE LECHE: el que se prepara con leche en vez de agua [dado por el DRAE]. I **10.** MATE DULCE: el que se **ceba** con azúcar. I **11.** MATE LAVADO: mate chirle, insípido por no haberse renovado oportunamente la **yerba** de la **cebadura**. I **12.** MATE LLOROSO: mate que rebalsa. I **13.** MATE TRANCADO: mate con la bombilla tapada. I **14.** ¡TOMÁ MATE!: expr. enfática que reafirma una respuesta o acción tajantes, equivalente a la expr. esp. *tómate ésa*. I **15.** YERBA MATE: v. **yerba**. (Del quich. *mati*: calabacita, vaso o recipiente para beber.)

mateada. f. Acción de **matear**. I **2.** Reunión en la que varias personas se juntan para tomar **mate** [ambos dados por el DRAE]. (V. **mate**.)

matear. intr. Beber mate –sólo se emplea esta forma cuando se lo hace con bombilla–. (V. **mate**.)

mateo. m. Coche de plaza de tracción a sangre, carruaje de alquiler. I **2.** Cochero del vehículo. (Del nombre *Mateo*, asignado al caballo de un cochero de plaza en la pieza teatral homónima de Armando Discépolo, estrenada en Buenos Aires en 1923.)

matero, ra. adj. Aficionado a tomar **mate** [dado por el DRAE].

matete. m. Mezcla de sustancias deshechas en un líquido formando una masa inconsistente [dado por el DRAE]. I **2.** Confusión, desorden de cosas o de ideas. I **3.** Reyerta, disputa [dado por el DRAE]. (Del guar. *mateté*: conjunto de cosas muy unidas.)

matienzo. m. **mate**, infusión de YERBA MATE. (Por juego paronom. con el apellido *Matienzo*.)

matina. f. Mañana. (Es el ital. *mattina*, de igual signif.)

matraca. f. Cachiporra. I **2.** Arma de fuego, especialmente una ametralladora. I **3.** Pene. II DAR MATRACA: mantener relaciones sexuales un varón, penetrar, **coger**. (Del esp. *matraca*: instrumento de madera que al sacudirlo produce un ruido desapacible.)

matrimonio. m. En el ámbito gastronómico, plato que contiene un chorizo y una morcilla asados. (Del esp. *matrimonio*: marido y mujer.)

matufia. f. Confusión, trampa deliberada con intención fraudulenta. I **2.** Negocio sucio. (Del gen. *mastrussa*: embrollo, intriga [?].)

matufiador, ra. adj. Relativo a la **matufia**. I **2.** Tramposo. (V. **matufia**.)

matufiar. tr. Engañar, trampear. (V. **matufia.**)

matufiero, ra. adj. Tramposo. (V. **matufia.**)

matungo. m. Dícese del caballo que carece de buenas cualidades físicas [dado por el DRAE]; caballo viejo. | **2.** Caballo en gral. (Del esp. *matar*: herir y llagar la bestia por ludirle el aparejo u otra cosa [?].)

maula. adj. Cobarde, despreciable [dado por el DRAE]. (Del esp. *maula*: persona tramposa o mala pagadora.)

maxera. adj. m. y sust. Tipo de sombrero de copa alta y alas rectas no muy anchas. (Deriva del apellido del ital. Pascual *Maxera*, que desde 1895 comercializó en Buenos Aires este tipo de sombrero, usado hasta la segunda década del siglo XX.)

mayoral. m. Guarda de tranvía. (Del esp. *mayoral*: en las galeras, diligencias y otros carruajes, el que gobierna el tiro de mulas o caballos.)

mayorengo. m. Oficial de alta graduación en la policía. (Del ital. jergal *maggiorengo*: señor.)

mayorenguería. f. Comisaría. (V. **mayorengo.**)

maza. f. Variante gráfica de **masa.**

mazo. m. El conjunto de naipes, baraja. || IRSE AL MAZO: retirarse, abandonar un asunto. (Del ital. *mazzo di carte*: baraja.)

mear. intr. En las exprs. ss.: ESTAR MEADO POR LOS PERROS: andar en las malas. | **2.** MEAR FUERA DEL TARRO: actuar ostensiblemente en forma equivocada. (Del esp. *mear*: orinar.)

mechas. f. pl. Cabellos, gralmente. largos. (Del esp. *mecha*: porción o mechón de cabellos.)

medallón. m. En la expr. ENTREGAR EL MEDALLÓN: eufemismo por ENTREGAR EL MARRÓN. (Del esp. *medallón*: medalla grande.)

media. adj. f. En la expr. MEDIA LUNA: bolsillo exterior del saco, ubicado en la parte superior. (Del esp. *media luna*, por alusión a la forma.)

medio. adj. y sust. En las exprs. ss.: NI MEDIO: absolutamente nada. | **2.** PARTIDO POR EL MEDIO: en mala situación. (En la primera expr., por abrev. del esp. *medio real*; en la segunda, del esp. *medio*: igual a la mitad de una cosa.)

megaoutlet [megaáulet]. m. Espacio arrendado en un centro de exposiciones en el que fabricantes, mayoristas e importadores venden sus productos en diferentes puestos durante un tiempo previamente establecido. (V. **outlet.**)

mejicanada. f. Variante sincopada de **mejicaneada.**

mejicaneada. f. Asalto a contrabandistas u otros delincuentes para apropiarse del botín. | **2.** Traición, gralmente. consistente en la apropiación de un botín que debe ser repartido entre dos o más delincuentes. (V. **mejicano.**)

mejicanear. tr. Asaltar a los contrabandistas, despojándolos de la mercadería. | **2.** Traicionar. (V. **mejicano.**)

mejicano. m. Asaltante de contrabandistas. | **2.** Traidor, gralmente. dicho del delincuente que se apropia de un botín común. (Del esp. *mejicano*: natural de Méjico.)

melanye. f. Mezcolanza, conjunto de cosas mezcladas sin orden. (Del fr. *mélange*: mezcla.)

mellizo. m. Automóvil duplicado con la numeración de otro. (Del esp. *mellizo*: igual a otra cosa; cf. **doblar.**)

mellizos. m. pl. Senos. (V. **mellizo.**)

melón. m. Cabeza. ‖ adj. Tonto. ∣ **2.** Chambón, torpe. (Del esp. *melón*: fruto del melón, por alusión a su forma.)

melonazo, za. adj. Aument. de **melón**, mucho más usado que éste.

melonear. tr. Convencer de algo a alguien, HACERLE A ALGUIEN LA CABEZA. (Cf. **cabeza¹**; v. **melón.**)

melones. m. pl. Pechos, en especial los grandes. (V. **melón.**)

men. m. Hombre –fórmula de tratamiento–. (Del ingl. *man*: hombre.)

menefrega. intr. No me importa. (Del ital. *fregarsene*: no importarle a uno.)

menefrego. intr. Variante alternativa de **menefrega.**

menega. f. **meneguina.** (Creado a partir de la creencia de que **meneguina** es dimin.)

meneguina. f. Dinero. (Del mil. *meneghin, na*: natural de Milán; por suponerse a los milaneses adinerados.)

menesunda. f. **meresunda.** (Por cruce con el esp. *menear*: mover una cosa de una parte a otra.)

menos. adv. En la expr. LO MENOS: de lo peor. (Del esp. *menos*: adv. con que se denota la carencia, disminución, restricción o inferioridad; cf. **más.**)

menta. f. Reputación de una persona. ‖ DE MENTAS: conocido, de renombre. (Del esp. *mentar*: nombrar o mencionar una cosa.)

merca. f. Forma apocopada de *mercadería*. ∣ **2.** Droga de comercialización ilícita. ∣ **3.** Cocaína. (Del esp. *mercadería*: mercancía.)

mercería. f. Variante gráfica de **mersería.**

merengue. m. Lío, desorden, trifulca [dado por el DRAE]. (Del amer. *merengue*:

danza popular caribeña; cf. **conga** y **mambo.**)

meresunda. f. Estupefaciente, droga. ∣ **2.** Embrollo, enredo. ∣ **3.** Cuestión, asunto. (Por alusión a la marca *Merck*, de una famosa cocaína de uso medicinal [?]; las ss. son exts. de origen oscuro.)

merlín, na. adj. Dimin. de **merlo.**

merlo, la. adj. Tonto, cándido, ingenuo. (Del ital. *merlo*: tonto.)

merluza. adj. **merlo.** ‖ f. Cocaína. ‖ DEQUERUSA LA MERLUZA: v. **dequerusa.** (Por juego paronom. con el esp. *merluza*: pez teleósteo marino, en el primer caso con **merlo** y en el s. con **merca.**)

merquero, ra. adj. Consumidor habitual de cocaína. (V. **merca.**)

mersa. f. Conjunto de personas de baja condición. ‖ adj. Plebeyo, vulgar; de baja condición o calidad. (Del piam. *mersa*: palo de la baraja; cf. el proceso de generalización o ampliación del signif. de **runfla.**)

mersada. f. **mersa**, reunión o conjunto de personas de baja condición. ∣ **2.** Acción o cosa de baja condición o calidad.

mersaje. m. **mersa**, reunión o conjunto de personas de baja condición.

mersería. f. Reunión o conjuntos de **mersas.** (Por juego paronom. con el esp. *mercería*: tienda en que se venden cosas menudas y de poco valor.)

mersún, na. adj. Aument. de **mersa.**

merza. f. Variante gráfica de **mersa.**

mesada. f. Detención que se prolonga durante treinta días. (Del esp. *mes*: cada una de las doce partes en que se divide el número total de días del año.)

meta. intr. En la expr. DE META Y PONGA: tratándose de lugares, peligroso, de gente temible. (V. **meter.**)

metalero, ra. adj. Aficionado al *hard rock*, más específicamente a una de sus variantes más difundidas, el *heavy metal*, **pesado**, **jevy**. (Del ingl. *metal*: metal.)

metedor, ra. adj. Activo, comprometido. | **2.** Osado, audaz. (V. **meter**.)

metedura. f. Enamoramiento. | **2.** Afición desmedida por una cosa. | **3.** Endeudamiento. (V. **meterse**.)

metegol. m. Juego mecánico en el que con pequeños muñecos se simula un partido de fútbol, futbolín. (Del esp. *meter*: introducir, y el esp. *gol*: en el fútbol, tanto anotado.)

metegolentra. m. Juego que sigue las reglas del fútbol en el cual hay un único arco donde los jugadores intentan hacer un gol para obtener así el puesto de arquero. (Es la forma abreviada de la oración el *que mete el gol entra al arco*.)

metejón. m. Enamoramiento apasionado. | **2.** Afición desmedida por una cosa o persona, **berretín**. (Cf. **meterse**; si bien se ignora puntualmente su origen, comparte la raíz con este verbo.)

metejonearse. intr. Enamorarse apasionadamente. | **2.** Aficionarse desmedidamente por una cosa o persona. (V. **metejón**.)

meter. intr. En el ámbito deportivo, esforzarse para ganar un partido. || METER CAÑO: v. **caño**. | **2.** METERLE: iniciar o continuar activamente una tarea; apurarse. | **3.** METERLE PATA: apurarse. | **4.** METER UNA MANO: PONER UNA MANO. (Del esp. *meter*: inducir o mover a uno a determinado fin. En la acep., por abrev. de la frase "meter pierna fuerte"; cf. PONER HUEVO(s); v. **poner** y **huevo**.)

meterete. adj. Entrometido [dado por el DRAE], metomentodo. (Del esp. *meterse*: introducirse en una parte o en una dependencia sin ser llamado.)

meterse. intr. Enamorarse de alguien. | **2.** Iniciar una relación amorosa con alguien. | **3.** Comprometerse, implicarse fuertemente con algo o con alguien. | **4.** Endeudarse. (Las dos primeras aceps. derivan de la expr. esp. *estar uno muy metido con una persona*: tener grande intimidad con ella; la s., de la expr. esp. *estar uno muy metido en una cosa*: estar muy empeñado en su logro y consecución.)

metida. f. En la expr. METIDA DE PATA: equivocación, error. (Del esp. *metida*: acción y efecto de meter. Probablemente sea una forma abreviada de la expresión "meter la pata en el barro", o bien "meter la pata en un agujero".)

metido, da. ppio. perf. de **meterse**. Enamorado. | **2.** Relacionado sentimentalmente con alguien. | **3.** Comprometido. | **4.** Endeudado. || ESTAR METIDO: entre los jóvenes, noviar; hallarse muy comprometido en un asunto o negocio. (V. **meterse**.)

metra. f. Metralleta, arma de fuego automática de gran velocidad de disparo. (Del esp. *metralleta*, de igual signif., por apócope.)

meu. m. Deform. ostentosa de **men**.

miché. m. Variante fonética de **mishé**.

micro. m. Ómnibus o colectivo de media o larga distancia. (Por abrev. del compuesto esp. *microómnibus*.)

mielero, ra. adj. Recién casado. (De la expr. esp. *luna de miel*: temporada de intimidad conyugal que sigue al matrimonio.)

mierda. f. En las exprs. ss.: ESTAR HECHO

MIERDA: estar mal física o anímicamente; estar cansado; estar deprimido; estar gastado o viejo. | **2.** IRLE A ALGUIEN COMO O PARA LA MIERDA: v. **ir.** | **3.** IRSE A LA MIERDA: v. **irse.** | **4.** MANDAR A ALGUIEN A LA MIERDA: MANDAR A CAGAR. (Es el esp. *mierda*: excremento humano.)

mil. adj. En la expr. A MIL: a toda velocidad; excitado, **acelerado.** (Por abrev. de A MIL KILÓMETROS POR HORA: a toda velocidad.)

milanesa. f. Mentira. || LA VERDAD DE LA MILANESA: supuesto conocimiento de una causa encubierta. (Del esp. *milanesa*: filete de carne empanado; el desplazam. de signif. se relaciona con la expr. consignada, que alude a un posible engaño respecto de la carne oculta.)

milanga. f. Milanesa, filete de carne empanado. (Por deform. fest., quizás influida por *fritanga*.)

milico. m. Militar, soldado [despect.; dado por el DRAE como amer. del sur]. (Por apócope del esp. *miliciano*: perteneciente a la milicia.)

millonaria. f. Firma que se pone en un cheque o documento. (V. **millonario.**)

millonario, ria. adj. Fanático de River Plate, **gallina.** (Del esp. *millonario*: muy rico; el término comenzó a usarse con este sentido en 1923, cuando el club se mudó del barrio porteño de la Boca a la Av. Alvear y Tagle y pagó diez mil pesos por el jugador Carlos Peucelle.)

milonga[1]**.** f. Tonada popular del Río de la Plata, que se canta al son de la guitarra, y danza que se ejecuta con este son [dado por el DRAE]. | **2.** Composición musical de ritmo vivo y marcado en compás de dos por cuatro, emparentada con el **tango.** | **3.** Canto con que se

acompaña dicha composición. | **4.** Baile vivaz de pareja enlazada. | **5.** Lugar o reunión en que se baila. | **6.** Embrollo, enredo. | **7.** Riña, discusión. | **8.** Excusa, evasiva; mentira. | **9. tango.** | **10.** Cocaína. (Del quimbundo –lengua de los bantúes de Angola– *milonga*: palabras –pl. de *mulonga*–; las ss. se dan por exts. sucesivas, aunque algunas son de asociación oscura.)

milonga[2]**.** f. Forma apocopada de **milonguera.**

milonguear. intr. Bailar la **milonga.** | **2.** Bailar. | **3.** Salir con intención de divertirse, gralmente. en grupo. (V. **milonga**[1]**.**)

milonguera. f. Bailarina contratada en locales de diversión, **copera.** (V. **milonga**[1]**.**)

milonguero, ra. adj. Perteneciente o relativo a la **milonga.** || m. y f. Aficionado o concurrente asiduo a los bailes populares [dados por el DRAE]. (V. **milonga**[1]**.**)

milonguita. f. Mujer del **cabaret, copera.** | **2.** Prostituta. (Dimin. de **milonga**[2]**.**)

mina. f. Mujer. (Es el ital. jergal *mina*: mujer.)

minaje. m. Reunión o conjunto de **minas.** (V. **mina.**)

minerío. m. **minaje.** (V. **mina.**)

mineta. f. Cunnilingus, práctica del sexo oral en los genitales femeninos. (Del argót. *minette*: cunnilingus.)

minetero, ra. adj. Aficionado a practicar la **mineta.** | **2.** –sólo en f.– Lesbiana. (V. **mineta.**)

minga. adv. No, de ninguna manera. || interj. Expresa negación, falta o ausencia de algo. (Del mil. *minga*: no.)

ministro. m. Homosexual masculino. (Por juego paronom. entre **mino** y el esp. *ministro*: jefe de cada uno de los departamentos en que se divide la gobernación del Estado.)

minita. f. Dimin. afect. de **mina.**

mino. m. Homosexual masculino. | **2.** Varón. (Por masculinización de **mina.***)*

minón. m. Mujer muy atractiva. (Aument. de **mina.**)

minursia. f. Variante alternativa de **minusa.**

minusa. f. Forma afect. de **mina.**

minusha. f. Variante fonética de **minusa.**

mionca. m. Vesre de *camión* y **camión.**

miqueta. f. Golpe de puño. (Del gen. *micchetta*: panecillo, en alusión a la forma del puño.)

miquetero. m. Pendenciero, aficionado a las **miquetas.**

mirón. m. Ojo. (Del cast. *mirón*: que mira.)

miseria. adj. Mezquino, tacaño. || LLORAR MISERIA: v. **llorar.** (Del esp. *miseria*: avaricia en cruce con *miserable*: avaricioso; en la expr., es el esp. *miseria*: estrechez.)

mishé. m. Hombre que paga generosamente los favores de una mujer. (Del argót. *miché*, de igual signif.)

mishetón. m. Aument. despect. de **mishé.**

mishiadura. f. Pobreza, indigencia. (V. **mishio.**)

mishíguene. adj. Loco. (Del ídish *meshuge*: loco.)

mishio, shia. adj. Pobre, indigente. (Del gen. *miscio*: pobre.)

misho, sha. adj. Forma sincopada de **mishio.**

misto, ta. adj. Tonto, cándido. (Por alusión a un pájaro conocido popularmente con este nombre, que abunda en la provincia de Buenos Aires.)

mistongo, ga. adj. Pobre, humilde. | **2.** De poco valor, modesto. (De **mishio,** con infl. de **misto** y el sufijo *-ongo*, de carácter afect.)

mistonguelaje. m. Reunión o conjunto de personas o cosas **mistongas.** (V. **mistongo.**)

mistonguería. f. Calidad de **mistongo.** | **2.** Cosa sin valor o de escaso mérito.

mistonguero, ra. adj. **mistongo.** (Originado en **mistonguería.**)

mita y mita. loc. adv. Por mitades. (Por deform. del esp. *mitad*: cada una de las dos partes iguales en que se divide un todo.)

miti y miti. loc. adv. Variante alternativa más difundida de **mita y mita.**

mochado. adj. m. Dícese del billete de lotería adulterado. (V. **mochar.**)

mochar. tr. Entre delincuentes, escamotear parte del botín que debe repartirse. | **2.** Trampear, estafar. | **3.** Alterar los números de un billete de lotería para una estafa. (Del esp. *mochar*: desmochar, cortar.)

mochero. m. Estafador que adultera billetes de lotería. (V. **mochar.**)

mochila. m. Jorobado. (Del esp. *mochila*: caja de tabla delgada, forrada en cuero, que usan los soldados para llevar el equipo, poniéndosela a la espalda.)

mocho. m. Forma aferética de **tocomocho.**

moco. m. Equivocación, yerro. || MANDARSE UN MOCO: equivocarse, confundirse, fallar; cometer un error, gralmente. grave; provocar disturbios actuando violentamente. (Del esp. *moco*: humor espeso y pegajoso que segregan las membranas mucosas, y especialmente el que fluye por las ventanas de la nariz, por oscura asociación.)

modernoso, sa. adj. Que actúa y viste siguiendo mansamente los dictados de la moda. (Despect. del esp. *moderno*: que existe desde poco tiempo atrás.)

mogra. m. Vesre de **gramo.**

moishe. adj. Judío. (Del ídish *Moshe*: Moisés.)

móishele. adj. Variante paragógica de **moishe.**

mojar. intr. Copular. | **2.** En el fútbol, hacer un gol. || MOJAR LA CHAUCHA y MOJAR EL BIZCOCHO: mantener relaciones sexuales, especialmente el varón. (Del esp. *mojar*: humedecer una cosa con agua u otro líquido.)

molde. m. En la expr. QUEDARSE EN EL MOLDE: permanecer impasible; desentenderse, mantenerse al margen de algo. (Del esp. *molde*: pieza en la que se hace en hueco la figura que en sólido quiere darse a la materia que en él se vacía.)

molinete. m. En el juego del **metegol**, movimiento que consiste en hacer girar alguno de los caños que sostienen a los jugadores. || HACER MOLINETE: realizar dicho movimiento. (Por ext. del argent. *molinete*: dispositivo que se coloca en algunos lugares públicos para controlar o regular el paso de las personas, por alusión al movimiento circular.)

molleja. adj. Judío. (Por juego paronom. entre el esp. *molleja*: tipo de achura vacuna muy apreciada y **moishe**.)

monada. f. Conjunto de personas, gentío. | **2.** Grupo de gente reunida en una tribuna, sea en una cancha de fútbol o en un recital de rock. (V. **mono**.)

mondiola. f. **bondiola**. (Del gen. *mondiòla*, de igual signif. y no, como podría pensarse, por deform. de **bondiola**.)

mondonguera. f. Estómago. (Del esp.

mondongo: intestinos de las reses, y también los del hombre.)

Mongo. m. Personaje supuesto, frecuentemente nombrado como **Mongo Aurelio** o **Mongo Picho**. || adv. De ningún modo. || CONTÁRSELO A MONGO: contárselo a otro. | **2.** HACER ALGO MONGO: hacerlo otra persona. (En las exprs. es nombre propio; etimol incierta.)

monitor, ra. m. y f. Controlador. (Por ext. del argent. *monitor*: alumno que asiste a un maestro o profesor.)

mono. m. Atado de ropas y enseres de un **linyera**. | **2.** Hombre corpulento; gorila, guardaespaldas, **patovica**. | **3.** Hombre en gral., tipo, sujeto innominado. || LA DEL MONO: la masturbación. (Por alusión al esp. *mono*: simio, dado que el mencionado atado se llevaba al hombro como los monos domésticos; la expr. alude a lo evidente que resulta la masturbación en estos animales.)

monono, na. adj. Bonito, lindo. | **2.** Agradable, coqueto. (Por ext. del esp. *monona* –aument. de *mona*–: usado para encarecer el donaire y gracia de una niña o de una mujer joven.)

monotemático, ca. adj. Que habla siempre de un mismo tema. (V. **temar.**)

monseñor. m. Herramienta utilizada para violar cerraduras que mueve las llaves desde afuera. (Del esp. *monseñor*: título de honor que concede el Papa a determinados eclesiásticos; supuestamente así llamado porque ante él "se abren todas las puertas".)

monta. f. En el turf, jinete. || CAMBIAR DE MONTA: cambiar de novio o de amante, especialmente la mujer. (Del esp. *monta*: acción y efecto de montar.)

montepío. m. Banco de empeños o casa

de préstamos. (Del esp. *montepío*: depósito de dinero, formado ordinariamente de los descuentos hechos a los individuos de un cuerpo para socorrer a sus viudas y huérfanos.)

monto. m. y f. Miembro del movimiento autodenominado Montoneros, comandado por Mario Eduardo Firmenich y Roberto Perdía, que actuó dentro del Partido Justicialista hasta 1974 y a partir de entonces pasó a la clandestinidad como un ejército guerrillero. (Por apócope de *montonero*. El término *montonero*, usado en varios países sudamericanos, designaba en el siglo XIX a los miembros de una *montonera*: grupo de gente de a caballo que intervenía en algunos de estos países como fuerza irregular en las guerras de la independencia primero y civiles después.)

Montoto. m. Personaje supuesto. (Cf. **Magoya** y **Mongo**; probablemente se trate del apellido *Montoto*.)

moño. m. En la expr. ESTAR DEL MOÑO: ESTAR DE LA GORRA, ESTAR DEL BONETE. (Es el esp. *moño*: rodete que se hace con el cabello para tenerlo recogido o por adorno.)

moplo. m. Vesre del esp. fam. *plomo*: persona pesada y molesta.

moquear. intr. Llorar. (Del esp. *moquear*: echar mocos.)

mora. f. Bala, proyectil de un arma de fuego. (Por alusión al esp. *mora*: fruto del moral, de unos dos centímetros de largo, con figura ovalada.)

morcilla. f. Pene. (Del esp. *morcilla*: trozo de tripa de cerdo, carnero o vaca rellena.)

morcillar. intr. Tener juegos sexuales sin llegar al coito. (V. **morcilla** [?].)

morena. f. Pistola. (Del esp. *moreno*: color oscuro que tira a negro, por alusión a dicho color, que suele ser el de las armas de fuego.)

morfa. f. Comida. (Por feminiz. de **morfi**; v. **morfar**.)

morfada. f. Comilona. (V. **morfar**.)

morfar. intr. y tr. Comer [dado por el DRAE]. U. t. c. prnl. (Del ital. jergal *morfa*: boca, que originó el argót. *morfiller*: comer, de donde muy posiblemente pasó al lunfardo, primero como **morfilar** y luego en esta forma, **morfar**, que resultaría así ser síncopa de la orig.)

morfarse. tr. Violar, penetrar carnalmente con violencia. | **2.** Matar. | **3.** Soportar, sobrellevar. | **4.** Atropellar, llevarse por delante una cosa o a una persona. || MORFÁRSELA: en el fútbol, retener en exceso la pelota un jugador. | **2.** MORFÁRSELA (DOBLADA): ser homosexual el varón; ser fácil la mujer; padecer un engaño; aguantárselas. (V. **morfar**.)

morfe. m. Variante alternativa de **morfi**.

morfeta. m. Homosexual masculino. (V. **morfar**.)

morfete. m. Variante paragógica de **morfe**.

morfetear. intr. y tr. **morfar**. (V. **morfar**.)

morfeteo. m. Acción de **morfetear**. (V. **morfar**.)

morfi. m. Comida. (V. **morfar**.)

morfilar. intr. y tr. Comer. (V. **morfar**.)

morfo. m. Variante alternativa de **morfi**.

morfón, na. adj. Glotón. | **2.** En el fútbol, jugador que retiene excesivamente la pelota. || m. Homosexual, **comilón**. (V. **morfar**.)

morfonojo. m. Ratero que actúa en casas de comida, hoteles y prostíbulos. (V. **morfar**.)

morgan. m. Pene. (Es el apellido del

famoso corsario inglés Henry John *Morgan* [1635-1688], por entenderse que el pene, como solía ocurrirles a los piratas, tiene también un solo ojo.)

morlaco. m. –gralmente. en pl.– Peso, unidad monetaria. (Del amer. *morlaco*: peso duro, patacón.)

mormoso, sa. adj. Amoratado, magullado, gralmente. a causa de haber recibido una paliza. (Por deform. del esp. *muermoso*: aplicable a la caballería que tiene muermo, enfermedad caracterizada por ulceración y flujo de la mucosa nasal.)

morrocotudo, da. adj. Magnífico, muy grande, abundante. | **2.** Fornido, corpulento. (Por ext. del esp. *morrocotudo*: de mucha importancia o dificultad.)

mortadela. f. Muerto, cadáver. (Del esp. *mortadela*: embutido muy grueso; cf. **matambre**.)

mortal. adj. Que **mata**. (Del esp. *mortal*: que ocasiona la muerte; cf. **matar**.)

mosaico. f. Mujer joven, moza. | **2.** m. Mozo de café o restaurante. (Por juego paronom. con el esp. *mosaico*: obra taraceada de piedras o vidrios.)

mosca. f. En la expr. LA MOSCA LOCA: fortuna, gran cantidad de dinero. (Del esp. fam. *mosca*: moneda corriente.)

mosqueta[1]**.** f. Juego con barajas o con tres medias cáscaras de nuez (o tapas de botella) y una pelotilla, que se practica para que un incauto adivine cuál es determinado naipe o dónde está la pelotilla. (Del ital. *moschetta*: mosquita.)

mosqueta[2]**.** f. Dinero, mosca. (Por juego paronom. entre el esp. *mosca*: moneda corriente y **mosqueta**[1] [?].)

mosquetero. m. Tahúr que practica la **mosqueta**. (V. **mosqueta**[1].)

mostacero. m. Asaltante que en un lugar

público distrae a su víctima manchándolo con mostaza u otra salsa y mientras finge limpiarlo, hurga en sus bolsillos. (Del esp. *mostaza*: salsa que se prepara con la semilla de la mostaza y suele usarse para aderezar un **pancho**[1].)

motoque. m. Forma apocopada de **motoquero**.

motoquero, ra. m. y f. Integrante de una "tribu urbana", cuyo máximo objeto de admiración es su motocicleta, gralmente. vestido con ropa de cuero, que suelen reunirse a beber cerveza y escuchar *rock* **pesado**. | **2.** Empleado de una mensajería o de un comercio cualquiera –pizzería, farmacia, etc.– que realiza repartos a domicilio valiéndose de una motocicleta para realizar su trabajo. | **3.** Motociclista, en gral. (Formado, con epéntesis de la sílaba -*que*-, sobre el supuesto adj. *motero: motociclista, derivado del esp. *moto*: forma apocopada de *motocicleta*.)

motorman. m. Conductor de tranvías y trenes. (Es el ingl. *motorman*, de igual signif.)

motudo, da. adj. Dícese del pelo dispuesto en forma de mota y de la persona que lo lleva [dado por el DRAE]. (Del esp. *mota*: mechón de cabellos cortos y crespos.)

mover. tr. Mantener relaciones sexuales el varón. | **2.** Violar. U. m. c. prnl. en ambas aceps. || MOVER FASO: vender marihuana. | **2.** MOVER FRULA: vender cocaína. | **3.** MOVERLA: entender de algo en particular, dominar una actividad, ESCOLASEARLA. (Del esp. *mover*: menear o agitar una cosa o parte de algún cuerpo.)

movida. f. Movimiento cultural, que involucra las artes, la moda y las formas de diversión en boga en un tiempo y lugar determinados. ‖ DE MOVIDA: al comienzo, inmediatamente. | **2.** ESTAR EN LA MOVIDA: estar bien informado; ESTAR EN ONDA, estar a la moda. (Tomado del esp. coloquial, donde el término *movida* surgió poco antes de 1980, con igual signif.; la primera expr. está tomada del lenguaje futbolístico; del esp. *mover*: hacer que un cuerpo deje el lugar o espacio que ocupa.)

móvil. m. Unidad rodante móvil que posee la tecnología para la transmisión televisiva o radial. (Por sustantiv. del esp. *móvil*: que se mueve por sí mismo.)

movilero, ra. m. y f. Persona que desde un **móvil** transmite noticias de actualidad o entrevistas en programas de radio o televisión. (V. **móvil**.)

mueble[1]. m. **amueblada**. (Por metonimia.)

mueble[2]. m. Mujer. (Por traducción del fr. *meuble*: mueble; mujer.)

muere. m. Muerte. ‖ IR AL MUERE: dirigirse a una derrota segura. | **2.** MANDAR AL MUERE: enviar a alguien hacia un fracaso. (Por gramaticalización del imperat. del esp. *morir*.)

muerte. f. En la expr. DE MALA MUERTE: de poca monta. (Es el esp. *muerte*: término de la vida.)

muerto. m. Cuerpo del delito que resulta comprometedor para un delincuente. ‖ **muerto, ta.** adj. Escaso de dinero. | **2.** Relegado, sin posibilidades. ‖ CARGAR EL MUERTO: v. **cargar**. | **2.** LEVANTAR EL MUERTO: v. **levantar**. (Del esp. *muerto*: cadáver.)

mufa. f. Malhumor, fastidio. | **2.** Mala suerte, infortunio. | **3.** Desgano, tedio. (Del vén. *star muffo*: estar triste, proveniente, a su vez, del ital. *muffa*: moho.)

mufado, da[1]. ppio. perf. de **mufar**. Enojado. | **2.** Infortunado, perseguido por la mala suerte, **enyetado**.

mufado, da[2]. ppio. perf. de **mufarse**. Malhumorado. | **2.** Aburrido, desganado. (V. **mufa**.)

mufar. tr. Hacer enojar. | **2.** Traerle a alguien mala suerte. (V. **mufa**.)

mufarse. intr. Malhumorarse. | **2.** Aburrirse, desganarse. (V. **mufa**.)

mufoso, sa. adj. Infortunado, **mufado**. | **2.** Agorero. (V. **mufa**.)

mujeraje. m. Conjunto o grupo de mujeres. (Del esp. *mujer*, sobre el modelo de **hembraje**.)

mujerengo. m. Hombre que alterna con mujeres e imita sus modales. (Del port. *mulherengo*: ocupado en menesteres femeninos.)

mujica. f. Mujer. (Por juego paronom. con el apellido *Mujica*.)

mula. f. Bolsa grande que utilizan algunas ladronas para ponerla delante de la víctima y distraerla, mientras sus compinches le vacían los bolsillos. | **2.** Engaño, estafa. | **3.** Mentira [dado por el DRAE]. ‖ METER LA MULA: trampear, engañar; mentir. (Quizá derivada del hecho de que al pesar el carro cargado, el carrero trataba de que la mula que lo impulsaba gravitara sobre la balanza; del esp. *mula*: hija de asno y yegua o de caballo y burra; cf. METER EL PERRO, v. **perro**.)

mulear. tr. Trampear. (V. **mula**.)

mulero, ra. adj. Tramposo, engañador; mentiroso. (V. **mula**.)

mullo. m. Forma aferética de **chamullo**.

mulo. m. Sirviente, presidiario que dentro de la cárcel realiza las tareas tradicionalmente femeninas como barrer, limpiar y cocinar. | **2.** Guardia de seguridad privado. (La primera acep. deriva de la expr. del esp. *ser un mulo de carga*: ser el encargado de los trabajos pesados; la s. se da por ext. del esp. *mulo*: persona fuerte y vigorosa.)

mundial. adj. Excelente, admirable. (Del esp. *mundial*: relativo a todo el mundo, por alusión a una calidad apreciable en cualquier parte.)

munyinga. m. y f. Negro, negrito. (Del quimbundo *muxinga*: paliza; por la frecuencia con que los niños negros utilizaban la palabra, ésta terminó designándolos.)

muñeca. f. Habilidad o influencia para obtener algo [dado por el DRAE]. || MARÍA MUÑECA: v. **María²**. | **2.** TENER MUÑECA: poseer habilidad y sutileza para manejar situaciones diversas. (Del esp. *muñeca*: parte del cuerpo humano donde se articula la mano con el antebrazo.)

muñeco, ca. m. y f. Hombre o mujer innominados, gralmente. con una connotación peyorativa. || m. Pene. || VOLTEAR MUÑECOS: atender las prostitutas a clientes; tener una mujer relaciones sexuales con distintos hombres en un lapso breve. (Del esp. *muñeco*: figurilla de hombre.)

muñequear. intr. y tr. Emplear alguien sus influencias con habilidad para obtener algo. | **2.** TENER MUÑECA. (V. **muñeca**.)

murga. f. Comparsa. (Del esp. *murga*: compañía de músicos malos que, con el pretexto de Pascuas, cumpleaños, etc., toca a las puertas de las casas acomodadas, con la esperanza de recibir algún obsequio.)

murra. f. Morra, juego entre dos personas que a un mismo tiempo dicen cada una un número que no pase de diez e indican otro con los dedos de la mano, y gana el que acierta el número que coincide con el que resulta de la suma de los indicados por los dedos. (Del gen. *mürra*, de igual signif.)

mus. m. No, nada. | **2.** Silencio. (La primera acep. deriva de la expr. esp. *no hay mus*, con la cual se niega lo que se pide; la s., de la expr. *sin decir tus ni mus*: sin decir palabra.)

musa. f. Forma apocopada de **musarela**.

musarela. f. Variante gráfica de **muzarela**.

música. f. Billetera; cartera. (Del germ. *música*, de igual signif.)

musiquear. intr. Acompañar la tortura de un detenido con la propalación de música en un volumen alto a fin de que no se escuchen los gritos de la víctima. (Del esp. *música*: composición musical.)

musiquín. m. Monedero. (V. **música**.)

musolino. m. Barrendero municipal. (Por alusión al bandido ital. Giuseppe *Musolino*, célebre por sus crímenes en la década de 1910, ya que la mayor parte de estos trabajadores era de nacionalidad italiana.)

muza. f. Forma apocopada de **muzarela**.

muzarela. f. Cierto tipo de queso fresco. | **2.** Silencio. || QUEDARSE MUZA(RELA): permanecer callado. (Del ital. meridional *muzzarella*: cierto tipo de queso fresco; en la segunda acep., por juego paronom. con **mus**.)

muzzarella. f. Variante gráfica y etimológica de **muzarela**.

N

nabo. m. Pene. ‖ nabo, ba. adj. Torpe, tonto. (Del esp. *nabo*: fruto seco en vainillas cilíndricas de la planta homónima; cf. piola, pija y goma.)

naca. m. y f. Vesre de cana. U. t. en pl.

nacapa. m. Vesre irreg. de campana.

nacarado. m. bandoneón. (En alusión a que, gralmente., este instrumento está adornado con aplicaciones de nácar.)

nación. m. Extranjero, gralmente. de nacionalidad italiana. (Del esp. *nación*: el natural de una nación contrapuesto al natural de otra.)

nacional. m. Billete o moneda de un peso. (Por abrev. de la denominación oficial "peso moneda nacional", vigente en la Argentina hasta 1970.)

naco. m. Andullo de tabaco [dado por el DRAE como amer.]. ‖ 2. Billete o moneda de un peso. (Del port. *anaco*: pedazo, trozo; en la segunda acep., por cruce con nacional.)

naerpi. f. Vesre de *pierna* y pierna.

naesqui. f. Vesre de *esquina* y esquina.

naifa. f. Mujer. (Vesre irreg. de *fémina* [?].)

naife. m. Cuchillo corvo, utilizado especialmente en mataderos y frigoríficos, que por su forma es más adecuado para terminar el faenado, pues ayuda a no cortar tanto los cueros. (Del ingl. *knife*: cuchillo.)

najado, da. ppio. perf. de najar. Fugado, evadido. ‖ 2. Echado, despedido. (V. najar.)

najamiento. m. Partida. ‖ 2. Huida, fuga. ‖ 3. Despido, expulsión. (V. najar.)

najar. intr. Irse. ‖ 2. Escaparse, huir velozmente. ‖ 3. tr. Echar, despedir. (Del caló *najar(se)*: marcharse, huir.)

najusamiento. m. Salida, partida. ‖ 2. Fuga. ‖ 3. Despido. (V. najusar.)

najusar. intr. Irse; escaparse. ‖ 2. tr. Observar. (Por cruce entre najar y junar.)

najushamiento. m. Variante fonética de najusamiento.

najushar. intr. y tr. Variante fonética de najusar.

najushiamiento. m. Forma epentética de najushamiento.

najushiar. intr. y tr. Forma epentética de **najushar.**

nal. m. Forma aferética de **nacional.**

nami. f. Vesre de **mina.**

namicar. intr. Vesre de *caminar.*

nana. f. Pupa, voz afectiva con que se alude a las lastimaduras o enfermedades de los niños [dado por el DRAE]. (Del quich. *nánay:* dolor.)

napia. f. Nariz. (Del gen. *nàppia:* nariz grande.)

napiún, na. adj. Narigón. (V. **napia.**)

naranja. f. En la expr. NO PASA NARANJA: no pasa nada. (Por juego paronom. entre *nada* y *naranja.*)

narigada. f. Porción de cocaína que se aspira a través de la nariz. (Del amer. *narigada:* pulgarada, porción de polvo que puede cogerse con dos dedos.)

narigazo. m. **narigada.**

narigueta. adj. Narigudo. (Del esp. *narigueta:* dimin. de nariz; por antífrasis.)

nariguetazo. m. **narigada.** (V. **narigueta.**)

nariguetearse. intr. Aspirar cocaína, drogarse. (V. **narigueta.**)

narquear. intr. y tr. Comercializar droga. | **2.** Consumir droga. (Creado a partir de *narco,* abrev. del esp. *narcotraficante:* que trafica con estupefacientes.)

nasún, na. adj. Narigón. (Del esp. *naso:* nariz grande.)

nave. f. **masa.** (Por abrev. del esp. *nave espacial:* máquina destinada a navegar en el espacio exterior a la atmósfera terrestre.)

negrada. f. Conjunto de **negros,** clase baja, proletariado. | **2.** Grupo de gente humilde. | **3.** Grupo de gente que despierta poca confianza. (V. **negro.**)

negraje. m. **negrada.** (V. **negro.**)

negrear. intr. Mantener habitualmente encuentros sexuales con mujeres morenas de clase baja. (V. **negro.**)

negrerío. m. **negrada.** (V. **negro.**)

negro, gra. adj. Natural del interior de la Argentina, gralmente. de tez morena. | **2.** Miembro de la clase baja. | **3.** Fórmula de tratamiento afect. y algunas veces despect. ‖ NEGRO BARATO, NEGRO DE MIERDA: persona muy humilde; persona desconfiable; mala persona. | **2.** EN NEGRO: sin regularizar, fuera de la ley. (De fuerte tono despect., como sus derivados; del esp. *negro:* dícese del individuo cuya piel es de color negro; para la expr. cf. **blanco.**)

negroide. adj. Despect. de **negro.**

negroncho, cha. adj. Despect. de **negro.** (Por adición del sufijo *-oncho,* de carácter despect.)

nene. m. En la expr. LLORARLE A UN HOMBRE EL NENE: gotearle el pene a consecuencia de una enfermedad venérea. (Por alusión a las lágrimas del niño pequeño.)

nerca. f. Vesre de *carne.*

neura. adj. Forma apocopada de *neurasténico:* enfermo de neurastenia.

nevado. m. Cigarrillo de marihuana espolvoreada con cocaína. (Por alusión al color blanco como la nieve de la cocaína.)

nicle. m. Variante con metátesis de **níquel.**

nido. m. En la expr. PATEARLE EL NIDO A ALGUIEN: desbaratar sus intenciones. (Del esp. *nido:* especie de lecho que forman las aves.)

nieve. f. Cocaína. (Por alusión al color blanco del clorhidrato de cocaína.)

níquel. m. Moneda de 5, 10 y 20 centavos de peso moneda nacional. (Del esp. *níquel:* metal de color y brillo semejantes a los de la plata, algo más pesado que el hierro.)

niquelado, da. ppio. perf. de **niquelarse.**

niquelarse. intr. Vestirse con ropa nueva y elegante. (Por alusión al esp. *niquelar*: cubrir con un baño de níquel.)

nísperos. m. pl. Testículos. (En alusión, por su forma, a los frutos del níspero.)

nocau. adj. En el deporte del box, puesto fuera de combate. I **2.** Descolocado; abatido, vencido. I **3.** Abatimiento; derrota. (Del ingl. *to knock out*: poner fuera de combate al adversario derribándolo.)

nochero. m. Coche de plaza que trabaja de noche. (Del esp. *noche*: tiempo en que falta sobre el horizonte la claridad del sol.)

noerma. m. Vesre de *hermano*.

noma. f. Vesre de *mano*.

nombre. m. En la expr. HACER NOMBRES: delatar. (Del esp. *nombre*: palabra con que son designados los objetos.)

nona. f. Abuela. (Del ital. *nonna*: abuela.)

noni. m. Sueño, acción de dormir. II NONI NONI: **nono.** I **2.** HACER NONI, HACER NONI NONI: dormir. (Voz derivada de una canción de cuna que tararean las madres a los niños para hacerlos dormir.)

nono[1]. m. Abuelo. (Del ital. *nonno*: abuelo.)

nono[2]. m. **noni.** II HACER NONO: HACER NONI. (Es variante alternativa de **noni**, salvo que **nono** no se duplica; v. **noni.**)

noque. m. Escondite difícil de descubrir. (Del esp. *noque*: pequeño estanque o pozuelo en que se ponen a curtir las pieles.)

noqueador. m. Boxeador que suele vencer por **nocau**. (V. **nocau.**)

noquear. tr. Poner a alguien fuera de combate. I **2.** Desmayar de un golpe a alguien. (V. **nocau.**)

novela. f. En la expr. DE NOVELA: muy bueno, excelente; desmesurado, grande, increíble. (Es el esp. *novela*: obra literaria en prosa de cierta extensión.)

novi. m. Vesre de *vino*.

noviar. intr. Flirtear [dado por el DRAE]. I **2.** Tener un noviazgo dos personas. (Del esp. *novio*: persona que mantiene relaciones amorosas en expectativa de futuro matrimonio.)

novoa. adj. Nuevo. (Por juego paronom. con el apellido *Novoa*.)

nuca. f. En la expr. ESTAR DE LA NUCA: ESTAR DE LA CABEZA. (Por metonimia entre *cabeza* y *nuca*.)

nueve. f. Pistola de un calibre de nueve milímetros. (Es el num. esp. *nueve*.)

numerero. m. Invidividuo que acepta apuestas clandestinas de quiniela, gralmente. por cuenta ajena. (Por alusión a que sus anotaciones son casi exclusivamente números.)

número. m. En la expr. PONER EL NÚMERO: ganar, triunfar. (En alusión a la colocación de los resultados en las pizarras de los hipódromos, en las cuales aparecen los números de los caballos ganadores.)

Ñ

ñaca. f. Vesre de caña.

ñácate. Interj. onomatopéyica que denota un golpe o un ruido, o alude a un hecho violento, disparatado, increíble o sorpresivo.

ñaña. f. Capricho, antojo. | 2. Delicadeza afectada. | 3. Requilorio. (Etimol. incierta.)

ñañoso, sa. adj. Caprichoso, antojadizo. | 2. Exageradamente delicado. | 3. De una formalidad excesiva. (V. ñaña.)

ñapado, da. ppio. perf. de ñapar.

ñapar. tr. Vesre irreg. –y aferético– de apañar.

ñaquear. tr. BAJAR LA CAÑA. (Formado sobre el vesre ñaca; cf. bajar; v. caña.)

ñata. f. Nariz, especialmente la pequeña. (V. ñato.)

ñato, ta. adj. De nariz aplastada [dado por el DRAE como amer.]. || m. y f. Persona innominada. || LA QUINTA DEL ÑATO: v. quinta. (Del piam. gnato: romo.)

Ñaupa. m. Personaje supuesto. || MÁS VIEJO QUE ÑAUPA: viejísimo. | 2. EN (LOS) TIEMPOS DE ÑAUPA: en un pasado remoto. (Del quich. ñaupa: antiguo, que existió en otra época.)

ñemu. f. Forma aferética de cañemu.

ñoba. m. Vesre de baño.

ñoca. m. Vesre de caño y caño.

ñocorpi. m. Vesre del argent. corpiño: sostén.

ñoqui. m. Cada uno de los trocitos en que se divide una masa fundamentalmente hecha con harina, papa y huevo y que se cuecen en agua hirviente. | 2. Golpe en el rostro, puñetazo. | 3. m. y f. Empleado público que, por lo gral., obtiene su nombramiento en virtud de la relación con algún dirigente político y que sólo concurre a su lugar de trabajo a fin de mes para cobrar. | 4. Persona en relación de dependencia que cobra sin trabajar o trabajando menos de lo que debería. || ÑOQUIS A LA ROMANA: Cada uno de los redondeles de una masa de sémola hervida en leche, que se terminan de cocinar en el horno. (Del ital. *gnocchi*, pl. de *gnocco*: albondiguilla de harina, papa y huevo; la segunda acep. alude a la forma del puño –semejante a la de la pasta italiana–; la tercera alude al hecho de que el día 29 de mes –gralmente. el día de pago en la administración pública– existe la costumbre de comer **ñoquis** en Buenos Aires y su zona de influencia; la s. es ext. de la anterior; para las dos últimas aceps., cf. **langostero**.)

ñoricompa. m. Vesre irreg. de *compañero*.

ñorsa. f. Señora. (Por feminiz. de **ñorse**.)

ñorse. m. Vesre de *señor*.

ñudo. m. En la expr. AL ÑUDO: en vano, inútilmente. (Deriva del lenguaje rural, por alusión al obstáculo que implica desatar un nudo; del esp. *ñudo*: nudo.)

O

obispo. m. Forma aferética de **arzobispo.**

obligar. tr. Invitar a beber a alguien. || PAGO Y OBLIGO o TOMO Y OBLIGO eran en un tiempo fórmulas habituales para convidar a beber. (Por ext. del esp. *obligar*: mover e impulsar a hacer o cumplir una cosa.)

ocá. interj. De acuerdo. (Por los nombres de las letras que componen la sigla de origen norteamericano OK –pronunciada *okey*–: correcto, de acuerdo.)

ochentoso. adj. Relativo o perteneciente a la década que comenzó en 1980. | **2.** Que recuerda en algún aspecto (la música, la moda, la forma de hablar y comportarse) la década de 1980. (Del esp. *ochenta*: ocho veces diez con el sufijo despect. *-oso*.)

ocho. m. Figura coreográfica del baile del tango en la cual imaginariamente la bailarina dibuja con sus pies este número alrededor de su pareja. (Es el esp. *ocho*.)

ochoa. adj. num. Ocho. (Por juego paronom. con el apellido *Ochoa*.)

ochocuarenta. m. Proxeneta, **cafiolo.** || adj. Parásito, vividor; que disfruta de los beneficios obtenidos por el esfuerzo ajeno. (Es el número de un edicto policial, el ochocientos cuarenta, que condenaba el proxenetismo.)

ofiche. m. Oficial de policía. (Despect. de **oficio,** tal vez en cruce con **fiche.**)

oficio. m. Oficial de policía. (Por juego paronom. entre *oficial* y el esp. *oficio*: ocupación habitual.)

ofri. m. Vesre de *frío*.

oidió. interj. Deform. de *¡Ay, Dios!*

oidioca. interj. Forma paragógica de **oidió.**

ojete. m. Suerte. (Del esp. *ojete*: ano, por semejanza con **culo.**)

ojetudo, da. adj. Afortunado. (V. **ojete.**)

ojímetro. m. En la expr. A OJÍMETRO: a ojo, aproximadamente. (Creado a partir de la combinación del esp. *ojo*: órgano de la vista y el sufijo *-metro*, que significa 'medida'.)

ojito. m. En la expr. DE OJITO: de ojo. (V. **ojo.**)

ojo. interj. Cuidado, atención; **guarda.** ‖ m. En las exprs. DE OJO: gratuito; gratuitamente. | **2.** TENER OJO: tener cuidado. (Del esp. *ojo*: órgano de la vista; el uso como interj. nace de la abrev. de la segunda expr., tras lo cual se produjo la gramaticalización.)

ojota. f. Sandalia, gralmente. de goma, sujeta al pie por una cinta que pasa entre los dedos. ‖ interj. Cuidado. (Del quich. *usuta*: sandalia; en la segunda acep. por juego paron. entre **ojo** y **ojota.**)

oká. interj. Variante gráfica y etimológica de **ocá.**

oleculos. adj. **lambeculos.** (Formado a partir del esp. *oler*: percibir los olores y el esp. *culo*: ano.)

oledor, ra. adj. **lambedor.** (V. **oleculos.**)

oledora. f. Nariz. (Del esp. *oledor*: que exhala olor o lo percibe.)

oler. tr. Lisonjear, halagar a alguien con algún interés. (Es abrev. de OLER EL CULO, de igual signif.; v. **oleculos.**)

olfa. adj. Forma apocopada y más difundida de **olfaturista.**

olfaturista. adj. Adulador, obsecuente. (Del esp. *olfatear*: oler con ahínco y persistentemente.)

oligarca. m. Persona de clase alta. | **2.** Persona acaudalada, contraria al justicialismo, que comandaba el general Juan Domingo Perón. | **3.** Persona acaudalada. (Por ext. del esp. *oligarca*: cada uno de los individuos que componen una oligarquía; la segunda surgió en 1945 en la campaña electoral previa a la primera presidencia de Perón; la tercera es ext. de la anterior.)

oligo. adj. Forma apocopada de *oligofrénico.*

olivar. intr. Irse. | **2.** Fugar, escaparse. U. t. c. prnl. en ambas aceps. (V. **olivo.**)

olivetti. m. **olivo.** (Por juego paronom. con el nombre *Olivetti*, marca de fábrica de máquinas de escribir y de calcular.)

olivo. m. En las exprs. ss.: DAR EL OLIVO: despedir, echar, expulsar [dado por el DRAE]. | **2.** TOMARSE EL OLIVO: irse. (De la expr. esp. de la tauromaquia *tomar el olivo*: guarecerse en la barrera y, por ext., huir, marcharse.)

olla. f. En la expr. PARAR LA OLLA: ganar lo suficiente para poder comer; sustentar materialmente a una familia o grupo. (Del esp. *olla*: vasija redonda que se usa para cocinar; el sentido de **parar** deriva del esp. *parar*: prevenir o preparar.)

onda. f. Asunto; tema, materia. | **2.** Estado de ánimo. | **3.** Manera de ser, carácter. | **4.** Estilo. ‖ DE ONDA: de buena gana, con el fin de ayudar y sin segundas intenciones. | **2.** ESTAR EN LA ONDA: saberlo todo; comprender; estar al tanto de las cosas que pasan dentro de una actividad o grupo determinados, ESTAR IN. | **3.** ESTAR EN O DE ONDA: estar de moda [dado por el DRAE]; estar a la moda. | **4.** ESTAR CON BUENA O CON MALA ONDA: estar con buen o mal ánimo o genio. | **5.** HABER BUENAS ONDAS: darse una serie de sensaciones agradables, percibirse un buen clima. | **6.** HABER MALAS ONDAS: percibirse un mal clima. | **7.** HABER ONDA CON ALGUIEN (O ENTRE DOS PERSONAS): mostrar interés en iniciar una relación amorosa; gustarse. | **8.** ¿QUÉ ONDA?: ¿Qué pasa? | **9.** SER UN (O UNA) MALA ONDA: tener mal carácter; maltratar a los demás. | **10.** TENER BUENA ONDA: tener un trato agradable, estar bien predispuesto. | **11.** TENER MALA ONDA: ser desagradable en el trato. | **12.** TENER (TODA LA) ONDA: tener un modo de ser o de actuar que provocan confianza; tener un estilo o un aspecto interesante; generar en los otros un interés particular. | **13.** TENER ONDA CON ALGUIEN: dicho de dos personas, sentir inclinación mutua afectiva y espontánea [dado por el DRAE]; tener empatía con esa persona: gustar y ser gustado. | **14.** TIRAR BUENAS O MALAS ONDAS: predisponer hacia sí bien o mal a alguien. | **15.** TIRARLE (UNA) ONDA O TIRARLE ONDAS A ALGUIEN: darle a entender que resulta atractivo y que se quiere entablar con él una relación amorosa. (Del esp. *onda*, pensada como *onda electromagnética*: forma de propagarse a través del espacio los campos eléctricos y magnéticos producidos por las cargas eléctricas en movimiento.)

opa. adj. Tonto, idiota [dado por el DRAE]; deficiente mental. (Del quich. *upa*: bobo.)

operativo. m. Serie de acciones coordinadas de antemano para cumplir determinado fin. (Del esp. *operar*: llevar a cabo acciones de guerra, mover un ejército con arreglo a un plan.)

opertuso. m. Forma protésica de **pertuso**.

opiado, da. ppio. perf. de **opiar**. (V. **opio**.)

opiar. tr. Aburrir. U. t. c. prnl. (V. **opio**.)

opio. m. Aburrimiento. || DAR EL OPIO: despedir –por confusión con DAR EL OLIVO–. (Del esp. *opio*: resultado de la desecación del jugo que se hace fluir por incisiones de las cabezas de adormideras verdes.)

oreja. m. Forma aferética de **manyaoreja**.

orejear. tr. Adular. | **2.** Brujulear. | **3.** Vislumbrar, entrever. (Para la primera acep., v. **oreja**; la segunda se origina en la expr. esp. *tirar uno la(s) oreja(s)*: jugar a los naipes; la tercera es ext. de la anterior.)

orejeo. m. Brujuleo. (V. **orejear**.)

orejero, ra. adj. Obsecuente, adulón; chismoso. (V. **oreja** y **manyaoreja**.)

orejudo, da. adj. Adepto al partido conservador. (Por alusión al dirigente conservador Marcelino Ugarte, gobernador de la provincia de Buenos Aires entre 1914 y 1917, a quien se le había puesto el mismo mote que correspondía al joven delincuente José Santos Godino, "el Petiso orejudo".)

orilla. f. Arrabales, afueras de una población [dado por el DRAE]. U. t. en pl. (Del esp. *orilla*: término, límite o extremo de la extensión superficial de algunas cosas.)

orillero, ra. adj. Arrabalero [dado por el DRAE como amer.]; habitante del arrabal u **orilla**. (V. **orilla**.)

orión. m. Sombrero masculino de copa hundida y de ala angosta. (Tomado de *Orión*, seudónimo del periodista Héctor F. Varela [1832-1891], quien puso de moda un sombrero de copa alta y ala angosta adornado con una pluma en la cinta.)

oriya. f. Variante gráfica de **orilla**.

oriyero, ra. adj. Variante gráfica de **orillero**.

orre. m. Vesre de *reo* y **reo**.

orsai. m. En el fútbol, posición reglamentariamente nula para el ataque. | **2.** Mala ubicación. || ESTAR EN ORSAI: estar desubicado, fuera de lugar; estar en situación difícil; estar en falta. | **2.** QUEDAR EN ORSAI: quedar descolocado en una situación; salir mal parado o perjudicado. (Por deform. del ingl. *off side*: posición fuera de juego de un jugador.)

ortelano. m. Variante gráfica de **hortelano**.

ortiba. m. Vesre de **batidor**. || adj. Egoísta, **garca**; que se niega a hacer favores o ayudar a los demás. | **2.** Malhumorado, **cortado**; que rechaza invitaciones y propuestas para divertirse. (V. **batidor.**)

ortibar. tr. **batir.** (Formado a partir de **ortiba.**)

ortibarse. intr. Enojarse. | **2.** Hablar o comportarse de modo contrario a como habla o actúa la mayoría de un grupo. (V. **ortiba.**)

ortibón. m. Aument. de **ortiba.**

orto. m. Ano. | **2.** Trasero. | **3.** Suerte. || CERRAR EL ORTO: v. **cerrar.** | **2.** DAR POR EL ORTO: penetrar por el ano, sodomizar. | **3.** ESTAR COMO O PARA EL ORTO: ESTAR COMO O PARA EL CULO. | **4.** HACER EL ORTO: sodomizar; perjudicar, estafar. | **5.** IRLE A ALGUIEN COMO O PARA EL ORTO: IRLE A ALGUIEN COMO O PARA EL CULO. | **6.** LA LOMA DEL ORTO: v. **loma.** | **7.** PONER CARA DE ORTO: PONER CARA DE CULO. | **8.** PUTO DEL ORTO: varón homosexual. | **9.** TENER CARA DE ORTO: TENER CARA DE CULO. (De **hortelano**, apocopado finalmente en **orto** y con eliminación de la *h* inicial [?].)

ortopédico. m. Ano. | **2.** Trasero. (Por juego paronom. entre **orto** y el esp. *ortopédico*: perteneciente o relativo a la ortopedia.)

oruga. m. Cochero, conductor de coches o carruajes. (Por deform. –que no excluye el juego paronom.– del esp. *auriga*: el que dirige o gobierna las caballerías que tiran de un carruaje.)

oso. m. En la expr. HACERSE EL OSO: hacerse el tonto o el desentendido. (De la expr. esp. *hacer uno el oso*: exponerse a la burla o lástima de las gentes, haciendo o diciendo tonterías.)

otario, ria. adj. Cándido, elegido por un delincuente para ser estafado. | **2.** Tonto, necio, fácil de embaucar [dado por el DRAE]. (Por alusión a la *otaria*: nombre científico del león marino, animal de movimientos torpes y que se deja atrapar con facilidad.)

oulet. m. Variante sincopada de **outlet.**

out [áut]. adv. En la expr. ESTAR OUT: no estar de moda; no comprender; estar mal informado, no estar al tanto de las cosas que pasan dentro de una actividad o grupo determinados. (Es el ingl. *out*: fuera de moda, de su tiempo o estación.)

outlet [áulet]. m. Comercio en el que se venden prendas de vestir con pequeños defectos a un precio menor que el habitual. | **2.** Local donde se comercializan todo tipo de mercaderías, con pequeñas fallas o no, a bajo precio. | **3.** **megaoutlet.** (Del ingl. *outlet*: salida, a partir del uso de la expr. del ingl. norteamericano *outlet mall*: paseo de compras, almacén de grandes dimensiones.)

ovarios. m. pl. Valentía, coraje. || PONER OVARIOS: PONER HUEVO(S). | **2.** TENER OVARIOS: TENER HUEVOS. (Del esp. *ovario*: gónada femenina, se usa para resaltar el valor en una mujer, del mismo modo que **huevos** se utiliza para un hombre; cf. **huevo.**)

overo, ra. adj. Amoratado a golpes. (Del esp. *overo*: aplícase a los animales de color parecido al del melocotón, y especialmente al caballo.)

oxidado, da. adj. Anticuado, obsoleto –aplicado sólo a personas–. (Por alusión al esp. *oxidar*: transformar un cuerpo por la acción del oxígeno.)

oxigenada. f. Mujer teñida de un color rubio muy claro. (Por alusión al *agua oxigenada*, producto que decolora el cabello, utilizado por personas de la clase baja.)

oyo. pron. personal. Forma protésica de *yo.*

P

pa. m. Forma apocopada de *papá*.

pachá. m. Persona de fortuna. (Del esp. *pachá*: bajá –título de honor usado en Turquía–, tomado del fr., y éste, a su vez, del turco.)

pachorra. adj. Forma apocopada de **pachorriento**.

pachorriento, ta. adj. Perezoso, pachorrudo. (Del esp. *pachorra*: flema, tardanza, indolencia.)

paco. m. Envoltorio pequeño que aparenta contener mucho dinero, usado en ciertas estafas. | **2.** Fajo de dinero. | **3.** Paquete, envoltorio. (Del ital. *pacco*: paquete.)

pacoy. m. **paco**. (Por juego paronom. con el nombre de un famoso caballo de carrera de nombre *Pacoy*.)

pacuso. m. Variante fest. de **paco**.

padre. m. Fórmula de tratamiento entre personas de condición humilde. ‖ DE PADRE Y SEÑOR NUESTRO: de gran intensidad o magnitud. (Es el esp. *padre*: hombre respecto de sus hijos; en la expr., por

deform. de la expr. del esp. *de padre y muy señor mío*, de igual signif.)

pagadiós. m. Acción por la que se evita el pago de un servicio o insumo requerido. (Formado por modificación del esp. *pagaré*: papel de obligación por una cantidad que ha de pagarse a tiempo determinado, a partir de la conocida expr. esp. *que Dios se lo pague*.)

paganini. m. y f. Persona que acostumbra a pagar gastos ajenos o comunes –compartidos por ella con otros–. (Por juego paronom. entre *pagar* y el apellido italiano *Paganini*.)

pagar. tr. En las exprs. ss.: DEJAR PAGANDO: sorprender a alguien dejándolo repentinamente en una posición incómoda, desairar; dejar a otro inesperadamente a cargo de una responsabilidad. | **2.** QUEDAR PAGANDO: quedarse sin palabras para responder; quedar frustrado o desairado; quedar en situación incómoda. (Del esp. *pagar*: dar uno a otro lo que le debe; metafóricamente quien QUEDA

PAGANDO es el que debe hacerse cargo de los gastos.)

pago. m. Lugar en el que ha nacido o está arraigada una persona y por ext. lugar, pueblo, región [dado por el DRAE]. (Por ext. del esp. *pago*: distrito determinado de tierras o heredades.)

paica. f. Mujer joven, muchacha. (Etimol. incierta.)

paisano, na. m. y f. Judío. (Del esp. *paisano*: dicho de una persona, que es del mismo país, provincia o lugar que otra.)

paja. f. Masturbación. | **2.** Pérdida de tiempo, especialmente designa el tiempo invertido en conversaciones acerca de proyectos que no se realizan. | **3.** Discurso que carece de fundamentos y propuestas. || adj. Desganado. || CLAVARSE UNA PAJA: v. **clavarse.** | **2.** DARLE A UNO PAJA: darle pereza. | **3.** TENER PAJA: tener pereza, tener **fiaca.** (Del caló *pajabar*: tocar obscenamente; la acep. como adj. hace alusión al estado de cansancio inmediatamente posterior al acto de masturbarse.)

pajarera. f. Cabeza. (A partir de la expr. *tener pájaros o pajaritos en la cabeza*: tener ambiciones desmedidas.)

pajarito. m. Bebida fabricada artesanalmente y consumida en la cárcel que posee una alta graduación alcohólica a partir de agua, jugo en polvo y alcohol fino. | **2.** Bebida alcohólica de fabricación casera resultado de la fermentación de cualquier fruta. (Quizá recibe este nombre por referencia metonímica a su otra y más antigua denominación: **alpiste.**)

pájaro. m. En la expr. PÁJARO CANTADOR: oro. (Por alusión al color de las plumas del canario.)

pajarón, na. adj. Cándido, imbécil. | **2.** Presuntuoso, que tiene más prestigio que el merecido. (Aument. del esp. *pájaro*, por abreviación de *pájaro bobo*.)

pajear. tr. Masturbar. U. t. c. prnl. | **2.** intr. Perder el tiempo, especialmente en la elaboración de proyectos que no se concretan. U. m. c. prnl. (V. **paja.**)

pajería. f. Fruslería. (V. **paja.**)

pajero, ra. adj. Masturbador. | **2.** Torpe, lerdo, carente de viveza. (V. **paja.**)

pajuerano, na. m. y f. Persona procedente del campo o de una pequeña población que ignora las costumbres de la ciudad [dado por el DRAE]. (Por contracción de *pa' juera*, deform. gauchesca de *para afuera*.)

paki. m. y f. Variante gráfica de **paqui.**

pala. f. Cocaína, **merca.** (Del esp. *pala*: instrumento compuesto de una tabla de madera o plancha de hierro y un mango grueso y más o menos largo, según los usos a que se destina, por metonimia.)

palangana. m. Rufián. || adj. Fanfarrón, pedante [dado por el DRAE]. (Por oscura alusión al esp. *palangana*: jofaina.)

palanganear. intr. Fanfarronear [dado por el DRAE]. (V. **palangana.**)

palanquear. tr. Emplear alguien su influencia en beneficio de otra persona o de un negocio. (Del esp. *palanca*: intercesión poderosa o influencia que se emplea para lograr algún fin.)

palanquín. m. Llave cuyos extremos tienen forma de T y de L respectivamente. | **2.** Ladrón que utiliza la palanqueta para sus fines. (Del germ. *palanquín*: ladrón o ratero.)

palenque. m. Palanca, influencia. (Por juego paronom. entre *palanca* y el esp. *palenque*: valla de madera o estacada.)

paleta. f. Llave plana para forzar cerraduras. (Del esp. *paleta*, dimin. de *pala:* tabla de madera de figura elíptica, con un mango por donde se empuña, usada para jugar a la pelota.)

pálida. f. Efecto negativo que producen ciertas drogas. | **2.** Depresión, abatimiento. | **3.** Idea, suceso o referencia deprimente. | **4.** Mala suerte. | **5.** Muerte –como personificación, habitualmente con mayúscula–. || TIRAR PÁLIDAS: contar desgracias, hacer malos augurios, tratar mal, echar culpas. (Del esp. *pálido:* que presenta palidez; desanimado, en alusión doble a la palidez eventual y al estado de decaimiento que puede seguir al consumo de estupefacientes; las restantes aceps. son ext. de la primera.)

palito. m. En la expr. PISAR EL PALITO: caer alguien en una trampa. (Por alusión al *palito* con el que los ladrones de gallinas desde cierta distancia del gallinero tocan al animal dormido, al que despiertan con un silbido. El ave, sobresaltada, se posa sobre el palo y el ladrón se la lleva.)

palma. f. Enfermedad. | **2.** Cansancio, debilidad. | **3.** Sueño. | **4.** Depresión. | **5.** Indigencia. (V. **palmar.**)

palmado, da. ppio. perf. de **palmar.** Somnoliento, dormido. | **2.** Achacoso, enfermo de gravedad. | **3.** Muy cansado, debilitado. || adj. Deprimido. | **2.** Indigente. (V. **palmar.**)

palmador, ra. adj. Pagador. (V. **palmar.**)

palmadura. f. **palma.** (V. **palmar.**)

palmar. tr. Pagar. | **2.** intr. Dormir. | **3.** Terminar, acabar. | **4.** Errar, fracasar. | **5.** Enfermar. | **6.** Debilitarse. (Del germ. *palmar:* dar por fuerza una cosa, en la primera acep.; las ss. provienen del esp. *palmar:* morir.)

palmera. f. En la expr. ESTAR EN LA PALMERA: carecer de dinero. (Del esp. *palmera:* árbol de la familia de las palmas.)

palmeta. adj. **palmado.** | **2. palmador.** (Por juego paronom. con el esp. *palmeta:* instrumento usado por los maestros de escuela para castigar a los muchachos.)

palmieri. adj. **palmado.** | **2. palmador.** (Por juego paronom. con el apellido *Palmieri*, que también daba nombre a una conocida joyería de Buenos Aires.)

palo. m. Millón –hablando de dinero–. | **2.** En tenis –y por ext. en otros deportes–, golpe violento dado a la pelota. | **3.** Porrazo, golpe, gralmente. por accidente. | **4.** Pene [dado por el DRAE]. | **5.** Grupo con una comunidad de intereses o gustos. || DAR CON UN PALO: DAR CON UN CAÑO: v. **caño.** | **2.** DARLE PALO Y PALO: realizar una actividad sin descanso. | **3.** DARSE O PEGARSE UN PALO: chocar con un vehículo; golpearse; tener un accidente. | **4.** ESTAR AL PALO: tener el pene erecto; estar animado, con fuerza; estar excitado; estar contento; estar obsesionado o entusiasmado; estar en el máximo de rendimiento –velocidad, volumen, etc.–. | **5.** LA DE PALO: en el fútbol, la pierna izquierda, si se trata de un diestro y viceversa. | **6.** NI A PALOS: de ningún modo; jamás; NI AHÍ, NI A GANCHO(S). | **7.** NO TOCAR A ALGUIEN NI CON UN PALO: no estar dispuesto a una relación amorosa o a mantener relaciones sexuales. | **8.** PALO Y A LA BOLSA: locución que se usa para aludir a un éxito o logro determinado, como una conquista amorosa, la consecución de un negocio, etc. | **9.** SER DEL (MISMO) PALO: tener gran afinidad con otro o pensar de modo semejante;

pertenecer a un mismo grupo. | **10.** TOMARSE EL PALO: v. **tomarse.** (En la primera acep., quizá calcado del argót. *bâton*, de igual signif.; la segunda y la tercera derivan del esp. *palo*: golpe que se da con un palo; la cuarta es metafórica; la quinta deriva de *palo*: cada una de las cuatro series en que se divide la baraja de naipes; la mayoría de las exprs. aluden al *palo* como pieza gralmente. de madera mucho más larga que gruesa, generalmente cilíndrica y fácil de manejar; la primera se relaciona con la segunda y tercera aceps.; la cuarta expr. se relaciona con la cuarta acep.; la novena expr. con la quinta acep.; la última expr. es oscura.)

paloma. f. Encomienda ingresada de modo subrepticio en una cárcel, sea arrojándola por el aire, sea levantada con un anzuelo improvisado o **robador**, y que puede contener drogas, armas, ropa o comida. (Por alusión al esp. *paloma*: ave doméstica, porque como ésta puede volar.)

palomar. m. Casa de inquilinato de muchas habitaciones. (Por alusión al esp. *palomar*: aposento donde se crían las palomas caseras, en referencia a sus muchas aberturas.)

palomita. f. En el fútbol, cabezazo que un jugador, lanzado al aire horizontalmente y con los brazos abiertos, le da a la pelota. (Dimin. del esp. *paloma*: cierta clase de ave, en alusión al vuelo de ésta.)

palpitar. tr. Presentir. (Del port. *palpitar*: presentir.)

pameca. adj. Variante alternativa de **pamela.**

pamela. f. Bombín. || adj. Tonto, cándido. (Del cast. *pamela*: sombrero de paja, bajo de copa y ancho de alas, que usan las mujeres, especialmente en verano; la segunda acep. parece ser un cruce con **panete.**)

pamento. m. Forma aferética de **aspamento.**

pampa. f. En la expr. EN PAMPA Y LA VÍA: en la indigencia. (Originado en la figura, dada por el cruce de la calle *Pampa* con las vías del ferrocarril, en la ciudad de Buenos Aires, zona donde a comienzos del siglo XX se reunían bajo la arcada de un puente quienes no tenían alojamiento.)

pan. m. En la expr. PAN DULCE: trasero, especialmente el de gran tamaño. (En alusión a la forma del *pan dulce*, equivalente a la del *panettone* italiano.)

panarino. m. Dimin. de **panaro.**

panaro. m. Trasero, nalgas. (Del nap. *panaro*: trasero.)

pancho¹. m. Emparedado de salchicha. (Etimol. incierta.)

pancho². m. Intento frustrado de llevar a cabo un negocio ilegal. (Etimol. incierta.)

pancho, cha³. adj. Tonto, estúpido. || ESTAR O QUEDARSE (LO MÁS) PANCHO: permanecer tranquilo, no alterarse. (Por ext. del esp. *pancho*: tranquilo, inalterado.)

pancracio, cia. adj. Tonto, bobo. (Por lexicaliz. del nombre propio *Pancracio*.)

pandeiro. m. **pandero.** (Es el gall. *pandeiro*: pandero.)

pandero. m. Trasero. (Por alusión al esp. *pandero*: instrumento rústico formado por uno o dos aros superpuestos, provistos de sonajas o cascabeles.)

panera. f. Silla. (Del esp. *panera*: cesta del pan; v. **pan.**)

panete, ta. adj. Tonto. (Etimol. incierta.)

pangrullo, lla. adj. Tonto, torpe. (Etimol. incierta.)

pangruyo, ya. adj. Variante gráfica de **pangrullo**.

pánico. m. En la expr. ACHICAR EL PÁNICO: tranquilizarse, serenarse. (Del esp. *pánico*: miedo grande, temor muy intenso.)

panqueque. m. Pasta delgada en forma de disco, hecha con una mezcla liviana de harina, huevo y leche, que se fríe en manteca y luego se cubre, para servirla, abierta o enrollada, con ingredientes gralmente. dulces. (Del ingl. *pancake*: torta de sartén.)

pantallas. f. pl. Orejas. (Por alusión al esp. *pantalla*: lámina que se sujeta delante o alrededor de una luz artificial.)

pantera. f. **leona**. (Del esp. *pantera*: leopardo cuyas manchas circulares de la piel son todas anilladas.)

pañales. m. pl. En la expr. ESTAR LA NOCHE EN PAÑALES: ser temprano, tener tiempo por delante para seguir divirtiéndose. (Es el esp. *pañal*: tira de tela o celulosa absorbente que se pone a los niños pequeños.)

papa. f. Persona o cosa de gran belleza o provecho. | **2.** Mujer hermosa [dado por el DRAE]. | **3.** Cosa conveniente o fácil de hacer [dado por el DRAE], ocasión, oportunidad. | **4.** Cáncer. | **5.** Agujero en la media, particularmente en el talón. | **6.** Cocaína; por ext., droga en general, incluidos los fármacos. | **7.** Enfermedad del SIDA. || adj. Hermoso, de calidad, provechoso. || adv. Bellamente, provechosamente. || SER ALGO UNA PAPA: ser algo fácil de realizar o comprender. | **2.** TENER LA PAPA: tener cáncer; ser portador del VIH, el virus del SIDA. (Del esp. *papa*: cualquier especie de comida, especialmente las que se dan a los niños; la segunda y tercera

aceps. son exts. de la primera; la cuarta y la séptima se dan por antífrasis; la quinta hace alusión a que el agujero, cuando la media está puesta, recuerda una papa pelada; la sexta es oscura, aunque podría relacionarse con **papel**. Los valores como adj. y adv. son exts. de las dos primeras aceps.)

papá. m. Hombre –fórmula de tratamiento afectiva–. (Por ext. de *papá*: padre.)

papafrita. adj. Tonto. (Del esp. *papa frita*: patata frita, en cruce con **paparulo**.)

papagayo. m. Botella de forma especial que se usa para recoger la orina del varón encamado [dado por el DRAE]. (Del piam. *papagal*: orinal de cama en cruce con el esp. *papagayo*: ave del orden de las psitaciformes.)

paparulo, la. adj. Tonto, distraído, torpe. (Por cruce entre el esp. *paparote*: hombre simple y crédulo, y **chitrulo**.)

papearse. intr. Drogarse, especialmente con cocaína. (V. **papa**.)

papel. m. Dosis de cocaína de entre 0,5 y 1 gramo envuelta en un sobrecito o papel, **raviol**. (Del esp. *papel*: pliego, hoja o pedazo de papel.)

papelito. m. Dimin. de **papel**.

papelonero, ra. adj. Que acostumbra a hacer papelones. (Del esp. *papelón*: actuación deslucida o ridícula de alguien.)

papero, ra. adj. Consumidor de cocaína. | **2.** Consumidor de drogas ilegales o de medicamentos sin prescripción médica. (V. **papa**.)

pápira. f. Cartera, billetera. (Del esp. fam. *pápiro*: billete de banco.)

papirusa. f. Mujer hermosa. (Afect. de **papa**, por cruce con el polaco *papjerosy*: cigarrillo, palabra muy usual entre las prostitutas polacas.)

papito. m. Varón muy atractivo, de buen físico. (Es el dimin. del esp. *papá*: padre.)

papo. m. Vulva. I **2. pálida.** –en sus aceps. segunda, tercera y cuarta–. I **3.** Discurso prefabricado, libreto. II TIRAR PAPOS: TIRAR PÁLIDAS. (Del caló *papo*: vulva; las ss. aceps. resultan oscuras.)

paponia. f. En el turf, **fija.** I **2.** Ocasión, oportunidad; cosa fácil o favorable. (Por deform. de **papa**.)

papuchi. m. Forma alternativa de **papucho.**

papucho. m. Variante fest. de **papá.** (Parece ser una creación de Manuel García Ferré, cuyo personje Oaky llamaba así a su padre, el millonario Gold Silver, en la miniserie animada *Hijitus*, que comenzó a difundirse en la televisión argentina en 1968.)

papurri. m. Forma afect. de **papito.**

papusa. f. Mujer hermosa. I **2.** Cocaína. (Afect. de **papa**.)

papusaje. m. Reunión o conjunto de **papusas.** (V. **papa**.)

papuso, sa. adj. Lindo, hermoso. (V. **papa**.)

paquete¹. m. Baraja de naipes preparada, totalmente o en parte, para una trampa por el tallador. I **2.** En el boxeo –y por ext., en otros deportes– individuo torpe. I **3.** Persona ingenua y tonta. II SER ALGUIEN UN PAQUETE: en el ámbito deportivo, ser inhábil, torpe, poco diestro. (La primera acep. deriva del esp. *paquete*: lío o envoltorio bien dispuesto y no muy abultado de cosas de una misma o distinta clase; en la segunda se hace alusión al carácter inánime, a la dificultad para moverse del deportista; la tercera se relaciona con la expr. carcelaria

TENER EL PAQUETE BAJO EL BRAZO: ser ingenuo –por alusión al atado con sus efectos personales que trae un preso nuevo–.)

paquete, ta². adj. Dícese de la persona que trasluce un particular esmero en su arreglo, vestimenta, modales, etc. I **2.** Por ext., se aplica a la vestimenta, vivienda o celebración realizada con particular esmero y elegancia. (Originado en la expr. esp. *hecho un paquete*: bien vestido, acicalado.)

paquetear. intr. Presumir, mostrarse ante los demás bien vestido [dado por el DRAE]. (V. **paquete, ta².**)

paquetería. f. Compostura en el vestir o en el arreglo de casas o locales [dado por el DRAE]. I **2.** Conjunto de prendas o adornos con que se engalana una persona. I **3.** Conjunto de propiedades que caracterizan lo que se considera **paquete**: esmero, buen gusto, elegancia. (V. **paquete, ta².**)

paquetero, ra. adj. Jugador tramposo, tahúr. (V. **paquete¹.**)

paqui. m. y f. En el lenguaje de los homosexuales, persona heterosexual que respeta a los homosexuales. (Etimol. incierta.)

parada. f. Ostentación, petulancia. I **2.** Presencia exterior de una persona o cosa. I **3.** Lugar donde hace su guardia el agente de policía. I **4.** Lugar fijo donde el **canillita** hace su venta. I **5.** Lugar preestablecido donde se detienen los vehículos de transporte colectivo. (Las dos primeras aceps. derivan del esp. *parada*: cantidad de dinero que en el juego se expone a una sola suerte; las restantes, del esp. *parada*: lugar o sitio donde se para.)

parado, da. ppio. perf. de **pararse.** Enriquecido, próspero. ‖ CAER O SALIR PARADO: resultar favorecido en una situación que se presentaba difícil. | **2.** LARGAR PARADO: v. **largar.** | **3.** NACER PARADO: tener buena estrella. | **4.** SALIR BIEN O MAL PARADO: salir airoso, o no, de una situación riesgosa. (Para la acep., v. **pararse**; la primera expr. es orig. del lenguaje gauchesco, en alusión al hecho de caer alguien de pie al ser arrojado por el caballo.)

paragolpes. m. Parachoques. | **2.** pl. Senos. (Formado a partir de *parar* y *golpe*; en la segunda acep. se alude a que sobresalen del cuerpo.)

paragua. adj. Forma apocopada de *paraguayo.*

paraguas. m. Sombrero. ‖ ABRIR EL PARAGUAS: prevenirse. (La acep. equipara ambos elementos, por poder cumplir eventualmente idéntica función; la expr. es abrev. de ABRIR EL PARAGUAS ANTES QUE LLUEVA: tomar las precauciones necesarias.)

paralelas. f. pl. Piernas. (Del esp. *paralelo*: cada una de las líneas o planos equidistantes entre sí y que por más que se prolonguen no pueden encontrarse.)

paralítico. m. Automóvil robado, y consecuentemente impedido de circular. (Del esp. *paralítico*: enfermo de parálisis.)

paranoiquiarse. intr. **perseguirse.** (Del esp. *paranoico*: que padece paranoia.)

parar. intr. Concurrir habitualmente a un lugar determinado. ‖ PARAR EL CARRO y PARAR EN SECO: contener la impertinencia de alguien. | **2.** PARAR LA OLLA: v. **olla.** | **3.** PARAR LA OREJA: prestar atención. | **4.** PARAR LAS PATAS: morir. (Por ext. del esp. *parar*: habitar, hospedarse; en las primeras exprs., por ext. del esp. *parar*: detener e impedir el movimiento o acción de uno; en las últimas dos exprs., por alusión a acciones típicas de animales.)

pararse. intr. Progresar, enriquecerse. (Del esp. *parar*: estar de pie.)

parate. m. Dilación; interrupción repentina de una acción o movimiento. (Por gramaticalización del imperat. rioplatense pronominal del esp. *parar*: cesar en el movimiento o en la acción.)

pardo, da. adj. Moreno. | **2. grasa, groncho.** (Por ext. del amer. *pardo*: mulato.)

pared. f. Jugada del fútbol en la que dos jugadores se pasan la pelota con un solo toque cada uno a fin de esquivar a sus rivales. (Del esp. *pared*: obra de albañilería vertical que limita un espacio.)

parlar. intr. Hablar, charlar. ‖ PARLARSE A ALGUIEN: convencer a esa persona de algo. | **2.** PARLARSE (A) UNA MINA: conquistar a una mujer. (Del ital. *parlare*: hablar, ya que no parece tratarse del esp. *parlar*: hablar con desembarazo.)

parlatut(t)i. adj. Charlatán. (A pesar de su apariencia no es voz ital. sino creación lunfarda de tono italianizante a partir de *parlar*: hablar y *tutti*: todos, en discordante combinación.)

parlo. m. Reloj. (Del caló *parlo*: reloj de bolsillo.)

parodi. tr. En la expr. ¿QUÉ TE PARODI?: ¿qué te parece? (Por juego paronom. entre *parece* –3ª pers. singular del presente del indicativo de *parecer*– y el apellido *Parodi*.)

parola. f. Palabra. (Es el ital. *parola*: palabra.)

parolar. intr. Hablar. (V. **parola.**)

parrilla. f. Mesa o cama donde se tiende a alguien para aplicarle **picana.** ‖ PONER A

LA PARRILLA: acostar a la víctima para aplicarle la **picana, parrillar**. (Del germ. *parrilla*: tormento.)

parrillar. tr. Torturar, aplicar la **picana** para obtener alguna confesión. (V. **parrilla**.)

parriya. f. Variante gráfica de **parrilla**.

parriyar. tr. Variante gráfica de **parrillar**.

parro. m. y f. Ayudante del **punguista**. (Por deform. de **esparo**.)

parte. f. En la expr. MANDARSE LA PARTE: alardear, hacer ostentación de algo que se posee o jactarse de algo que en verdad no se tiene. (Del esp. *parte*: papel representado por un actor en una obra dramática.)

partera. f. Llave maestra que sirve para abrir toda clase de cerraduras. (Por alusión al esp. *partera*: mujer que asiste a la parturienta.)

partir. tr. **coger**, penetrar. ‖ PARTIR AL MEDIO, PARTIR COMO UN CHANCHO, PARTIR EN DOS: penetrar. | **2.** PARTIR LA CABEZA: gustar mucho. | **3.** PARTIR POR EL EJE: frustrar una intención o proyecto. (Del esp. *partir*: dividir algo en dos o más partes; en la tercera expr., por alusión a la rotura de los ejes de los carros, cuando se hundían en los barriales.)

partusa. f. Orgía. | **2.** Encuentro sexual del que participan más de dos personas. (Del argót. *partouse*: orgía.)

partusero, ra. adj. **fiestero**. (V. **partusa**.)

partuza. f. Variante gráfica de **partusa**.

partuzero, ra. adj. Variante gráfica de **partusero**.

pas. adv. En la expr. PAS DE...: nada de... (Del fr. *pas*: no.)

pasadura. f. Atrevimiento. (V. **pasarse**.)

pasar. tr. Dar, entregar. | **2.** Engañar, estafar a alguien, negándole lo que le corresponde. ‖ PASAR AL CUARTO: copular; trampear, vencer. | **2.** PASAR FIERRO: v. **fierro**. | **3.** PASAR GOMA: v. **goma**. | **4.** PASARLE A ALGUIEN LA FACTURA: reclamarle algo que no hizo o dijo en su momento; vengarse. | **5.** PASARLE ALGO A UNO: morir. | **6.** PASARLE CUALQUIER COSA A UNO: morir. (Por ext. del esp. *pasar*: conducir de un lugar a otro, en la primera acep.; en la segunda, del esp. *pasar*: exceder, aventajar, superar.)

pasarse. intr. Propasarse, excederse en el lenguaje o los hechos. (Por abrev. de la expr. PASARSE AL PATIO: tomarse demasiada confianza.)

pascual. m. Individuo torpe, despistado y poco inteligente. (Por lexicaliz. del nombre propio *Pascual*.)

pascualeti. m. **pascual**. (Por el agregado del sufijo *-eti*, común a varios apellidos italianos con la forma *-etti*.)

pase. m. **saque**. (Del esp. *pasar*: conducir de un lugar a otro.)

paseandero, ra. adj. Paseador, persona que pasea mucho y con frecuencia [dado por el DRAE como amer. del sur]. (Del esp. *pasear*: ir andando por distracción o por ejercicio.)

pashá. m. Variante fonética de **pachá**.

paso. m. En la expr. ANDAR CON EL PASO CAMBIADO: estar de mal humor. (Del esp. *paso*: movimiento de cada uno de los pies para ir de una parte a otra.)

paspado, da. ppio. perf. de **pasparse**. Que tiene la piel irritada o reseca. ‖ adj. Engreído, **piyado**.

paspadura. f. Irritación o resecamiento de la piel. (V. **pasparse**.)

pasparse. intr. Irritarse o resecarse la piel. (Del quich. *pháspay*: resecarse la piel.)

pasta[1]. f. En la expr. TENER PASTA: tener

talento o disposición natural para alguna actividad. (Del esp. *pasta*: porción de oro, plata u otro metal fundido y sin labrar.)

pasta². f. Sustancia legal o ilegal en forma de pastilla que se usa para drogarse. | **2.** Cocaína. | **3.** Pastilla, gralmente. de **éxtasis.** (Por apócope del esp. *pastilla*: pequeña porción de pasta medicinal; v. **empastillarse.**)

pastashuta. f. Alimento que consiste en fideos, frescos o secos, gralmente. condimentados con alguna salsa o con manteca. | **2.** Por ext., cualquier pasta. (De la expr. ital. *pasta asciutta*: pasta seca, fideos secos.)

pastenaca. adj. Tonto. (Del nap. *pastënaca*: zanahoria; tonto.)

pastero, ra. m. y f. Consumidor de fármacos o estupefacientes en forma de pastillas. (V. **pasta².**)

pasticho. m. Confusión, enredo, lío. (Del ital. *pasticcio*: pastel; embrollo.)

pastillero, ra. m. y f. Drogadicto que consume pastillas. (V. **empastillarse.**)

pasto. m. **yerba.** | **2.** Verdura fresca. | **3.** Marihuana. (En todos los casos por alusión al esp. *pasto*: hierba que el ganado pace.)

pastorear. tr. Festejar, galantear. | **2.** Mirar; vigilar. (Por ext. del esp. *pastorear*: llevar los ganados al campo y cuidar de ellos mientran pacen.)

pata. f. En las exprs. ss.: DORMIR A PATA ANCHA: dormir a pierna suelta. | **2.** HACER (LA) PATA: HACER (LA) GAMBA. | **3.** HACER (LA) PATA ANCHA: hacer frente a un peligro o dificultad, jugarse el pellejo [dado por el DRAE]. | **4.** METERLE PATA: v. **meter.** | **5.** PATA DE CABRA: v. **cabra.** | **6.** PATA DE LANA, PATA 'E LANA: amante de una

mujer casada. | **7.** PATA DE PERRO: callejero, salidor. | **8.** VERLE LAS PATAS A LA SOTA: descubrir un peligro, darse cuenta de él [dado por el DRAE]. (Del esp. *pata*: pie y pierna de los animales.)

patacón. m. Peso. | **2.** Tranco. || A PATACÓN POR CUADRA: caminando. (Del esp. *patacón*: antigua moneda de plata de una onza; en la segunda acep. y la expr., por cruce con el esp. *pata*: pie y pierna de los animales.)

pataconear. intr. Caminar. (V. **patacón.**)

patadura. m. y f. En el fútbol, jugador inhábil. | **2.** Persona torpe, poco diestra. (Del esp. *pata*: pie y pierna de los animales y *duro*: rígido.)

patalear. intr. Protestar, reclamar. (Por ext. del esp. *patalear*: dar patadas en el suelo violentamente y con prisa por enfado o pesar.)

pataleo. m. Protesta, reclamo. (V. **patalear.**)

patapúfete. interj. Exclamación que se usa para expresar el ruido de un golpe o caída, equivalente a ¡*zas!* o a ¡*cataplum!* (De origen onomatopéyico, fue creada y difundida por el cómico televisivo Pepe Biondi a partir de 1960.)

patear. tr. Despedir a alguien, romper con él algún vínculo sentimental o laboral, abandonar. | **2.** Realizar la policía un allanamiento ilegal al domicilio de un delincuente con el fin de hacerse con sus ganancias o bienes. | **3.** Postergar, demorar. | **4.** intr. Caminar. || PATEARLE EL NIDO A ALGUIEN: importunarlo, molestarlo; evitar que cumpla sus planes previos, ESCUPIRLE EL ASADO. | **2.** PATEAR PARA ADELANTE: demorar una acción o la toma de una decisión. (En la primera acep. por ext. del esp. *patear*: dar golpes con los

pies –pensando en la expr. DAR UNA PATA-
DA EN EL CULO: alejar de sí, despedir–; la
cuarta acep. proviene del esp. *patear*:
andar mucho, haciendo diligencias para
conseguir una cosa.)

patearse. tr. Gastar, dilapidar dinero. (V.
patear.)

paterío. m. Conjunto de **patos**. | **2.** Indi-
gencia, pobreza. (V. **pato**.)

patifuso, sa. adj. Patidifuso. (Por síncopa.)

patilludo, da. adj. Fastidiado, harto,
aburrido. (Del esp. *patilludo*: persona
que tiene exageradas patillas, quizás a
partir de la expr. esp. *levantar a uno de
la patilla*: exasperarlo, hacer que pierda la paciencia.)

patín. m. Prostituta callejera. | **2.** Activi-
dad de ésta. (V. **patinar**.)

patinada. f. Yerro. (V. **patinar**.)

patinadora. f. **patín**. (V. **patinar**.)

patinaje. m. Prostitución callejera. (V.
patinar.)

patinar. intr. Fracasar en algo. | **2.** Ejercer
la prostitución callejera, **yirar**. || PATI-
NARLE A ALGUIEN: estar loco; comportar-
se de manera extravagante. (Por ext. del
esp. *patinar*: perder la buena dirección o
la eficacia en lo que se está haciendo,
errar, equivocarse; escurrirse o deslizar-
se en el suelo; la expr. tal vez sea la forma
abreviada de PATINARLE A ALGUIEN EL EM-
BRAGUE, del ámbito automovilístico.)

patinarse. tr. Gastar en beneficio propio.
| **2.** Despilfarrar [dado por el DRAE], de-
rrochar. (V. **patinar**.)

patiyudo, da. adj. Variante gráfica de **patilludo**.

pato, ta. adj. Carente de dinero. || PATO DE
LA BODA: persona sobre quien suelen hacerse recaer culpas o responsabilidades

por cualquier motivo o pretexto, chivo
expiatorio. | **2.** PATO VICA: v. **patovica**. | **3.**
TENER SANGRE DE PATO: reaccionar con
frialdad ante circunstancias que normalmente deberían emocionar. (Del esp. *pato*:
ave palmípeda, por alusión a que el plumaje del pato está siempre seco; cf. **seco**.)

patota. f. Grupo de personas unidas con
un objeto determinado. | **2.** Grupo de
personas que suele darse a provocaciones, desmanes y abusos en lugares públicos, integrado por lo gral. en su ori-
gen por miembros de la clase alta. | **3.**
Grupo operativo de policías vestidos de
civil. | **4.** Conjunto de personas que, pa-
gados por un político, sindicalista o empresario, provocan desórdenes, realizan
amenazas y/o cometen actos ilícitos.
(Por alusión al esp. *pato*, animal que habitualmente se mueve en bandada.)

patotear. intr. Producir desórdenes y es-
cándalos en **patota**. | **2.** tr. Provocar, in-
timidar. (V. **patota**.)

patotero, ra. m. y f. Integrante de una
patota [dado por el DRAE]. || adj. Que
manifiesta o posee los caracteres propios de una **patota**. (V. **patota**.)

patova. m. Forma apocopada o sincopada de **patovica**.

patovica. m. Hombre de cuerpo atléti-
co y bien formado. | **2.** Empleado de
seguridad en las discotecas, que además actúa como portero y decide la
admisión o no de los clientes. | **3.** Fisi-
coculturista. (En alusión a la manera
de caminar de ciertos jóvenes, que recuerda a la de los patos, hecho que se
asocia con la marca *Vica*, de patos
comestibles comercializados en la Argentina en la década de 1960.)

patria. adj. Nacional. | **2.** Grande, importante. (Del esp. *patria*: tierra natal o adoptiva.)

patriada. f. Campaña de un grupo social o político que se hace invocando la necesidad de salvar a la patria. | **2.** Cualquier acción en que se arriesga algo, hecha en bien de los demás [dados ambos por el DRAE]. (Del esp. *patria*: tierra natal o adoptiva ordenada como nación.)

patrón. m. En la expr. PATRÓN Y SOTO: juego de naipes que se realiza al finalizar otras partidas, cuyo ganador recibe como premio una cantidad predeterminada de vino y es dueño de disponer quiénes de los presentes pueden beberlo. (De la expr. ital. *padrone e sotto*, literalmente "patrón y abajo", de igual signif.)

patrona. f. Regente de un prostíbulo. (Del esp. *patrón*: amo, señor.)

patronato. m. En la expr. TOMAR PARA EL PATRONATO: mofarse de alguien abusando de su ingenuidad. (Por alusión al pedido de contribuciones o donativos para el Patronato de la Infancia.)

paty. m. Aréola del pezón, especialmente cuando es grande. (Proviene de la marca *Patty*, por alusión a la forma circular de las aréolas, que recuerda la de las hamburguesas.)

pavear. intr. Tontear; perder el tiempo en tonterías. (V. **pavo**.)

pavito. m. Nalgas, trasero de la mujer, cuando resulta atractivo. (Por alusión a la forma redondeada, similar a la de los pavos comestibles.)

pavota. f. En el juego del metegol, jugada que consiste en hacer un gol de rebote con el saque de un defensor o el arquero del equipo contrario. (V. **pavote**.)

pavote, ta. adj. Tonto. (Aument. del esp. *pavo*: hombre soso o incauto.)

pavura. f. Miedo. (Por cruce entre el ital. *paura*: miedo y el esp. *pavor*: temor; sin duda no se trata de la voz culta castellana.)

payana. f. Juego de los cantillos, **ainenti**. (Del quich. *pallána*, de igual signif., derivado de *pállay*: recoger del suelo.)

payar. intr. **guitarrear**. (Del argent. *payar*: cantar payadas.)

payasa. f. Efecto producido por el consumo de estupefacientes. | **2.** Droga, estupefaciente. | **3.** Enojo, malhumor. (Del esp. *payaso*: aplícase a la persona de poca seriedad, propensa a hacer reír con sus dichos o hechos.)

payo, ya. adj. Muy rubio; albino. (Posiblemente del quich. *p'ákko*: rubio, en cruce con el esp. *payo*: aldeano.)

payuca. adj. Forma apocopada de **payucano**.

payucano, na. adj. Provinciano, especialmente el de escaso roce y cultura. (Del esp. *payo*: aldeano.)

pazzía. f. Arrebato, locura. (Del ital. *pazzia*: locura.)

pebeta. f. Niña [dado por el DRAE]. | **2.** Jovencita, adolescente. (V. **pebete**.)

pebetada. f. **piberío**; muchachada. (V. **pebete**.)

pebete. m. Niño [dado por el DRAE]. | **2.** Jovencito, adolescente. | **3.** Pan de forma ovalada que se amasa con harina de trigo candeal, de miga esponjosa, corteza fina y tostada. | **4. chiquilín**. (Del esp. *pebete*: pasta hecha con polvos aromáticos, que encendida exhala un humo muy fragante; en la primera acep., por antífrasis; la segunda y la cuarta son exts. de la primera.)

peca. f. Estafa realizada a través de un juego de azar. (Etimol. incierta.)

peceto. m. Variante fonética de **pesheto.**

pechada. f. Acto de sacar dinero a uno, sablazo [dado por el DRAE.]. (V. **pechar¹.**)

pechador, ra. adj. Sablista [dado por el DRAE como amer.], gorrón, **manguero.** (V. **pechar¹.**)

pechar¹. tr. Pedir dinero, **manguear.** (Del germ. *pechar*: sablear, originado en el esp. *pecho*: tributo que se pagaba al rey o señor territorial.)

pechar². tr. Atropellar, empujar con el pecho. (Es el amer. *pechar*: dar pechadas, procedente del esp. *pecho*: parte del cuerpo humano que se extiende desde el cuello hasta el vientre.)

pechazo. m. Acción de pedir dinero, **pechada.** (V. **pechar¹.**)

pecheto. m. Variante fonética de **pesheto.**

pecho. m. En la expr. PECHO FRÍO: imperturbable, carente de amor propio o de emoción; cobarde, pusilánime. (Del esp. *pecho*: parte del cuerpo humano que se extiende desde el cuello hasta el vientre y en cuya cavidad se contienen el corazón y los pulmones, por alusión a la falta de calor en el pecho o a la falta de sangre bombeada desde el corazón, que darían cuenta del entusiasmo y del compromiso.)

pecorina. f. Cierta postura sexual. (Del ital. *pecora*: oveja, por alusión al modo en que los ovinos realizan el acto sexual.)

pedal. m. Borrachera. (Por juego paronom. entre el esp. *pedal*: palanca que pone en movimiento un mecanismo oprimiéndola con el pie y **pedo**; v. **pedo.**)

pedalear. intr. y tr. **bicicletear.** (Por alusión al modo de propulsar la bicicleta, poniendo en movimiento sus *pedales*.)

pedaleo. m. **bicicleteo.** (V. **pedalear.**)

pedalero, ra. adj. **bicicletero.** (V. **pedalear.**)

pedalín. m. **pedal.** || EN PEDALÍN: EN PEDO, borracho. (Es dimin. de **pedal** y, al mismo tiempo, variante fest.)

pedazo. m. Pene. | **2.** Mucho tiempo, lapso prolongado. | **3.** Gran cantidad de algo. | **4.** Trozo de marihuana compactado. || HACER UN PEDAZO: haber pasado mucho tiempo. | **2.** UN PEDAZO: mucho. (Del esp. *pedazo*: parte o porción de una cosa separada del todo –para la primera y cuarta aceps.–; cualquier parte de un todo físico o moral –para la segunda y la tercera–.)

pedigré. m. Antecedentes de una persona, conjunto de datos que sirven para juzgarla. (Del ingl. *pedigree*: genealogía, linaje, utilizado para referirse al árbol genealógico de los animales.)

pedo. m. Borrachera [dado por el DRAE]. | **2.** Buena suerte. || AL PEDO: inútilmente. | **2.** A LOS PEDOS: rápidamente. | **3.** DE PEDO: de casualidad. | **4.** EL AÑO DEL PEDO: mucho tiempo atrás. | **5.** ESTAR EN PEDO: estar ebrio. | **6.** PONERSE EN PEDO: emborracharse. (Etimol. incierta.)

pedorro, rra. adj. Dicho de una cosa o situación, feo, horrible, de baja calidad, **berreta.** (Por ext. del esp. *pedorro*: dicho de una persona, tonta, ridícula o presuntuosa.)

pedregullo. m. Casquijo, piedra partida. | **2.** Conjunto de piedras pequeñas que cubren una superficie de terreno. (Del port. *pedregulho*: pedrejón.)

pegada. f. Acierto, éxito inesperado. (V. **pegar.**)

pegado, da. adj. En las exprs. ss.: QUEDAR

PEGADO: ser alguien identificado o asimilado a una persona o grupo por su vinculación con éstos; quedar involucrado en un asunto sin haber tenido efectiva participación en él; aparecer como culpable de un hecho sin tener responsabilidad. I **2.** QUEDARSE PEGADO: electrocutarse, recibir un golpe de corriente eléctrica; prolongar una situación más tiempo que el necesario o el prudente. (Del esp. *pegar*: adherir.)

pegar. intr. Gustar, interesar. U. c. terciop. I **2.** intr. y tr. Comprar droga. II PEGARLA: acertar, particularmente en un juego de azar; lograr un éxito inesperado en algún asunto o empresa; triunfar. I **2.** PEGAR MAL: dicho de una droga o bebida alcohólica, causar una sensación de profundo malestar físico o psíquico. I **3.** (SALIR A) PEGARLE A ALGUIEN: hablar mal de esa persona, gralmente. en un medio de comunicación. (Del esp. *pegar*: tener efecto una cosa o hacer impresión en el ánimo; en la tercera expr. por ext. de *pegar*: castigar o maltratar a alguien con golpes.)

pegarse. tr. Conseguir, obtener, alcanzar. II PEGARSE EL FALTAZO: v. **faltazo.** I **2.** PEGARSE UN CAGAZO: v. **cagazo.** I **3.** PEGARSE UN EMBOLE: v. **embole.** (Del esp. *pegar*: unir o juntar una cosa con otra.)

peinar. intr. Hacer de cuenta alguien que está mezclando los naipes sin hacerlo realmente. (De la expr. esp. *peinar los naipes*: barajarlos cogiendo sucesivamente, y a la vez, de modo que se junten, el de encima y el de debajo de la baraja o de los que se tengan en la mano.)

pejerto, ta. adj. Tonto, torpe, inhábil. I **2.** Feo, desagradable. (Por cruce entre el

esp. *pejerrey*: cierto pez, y **mamerto**; cf. **pescado.**)

Pelada. f. Muerte –como personificación–. (Del esp. *pelado*: sin pelo; cf. **Guadaña, Huesuda** y **pálida** en su quinta acep.)

pelado. m. Pene. II ECHAR O TIRAR EL PELADO A LA ZANJA: penetrar, mantener relaciones sexuales un varón. (Del esp. *pelado*: calvo.)

pelandra. adj. Variante alternativa de **pelandrún.**

pelandrún, na. adj. Vago, haragán. I **2.** Pícaro, astuto. I **3.** Infeliz, miserable. I **4.** Tonto. (Del gen. *pellandrún*: perezoso.)

pelandrunear. intr. Haraganear. (V. **pelandrún.**)

pelandrunería. f. Haraganería. (V. **pelandrún.**)

pelar. intr. y tr. Desenvainar rápidamente un arma. I **2.** Sacar a la luz; exhibir, mostrar. I **3.** Exhibir el pene un varón. I **4.** Exhibir los pechos, la cola o el pubis una mujer. I **5.** Demostrar virtuosismo en un arte –gralmente. la música– o actividad cualquiera. I **6.** Demostrar firmeza e integridad ante situaciones adversas. (Por exts. sucesivas del esp. *pelar*: quitar la piel, la película o la corteza a una cosa.)

pele. adj. Forma apocopada de **pelandrún.**

peleche. m. Concreción de la acción de pelechar. (Del esp. fam. *pelechar*: comenzar a medias a mejorar de fortuna.)

pelela. f. Bacín de los niños. (Por deform. –imitada del lenguaje infantil– de *escupidera*: orinal, bacín.)

pelete. m. En la expr. AL PELETE: exactamente, perfectamente, bien. (Por deform. fest. de la expr. esp. *al pelo*: a punto, con toda exactitud.)

peletero. m. Médico dermatólogo; especialista en piel y enfermedades venéreas. (Del esp. *peletero*: persona que tiene por oficio trabajar en pieles finas.)

película. f. En la expr. HACERSE LA PELÍCULA: imaginar cosas que no son; fantasear eróticamente con alguien. (Del esp. *película*: obra cinematográfica, por alusión a las fantasías colectivas representadas en los filmes.)

pelito. m. Sierra de muy poco espesor usada por los ladrones para hacer saltar cerraduras. ‖ **2.** interj. Voz con la que los niños dan por cerrado un trato, que por lo gral. incluye un intercambio de figuritas, golosinas, etc. (Del esp. *pelito*, dimin. de *pelo*: filamento que crece entre los poros de casi todos los mamíferos; en la primera acep., por alusión a su delgadez; la segunda se da por asociación oscura.)

pelota. f. En las exprs. ss.: DAR PELOTA: atender, llevar el apunte. ‖ **2.** HACER PELOTA: destrozar algo, romper; vencer a alguien en una pelea; derrotar, superar. ‖ **3.** QUEDAR HECHO PELOTA: quedar golpeado o herido, quedar cansado. (Del esp. *pelota*: balón.)

pelotas. f. pl. Testículos. ‖ **2.** Valentía, coraje, arrojo, **huevos.** ‖ EN PELOTAS: desnudo; desatento, desprevenido; sin dinero, sin recursos; sin los conocimientos necesarios para aprobar un examen o realizar un trabajo. ‖ **2.** ¡LAS PELOTAS!: exclamación que se utiliza para rechazar una proposición o negar algo rotundamente. ‖ **3.** ROMPER LAS PELOTAS: molestar, incomodar. ‖ **4.** TENER PELOTAS: TENER HUEVOS. (Por anal. con el esp. *pelota*: bola pequeña de goma elástica, recubierta de lana, pelote u otra materia y

por confusión con la expr. esp. *en pelota*: desnudo, en cueros.)

pelotear. tr. Tener a alguien a maltraer, tratarlo sin consideración. ‖ **2.** Demorar deliberadamente un asunto poniendo numerosas trabas. (Por ext. del esp. *pelotear*: arrojar una cosa de una parte a otra.)

pelotudazo, za. adj. Aument. de **pelotudo.**

pelotudear. intr. **boludear.** (V. **pelotas.**)

pelotudez. m. **boludez.** (V. **pelotas.**)

pelotudo, da. adj. **boludo.** (V. **pelotas.**)

pelpa. m. Vesre de *papel* y de **papel.**

pelpera. f. Billetera. (V. **pelpa.**)

peludista. adj. Partidiario, dentro de la Unión Cívica Radical de Hipólito Yrigoyen, que fue presidente de la República Argentina en dos oportunidades: entre 1916 y 1922 y entre 1928 y 1930. (Proviene de que este político era apodado *El Peludo*.)

peludo[1]**.** m. Borrachera [dado por el DRAE]. (Eufemismo por **pedo**; del esp. rioplatense *peludo*: armadillo.)

peludo, da[2]**.** adj. Complicado, enmarañado, de difícil solución. (Por síncopa del esp. *peliagudo*: dícese del negocio o cosa que tiene gran dificultad en su inteligencia o resolución.)

penal. m. En el fútbol infracción cometida dentro del área llamada chica. ‖ **2.** Puntapié que ejecuta un jugador a once metros del arco, en virtud de la infracción cometida por un contrario. (Del ingl. *penalty-kick*: puntapié de castigo.)

penca. f. Carrera de caballos. (Del esp. *penco*: caballo flaco o matalón.)

pende. m. y f. Forma apocopada de **pendejo**.

pendebuelo, la. m. y f. Persona mayor, o de la tercera edad, que está al tanto de la moda, el lenguaje y las costumbres de los jóvenes. (De **pende** y el esp. *abuelo*: hombre anciano.)

pendejada. f. Conjunto de chicos, adolescentes o jóvenes. | **2.** Dicho o conducta infantiles, chiquillada. | **3.** Tontería, necedad. (V. **pendejo**.)

pendejear. intr. Actuar como un chico o adolescente. | **2.** Hacerse el **pendejo**. (V. **pendejo**.)

pendejo, ja. m. y f. Chico; púber, adolescente; joven. (Del esp. *pendejo*: pelo que nace en el pubis y en las ingles.)

pendeviejo, ja. adj. De mediana edad. (Por la fusión de **pendejo** y el esp. *viejo*: anciano.)

péndex. adj. **pendejo**. (Por apócope y la adición del sufijo -*ex* al final –de moda en la década de 1980–.)

pendorcho. m. Cosa cualquiera. | **2.** Pene. (Es voz creada artificialmente por el humorista Aldo Cammarota en su programa *Telecómicos* a mediados de la década de 1960 y utilizada en el mismo programa años después haciendo alusión a una supuesta pieza mecánica.)

péndulos. m. pl. Aros. | **2.** Senos. (Por alusión al movimiento pendular de ambos.)

pensadora. f. Cabeza. (Por sustantiv. del esp. *pensador*: que piensa, atendiendo a la función intelectual.)

pensarosa. f. Cabeza. (Del ital. *pensierosa*: llena de pensamientos, en cruce quizá con **pensadora**.)

peoresnada. m. y f. Varón, compañero; mujer, compañera. (Formado a partir de la expr. esp. *peor es nada*.)

pepa. f. Prisión perpetua. | **2.** En el fútbol, gol, especialmente el obtenido por sorpresa. | **3.** Dosis de ácido lisérgico, **ácido**. (La primera acep. proviene de las iniciales *P.P.*, con metátesis vocálica al final; la s. es apócope –con cambio de género– de **pepino**; la última es de origen oscuro.)

pepe. m. En las exprs. ss.: AL PEPE: inútilmente. | **2.** EN PEPE: ebrio. (Es eufemismo por **pedo**.)

pepino. m. Trompo de forma alargada. | **2.** Pene. | **3.** En el fútbol, gol. (Por alusión a la forma del *pepino*: fruto de la planta homónima; la tercera acep. sería derivada de la segunda, a través de la expr. HACER COMER UN PEPINO: anotar un gol.)

pequero, ra. adj. Practicante de la **peca**, fullero. | **2.** Tramposo.

pera. f. En la expr. HACER (LA) PERA: faltar a una cita o compromiso. (De origen incierto.)

percalera. f. Costurera. | **2.** Muchacha humilde. (Del esp. *percal*: tela de algodón que sirve para vestidos de mujer y otros varios usos.)

percalina. f. Variante alternativa de **percalera**.

percanta. f. Mujer –desde el punto de vista amatorio–. (Seguramente del esp. *percal*: tela de algodón que sirve para vestidos de mujer y otros varios usos.)

percantina. f. Dimin. afect. de **percanta**.

percha. f. Elegancia en el vestir. || TENER PERCHA: ser elegante. (Por alusión al esp. *percha*: utensilio ligero que consta de un soporte donde se cuelga un traje u otra prenda parecida.)

perdedor, ra. adj. En la expr. SALIR DE PERDEDOR: en las carreras de caballos, y luego en todos los juegos de azar, dejar atrás una mala racha; dejar de tener mala suerte en cualquier actividad. (De origen turfístico, la frase equivale a "dejar de ser perdedor"; el verbo es el esp. *salir.* pasar de la parte de adentro a la de afuera.)

perder. intr. En el ambiente delictivo, ser apresado por la policía o morir en un tiroteo. | **2.** Quedar en desventaja || ALPISTE, PERDISTE: v. **alpiste**. (Por ext. del esp. *perder.* ponerse a riesgo de perder la vida o sufrir otro grave daño –para la primera acep.–; no obtener lo que se disputa en un juego –para la s.–.)

pereira. f. Pera o perilla, porción de pelo que se deja crecer en la punta de la barba. (Por juego paronom. con el apellido *Pereira*.)

perejil, la. adj. Tonto. || m. y f. Militante de un partido político dedicado a la acción social en barrios, villas y/o universidades. | **2.** Persona de baja jerarquía dentro de una institución, empresa u organismo. (Por juego paronom. entre **gil** y el esp. *perejil*: planta herbácea de la familia de las umbelíferas; las aceps. como sust. se derivan de la primera.)

perico. m. Pene artificial que llevan consigo algunos **travestis** que ejercen la prostitución para satisfacer pedidos de sus clientes. (Por alusión al esp. *perico*: espárrago de gran tamaño.)

peringundín. m. Cierta danza italiana. | **2.** Local de baile al que concurrían especialmente orilleros, maleantes y gente de baja condición en gral. | **3.** Despacho de bebidas y comidas modesto y de mala reputación. (Del gen. *perigordin*, que proviene a su vez del nombre de una danza francesa que tuvo su origen en la antigua región de *Perigord*.)

peripicho. m. Parte de la cámara por donde antes se inflaban las pelotas de fútbol. | **2.** Agujero. | **3.** Lastimadura o herida profunda. (Etimol. incierta.)

pernó. m. Licor hecho con esencia de ajenjo y otros ingredientes. (Del nombre de su marca, *Pernod fils*.)

pernod. m. Variante alternativa y etimológica de **pernó**.

peronacho, cha. adj. Partidario de Juan Domingo Perón o del Partido Justicialista, peronista. (Por deform., con el agregado del sufijo despect. *-acho*, del argent. *peronista*, de igual signif.)

peroncho, cha. adj. Forma contracta de **peronacho**.

perra. adj. f. Llamativa, deseable. | **2.** Provocativa, sensual. | **3.** Que se entrega fácilmente a los hombres, **atorranta, trola**. | **4.** Adicta al sexo. (Por adjetiv. del sust. *perra*: prostituta.)

perramus. m. Sobretodo de tela impermeable. (Por lexicaliz. de la marca de fábrica de la tela con que se confecciona.)

perrar. tr. Excitar sexualmente, calentar. (V. **perra**.)

perrear. tr. METER EL PERRO. (V. **perro**.)

perrera. f. Camión celular usado para el transporte de presos. | **2.** Tribuna popular del hipódromo. (En el primer caso, por alusión al camión de la *perrera*: lugar o sitio donde se guardan o encierran los perros; en la segunda acep., por alusión al griterío enfervorizado de los espectadores.)

perro. m. Policía de investigaciones que se viste de paisano, detective. | **2.** Mal cantor. | **3.** Persona torpe, inhábil. | **4.** Engaño, estafa, **mula**. | **5.** Arma que la policía pone junto a un cadáver con el fin de hacer pensar que esa muerte ha sido el resultado de un enfrenamiento a tiros. ‖ METER EL PERRO: METER LA MULA. | **2.** TIRAR LOS PERROS: TIRAR LOS GALGOS. (En la primera acep. se alude al *perro* de presa; en la s., se alude a los supuestos ladridos de quien canta mal; en el tercer caso, por ext. del anterior; la cuarta, relacionada con la primera acep., por suponerse que la carne de perro podría mezclarse con la de cerdo en ciertos embutidos; la s., por ext. de la anterior.)

persecuta. f. Paranoia, manía persecutoria; obsesión, idea fija, gralmente., no relacionada con la realidad. (Por abrev. de *manía persecutoria*, con apócope del adj.; v. **perseguirse.**)

perseguido, da. ppio. perf. de **perseguirse.**

perseguirse. intr. Exigirse. | **2.** Obsesionarse. | **3.** Atormentarse, angustiarse. (Por ext. del esp. *perseguirse*: seguir o buscar a uno en todas partes con frecuencia –para la primera acep.–; molestar, fatigar –para las restantes–.)

persianas. f. pl. Ojos. (Del esp. *persiana*: especie de celosía, formada de tablillas fijas o movibles y colocadas de forma que dejen paso al aire y no al sol.)

personaje. m. Persona que actúa, viste y/o habla de un modo particular, que causa sorpresa, gracia o admiración en los otros. (Del esp. *personaje*: sujeto de distinción, calidad o representación en la vida pública.)

pertuso. m. Ano. (Del gen. *pertûzo*: agujero.)

peruana. f. Pera barba puntiaguda que cubre sólo el mentón. (Por juego paronom. entre *pera* y el esp. *peruano*: natural del Perú.)

peruca. adj. Partidario de Juan Domingo Perón o del Partido Justicialista por él fundado. (Por deform. despect. del argent. *peronista*; cf. **peronacho.**)

pesada. f. En la escala del delito, los pistoleros. | **2.** En el ambiente de la drogadicción, aquellos adictos que consumen drogas "mayores". ‖ ANDAR EN LA PESADA: pertenecer a un ambiente marginal y delictivo. (Por alusión a las armas pesadas –largas o de grueso calibre– de que disponen; cf. **liviana.**)

pesado, da. adj. Valentón. | **2.** Que pertenece a la **pesada.** | **3.** Aplicado a la música de *rock*, dura, fuerte, violenta, intensa. | **4.** Aficionado al *hard rock* o específicamente a una de sus variantes, el *heavy metal*, **metalero.** (En la primera acep. por alusión al modo de caminar [?]; para la segunda, v. **pesada**; en las ss. es traducción del ingl. *heavy*: de mucho peso.)

pescado. m. Persona tonta y de pocas luces, imbécil. | **2.** Persona fea, sin atractivo. (Por alusión al esp. *pescado*: pez comestible sacado del agua a través de la pesca, en ambos casos.)

pesebre. m. Prostíbulo. ‖ BAJAR(SE) AL PESEBRE: practicar el sexo oral en una mujer. (Del esp. *pesebre*: sitio en el cual se alimentan las bestias.)

pesebrera. f. Prostituta que ejerce su oficio en un prostíbulo. (V. **pesebre.**)

pesebrero. m. Cuidador, portero o sirviente de un prostíbulo. | **2.** Individuo afecto a realizarle sexo oral a una mujer, afecto al cunnilingus. (V. **pesebre.**)

pesheto. m. Corte tierno de carne vacuna que se obtiene de la parte trasera de la res. | **2.** Pene. (Del gen. *pescetto*: bíceps.)

pesquisa. m. Policía de la sección de investigaciones, que gralmente. viste sin uniforme. (Por ext. del esp. *pesquisa*:

información o indagación que se hace de una cosa para averiguar la realidad de ella o sus circunstancias.)

pestear. tr. Castigar, golpear, zurrar. | **2.** En un deporte o juego, ganar por apabullante diferencia. (V. **pesto.**)

pesto. m. Salsa hecha a base de albahaca, ajo y nuez que se liga con aceite. | **2.** Golpiza, paliza, castigo violento. | **3.** En un deporte o juego, victoria abrumadora. || DAR EL PESTO: apalear; vencer. (Del ital. *pesto*: la salsa antedicha, originado en *pestare*: machacar.)

pesuti. adj. Dicho de una persona, valentón. | **2.** Peligroso, violento, perteneciente al ambiente delictivo y, dentro de éste, al grupo de los delincuentes más temibles. | **3.** Dicho de una cosa o situación, difícil, complicada, comprometida. (Por el agregado a **pesado** del sufijo *-uti*, común a varios apellidos italianos con la forma *-utti*.)

pete. m. Chupete. | **2.** Pene. | **3.** Felación, *fellatio*. || HACER UN PETE: practicar la *fellatio*. (Las ss. derivan de la primera acep.: por aféresis del esp. *chupete*: objeto con una parte de goma o materia similar en forma de pezón que se da a los niños para que chupen.)

petear. tr. Practicar la *fellatio*, sexo oral a un varón. (V. **pete.**)

petero, ra. adj. Que gusta de practicar la *fellatio* y lo hace habitualmente. | **2.** Que es especialista en practicar la *fellatio*. (V. **pete.**)

petisa. f. Llave corta de tija. (De *petiso*: pequeño.)

petisero. m. Ladrón que utiliza la **petisa.**

petitero, ra. adj. Petrimetre, joven de clase alta que actúa y viste con ostentación y afectación. (El término se aplica a quienes concurrían al *Petit Café*, situado en la avenida Santa Fe 1818/26 de Buenos Aires, a pocos metros de la avenida Callao, esto es en pleno Barrio Norte.)

petiza. f. Variante gráfica de **petisa.**

petróleo. m. Vino tinto de mala calidad (Por alusión al color, del esp. *petróleo*: líquido natural oleaginoso e inflamable.)

piachentín. m. Variante fonética de **piayentín.**

pianito. m. En la expr. TOCAR EL PIANITO: registrar las impresiones digitales ante la policía. (V. **piano.**)

piano. m. En la expr. TOCAR EL PIANO: registrar las impresiones digitales; robar. (Del esp. *piano*: instrumento músico de teclado y percusión, en alusión al apoyo de los dedos como si fueran teclas; para el segundo signif., cf. **música.**)

piantado, da. ppio. perf. Forma aferética de **espiantado.**

piantadura. f. Locura. (V. **espiantar.**)

piantar. intr. y tr. Forma aferética de **espiantar.**

piantarse. intr. Forma aferética de **espiantarse.**

piantavotos. adj. En la jerga política, dícese de la persona cuya imagen pública hace perder votos al partido que lo presenta. (De **piantar** y el esp. *voto*: opinión que se emite en una elección; su creación es atribuida a Juan Domingo Perón.)

piante. m. Forma aferética de **espiante.**

piayentín. m. Mujer bella y atractiva. | **2.** Objeto bello, de buena calidad y/o alto precio. (Del gen. *piaxentin*: queso de tipo parmesano.)

piba. f. Niña, joven. | **2.** Fórmula de

tratamiento afectuosa. | **3**. Hija. | **4**. Novia. (V. **pibe**.)

pibe. m. Niño, joven. | **2**. Fórmula de tratamiento afectuosa [dados ambos por el DRAE]. | **3**. Hijo, gralmente. precedido por el adjetivo posesivo. || ESTAR HECHO UN PIBE: parecer más joven de lo que se es. (Del gen. *pivetto* –derivado a su vez del ital. jergal *pivello*–: niño.)

piberío. m. Conjunto de **pibes** o chiquillos [dado por el DRAE]. (V. **pibe**.)

pica. f. Rivalidad [dado por el DRAE], encono. | **2**. Enojo, MALA ONDA. || TENER PICA CON ALGUIEN: rivalizar, competir; llevarse mal; ignorarse. (Por oscura alusión al esp. *pica*: especie de lanza larga.)

picada. f. Conjunto de tapas o ingredientes que acompañan una bebida alcohólica, que gralmente. se sirven antes de la comida. | **2**. Carrera ilegal entre automóviles o motos organizada subrepticiamente en la vía pública y que perturba la normal circulación. (Del esp. *picar*: tomar una ligera porción de un manjar o cosa comestible –para la primera acep.–; avivar con la espuela a la cabalgadura, espolear –para la segunda–.)

picado. m. Partido de fútbol informal y amistoso, **fulbito**. (Del esp. *picado*: dividido en trozos muy menudos y, por ext., mezclado; por alusión a que en un partido de este tipo los jugadores que habitualmente juegan juntos en un equipo se mezclan con otros.)

picaflor. m. Galanteador, conquistador. (Por alusión al esp. *picaflor*: pájaro pequeño que se alimenta del néctar de las flores, que va de aquí para allá y prácticamente no se queda quieto.)

picana. f. Instrumento de tortura que realiza descargas eléctricas, usado por la policía para obtener confesiones. (De la voz rural *picana*: aguijada de los boyeros.)

picanear. tr. Aplicar la **picana** eléctrica.

picar. intr. Irse. U. t. c. prnl. | **2**. Correr. | **3**. Escapar. | **4**. Acelerar un automóvil. || DEJARLA PICANDO: decir uno algo que posibilite a otro el burlarse, el hacer un chiste o el expresar un defecto del primero. | **2**. PICÁRSELAS: irse, por lo común rápidamente [dado por el DRAE]. | **3**. PICAR LA NARIZ: tener una lesión en las fosas nasales a causa del consumo de cocaína. (Del esp. *picar*: avivar con la espuela a la cabalgadura, espolear.)

picarse. intr. Inyectarse droga, gralmente. heroína o cocaína. (Por ext. del esp. *picar*: herir leve y superficialmente con instrumento punzante.)

picaterra. f. Gallina. (Es el ital. jergal *picaterra*: gallina.)

picazo. m. En la expr. MONTAR EL PICAZO: enojarse. (Probablemente por anal. con la expr. esp. *montar en cólera*: enfadarse; del esp. *picazo*: dícese del caballo o yegua de color blanco y negro mezclados.)

pichi¹. f. Forma apocopada de **pichicata**.

pichi². adj. Inexperto, novato. | **2**. Ingenuo, crédulo. (Por apócope de **pichibirlo**.)

pichi³. m. Variante alternativa de **bichi**.

pichibirlo, la. m. y f. Infante; niño, niña. (Por epéntesis de -*bi*- sobre el piam. *picirlo*: niño.)

pichicata. f. Cocaína. | **2**. Droga en gral. | **3**. En el turf, inyección de drogas estimulantes aplicada a un caballo de carrera. | **4**. En el ámbito deportivo, estimulante. | **5**. Medicamento, por lo gral. inyectable. (Del ital. *pizzicata*: pulgarada.)

pichicateado, da. ppio. perf. de **pichicatear**. Drogado, estimulado. | **2**. Sedado. (V. **pichicata**.)

pichicatear. tr. Suministrar drogas o estimulantes. U. t. c. prnl. | **2.** Suministrar medicamentos, gralmente. inyectables. (V. **pichicata.**)

pichicatero, ra. adj. Drogadicto. (V. **pichicata.**)

pichicho. m. Perro de tamaño pequeño. (Del mapuche *pichi*: pequeño [?].)

pichicoma. m. Variante alternativa de **bichicoma.**

pichilín. m. Pene de los niños de corta edad. (V. **pichín**; cf. el esp. *picha:* pene.)

pichí(n). m. Pipí, orina, en lenguaje infantil [dado por el DRAE]. (Es voz onomatopéyica.)

pichincha. f. Ganga, ocasión [dado por el DRAE]; compra ventajosa. (Del port. *pechincha*: ganga.)

pichinchear. intr. Regatear; salir en busca de los precios más bajos. (V. **pichincha.**)

pichinchero, ra. m. y f. Persona que busca u ofrece **pichinchas.**

pichinín, ina. adj. Pequeño, de corta edad. (Del gen. *piccin*, de igual signif., por parágoge.)

pichivirlo, la. m. y f. Variante gráfica de **pichibirlo.**

Picho. m. Personaje supuesto. || CHAU, PICHO : gramaticalizada como **chaupicho.** | **2.** MONGO PICHO: v. **Mongo.** (Etimol. incierta.)

pichón, na. adj. Inexperto, novato. (Del esp. *pichón*: pollo de la paloma casera.)

pichonera. f. Habitación. (Del esp. *pichón*: pollo de la paloma casera, en alusión al nido.)

pichuleador, ra. m. y f. **pichulero.** (V. **pichulear.**)

pichulear. intr. Buscar afanosamente ventajas o ganancias pequeñas en compras o negocios [dado por el DRAE]. | **2.** Regatear, **pichinchear.** (Etimol. incierta.)

pichuleo. m. Acción y efecto de **pichulear** [dado por el DRAE]. | **2.** Regateo. | **3.** Provecho obtenido por un trabajo breve o menor. (V. **pichulear.**)

pichulero, ra. m. y f. Persona que **pichulea.** | **2.** Regateador. || adj. Mezquino. (V. **pichulear.**)

pichuleta. f. Miembro viril del niño. (Del port. *pichuleta*, de igual signif.)

pichulín. m. **pichuleta.** (Quizás en cruce con **pichinín.**)

picle. m. Encurtido. (Es el ingl. *pickle*: encurtido.)

picnic. m. Paseo campestre que incluye una merienda o tentempié. (Del ingl. *picnic*: excursión campestre.)

pico. m. Beso en los labios. | **2.** Dosis de heroína, cocaína u otro alcaloide inyectable preparada en una jeringa. || DARSE UN PICO: **picarse.** (La primera acep. deriva del esp. fam. *pico*: boca de una persona, por metonimia; para la s., v. **picarse.**)

picona. f. Pulga. | **2.** Chinche. (Del germ. *picón*: piojo, insecto.)

picotero. m. Distribuidor mayorista de diarios y revistas. (Del esp. *picotear*: comer de diversas cosas y en ligeras porciones [?].)

piculina. f. Deform. de **pecorina.**

pido. intr. Entre los niños, solicitud de una pausa en el juego para desarrollar alguna actividad que no tiene relación alguna con éste. (Del esp. *pedir*: solicitar.)

piedra. f. En la expr. CARA DE PIEDRA: caradura. (Del esp. *piedra*: sustancia mineral, más o menos dura y compacta.)

piedrún, na. adj. Torpe, adoquín. (Del

ital. *pietrone*: piedra grande, con el sufijo -*ún*, de origen gen.)

pierna. f. Cada uno de los individuos que se reúnen para jugar, particularmente a la baraja. | **2.** Persona dispuesta a prestar compañía. | **3.** Persona lista, avispada. | **4.** Figura que en el juego del póquer se forma con tres cartas del mismo valor [dados todos por el DRAE]. ‖ adj. Diestro, hábil. | **2.** Vivo, rápido, despabilado. ‖ HACER PIERNA: colaborar, ayudar [dado por el DRAE]; HACER (LA) PATA. | **2.** SER UNO UNA BUENA PIERNA: estar siempre bien dispuesto para una cosa; ser buena compañía. (Del esp. *pierna*: tratando de ciertas cosas, la que junto con otras forma o compone un todo; el sentido de adj. lo adquiere a partir de la expr. consignada.)

piernar. intr. Variante sincopada de **piernear.**

piernear. intr. Bailar. (Del esp. *pierna*: cada uno de los miembros inferiores del hombre.)

piernún, na. m. y f. Aument. de **pierna** –en su segunda acep.–.

pifiar. intr. y tr. Equivocarse, errar. ‖ PIFIARLA: cometer un grave error. (Del esp. *pifiar*: hacer una pifia en el billar.)

piguyento, ta. adj. Piojoso. (V. **piguyo.**)

piguyi. m. Variante alternativa de **piguyo.**

piguyo. m. Piojo. (Del gen. *pighêuggio*: piojo.)

pija. f. Pene, miembro viril. ‖ adj. m. Avispado, rápido, sagaz. (Por feminiz. del esp. *pijo*, de igual signif.; en este caso de adjetiv., el sust. orig. adquiere –como en **banana** o **piola**– una connotación positiva; en otros –como en **nabo** o **goma**– la connotación es negativa.)

pijería. f. Picardía. | **2.** Artimaña, ardid. (V. **pija.**)

pijindrín. adj. pija.

pijotear. tr. Mezquinar. | **2.** Engañar. (Del esp. *pijotería*: dicho o pretensión desagradable.)

pijotería. f. Mezquindad. (V. **pijotear.**)

pijotero, ra. adj. Cicatero, mezquino. | **2.** Que hace las cosas de manera improvisada o ligera, en desmedro de la calidad del resultado. (V. **pijotear.**)

pila. f. En las exprs. ss.: CARGAR LAS PILAS: recobrar energías. | **2.** ESTAR PILA(S) O CON (TODAS LAS) PILAS: estar fuerte, animoso, con ganas de hacer algo; estar excitado. | **3.** PONERSE LAS PILAS: animarse, disponerse, decidirse a hacer algo con energía y voluntad; concentrarse en una tarea para llevarla a cabo eficazmente. (Del esp. *pila*: generador de corriente eléctrica.)

pilcha. f. Prenda de vestir, pobre o en mal estado. | **2.** Prenda de vestir, particularmente si es elegante o cara. | **3.** –sólo en pl.– Efectos personales. (Del arauc. *pulcha*: arruga.)

pilchaje. m. Conjunto de **pilchas.**

pilchar. tr. Quitarle a alguien sus ropas o efectos personales. (V. **pilcha.**)

píldora. f. Bala, proyectil de un arma de fuego. (Del esp. *píldora*: bolita que se hace mezclando un medicamento con un excipiente; por alusión a la forma.)

pileta. f. En las exprs. ss.: DARSE JUEGO DE PILETA: presentarse una situación de riesgo que debe ser conjurada. | **2.** TIRARSE A LA PILETA: emprender una acción de resultado incierto, arriesgarse; afrontar una situación difícil decididamente; TIRAR LOS GALGOS; declararle amor a alguien. | **3.** PONERSE LAS PILETAS: PONERSE LAS PILAS. (Del esp. *pileta*: piscina; en la última expr. por juego paronom. entre *pila* y *pileta*.)

pillado, da. ppio. perf. de **pillarse.**

pilladura. f. Variante gráfica de **piyadura.**

pillar. intr. y tr. Variante gráfica de **piyar.**

pillarse. intr. Variante gráfica de **piyarse.**

pilotear. intr. Montar un caballo de carrera. ‖ PILOTEARLA: controlar o manejar una situación. | **2.** IRLA PILOTEANDO: sobrellevar las cosas lo mejor que uno puede. (Del esp. *pilotear*: dirigir un buque; dirigir un automóvil, globo, aeroplano, etc.)

pinchada. f. En el metegol, situación en que la pelota se detiene por completo y no queda al alcance de ningún jugador. (V. **pincharse.**)

pinchar. tr. Penetrar; copular. U. m. c. prnl. | **2.** intr. Morir. ‖ PINCHARLE A ALGUIEN EL GLOBO: desilusionar, desalentar las ilusiones de hacer algo o de que suceda algo. (Del esp. *pinchar*: punzar o herir con una cosa aguda o punzante –para la primera acep.–; referido al conductor de un vehículo, sufrir un pinchazo una rueda –para la segunda–.)

pincharrata. adj. Fanático del club de fútbol Estudiantes de La Plata. (En posible alusión a los típicos experimentos que se realizan con ratas en la Facultad de Medicina, ya que varios jugadores del equipo campeón del mundo en 1967 estudiaban esa carrera.)

pincharse. intr. No resultar, no funcionar, no suceder, malograrse algo. U. c. terciop. | **2.** Desanimarse. (Originado en la imagen de un globo pinchado que se desinfla, del esp. *pinchar*: punzar o herir con una cosa aguda o punzante.)

pinche. m. y f. Empleado de la más baja categoría. (Por ext. del esp. *pinche*: persona que presta servicios auxiliares en la cocina.)

pincheta. m. y f. Persona adicta al consumo de drogas inyectables, las que se inocula a sí mismo a través de una jeringa. (Formado con un sufijo fest. sobre la base del esp. *pinchar*: poner inyecciones.)

pindonga. f. Pene. ‖ ¡LA PINDONGA!: exclamación que expresa admiración o asombro. (Por cruce entre **pija** y el esp. *pindonga*: mujer callejera, con infl. también de **poronga**; la expr. es eufemística por la esp. *¡la puta!*)

Pinela. f. Personaje supuesto. En la expr. CHAU, PINELA, en gral. gramaticalizada como **chaupinela.**

pingo[1]. m. Caballo [dado por el DRAE]. (Del esp. *pingo*: harapo.)

pingo[2]. m. Pene. (Del ital. *pinco*, de igual signif.)

pino. m. Guitarra. (Del esp. *pino*: árbol de la familia de las abietáceas, por metonimia, dado que la guitarra se construye con madera de pino.)

pinta. f. Elegancia, particularmente en el vestir. | **2.** Aspecto agradable. ‖ HACER PINTA: HACER FACHA, v. **facha**; en un grupo, permanecer alguien sin hacer nada, aunque simulando trabajar como el resto. (Por ext. del esp. *pinta*: aspecto o facha por donde se conoce la calidad buena o mala de personas o cosas.)

pintado, da. adj. En la expr. ESTAR PINTADO: ser ignorado, ESTAR DIBUJADO. (Del esp. *pintar*: representar un objeto en una superficie con las líneas y los colores convenientes.)

pintar. intr. Darse, suceder; ser conveniente o útil. | **2.** Llegar, por lo común inesperadamente; aparecer, venir. ‖

PINTAR ALGUIEN BIEN O MAL: mostrar capacidad para algo o no. | **2.** PINTARLE A UNO EL BAJÓN: **bajonearse.** | **3.** PINTAR LA CARA: en el fútbol y otros deportes, superar ampliamente. (Del esp. *pintar*: empezar a tomar color y madurar ciertos frutos.)

pintón, na. adj. Elegante. | **2.** De aspecto agradable. (V. **pinta.**)

pintusa. f. Forma afect. de **pinta.**

piña. f. Trompada, puñetazo [dado por el DRAE]. || DARSE O PEGARSE UNA PIÑA: golpearse, lastimarse en la cara; chocar conduciendo un automóvil. (Del esp. *piña*: fruto del pino, por alusión a la forma.)

piñata. f. Comida, alimento. (Del ital. *pignatta*: olla.)

piñataro. m. Prestamista, persona que facilita dinero con usura. (Se relaciona con el ital. *pignorare*: embargar.)

piñazo. m. Aument. de **piña.**

piñón. m. Aument. de **piña.**

pío. m. Forma aferética de **montepío.**

piojera. f. Cabeza. (Por alusión a que es lugar ideal para los piojos; del esp. *piojo*: insecto hemíptero, que vive como parásito sobre los mamíferos.)

piojosa. f. **piojera.**

piola. f. Pene. || adj. **vivo**, astuto, sagaz; avispado, rápido. | **2.** Simpático, de trato agradable. | **3.** Excelente, magnífico. | **4.** Tranquilo, impasible. || HACERSE EL PIOLA: pretender pasar por listo. | **2.** QUEDARSE PIOLA: abstenerse de actuar, por lo gral. para no comprometerse. | **3.** TODO PIOLA: todo bien. (Del esp. *piola*: cuerda delgada, cordel; la primera acep. como adj. seguramente se relaciona con **piolín**; cf. **pija.**)

piolada. f. **pijería.** | **2.** Viveza, astucia. | **3.** Atrevimiento, descaro. | **4.** Acción que pretende demostrar astucia o viveza aprovechando una situación en beneficio propio. (V. **piola.**)

piolín. adj. Vesre de **limpio.** (En probable cruce con el amer. *piolín*: cordel delgado de cáñamo, algodón o fibra.)

piolines. m. pl. Cabellos. (V. **piolín.**)

piolón, na. adj. Aument. de **piola.**

pionono. m. Piojo. (Por juego paronom. con *Pío Nono*, que ejerció su papado entre 1846 y 1878.)

pioresnada. m. y f. Variante alternativa de **peoresnada.**

pipa. f. Nariz, especialmente la de grandes dimensiones. (Del esp. *pipa*: utensilio para fumar, por alusión a cómo sobresale.)

pipicucú. adj. Dicho de cosas o lugares, ordenado, arreglado. | **2.** Elegante, hermoso. | **3.** Correcto, perfecto, de excelencia o calidad. (Voz de creación expresiva.)

pipiolaje. m. Reunión o conjunto de **pipiolos.**

pipiolo, la. adj. Tonto, necio. (Del esp. *pipiolo*: principiante, novato o inexperto.)

pipistrelo, la. adj. Ordinario, rústico, tosco. (Del ital. *pipistrello*: murciélago.)

pipón, na. adj. Satisfecho después de comer o beber. (Por ext. del amer. *pipón*: barrigudo.)

pique¹. m. Arranque veloz de un caballo, persona o vehículo; aceleración. || A LOS PIQUES: con mucha prisa, apresuradamente [dado por el DRAE]. (Para la primera acep., v. **picar.**)

pique². m. Llave de tija corta, con forma de L. (Del ingl. *pick*: ganzúa.)

piquero. m. Ladrón que acostumbra a utilizar el **pique.** (V. **pique².**)

piquete¹. m. Agujero practicado en la pared de un banco, local o vivienda particular, a menudo en forma subterránea, a fin de ingresar para realizar un robo. (Por ext. del esp. *piquete*: agujero pequeño que se hace en la ropa u otras cosas.)

piquete². m. Grupo de desocupados, gralmente. numeroso (pues con frecuencia se hallan acompañados por sus familias), que para hacer sus reclamos corta calles o rutas impidiendo el normal paso del tránsito. (Por ext. del esp. *piquete*: pequeño grupo de personas que exhibe pancartas con lemas, consignas políticas o peticiones.)

piquetero¹. m. Ladrón que se especializa en hacer **piquetes** para actuar. (V. **piquete¹**.)

piquetero, ra². m. y f. Integrante de un **piquete**. ‖ adj. Relativo o perteneciente a un **piquete**. (V. **piquete²**.)

piquito. m. Dimin. de **pico**.

piracusar. intr. y tr. Variante paragógica de **pirar**.

pirado, da. ppio. perf. de **pirar**.

piragua. f. Acto sexual. (De creación popular, en virtud de la rima con *agua*. Proviene del chiste: "¿Querés jugar a la piragua? Es lo mismo que el teto pero abajo del agua". Cf. **teto**.)

pirajusar. intr. y tr. Variante alternativa de **piracusar**.

pirajushiar. intr. y tr. Variante alternativa de **piracusar**.

pirar. intr. Irse, marcharse. U. t. c. prnl. ‖ **2**. Volverse loco; tener reacciones propias de un loco. U. t. c. prnl. ‖ **3**. Rebelarse. U. m. c. prnl. ‖ **4**. tr. Robar, quitar. ‖ **5**. Despedir, echar. (Del caló *pirar*: fugarse, irse; la segunda y tercera aceps. son exts. de la anterior; en la cuarta acep., por cruce con **piantar**; la s. equivale a DAR EL PIRO.)

pirata. adj. Infiel a su pareja. (Por ext. del esp. *pirata*: persona que, junto con otras de igual condición, se dedica al abordaje de barcos en el mar para robar.)

piratón, na. adj. Variante fest. y aument. de **pirata**.

piravento. m. Golpe dado en la cabeza por el **biabista** a sus víctimas. (V. **pirar** y **vento**.)

pire. m. Variante alternativa de **piro**.

piringundín. m. Variante alternativa de **peringundín**.

piro. m. Ida, partida; huida. ‖ **2**. Locura. ‖ DAR EL PIRO: despedir. ‖ **2**. TOMARSE EL PIRO: irse; fugarse. (V. **pirar**.)

pirobador, ra. adj. Ardiente, lascivo, libidinoso. (V. **pirobar**.)

pirobar. intr. Copular. (Del caló *pirabar*: copular.)

pirobo. m. Coito. (V. **pirobar**.)

piróscafo. m. **piro**. (Por juego paronom. con el ital. *piroscafo*: buque de vapor; si bien existe, el esp. *piróscafo*, de igual signif., es muy raro.)

piruca. adj. Variante fest. de **pirado**.

pirulo. m. Hablando de la edad de una persona o de un lapso determinado, año. ‖ **2**. Dicho de la marca de un producto, desconocida o de poco renombre. (Etimol. incierta.)

pisante. m. Pie. (Del germ. *pisante*: pie.)

pisar. tr. En la expr. PISAR EL PALITO: v. **palito**.

pisarse. intr. Descubrirse, poner en evidencia, sin quererlo, una mentira o engaño urdidos de antemano. (Del esp. *pisar*: poner el pie sobre alguna cosa; en referencia a quien se pisa a sí mismo y se tropieza.)

piscuí. adj. Tonto, ingenuo. (Del argent. *picuí*: variedad de paloma, por epéntesis.)

pishada. f. Acción de **pishar**.

pishar. intr. Orinar. U. t. c. prnl. (Del ital. *pisciare*: orinar.)

pishón, na. adj. Que orina a cada momento. (V. **pishar**.)

pisicata. f. Variante fonética de **pichicata**.

pisicatear. tr. Variante fonética de **pichicatear**.

pisicatero, ra. adj. Variante fonética de **pichicatero**.

piso. m. En las exprs. JABONAR EL PISO y SERRUCHAR EL PISO: intrigar para desalojar a alguien de su puesto, con el objeto de ocupar su lugar. (Originado en la idea de hacer caer o hacer patinar a quien se desea suplantar.)

pisón. m. Variante alternativa de **pisante**.

pispar. tr. Espiar, atisbar; oír u observar discretamente. (Del port. *bispar*: mirar de lejos [?].)

pispear. tr. Variante epentética de **pispar**.

pispiar. tr. Variante alternativa de **pispear**.

pista. f. En la expr. PEDIR PISTA: solicitar a otros que ABRAN CANCHA; estar moribundo. (Por anal. con la situación del piloto de un avión, que debe solicitar autorización a la torre del aeropuerto para despegar o aterrizar; del esp. *pista*: terreno especialmente acondicionado para el despegue y aterrizaje de aviones; cf. **cancha**.)

pistero, ra. adj. Aplicable a un vehículo cualquiera –automóvil, moto, bicicleta, etc.–, recargado de adornos, preparado para obtener mayor velocidad, o que llama la atención por su apariencia. I **2.** Dicho de una persona, que le gusta mucho o posee un automóvil u otro vehículo preparado para correr carreras o que impresiona por su apariencia o los soni-

dos que produce cuando está en marcha. (Del esp. *pista*: sitio dedicado a las carreras; autódromo.)

pistola. f. Pene.II adj. Despabilado, vivo, **piola**. (Del esp. *pistola*: arma de fuego.)

pitada. f. Chupada que se da a un cigarrillo. (Del amer. *pitar*: fumar cigarrillos.)

pito. m. Pene [dado por el DRAE]. I **2.** Empleado de seguridad privada. (Por alusión al esp. *pito*: flauta pequeña, de sonido agudo; en el segundo caso, por poseer estas personas dicho instrumento.)

pituca. f. Colilla final del cigarrillo de marihuana. (Etimol. incierta.)

pitucada. f. Reunión o conjunto de **pitucos**. I **2. pituquería**. (V. **pituco**.)

pituco, ca. adj. **fifí**, que afecta comportamientos de moda. I **2.** Elegantemente vestido. (De *Pituca*, hipocorístico de *Petrona*.)

pitucón, na. adj. Aument. de **pituco**.

pitulín. m. **pichilín**. (Dimin. de **pito**.)

pituquear. intr. Hacer alardes de elegancia. (V. **pituco**.)

pituquería. f. Condición propia del **pituco**.

pitusa. f. Mujer de clase alta. (Por cruce entre **pituca** y el esp. *pituso*: gracioso, lindo; gralmente. es despect.)

pituto. m. Cosa cualquiera, cuyo nombre se ignora o cuya especie no puede revelarse. (Por ext. del chilenismo *pituto*: tubo pequeño y sobresaliente de un objeto.)

piyado, da. ppio. perf. de **piyarse**. (V. **piyar**.)

piyadura. f. Engreimiento, envanecimiento. (V. **piyar**.)

piyar. intr. y tr. Tomar. U. t. c. prnl. I **2.** Beber. U. t. c. prnl. II PIYARLA: embriagarse. (Del gen. *piggiâ*: tomar.)

piyarse. intr. Envanecerse, engreírse. (Por

abrev. de PIYÁRSELA EN SERIO: tomar algo en serio; v. **piyar**.)

placero. m. Coche de plaza. (Del esp. *coche de plaza*: coche destinado al servicio público por alquiler, que tiene un punto fijo de parada en plaza o calle.)

plancha. f. En el fútbol, peligrosa infracción que consiste en golpear al rival –o intentar hacerlo– con una o las dos piernas extendidas, de modo que los tapones impacten contra el cuerpo del adversario. | **2.** En el fútbol, acción de extender la pierna un jugador ya sea para golpear o amedrentar a un rival, ya para impulsar la pelota. || HACER LA PLANCHA: dejar libremente que se desarrollen los hechos sin tener una participación activa en ellos. (Por ext. del esp. *plancha*: postura horizontal del cuerpo en el aire, sin más apoyo que el de las manos asidas a un barrote; idéntica posición del cuerpo flotando de espaldas; la expr. se forma sobre la segunda de las aceps. dadas.)

planchado, da. ppio. perf. de **planchar**. Caído, desmayado; dormido. | **2.** Derrotado. || adj. Agotado, extenuado. (V. **planchar**.)

planchar. intr. Carecer de compañero en un viaje. | **2.** En un baile, quedarse sin bailar una mujer por no haber sido invitada, o un hombre por haber sido rechazado. | **3.** tr. Desmayar, voltear de un golpe. | **4.** Derrotar. | **5.** intr. Hurgar en los bolsillos de alguien para robarle. (Del esp. *plancha*: desacierto o error por el cual la persona que lo comete queda en situación desairada o ridícula, para las dos primeras aceps.; las dos ss., del esp. *planchar*: pasar la plancha caliente; la última, del esp. *planchar*: quitar las arrugas a la ropa, por alusión a la palma de la mano del ladrón, que recorre la prenda en busca de su botín.)

planchazo. m. Aument. de **plancha**. (Se prefiere cuando la **plancha** es muy violenta.)

plantar. tr. Entremezclar entre los bienes de una persona o las posesiones de un territorio algún elemento comprometedor –como droga, armas, documentos falsos, etc.– no perteneciente a ellos. (Por ext. del esp. *plantar*: asentar o colocar algo en el lugar en que debe estar para ser usado.)

plantarse. intr. Mantener una idea u opinión sin intenciones de cambiar de parecer. (Por ext. del esp. *plantarse*: en algunos juegos de cartas, no querer más de las que se tienen.)

plato. m. Situación festiva. | **2.** Persona jocosa. (Del esp. *plato*: tema de murmuración.)

pleno. adj. En la expr. A PLENO: A FULL. (Del esp. *pleno*: lleno, completo.)

plomo. m. Individuo que se dedica a transportar los instrumentos y equipos de sonido de un cantante o grupo musical. (Etimol. incierta.)

pluma. m. Dentro de un penal o un correccional de menores, jefe de un pabellón o **rancho²** cuya autoridad es respetada por sus compañeros. (Del esp. *pluma*: cada una de las piezas de las que está cubierto el cuerpo de las aves, por alusión a la pluma o plumas que llevaban los caciques o jefes indígenas, especialmente en América del Norte.)

pocaonda. adj. Antipático, odioso, **agreta**. (V. **onda**.)

pochoclo. m. Maíz tostado. (Por cruce entre el amer. *choclo* –del quich. *chocclo*–:

mazorca tierna de maíz y el guar. *pororó*: maíz tostado.)

podrida. f. Pelea, altercado. | **2.** Incidente, batahola. ‖ ARMARSE LA PODRIDA: iniciarse una pelea o incidente; causar enojo en alguien. (V. **pudrirse.**)

pogo. m. Baile que consiste en saltar una y otra vez lanzándose contra otras personas y golpeándolas con el hombro, introducido en la década de 1970 por el grupo *punk* inglés Sex Pistols y difundido entre casi todos los jóvenes **rockeros.** ‖ HACER POGO: bailar **pogo.** (Del ingl. norteamericano *Pogo stick*: literalmente "pogo saltarín", juguete que consta de un palo unido a unos muelles, con una cruz para apoyar los pies, con el que se puede avanzar a saltos.)

pogru. m. Vesre de **grupo.**

polaco, ca. adj. Natural de Europa Central. | **2.** Descendiente de un natural de Europa Central. | **3.** Rubio. (Del esp. *polaco*: natural de Polonia, en alusión a sus características raciales.)

polenta. f. Fuerza, potencia, vigor físicos. | **2.** Ánimo, ganas. ‖ adj. Extraordinario, excelente. ‖ BIEN POLENTA: de excelente calidad. (Del esp. *polenta*: puches de harina de maíz; la tercera acep. del ital. jergal *polenta*: oro.)

polentería. f. En la expr. DE POLENTERÍA: excelente. (V. **polenta.**)

polera. f. Jubón de cuello alto. (Etimol. incierta.)

poligrillo, lla. adj. Humilde, modesto, de baja condición. (Por cruce entre el esp. *polilla*: mariposa nocturna y **colibrillo.**)

poligriyo, ya. adj. Variante gráfica y más difundida de **poligrillo.**

polisar. intr. Variante alternativa de **poliyar.**

poliso. m. Cama, lecho. (V. **polisar.**)

poliyar. intr. Forma aferética de **apoliyar.**

pollerudo. adj. m. Dícese del hombre que vive entre mujeres o suele ampararse en ellas. | **2. calzonudo.** (Del amer. *pollera*: falda.)

polvazo. m. Aument. de **polvo.**

polvo. m. Coito, relación sexual, **cogida.** ‖ POLVO MAÑANERO: v. **mañanero.** | **2.** POLVO SIESTERO: v. **siestero.** (Del esp. pop. *echar un polvo*: copular.)

pólvora. f. En la expr. GASTAR PÓLVORA EN CHIMANGOS: hacer esfuerzos por algo o alguien que no lo merece. (Es el esp. *pólvora*: mezcla inflamable.)

pomada. f. Pasta grasa con la que se unta el calzado para darle brillo y protección. ‖ ESTAR EN LA POMADA: conocer un tema a fondo; tener acceso a grupos de poder o a las informaciones que circulan en ellos. | **2.** HACER POMADA: golpear, destruir; causar un daño de manera real o figurada; afectar moralmente a alguien. | **3.** HACERSE POMADA: herirse o estropearse a causa de un accidente; desanimarse, flagelarse física, espiritual o anímicamente. (Por ext. del esp. *pomada*: mixtura de una sustancia grasa y otros ingredientes.)

pomo. m. Recipiente cilíndrico de material flexible en que se expenden cosméticos, fármacos, pinturas, etc., de consistencia líquida o cremosa. | **2.** Juguete, por lo común cilíndrico y flexible, con el que se arroja agua durante el carnaval [dados ambos por el DRAE]. | **3.** Pene. ‖ IMPORTARLE A UNO UN POMO: ignorar; desinteresarse, desentenderse de algo. | **2.** NO SABER UN POMO: no saber nada. (Del esp. *pomo*: frasco que sirve para contener y conservar los licores; la tercera acep. alude a la forma cilíndrica del **pomo** –v. las anteriores–; la expr. es copia de la esp. *no importarle a uno un pito de una cosa*: hacer desprecio de ella.)

ponchada. f. Lo que cabe en un poncho. | **2.** Gran cantidad de cosas [dado por el DRAE]; montón, número considerable. (Del amer. *poncho*: prenda de abrigo.)

ponchazo. m. Golpe dado con el poncho [dado por el DRAE]. || A LOS PONCHAZOS: en situaciones adversas, de la mejor manera posible y con esfuerzo; de cualquier manera, improvisadamente. (V. **ponchada**.)

poner. tr. Golpear. | **2.** Matar. | **3.** Sorprender. || PONER EL PERCHERO O EL ALCE: **cuernear.** | **2.** PONER HUEVO(S): v. **huevos.** | **3.** PONERLA: copular el hombre. | **4.** PONERLE LA TAPA A ALGUIEN: derrotarlo de alguna forma, demostrarle que no tiene razón. | **5.** PONER UNA MANO: golpear. | **6.** PONÉRSELA A ALGUIEN: penetrar carnalmente a esa persona; perjudicarla. (Del esp. *poner*: colocar en un sitio una persona o cosa; en la tercera expr. LA equivale a **pija**; la cuarta alude a la tapa del ataúd; las últimas responden al sentido de "colocar en un sitio"; en la sexta expr. *-se-* no es reflexivo, sino un *-le-* cambiado por cacofonía.)

ponerse. intr. Pagar. | **2.** Haber consumido bebidas alcohólicas o drogas en exceso. || ESTAR PUESTO: v. **puesto.** | **2.** LLEVARSE PUESTO: v. **puesto.** | **3.** PONERSE EN CUATRO: apoyar al mismo tiempo las rodillas y las palmas de las manos sobre una superficie horizontal, componiendo una posición sexual en la que uno de los dos amantes es penetrado por atrás por el otro. | **4.** PONERSE EN PEDO: v. **pedo.** | **5.** PONERSE LA GORRA: proceder con mezquindad. | **6.** PONERSE LAS PILAS: v. **pilas.** (Del esp. *poner*: escotar o concurrir con otros, dando cierta cantidad.)

pongue. m. Pago. (V. **ponerse**.)

ponible. adj. Sexualmente deseable; **cogible.** (V. PONERLA en **poner**.)

ponja. adj. Japonés. | **2.** Cualquier persona con rasgos orientales. (Es el vesre de *Japón*.)

ponzoña. f. Enfermedad venérea. (Del esp. *ponzoña*: sustancia que tiene en sí cualidades nocivas a la salud.)

popa. f. Trasero, ano. || CARGAR CARNE POR (LA) POPA: ser penetrado analmente. (Por anal. con el esp. *popa*: parte posterior de una nave.)

porfi. interj. Voz del lenguaje infantil con la que se pide encarecidamente algo. (Por fusión y apócope de la expr. esp. *por favor*.)

pornoco. m. Barro, comedón. (Por apócope de **coger** en la expr. *por no coger*, en alusión a los granitos de color rojo que les salen en el rostro a los adolescentes, llamado comúnmente acné juvenil, y en la creencia de que éste es producto de la masturbación.)

poronga. f. Pene. | **2.** m. Autoridad máxima de un lugar. | **3.** Comisario general integrante de la cúpula de la policía. (Por feminiz. de *porongo* –del quich. *puruncu*–: calabaza en forma de pera y con cuello, que sirve para diversos usos, especialmente para cebar mate; en la segunda y tercera acep. en alusión al poder que ejercen.)

poronguear. intr. Copular. (V. **poronga**.)

porra. f. Maraña de cerda, tierra y abrojos que se forma en la cola y crines de los yeguarizos. | **2.** Cabello abundante y enmarañado, por lo gral. también largo. (Por alusión al esp. *porra* –forma aferética de *cachiporra*–: palo enterizo que termina en una bola o cabeza abultada.)

porrear. intr. Fumar un **porro**. (V. **porro**.)

porro. m. Cigarrillo de marihuana. (Del esp. *porro* –de origen quich.–: cigarrillo de hachís o marihuana mezclado con tabaco; no debería descartarse sin embargo un cruce con el port. *porro*: puerro, por alusión a su forma.)

porrudo, da. adj. Melenudo, pelilargo. (V. **porra**.)

portasenos. m. Sostén. (De *portar*: llevar y *seno*: pecho de mujer.)

portugués, sa. adj. Que asiste a un espectáculo sin pagar entrada. | **2.** Quien recibe, sin pagarlo él, un servicio. (Del ital. fig. *portoghese*: el que concurre al teatro sin pagar.)

posar. intr. ESTAR EN POSE. (Por ext. del fr. *poser*, castellanizado como *posar*: permanecer en determinada postura para retratarse o servir de modelo a un artista.)

pose. f. Postura, actitud. | **2.** Afectación. | **3.** Posición adoptada en el coito. || ESTAR EN POSE: adoptar una actitud afectada en el vestir, el cuidado personal, los modales o el vocabulario con la intención de llamar la atención de los demás, aunque simulando desinterés por ellos. (Por ext. del fr. *pose*, ya castellanizado: postura, afectación en la manera de hablar y comportarse.)

posmo. adj. Forma apocopada –con síncopa de la *t*– de *postmoderno*.

posta. adj. Excelente, óptimo, superior. | **2.** Verdadero, fidedigno, confiable. | **3.** De buena calidad. || adv. Excelente; exacta, verdaderamente. || BATIR LA POSTA: v. **batir**. | **2.** DE POSTA: de verdad, de manera confiable. | **3.** SER ALGO (DE) POSTA: ser cierto, confiable. | **4.** TENER LA POSTA (DE ALGO): TENER LA PRECISA, v. **precisa**; tener la certeza, la seguridad. (Del ital. *apposta*: apropiadamente, expresamente.)

postamente. adv. Óptimamente; cabal, verdaderamente. (V. **posta**.)

postrar. tr. Fastidiar, molestar; aburrir. (Por ext. del esp. *postrar*: quitar el vigor y fuerzas a uno.)

potién. m. Vesre de *tiempo*.

potra. f. **yegua**. (Del esp. *potra*: yegua desde que nace hasta que muda los dientes mamales.)

potranca. f. **potra**. (Del esp. *potranca*: yegua que no pasa de tres años.)

potrear. intr. **potrerear**. (Por síncopa.)

potrerear. intr. Jugar los niños libremente, como si estuvieran en un **potrero**.

potrero. m. En zonas urbanizadas, terreno baldío. (Por ext. del amer. *potrero*: finca destinada a la cría de ganado.)

potro. m. **yeguo**. (Por anal. con **potra**.)

precisa. f. Información veraz. || TENER LA PRECISA: atribuir o atribuirse la supuesta verdad respecto de un hecho controvertido. (Por sustantiv. del esp. *preciso*: puntual, exacto, cierto.)

prenderse. intr. Integrarse, participar de algo junto a otros, sumarse a una actividad. || PRENDERSE EN TODAS: unirse a otros para participar de lo que hacen en toda ocasión. (Del esp. *prender*: asir, agarrar, sujetar una cosa.)

prepear. tr. **prepotear**. (A través de **prepo**; v. **prepotencia**.)

prepo. f. Forma apocopada de **prepotencia**. (Usada sobre todo en la expr. DE PREPO: DE PREPOTENCIA; v. **prepotencia**.)

prepotear. tr. Actuar violentamente con alguien; intimidar, maltratar. (V. **prepotencia**.)

prepotencia. f. Actitud violenta. ‖ DE PREPOTENCIA: violentamente, por la fuerza. (Del esp. *prepotencia*: poder superior al de los otros.)

prima. adj. f. En la expr. DE PRIMA: de primera, sobreentendiéndose clase, calidad, categoría, etc. (Del ital. *prima*: primera.)

primera. adj. f. En las ss. exprs.: JUGAR DE PRIMERA: JUGAR AL TOQUE, v. **toque.** ‖ **2.** JUGAR EN PRIMERA: en cualquier actividad ser alguien reconocido y exitoso. (En el primer caso, por abrev. de DE PRIMERA INTENCIÓN, derivada de la expr. esp. *primera intención*: modo de proceder franco y sin detenerse a reflexionar mucho; la s. alude a la primera división: categoría en la que se enfrentan entre sí los clubes más importantes de fútbol y de otros deportes.)

primerear. tr. Anticipar, ganar de mano. (Del esp. *primero*: que precede a los demás de su especie.)

primus. m. Calentador a querosén. (Por lexicaliz. de la marca de fábrica *Primus*.)

pris. f. Pulgarada de cocaína. (Del fr. *prise*: porción tomada, pulgarada.)

prise. f. Variante alternativa y etimológica de **pris.**

prisé. f. Variante alternativa –por ultracorrección– de **prise.**

proa. f. Nariz. (Del esp. *proa*: parte delantera de un barco.)

producción. f. Acción y efecto de **producirse.**

producido, da. ppio. perf. de **producirse.**

producirse. m. Vestirse y arreglarse muy bien; en el caso de las mujeres, incluye el maquillaje, el peinado y los accesorios. (Del amer. *producir*: financiar la reali-

zación de una obra cinematográfica, discográfica, televisiva, etc., por alusión al dinero gastado y al esfuerzo realizado.)

profe. m. y f. Forma apocopada de *profesor* y de *profesora*.

programa. m. Cita amorosa. ‖ **2.** Relación amorosa circunstancial o pasajera. (Del esp. *programa*: previa declaración de lo que se piensa hacer en alguna materia u ocasión.)

programero, ra. adj. Que acostumbra tener **programas.**

progre. adj. Forma apocopada de *progresista*. (Tiene valor despect.)

promo. f. Oferta de uno o más productos a un precio más bajo que el habitual durante un lapso determinado. (Por apócope del esp. *promoción*: conjunto de actividades cuyo objetivo es dar a conocer algo o incrementar sus ventas.)

propiamente. adv. Precisa, exactamente. (Del ital. *propriamente*, de igual signif.)

psicopateada. f. Acción de **psicopatear.**

psicopatear. tr. Inducir a alguien a una acción, idea o sentimiento que le resulta perjudicial. (Del esp. *psicópata*: persona que padece una enfermedad mental.)

psicopatón, ona. adj. Que **psicopatea.** (V. **psicopatear.**)

púa. f. Arma blanca, gralmente. la improvisada. ‖ METER (LA) PÚA: provocar intrigas, cizañear. ‖ **2.** METER PÚA: robar. (Del esp. *púa*: cuerpo delgado y rígido que acaba en punta aguda.)

puazo. m. Herida hecha con una **púa**; puñalada, cuchillazo. (V. **púa.**)

pucherear. intr. Tener ingresos mínimos para sobrevivir comiendo lo indispensable. ‖ **2.** Malcomer. (Del esp. *puchero*: alimento diario y regular.)

puchimbol. m. Pelota que utilizan los

boxeadores para su entrenamiento. (Del ingl. *punching-ball*: pelota para golpear.)

pucho. m. Resto, residuo, pequeña cantidad sobrante de alguna cosa [dado por el DRAE]. | **2.** Colilla del cigarrillo [dado por el DRAE]. | **3.** Cigarrillo. || AL PUCHO: de inmediato. | **2.** DE A PUCHOS: de a poco, en pequeñas cantidades. | **3.** IPSO PUCHO: al instante. | **4.** NO VALER UN PUCHO: no valer nada [dado por el DRAE], no tener importancia. | **5.** SOBRE EL PUCHO: inmediatamente, enseguida [dado por el DRAE]. (Del quich. *puchu*: sobrante, residuo; IPSO PUCHO es fest. de la locución latina *ipso facto*: en el mismo hecho; la última expr. alude al encendido de un nuevo cigarrillo sobre el **pucho** del anterior.)

pudrirse. intr. En la expr. PUDRIRSE TODO: frustrarse una cosa; ARMARSE LA PODRIDA. (Del esp. *pudrirse*: corromperse una cosa.)

puentear. tr. Hacer algo omitiendo deliberadamente la consulta o pedido de autorización a un igual o superior; saltear adrede. (Del esp. *puente*: construcción de piedra, ladrillo, etc. que se levanta sobre los ríos para poder pasarlos.)

puesto, ta. ppio. de **ponerse.** Borracho, drogado. || ESTAR PUESTO: estar borracho o drogado a tal punto que se ha perdido la lucidez. | **2.** LLEVARSE PUESTO: chocar contra alguien o contra algo, y a veces arrastrarlo un trecho. (v. **ponerse.**)

pulastra. f. Prostituta. (V. **pulastro.**)

pulastrín. m. Dimin. de **pulastro.**

pulastrina. f. Dimin. de **pulastra.**

pulastro. m. Varón homosexual. (Del gen. *pollastro*: gallito; mozalbete.)

pulastrón. m. Aument. –con valor despect.– de **pulastro.**

pulenta. f. Variante alternativa de **polenta.** || adj. Pendenciero, **pesado.** (V. **polenta.**)

pulentería. f. Variante alternativa de **polentería.**

pulisa. f. Variante alternativa de **poliso,** que incluye un cambio de género.

pulishar. intr. Variante gráfica de **puliyar.**

puliyar. intr. Variante alternativa de **poliyar.**

puloil. m. Polvo de limpieza. (Por lexicaliz. de la marca de fábrica *Puloil.*)

pulseras. f. pl. Esposas o grilletes. (Del esp. *pulsera*: joya de metal o de otra materia que se lleva en la muñeca.)

punga[1]**.** f. Robo de dinero o efectos personales de los bolsillos de la víctima. | **2.** Robo de cartera o bolsos. (Del ital. merid. *punga*: bolsillo.)

punga[2]**.** m. Forma sincopada de **punguista.**

punguear. tr. Robar los bolsillos de las víctimas; robar gralmente. sin violencia. (V. **punga**[1]**.**)

punguia. f. Variante alternativa de **punga**[1]**.**

punguiar. tr. Variante alternativa de **punguear.**

punguista. m. Ladrón que se especializa en robar de los bolsillos de sus víctimas. | **2.** Ladrón de carteras o bolsos. (V. **punga**[1]**.**)

punta[1]**.** m. **puntero.** || JUGAR DE PUNTA: En el fútbol, ser delantero. (V. **puntero.**)

punta[2]**.** f. Arma blanca. | **2.** Dato necesario para la realización o la concreción de algo. | **3.** Dato esencial para llevar a cabo un delito. | **4.** En el juego del truco, carta de mediano valor. || TIRAR UNA PUNTA: proporcionar el dato necesario para algo; adelantar de qué se trata un tema o cuestión más largos de tratar.

(Del esp. *punta*: extremo de algo, por sinécdoque.)

puntazo. m. Herida efectuada con un arma blanca. (V. **punta²**.)

punteado, da. ppio. perf. de **puntearse.**

puntear. intr. y tr. Marchar a la cabeza de un grupo de personas o animales [dado por DRAE como amer. del sur]. | **2.** intr. Tomar la iniciativa en una acción común. | **3.** tr. Dar uno o más puntazos. (Del esp. *punta*: extremo de una cosa.)

puntearse. intr. Emborracharse. (Del esp. *punta*: sabor que va tirando a agrio en una cosa, como el del vino cuando se empieza a avinagrar.)

puntero, ra. m. y f. Persona o animal que va delante de los demás componentes de un grupo [dado por el DRAE]. | **2.** m. En el fútbol, delantero que se desempeña en los laterales [dado por el DRAE]. | **3.** El que se halla en el primer puesto durante las competencias de velocidad [dado por el DRAE]. | **4.** m. Conductor de colectivos tomado como referencia por sus compañeros de línea para no perder el orden. | **5.** Caudillo barrial de un partido político. | **6.** Traficante de drogas que actúa en un barrio o zona determinada. (Del esp. *puntero*: persona que descuella en cualquier actividad.)

puntín. m. En la expr. DE PUNTÍN: en el fútbol, golpe que se da a la pelota con la punta del botín. (Del esp. *punta*: extremo de una cosa.)

punto. m. Individuo innominado. | **2.** Candidato a ser víctima de un delito. | **3.** Juego infantil que consiste en arrojar figuritas –en otros tiempos, también monedas o tapas de botellas– contra una pared, en el que triunfa el participante que acerca más a dicha pared su figurita. ‖

MATAR EL PUNTO: superar, vencer. | **2.** PUNTO ALTO: individuo experto; principal de una organización. | **3.** PUNTO ROJO: tipo de marihuana de excelente calidad proveniente de Brasil. | **4.** TOMAR DE PUNTO A ALGUIEN: elegirlo como centro de las bromas. (Del esp. *punto*: el que apunta contra el banquero en algunos juegos de azar.)

punzón. m. Arma blanca, **punta²**. (Por ext. del esp. *punzón*: instrumento de hierro que termina en punta y tiene diversos usos.)

pupo. m. Ombligo. (Del quich. *púpu*, de igual signif.)

puré. m. En las exprs. ss.: HACER PURÉ: romper, destrozar; golpear, herir. | **2.** HACERSE PURÉ: romperse, destrozarse; golpearse, lastimarse. (Es el esp. *puré*: pasta de alimentos cocidos y triturados.)

purreta. f. Niña, chiquilla. (V. **purrete**.)

purretada. f. Conjunto o reunión de **purretes**. | **2.** Conjunto o montón de cosas de una misma especie. (Para la primera acep., v. **purrete**; la s. representa un cruce con el esp. *porretada*, de igual signif.)

purrete. m. Niño de corta edad [dado por el DRAE]. (Etimol. incierta.)

putarraca. f. Despect. de *puta*.

putarraco. m. Despect. de *puto*.

puteada. f. Insulto grosero –que gralmente. incluye la palabra *puta*–. ‖ ECHAR O RAJAR A ALGUIEN UNA PUTEADA: insultarlo groseramente. (V. **putear**.)

puteador, ra. adj. Acostumbrado a **putear**.

putear. tr. Insultar groseramente. (Del esp. *puta*: prostituta, a través de la expr. LA PUTA QUE TE PARIÓ, insulto habitual en el Río de la Plata.)

puterío. m. **quilombo**. (Del esp. *puta*: prostituta.)

Q

quáquer. m. Variante gráfica de **cuáquer.**

quebracho. m. Vino tinto. (Por alusión al color del tanino, sustancia astringente contenida en la corteza del *quebracho*, que, disuelta en agua, sirve para curtir pieles.)

quebrada. f. Figura coreográfica del **tango** y la **milonga.** (Del esp. *quebrar*: doblar o torcer; cf. el esp. *quiebro*: ademán que se hace con el cuerpo, como quebrándolo por la cintura.)

quebrado, da¹. ppio. perf. de **quebrar.** Embriagado, borracho. | **2.** Drogado.

quebrado, da². ppio. perf. de **quebrarse.**

quebrar. intr. Emborracharse. | **2.** Caer bajo los efectos de la droga. (Por ext. del esp. *quebrar*: ceder, flaquear.)

quebrarse. intr. Confesar ante una presión o un interrogatorio incesantes. | **2.** Llorar, especialmente en público o ante las cámaras de la televisión. (Por ext. del esp. *quebrar*: ceder, flaquear.)

queco. m. Prostíbulo. (Etimol. incierta.)

quedado, da. ppio. perf. de **quedarse.** Desidioso, de poca iniciativa.

quedar. intr. En la expr. QUEDARLA: perder, fracasar, morirse, **sonar.** (V. **quedarse.**)

quedarse. intr. Morirse [dado por el DRAE]. | **2.** No progresar vital o profesionalmente por falta de iniciativa. (Del esp. *quedar*: permanecer una persona o cosa en su estado.)

quema. f. Lugar donde se quema la basura. || LA QUEMA: barrio de la ciudad de Buenos Aires, también llamado BARRIO DE LAS RANAS y BARRIO DE LAS LATAS. (Por apócope del esp. *quemadero*: paraje destinado a la quema de animales muertos, basuras, desechos, etc.)

quemado¹. m. Juego infantil que consiste en eliminar adversarios al tocarlos con una pelota arrojada con la mano desde el perímetro de la cancha. (V. **quemar.**)

quemado, da². ppio. perf. de **quemar.** || adj. Que tiene las facultades mentales disminuidas a causa del consumo de drogas, **limado**.

quemar. tr. Denunciar, revelar, descubrir. | **2.** Dejar a alguien en evidencia [dado por el DRAE]; mostrar o manifestar ante terceros algún defecto o actitud vergonzante de alguien; desprestigiar, denigrar. | **3.** Empeñar, dar o dejar una cosa en prenda. | **4.** Rematar, hacer remate en la venta de alguna cosa. | **5.** Matar con un arma de fuego. | **6.** En el juego del **quemado**, eliminar. (Por ext. del esp. *quemar*: abrasar o consumir con fuego; malbaratar, destruir o vender una cosa a menos de su justo precio.)

quemarse. intr. Aparecer en actitud vergonzante o diciendo algo muy inapropiado ante otros, quedando en situación incómoda. (V. **quemar.**)

quemero, ra. adj. Que junta desperdicios en la **quema**, para comercializarlos. | **2.** Fanático del club de fútbol Huracán. (En la segunda acep., por alusión a la proximidad entre el estadio de dicho club y LA QUEMA, ubicados en el barrio porteño de Parque Patricios; cf. **ranero.**)

quemo. m. Desprestigio, descrédito. | **2.** Persona cuya compañía implica una pérdida de prestigio. | **3.** Vestimenta u objeto de mal gusto, ordinario o semejante al que ostenta otro. (V. **quemar.**)

quequera. f. Prostituta. | **2.** Mujer encargada de regentear un prostíbulo. (V. **queco.**)

quequero. m. Individuo que frecuenta los prostíbulos. (V. **queco.**)

querosén. m. Bebida alcohólica fuerte, gralmente. de mala calidad. (Del esp. *querosén*: combustible obtenido por refinación y destilación del petróleo en una de sus últimas etapas.)

queseras. f. pl. Medias, calcetines. (V. **quesos.**)

quesista. m. y f. Burócrata, empleado o funcionario público. (V. **queso.**)

queso. m. Presupuesto nacional. | **2.** Cargo o beneficio que se obtiene del Estado. | **3.** Apetito sexual desmedido, **afrecho.** | **4.** Suciedad que se junta entre el glande y el prepucio. || adj. Hermoso, bello; muy bueno. | **2.** Torpe, inhábil. (Del esp. *queso*: producto obtenido por maduración de la cuajada de la leche; la primera acep. es metafórica; la segunda es espec. de la anterior; la tercera se origina en la creencia popular de que el hombre es capaz de acumular semen, es decir, *leche*; la cuarta alude al tipo de suciedad, a su aspecto y color; dentro de las aceps. como adj., la primera se vuelve ponderativa –como ocurre con muchos otros alimentos–; en la segunda se alude a su naturaleza inerme.)

quesos. m. pl. Pies. | **2.** Medias, calcetines. (Por alusión al mal olor del pie cuando está sucio.)

quete. f. Colecta de donativos, que los presentes en una reunión cualquiera o en un local público pueden aportar voluntariamente. (Del fr. *quête*: busca.)

quía. m. y f. Persona indeterminada. | **2.** Persona baja y vil. | **3.** Persona ya mencionada con anterioridad en una conversación. | **4.** Persona con cierto grado de autoridad sobre el hablante. (Por deform. del esp. *quídam* –originado en el pron. latino *quiddam* "cierto, alguno", de carácter indefinido–: sujeto a quien se designa indeterminadamente; sujeto despreciable y de poco valor, cuyo nombre se ignora o se quiere omitir.)

quibe. m. Forma apocopada de **quibebe.**

quibebe. m. Prostíbulo. (Por cruce de **quilombo** con el brasil. *quibebe*: especie de puré de zapallo mezclado con otros ingredientes; también hay quibebe de mandioca, de banana, etc.)

quilo. m. Forma apocopada de **quilombo.**

quilombazo. m. Lío o gresca de grandes proporciones. (V. **quilombo.**)

quilombear. intr. Concurrir a **quilombos.** | **2.** Alborotar, hacer escándalo. (V. **quilombo.**)

quilombera. f. Pupila de un **quilombo**; mujer que ejerce la prostitución en general. (V. **quilombo.**)

quilombero. m. Individuo que tiene a su cargo un **quilombo.** | **2.** Individuo que suele frecuentar los **quilombos.** ‖ **quilombero, ra.** adj. Alborotador, barullero. | **2.** Provocador, pendenciero. (V. **quilombo.**)

quilombificar. intr. Alborotar; embrollar, complicar. (V. **quilombo.**)

quilombo. m. Prostíbulo. | **2.** Lío, barullo, gresca, desorden [dado por el DRAE]. ‖ ARMAR QUILOMBO: alborotar; provocar peleas o escándalos. (Del quimbundo —lengua de los bantúes de Angola— *quilombo*: población, aldea, utilizado en el portugués brasileño desde el siglo XVII para designar las poblaciones clandestinas que, a modo de refugios, conformaron los esclavos fugitivos en distintas zonas de Brasil. El más famoso de estos refugios silvestres fue el *Quilombo dos Palmares*, ubicado en el estado de Alagoas, defendido heroicamente por el líder Zumbí y sus hombres hasta 1695, año en el que fueron derrotados y el *quilombo* destruido.)

quimbos. m. pl. Testículos. (Por abrev. de *huevos quimbos* —argent. por *chimbos*—:

especie de dulce hecho con huevos, almendras y almíbar.)

quincho. m. Cobertizo con techo de paja sostenido solo por columnas, que se usa como resguardo en comidas al aire libre [dado por el DRAE]. | **2.** Peluquín, **gato.** | **3.** Implante capilar. (Del amer. *quincha* —originado en el quich. *kkencha*: pared rústica—: tejido de junco con que se afianza un techo o pared de paja, totora, cañas, etc.; en la segunda y tercera aceps., por alusión al armado del **quincho** —similar al de un peluquín o un implante—: paja por paja.)

quinela. f. Forma sincopada de **quiniela.**

quiniela. f. Juego que consiste en apostar a la última o a las últimas cifras de los premios mayores de la lotería [dado por el DRAE]. (Del esp. *quiniela*: juego de pelota entre cinco jugadores, símil fundado en las apuestas realizadas por quienes asisten al mencionado juego.)

quinielero, ra. m. y f. Capitalista u organizador de **quinielas** [dado por el DRAE]. | **2.** Persona que recibe o realiza las apuestas de **quinielas** [dado por el DRAE].

quinotos. m. pl. Testículos. ‖ LA LOMA DE LOS QUINOTOS: v. **loma.** | **2.** ROMPER LOS QUINOTOS: ROMPER LOS HUEVOS. (Del ital. *chinotto*: arbusto con flores perfumadas y frutos pequeños de color anaranjado, muy usados para la preparación de dulces y licores, por alusión a estos frutos.)

quinta. f. Penitenciaría Nacional, ubicada en la avenida Las Heras, entre Salguero y Coronel Díaz —en la ciudad de Buenos Aires—, demolida en 1961. | **2.** Comisaría. ‖ LA QUINTA DEL ÑATO: el cementerio. (En la primera acep., por alusión a los jardines que rodeaban el penal; la segunda es ext. de la anterior; en la expr. se alude con **ñato** a una calavera, naturalmente **ñata**.)

quiñones. adj. Quinientos. (Por juego paronom. entre el numeral *quinientos* y el apellido *Quiñones*.)

quiosco. m. Ocupación que, desempeñada con poco esfuerzo, puede ofre-cer alguna rentabilidad. (Por ext. del esp. *quiosco*: construcción pequeña que se instala en la calle o lugares públicos para vender en ella periódicos, flores, etc.; se alude a la situación de quienes, con la esperanza de aumentar sus ingresos, habilitan un quiosco para que sea atendido por sus familiares.)

R

rabiosa. f. Pistola; arma de fuego en gral. (Del esp. *rabioso*: colérico, enojado.)

rabona. f. En la expr. HACER(SE) LA RABONA: faltar a clase sin conocimiento de los padres o tutores; faltar al empleo para descansar. (Es la expr. esp. *hacer rabona*: dejar de asistir al lugar de obligación y especialmente a clase.)

rabonear. intr. HACER(SE) LA RABONA. U. m. c. prnl. (V. **rabona**.)

rabonero, ra. adj. Que suele HACER(SE) LA RABONA. (V. **rabona**.)

raca. f. Vesre de *cara*.

radiador. m. Persona que tiene relaciones amorosas, posibles o concretas, con gente fea. (Del esp. *radiador*: serie de tubos por los cuales circula agua destinada a refrigerar los cilindros de algunos motores de explosión, por alusión a que al radiador de un automóvil "se le pegan todos los bichos", según un viejo chiste que circula hace décadas.)

radical. m. Antiguo billete de cincuenta centavos. (Llamado así por haber sido emitido en 1918, bajo el primer gobierno de la Unión Cívica Radical.)

radicha. m. y f. Forma apocopada de **radicheta**.

radicheta. f. Achicoria. | **2.** m. y f. Miembro o adherente de la Unión Cívica Radical. (Del gen. *radiccetta*: achicoria; en la segunda acep., por juego paronom. con *radical*.)

rafa. f. Vesre de **farra** y *farra*.

rafañoso, sa. adj. Sucio; ordinario. | **2.** Miserable. (Del gall. *rafa*: miseria [?].)

rafiñar. tr. Forma sincopada de **ranfiñar**.

rafista. adj. Vesre de **farrista**.

ragú. m. Hambre, apetito. | **2.** Mujer que se ofrece como carnada o cebo a la víctima de un delito. (Del fr. *ragoût*: guiso, todo lo que abre el apetito.)

ragunear. intr. Padecer hambre. | **2.** Comer. (V. **ragú**.)

ragunero, ra. adj. Hambriento. | **2.** Glotón, comilón. (V. **ragú**.)

ragutín. m. Comida, gralmente. ligera. (Del gen. *ragò*: estofado [?].)

rajada. f. Corrida, carrera. (V. **rajar.**)

rajado, da. ppio. perf. de **rajar.**

rajador, ra. adj. Rápido, veloz. (V. **rajar.**)

rajadora. f. Motocicleta. (V. **rajar.**)

rajar. intr. y tr. **najar.** ‖ RAJAR A ALGUIEN UNA PUTEADA: v. **puteada.** (Por confusión de los sonidos iniciales, en cruce con el esp. *rajar*: hender, partir, abrir; volverse atrás, acobardarse o desistir de algo a última hora.)

raje. m. Huida. ‖ **2.** Despido, expulsión. (V. **rajar.**)

rama. f. **porro.** ‖ ESTAR EN LA RAMA: ESTAR EN LA PALMERA. (Del esp. *rama*: cada una de las partes que nacen del tronco o tallo principal de la planta; en la acep., por alusión a la forma alargada y fina; para la expr., cf. **palmera.**)

ramón. m. Marihuana. (Por juego paronom. entre **rama** y el nombre propio *Ramón*.)

rana. adj. Avispado, astuto. ‖ **2.** Pícaro. ‖ BARRIO DE LAS RANAS: BARRIO DE LAS LATAS. (Por antífrasis de la expr. esp. *no ser rana uno*: ser hábil y apto en una materia, o sobresaliente en otro concepto cualquiera; para la expr., v. **lata.**)

ranada. f. Acción tendiente a la obtención de un beneficio. ‖ **2.** Reunión o conjunto de **ranas.** (V. **rana.**)

ranchada. f. Grupo de presos adultos o menores que convive en un mismo pabellón. ‖ **2.** Grupo de chicos de la calle que comparten, además de comida, bebida y droga, un lugar para dormir. (La segunda acep. es ext. de la anterior. V. **rancho².**)

ranchar. intr. Compartir con otros presos un mismo pabellón o un sector de un mismo pabellón en la cárcel. ‖ **2.** Convivir con otros en una vivienda, gralmente.

humilde. ‖ **3.** Compartir con otras personas un lugar público en el que pasan la noche. (V. **rancho².**)

rancho¹. m. Sombrero de paja no flexible. (Por alusión al esp. *rancho*: choza o casa pobre con techumbre de ramas o de paja, fuera de poblado.)

rancho². m. Pabellón de una cárcel. ‖ **2.** Dentro de un penal, cualquier sitio donde se agrupan los internos que tienen afinidades entre sí. ‖ **3. ranchada.** ‖ HACER RANCHO: en una comisaría –más que en un penal– agruparse con otros presos. (Por ext. del esp. *rancho*: lugar fuera de poblado donde se albergan diversas familias o personas.)

ranero, ra. adj. Habitante del barrio denominado Las Ranas de la ciudad de Buenos Aires, ubicado durante los primeros años del siglo XX en las cercanías de Parque Patricios, embarcado gralmente. en la vida delictiva. ‖ **2.** Relativo al BARRIO DE LAS RANAS. ‖ **3.** Delincuente, pillo. ‖ **4.** Vagabundo. (Por el nombre de dicho barrio, que lo tomó de la laguna que estaba a la altura de la calle *Luna*, en la que podían pescarse ranas muy fácilmente; cf. **quemero.**)

ranfañoso, sa. adj. Forma epentética de **rafañoso.**

ranfiña. m. Ratero. (V. **ranfiñar.**)

ranfiñar. tr. Ratear, robar. (Del ital. *ranfignare*: robar; cf. **granfiñar.**)

rango. m. Juego infantil que consiste en que un grupo de niños encolumnados salten sucesivamente sobre un compañero agachado, uno detrás de otro. (Del ital. *rango*: fila.)

ranita. m. Jovencito que ayudaba a los carreros cuando, según la ordenanza municipal del 3 de agosto de 1897, los caballos cadeneros debían ser desenganchados de carros y chatas, y cuya función era conducirlos hacia fuera de la zona céntrica de la ciudad de Buenos Aires. (Del mil. *renín*: niño cariñoso, en cruce con el dimin. de **rana**.)

rante. m. Forma aferética de **atorrante**.

rantear. intr. Forma aferética de **atorrantear**.

rantería. f. **atorrantismo**. (Por aféresis de un supuesto *atorrantería*; v. **atorrar**.)

rantería. m. Conjunto o reunión de **atorrantes**. (Por aféresis de un supuesto *atorrantería*; v. **atorrar**.)

rantifuso, sa. adj. Variante despect. y afect. de **rante**. (Por infl. de **esquifuso**.)

ranún, na. adj. Aument. de **rana**. (Con infl. gen.)

rápido, da. adj. Predispuesto a una fácil conquista amorosa. | **2.** Quien en un primer acercamiento amoroso pretende llegar al coito. (Del esp. *rápido*: veloz.)

rarito, ta. adj. Dimin. de **raro**.

raro, ra. adj. Homosexual. (Del esp. *raro*: poco común o frecuente.)

rasca. m. y f. Forma apocopada y más difundida de **rascabuche**.

rascabuche. m. y f. Persona que come insuficientemente. | **2.** Persona sin recursos económicos, que vive descuidada o miserablemente. | **3.** Persona pobre, indigente. || adj. Barato y de mala calidad. (Del esp. *rascar*: refregar y el esp. fam. *buche*: estómago de las palomas.)

rascacué(r). m. y f. Variante alternativa de **rastacuer**. (Por cruce con **rasca**.)

rascada. f. Beneficio exiguo. | **2.** Manoseo sexual, **rasque**. | **3.** Actuación teatral o de un conjunto musical hecha con improvisación y sin calidad. (Para la primera acep., v. **rascabuche**; para la

segunda, v. **rascar**; la tercera proviene del esp. *rascar*: producir sonido estridente al tocar con el arco un instrumento de cuerda.)

rascar. intr. Excitarse sexualmente a través de besos y manoseos, **apretar**. (Del esp. *rascar*: refregar o frotar fuertemente la piel con una cosa aguda o áspera.)

raspa. m. Ratero, ladronzuelo. (Del esp. *raspar*: hurtar, quitar una cosa.)

rasposiento, ta. adj. **rasposo**.

rasposo, sa. adj. Dicho de una prenda de vestir, andrajosa, mal hecha [dado por el DRAE]. | **2.** Pobre y modesto. | **3.** Roñoso, mezquino, tacaño, cicatero [dado por el DRAE]. | **4.** Escaso, miserable [dado por el DRAE]. | **5.** De baja categoría o calidad. (Del esp. *raspar*: raer ligeramente una cosa quitándole alguna parte superficial.)

rasque. m. Acción de **rascar**.

rastacuer. m. y f. Variante alternativa y etimológica de **rastacuero**.

rastacuero. m. y f. Persona derrochadora y ostentosa de ello. (Del fr. *rastaquouère*: entre los franceses, advenedizo, aplicado particularmente al extranjero que hace alarde de su capacidad de consumo. En el DRAE aparece como amer. como "persona inculta, adinerada y jactanciosa".)

rastra. m. Forma apocopada de **rastrillo**.

rastrillaje. m. Acción y efecto de **rastrillar**.

rastrillante. m. **rastrillo**.

rastrillar. tr. Ratear. | **2.** En operaciones militares o policiales, batir áreas urbanas o despobladas para reconocerlas o registrarlas. (Para la primera acep., v. **rastrillo**; la s. es ext. del esp. *rastrillar*: pasar la rastra por los sembrados.)

rastrillero. m. Ladrón que roba todo aquello que puede sin atender a su utilidad. (V. **rastrillar.**)

rastrillo. m. Ratero. (Del esp. *rastrillo*: rastro para recoger hierba.)

rastriyaje. m. Variante gráfica de **rastrillaje.**

rastriyante. m. Variante gráfica de **rastrillante.**

rastriyar. tr. Variante gráfica de **rastrillar.**

rastriyero. m. Variante gráfica de **rastrillero.**

rastriyo. m. Variante gráfica de **rastrillo.**

rata[1]. f. En la expr. HACERSE LA RATA: HACERSE LA RABONA. (Por homofonía inicial entre **rabona** y **rata** [?].)

rata[2]. m. Variante alternativa de **rati.**

ratearse. intr. HACERSE LA RATA, faltar a clase o al trabajo. (V. **rata**[1].)

rati. m. Vesre de **tira**. U. t. en pl.

ratón. adj. Mezquino, miserable. | **2.** Indigente, careciente, muy pobre. (Por ext. del esp. *ratón*: mamífero roedor.)

ratonear. intr. Comportarse como un avaro. | **2.** Retacear, mezquinar; **pichulear.** (V. **ratón.**)

ratonearse. intr. HACERSE LOS RATONES. (V. **ratones.**)

ratonera. f. Emboscada tendida a uno o varios delincuentes por la policía. (Por alusión al esp. *ratonera*: trampa en que se cogen o cazan los ratones.)

ratones. m. pl. Fantasías sexuales. | **2.** Fantasías de toda clase. || HACERSE LOS RATONES: fantasear sexualmente, HACERSE EL BOCHO; tener fantasías de riqueza, poder o prestigio. | **2.** TENER RATONES EN LA CABEZA: tener ideas fijas o extravagantes. (Como metáfora de las ideas y sentimientos que despierta alguien y que se suponen rápidos e incluso contradictorios; por

anal. con el movimiento de los ratones al huir.)

raviol. m. Papelina [dado por el DRAE], dosis de cocaína en un envoltorio o sobre de papel. (Por alusión a la forma cuadrada y chata de los *ravioles* –del ital. *ravioli*–: tipo de pastas con relleno.)

raviolera. f. Vientre voluminoso de una persona gorda. (Por alusión a que dicha persona ha comido muchas pastas; v. **raviol.**)

raya. f. Vulva. | **2.** Dosis de cocaína, **línea**. (Del esp. *raya*: señal larga y estrecha que por combinación de un color con otro, por pliegue o por hendedura poco profunda, se hace o forma natural o artificialmente en un cuerpo cualquiera.)

rayado, da. ppio. perf. de **rayar.**

rayadura. f. **raye**. (V. **rayar.**)

rayante. adj. Que obsesiona. | **2.** Que enloquece. | **3.** Que enoja. (V. **rayar.**)

rayar. tr. Obsesionar. | **2.** Enloquecer. | **3.** Enojar, fastidiar. U. t. c. prnl. en todas las aceps. (Del esp. *rayar*: estropear o deteriorar una superficie lisa o pulida con rayas o incisiones; por alusión a los discos fonográficos que, al rayarse, reproducen una y otra vez lo contenido en el mismo surco.)

raye. m. Obsesión. | **2.** Locura, chifladura. | **3.** Enojo. (V. **rayar.**)

re. adv. Muy, mucho. (Es el prefijo esp. *re-*, que tiene entre otros un valor de intensificador, convertido en adv.)

rea. f. Mujer fácil y desprejuiciada de baja condición social, **atorranta**. | **2.** Prostituta, ramera. (V. **reo.**)

reaje. m. Conjunto o reunión de **reos.**

reblán. adj. Forma apocopada de **reblandecido.**

reblandecido, da. adj. Senil, deteriorado;

que ya no sabe bien lo que dice ni lo que hace. (Del esp. *reblandecer*: ablandar una cosa o ponerla tierna; reforzado por la noción médica del *reblandecimiento*: lesión de los tejidos orgánicos, caracterizada por la disminución de su consistencia natural.)

rebobinar. intr. Recapitular; rememorar. (Del esp. *rebobinar*: volver atrás la cinta de un casete, para volver a escucharlo.)

rebotar. tr. Rechazar un requerimiento amoroso. | **2.** Impedir el ingreso a un lugar determinado. (Por espec. del esp. *rebotar*: resistir un cuerpo a otro forzándolo a retroceder, rechazar.)

rebuscarse. tr. En la expr. REBUSCÁRSELA(S): arreglárselas, ingeniárselas para realizar algo; darse maña para enfrentar y sortear dificultades cotidianas. (Del esp. *rebuscar*: escudriñar o buscar con cuidado.)

rebusque. m. Acción y efecto de REBUSCÁRSELA(S). | **2.** Trabajo ocasional que aporta cierta ganancia. | **3.** Solución ocasional e ingeniosa con que se sortean las dificultades cotidianas. (V. **rebuscarse.**)

recalcado, da. adj. Envanecido, engreído. | **2.** Despreciable, repulsivo. (Del esp. *recalcarse*: ensancharse o extenderse uno en el asiento.)

recauchutado, da. ppio. perf. de **recauchutarse.**

recauchutarse. tr. e intr. Maquillarse. | **2.** Mejorar el aspecto físico. | **3.** Someterse a una operación, especialmente si se trata de una cirugía estética. | **4.** Atender la propia salud. (Por ext. del esp. *recauchutar*: volver a cubrir de caucho una llanta o cubierta desgastada.)

rechiflado, da. ppio. perf. de **rechiflarse.** Trastornado, enloquecido. | **2.** Enojado.

rechiflarse. intr. Trastornarse, mudar de ánimo repentinamente. | **2.** Enojarse. | **3.** Irse inesperadamente. (Del esp. *chiflarse*: perder uno la energía de las facultades mentales; con el prefijo re-, que denota encarecimiento.)

rechifle. m. Manía, locura. | **2.** Enojo. (V. **rechiflarse.**)

recopado, da. ppio. perf. de **recopar.**

recopar. tr. e intr. Intensivo de **copar.**

recoparse. intr. Intensivo de **coparse.**

redoblona. f. En los juegos de azar, duplicación de una apuesta en cada una de sus jugadas. (Del esp. *redoblar*: aumentar una cosa otro tanto o el doble de lo que antes era.)

redoblonero. m. Pasador de juegos prohibidos. (V. **redoblona.**)

reduce. m. Lugar donde se comercian objetos robados. (V. **reducir.**)

reducidor. m. Persona que se dedica a la compraventa de objetos robados. (V. **reducir.**)

reducimiento. m. Compra o venta de objetos robados. (V. **reducir.**)

reducir. tr. Vender. | **2.** Comerciar con objetos robados [dado por el DRAE]. (Del esp. *reducir*: mudar una cosa en otra equivalente, por abrev. de *reducir a dinero*.)

refalada. f. Acción de obrar fuera de la ley. (V. **refalar.**)

refalar. intr. Actuar fuera de la ley. U. t. c. prnl. | **2.** tr. Dar, entregar. | **3.** Quitar, sacar. | **4.** Hurtar sin que lo perciba la víctima. (Por deform. del esp. *resbalar*: escurrirse, deslizarse.)

refalosa. f. Arma blanca. (Originariamente *refalosa* parece haber sido el nombre de una danza, que terminó designando en forma fest. al degüello en el segundo tercio del siglo XIX en la provincia de Buenos Aires, por alusión al resbalar de la hoja sobre el cuello de la víctima; así, TOCAR LA REFALOSA resultó equivalente a "degollar"; cf. **refalar**.)

réferi. m. Árbitro de una competencia deportiva. (Es el ingl. *referee*, de igual signif.)

referí. m. **réferi**.

refilar. tr. Dar, entregar. | **2**. Quitar, sustraer. | **3**. Hurtar. (Del ital. jergal *refilare*: dar; las ss. aceps. se dan por anal. con **refalar**.)

refistoleada. f. Acción de **refistolear**.

refistolear. tr. Atisbar, observar. | **2**. intr. Mostrar afectación extrema para algo. (La primera acep. se origina por epéntesis del esp. *refitolear*: curiosear y entremeterse en cosas menudas; la segunda, del esp. *refitolero*: dícese de la persona muy compuesta y acicalada.)

refistoleo. m. **refistoleada**.

refugiado, da. adj. En el ambiente carcelario, preso que obtiene seguridad y privilegios por parte de los guardiacárceles. (Del esp. *refugiar*: amparar a alguien sirviéndole de resguardo y asilo.)

regalado, da. ppio. perf. de **regalarse**. Entregado a las intenciones amatorias de otro. || adj. Desprevenido, desprotegido. | **2**. Vencido; extenuado. | **3**. Indigente. (Las aceps. como adj. son exts. de la primera; v. **regalarse**.)

regalarse. intr. Entregarse a las intenciones amatorias de otro, acceder fácilmente a sus deseos. (Del esp. *regalar*: dar a uno una cosa en muestra de afecto o por otro motivo.)

regio, gia. adj. Bonito, lindo, excepcional [dado por el DRAE]. || adv. Muy bien, excelentemente [dado por el DRAE]. (Por

ext. del esp. *regio*: perteneciente al rey; magnífico.)

reloco, ca. adj. Drogado y/o borracho. (Formado a partir del prefijo *re-*, que denota encarecimiento, y el esp. *loco*: que perdió la razón.)

relojeado, da. ppio. perf. de **relojear**. Observado, examinado, identificado.

relojear. tr. En el turf, tomar el tiempo de un caballo de carrera. | **2**. Observar, mirar detenidamente, por lo gral. tratando de no ser advertido. (Del esp. *reloj*: máquina que sirve para medir el tiempo.)

relojeo. m. Observación atenta, gralmente. disimulada. (V. **relojear**.)

remanyado, da. ppio. perf. de **remanyar**.

remanyar. intr. y tr. Intensivo de **manyar**. (Por adición del prefijo esp. *re-*, que denota encarecimiento.)

remanye. m. Conocimiento de las cualidades e intenciones de alguien. (V. **remanyar**.)

remar. intr. En las exprs. REMARLA, VENIRLA REMANDO: hacer algo con esfuerzo, por lo gral. desde un tiempo atrás; soportar la adversidad, sobrellevar una situación difícil. (Es el esp. *remar*: trabajar con continua fatiga y gran afán en algo.)

remera. f. Prenda de punto, liviana y sin cuello, gralmente. de mangas cortas. (Su nombre proviene de que es semejante a las camisetas que usan los *remeros* y marineros.)

remís. m. Automóvil de alquiler, con chofer y sin taxímetro, cuyo servicio se contrata en una agencia y se cobra por horas o kilómetros de recorrido. (De la expr. fr. *voiture de remise*: coche de alquiler.)

remise. m. Variante alternativa, etimológica y más difundida de **remís**.

remisero. m. Chofer de un **remís.** | **2.** Dueño de una agencia de **remises.**

remontar. tr. En la expr. REMONTAR BARRILETES: v. **barrilete.** (Del esp. *remontar*: elevar en el aire una cometa.)

reo. m. Individuo marginal, vagabundo. | **2.** Individuo ocioso y amigo de la juerga de baja condición social. || adj. Despreocupado, sinvergüenza. | **2.** Humilde, de baja condición social. (Del esp. *reo*: persona que por haber cometido una culpa merece castigo.)

repartija. f. Distribución de bienes obtenidos deshonestamente. | **2.** Por ext., cualquier reparto hecho a la ligera. (Del esp. *repartir*: distribuir una cosa dividiéndola en partes.)

repe. m. Rebote. || DE REPE: de rebote, de rechazo. (Voz utilizada en el juego de las **bolitas**; del esp. *repercutir*: retroceder o mudar de dirección un cuerpo al chocar con otro.)

repuntar. intr. Recobrar impulso un hecho o fenómeno. | **2.** Recuperar una posición favorable, mejorar, progresar. (Del amer. *repuntar*: volver a subir las aguas de un río.)

repunte. m. Acción y efecto de **repuntar**; ascenso. | **2.** Mejora, progreso. (V. **apuntar**.)

requechador, ra. adj. Dícese de quien recoge **requechos**. | **2.** Sablista, gorrón, **pechador**. (V. **requecho**.)

requechar. intr. Recoger **requechos**. | **2.** Sablear, **garronear**. (V. **requecho**.)

requecho. m. Desecho, sobrante; desperdicio. (Etimol. incierta.)

requeteamurado, da. adj. Completamente **amurado**. (Por adición del prefijo intensivo del esp. *requete-*; v. **amurar**[1].)

requintar. intr. Vestirse y actuar con afectación. || REQUINTAR EL SOMBRERO: ladearlo. (Del port. *requintar*: ser afectado.)

requinte. m. Muestra de afectación. (V. **requintar**.)

rescatarse. intr. Abandonar el consumo de drogas. | **2.** Adoptar una actitud responsable en un momento de **descontrol**, sea debido a un estado de euforia natural, sea provocado por el consumo de drogas o alcohol. | **3.** Disimular la embriaguez. | **4.** Dejar de actuar de manera condenable. | **5.** Comportarse correctamente. (Por ext. del esp. *rescatar*: liberar de un peligro, daño, trabajo, molestia, opresión, etc.)

resto. m. En la expr. TENER RESTO: mantener una persona su entereza espiritual o física luego de haber pasado una crisis o haber hecho un esfuerzo prolongado. (Es el esp. *resto*: parte que queda de un todo; la expr. es orig. de los juegos de naipes en los que se apuesta.)

retambufa. m. **bufarrón.** (Forma fest. por cruce entre el esp. *retaguardia*: porción de una fuerza desplegada que se mantiene en el último lugar y **bufa** [?].)

retobado, da[1]. ppio. perf. de **retobar**. Forrado o cubierto con cuero.

retobado, da[2]. ppio. perf. de **retobarse**. Rebelado, enojado. (V. **retobar**.)

retobamiento. m. **retobo.**

retobar. tr. Forrar o cubrir con cuero [dado por el DRAE]. (Por metátesis del esp. *rebotar*: alterar el color y calidad de una cosa.)

retobarse. intr. Tomar una actitud de reserva excesiva. | **2.** Rebelarse, enojarse [dado por el DRAE]; reaccionar violentamente. (V. **retobar**.)

retobo. m. Forro de cuero. | **2.** Rebeldía, reacción violenta. (V. **retobar**.)

retobón, na. adj. Enojadizo. (V. **retobar**.)

retorno. m. Dinero que un funcionario público recibe de otra persona como retribución por un favor realizado o la adjudicación subrepticia de una obra o servicio pagados por el Estado, **coima**. (Por espec. del esp. *retorno*: paga, satisfacción o recompensa del beneficio recibido.)

retranca. f. En la expr. ECHARSE, SENTARSE O TIRARSE A LA RETRANCA: echarse atrás; negarse al trabajo; mostrar resistencia o desgano frente a un compromiso. (Del esp. *retranca*: correa ancha, que forma parte del atalaje y coopera a frenar el vehículo y aun a hacerlo retroceder.)

reventado, da. adj. Adicto que ha consumido gran cantidad de droga. | **2.** Marginal. | **3.** –sólo en f.– Mujer fácil. (V. **reviente**.)

reventar. tr. Allanar un domicilio la policía. | **2.** Entrar en una propiedad ajena para robar los bienes contenidos en ella. | **3.** Matar violentamente. || REVENTAR EL BURRO O LA BURRA: forzar un cajón o caja de caudales que contenga dinero. (Del esp. *reventar*: deshacer una cosa aplastándola con violencia.)

reverendo, da. adj. Gran, muy. (Del esp. *reverendo*: digno de reverencia, puede ser ponderativo o peyorativo.)

reviente. m. Vida desperdiciada y desordenada, caracterizada por hábitos de promiscuidad, de adicción al alcohol o las drogas, de marginalidad. (Del esp. *reventar*: causar gran daño a una persona.)

revirado, da. ppio. perf. de **revirarse**. Se aplica a quien repentinamente puede tener conductas agresivas o extrañas. | **2.** Enojado, fastidiado. | **3.** Enloquecido.

revirarse. intr. Cambiar súbitamente. | **2.** Disgustarse, enojarse [dado por el DRAE]. | **3.** Enloquecer. (Del esp. *revirar*: desviar una cosa de su posición o dirección habitual; replicar, volver rápidamente contra algo o alguien.)

revire. m. Alteración repentina de la conducta o estado de ánimo. | **2.** Enojo, furor. | **3.** Manía, locura. (V. **revirarse**.)

reviro. m. revire.

revolear. tr. Hacer girar con movimiento del brazo cualquier objeto. | **2.** Arrojar con violencia. (Del argent. *revolear*: hacer girar con movimiento del brazo correas, lazos, etc. para arrojarlos.)

revoluta. f. Revolución. (Por cruce con el ital. *rivolta*: insurrección, rebelión [?].)

revoque. m. Afeite, maquillaje. (Por alusión al esp. *revoque*: capa o mezcla de cal y arena u otro material análogo con que se revoca.)

ricota. f. Requesón [dado por el DRAE]. | **2.** Suciedad que se junta en el glande cuando la higiene de la zona no es cotidiana. (Del ital. *ricotta*, de igual signif. en la primera acep.; en la s. por alusión al color blanco de dicha suciedad.)

ricotero, ra. adj. Relativo o perteneciente a la banda de *rock Patricio Rey y los Redonditos de Ricota*, liderada por Carlos "el Indio" Solari y Eduardo "Skay" Beilinson, nacida en la ciudad de La Plata a fines de década de 1970. | **2.** Fanático o seguidor incondicional de dicho grupo musical. (De *ricota* –tomado del ital. *ricotta*–: requesón, parte del largo nombre de la banda, gralmente. reducido a la forma *Los Redondos*. La expr. "los redonditos de ricota" alude a unas masas que se repartían entre el público en los primeros recitales del grupo.)

rioba. m. Vesre de *barrio*.

robador. m. Anzuelo improvisado que utilizan los presos de una cárcel para hacerse de una **paloma**. (Por sustantiv. del esp. *robador*: que roba.)

robar. intr. Triunfar alguien ampliamente, con notables diferencias a su favor. | **2.** Obtener algo de manera inmerecida. (Por ext. del esp. *robar*: tomar para sí lo ajeno.)

robo. m. En una competición deportiva, el hecho de que uno de los equipos sea ampliamente superior al otro. | **2.** Obtención inmerecida de una ganancia, ventaja o reconocimiento. || SER ALGO UN ROBO: ser demasiado caro un producto o servicio. (V. **robar**.)

robreca. adj. m. Vesre de **cabrero**.

robustiano, na. adj. Vigoroso, robusto. | **2.** Exuberante. (Por juego paronom. entre robusto y el nombre propio *Robustiano*.)

roche. m. Fármaco en forma de pastillas utilizado para drogarse. (Por lexicalización de *Roche*, nombre de un conocido laboratorio farmacéutico.)

rocho. m. Vesre de **chorro**.

rockero, ra. adj. Músico de *rock*. | **2.** Adepto al *rock*. (Del ingl. *rock*: movimiento musical –y cultural– originado poco después de 1950, que ha pasado hasta ahora por diversas etapas conceptuales y por distintos parámetros estéticos.)

rolando. m. Reloj de pulsera de la marca *Rólex*. | **2.** Reloj de pulsera caro y de una marca prestigiosa, en general. (Por juego paronom. con el nombre propio *Rolando*.)

rolar. intr. Andar en compañía de alguien. | **2.** Tener aceptación. | **3.** Funcionar, andar. (La primera y tercera aceps. podrían

provenir del esp. *rolar*: rodar, dar vueltas; la segunda es de origen incierto.)

rolete. m. En la expr. A ROLETE: en cantidad. (Etimol. incierta.)

rolinga. adj. Dicho de cosas, relativo al grupo musical *The Rolling Stones*. | **2.** Dicho de personas, fanático del mismo grupo. || m. pl. Tribu urbana caracterizada por cierta forma en el vestir, en el peinarse y en el modo de divertirse. (Del ingl. *rolling*, adj. con que se abrevia el nombre de la banda: los *Rolling*.)

rollo. m. Cosa insoportable; inconveniente, problema. || LARGAR EL ROLLO: v. **largar**. (Por ext. del esp. *rollo*: discurso, exposición o lectura larga y fastidiosa.)

rolo. m. Forma sincopada de **rolando**.

romana. adj. En la expr. A LA ROMANA: a escote, A LA AMERICANA. (Por considerarse esta forma de pago una costumbre de la capital de Italia.)

rompebolas. adj. Fastidioso, molesto. (De la expr. ROMPER LAS BOLAS; v. **bolas**¹.)

romper. tr. En las exprs. ss.: ROMPER LA NOCHE: salir de noche un grupo con la intención de divertirse plenamente hasta la madrugada. | **2.** ROMPER LAS BOLAS: v. **bolas**¹. | **3.** ROMPER LAS PELOTAS: v. **pelotas**. | **4.** ROMPERLA: GASTARLA. | **5.** DE ROMPE Y RAJA: de ánimo decidido. (Esta última proviene de la expr. esp. *de rompe y rasga*: de ánimo resuelto y gran desembarazo; del esp. *romper*: separar con más o menos violencia las partes de un todo, deshaciendo su unión; gastar, destrozar.)

romperse. intr. Esforzarse al máximo para realizar una tarea. (Por ext. del esp. *romper*: quebrar o hacer pedazos una cosa.)

roncador, ra. adj. Mandón. (V. **roncar**.)

roncar. tr. Mandar, ordenar. (Del esp.

roncar: echar roncas amenazando o como haciendo burla.)

roncha. f. En la expr. HACER RONCHA: causar admiración, producir asombro; sobresalir, tener éxito, sobre todo en materia amorosa. (En alusión al esp. *roncha*: bultillo que se eleva en figura de haba en el cuerpo del animal.)

ronchaje. m. Engreimiento. | **2.** Conjunto de personas que suelen HACER RONCHA. (V. **roncha.**)

ronda. f. Juego del corro [dado por el DRAE como chilenismo], círculo que forman los niños tomados de las manos cantando y dando vueltas. (Por ext. del esp. *rondar*: dar vueltas alrededor de una cosa.)

ronga. m. Vesre de **garrón.**

roña. f. En la expr. BUSCAR ROÑA: provocar o incitar a una pelea o discusión. (Del esp. *roña*: porquería, suciedad.)

roñosa. f. Chapa identificatoria del policía. (Del esp. *roñoso*: oxidado.)

ropa. m. **ropaé.** || HACER ROPA: desempeñarse como **esparo.** (Por juego paronom. con el esp. *ropa*: cualquiera prenda de tela que sirve para vestir.)

ropaé. m. Vesre irreg. de **esparo.**

rope. m. Vesre de *perro* y **perro.**

ropero. m. **ropaé.** || SER UN ROPERO: ser alguien muy corpulento. (En la acep., por juego paronom. con el esp. *ropero*: armario donde se guarda ropa.)

roque. m. Perro. (Por alusión al perro que, en las imágenes religiosas, acompaña a San Roque.)

roquear. intr. Husmear. (V. **roque.**)

roquero, ra. adj. Variante gráfica de **rockero.**

roquete. m. **rosquete.** (Por defecto de audición, del esp. *roquete*: especie de sobrepelliz cerrada y con mangas.)

roqui. m. Golpe de puño. (Derivado de *Rocky*, sobrenombre de un boxeador interpretado por Sylvester Stallone en varias películas llamadas precisamente de este modo.)

rosca. f. Pelea, gresca, disputa. | **2.** Grupo político o social que obra en beneficio propio, **trenza.** | **3.** Pacto oculto o tácito entre dirigentes políticos, funcionarios públicos o miembros de cualquier corporación educativa, científica o comercial. | **4.** En el fútbol y otros deportes, tiro al arco en el cual la pelota lleva mucho efecto. | **5.** Dicho efecto. || ARMAR(SE) (LA O UNA) ROSCA: producir(se) una pelea o pendencia. | **2.** ARMAR UNA ROSCA: integrar una **trenza.** (Del germ. *rosca*: puñetazo.)

roscazo. m. Puñetazo, trompada. | **2.** **rosca,** tiro al arco con efecto. (V. **rosca.**)

rosquear. intr. Pelear, ARMAR ROSCA. | **2.** Integrar una **trenza.** (V. **rosca.**)

rosquero, ra. adj. Aficionado a andar en **roscas** o armarlas.

rosquete. m. Ano. || ENTREGAR EL ROSQUETE: dejarse penetrar, gralmente. por el ano; morir. (Del esp. *rosquete*: rosquilla de masa, algo mayor que las regulares, por alusión a la forma.)

rostrazo. m. Acción y efecto de **rostrear.**

rostreador. m. Delincuente que engaña a sus cómplices, reservándose para sí la mayor parte del botín. (V. **rostrear.**)

rostrear. tr. Entre delincuentes, engañar al cómplice ocultando para sí una parte sustancial de lo robado. (Del gen. *rostrî*: asar; defraudar, en cruce con el esp. *rostro*: cara.)

rostreo. m. **rostrazo.**

rostrero. m. **rostreador.** (V. **rostrear.**)

rostro. m. En las exprs. ss.: DAR O HACER

ROSTRO: **rostrear.** | **2.** CORTAR EL ROSTRO: no prestar atención, obviar, despreciar. | **3.** HACER ROSTRO: exhibirse ostentosamente. (Para la primera expr., v. **rostrear**; en las ss., es el esp. *rostro*: cara, pero no debe descartarse una infl. de la primera en la formación de éstas.)

rotisería. f. Local en el que se expenden comidas preparadas, quesos y embutidos. (Del fr. *rôtisserie*: establecimiento donde se sirven asados.)

rotoso, sa. adj. Andrajoso, en mal estado. | **2.** Muy pobre. (Del esp. *roto*: andrajoso, quizá con infl. de **rasposo**.)

rúa. f. Calle. | **2.** Pobreza. (Del esp. *rúa*: calle de un pueblo.)

rufa[1]. f. Vesre irreg. de **farra**.

rufa[2]. m. Forma apocopada de *rufián*.

rufino. m. Rufián. (Por juego paronom. con el nombre propio *Rufino*.)

rufo. m. Rufián. (Del germ. *rufo*: el que hace tráfico de mujeres públicas.)

ruido. m. Ambiente de la noche, especialmente el de discotecas o **boliches**. (Del esp. *ruido*: sonido inarticulado y confuso más o menos fuerte, en alusión a la música propalada a todo volumen.)

rula. f. Forma apocopada de *ruleta*.

rulero. m. Cilindro para rizar el pelo [dado por el DRAE]. (Del esp. *rulo*: rizo del cabello.)

runfla. f. Turba, populacho, gente de mal vivir. (Del esp. *runfla*: conjunto de los naipes de un mismo palo; muchedumbre de personas o cosas.)

runflero, ra. adj. Miembro de la **runfla**. | **2.** Propio de la **runfla**.

rupias. f. pl. Dinero. (Del esp. *rupia*: moneda de plata usada en la India y en el Pakistán.)

rusada. f. Conjunto de **rusos**.

ruso, sa. adj. Judío. | **2.** Avaro, tacaño. (Por provenir mayoritariamente de Rusia la inmigración judía a la Argentina; en la segunda acep., por la adjudicación histórica de tales costumbres al pueblo judío.)

rutera. f. Prostituta de baja categoría, que ejerce su profesión en las rutas de áreas suburbanas, especialmente del suburbano bonaerense –o Gran Buenos Aires–, cuyos clientes suelen ser los conductores de camiones que por allí transitan. (De *ruta*: galicismo por "camino, vía".)

S

sabalaje. m. Reunión o conjunto de sábalos.

sabalero, ra. adj. Arrabalero, de baja condición social. | 2. Fanático del club de fútbol Colón de Santa Fe. (La segunda acep. se debe a que entre los primeros hinchas del club había muchos pescadores de sábalos a orillas del río Salado; v. sábalo.)

sábalo. m. Individuo de baja condición social. | 2. Hampón. (Por alusión al sábalo: pez teleósteo marino de carne poco apreciada, que abunda en el Río de la Plata.)

sábana. f. Antiguo billete de mil pesos. (Del esp. sábana: cada una de las piezas de tela de tamaño suficiente para cubrir la cama y colocar el cuerpo entre ambas.)

sabiola. f. Cabeza [dado por el DRAE]. (Del esp. sabio: que posee la sabiduría, por la presunta capacidad que contiene.)

saca. f. Vesre de casa.

sacado, da. ppio. perf. de sacarse.

sacador. m. Asaltante que merodea en el interior de los grandes bancos y en una salidera elige a la víctima del robo. (Del esp. sacar: descubrir.)

sacar. tr. En las exprs. ss.: SACAR CAGANDO, SACAR CACAREANDO, SACAR CARPIENDO, SACAR CORRÍENDO, SACAR CORTITO, SACAR AL TROTE, SACAR VENDIENDO ALMANAQUES (todas con el mismo signif.): echar. | 2. SACARLE A ALGUIEN LA FRISA: hacerlo trabajar mucho. | 3. SACAR PISOTEANDO: poner en fuga. (Del esp. sacar: poner algo fuera del lugar donde estaba.)

sacarse. intr. Excitarse, gralmente. a causa de haber consumido estupefacientes. | 2. Alterarse, ponerse fuera de sí; enloquecerse. (V. sacar.)

sal. f. Estimulante anabólico de efecto analgésico y eufórico usualmente empleado con fines prácticos ante la inminencia de un trabajo pesado. (Por ext. del esp. sal: sustancia mineral que con fines energizantes y para recomponerse utilizan los deportistas después de un gasto grande de energía.)

salado, da¹. adj. Caro, costoso. (Del esp. *salado*: que tiene más sal de la necesaria.)

salado, da². adj. Que se halla bajo los efectos de la **sal**. (V. **sal**.)

salame. m. Persona tonta, de escaso entendimiento [dado por el DRAE]. (Del gen. *salamme*: embutido de carne vacuna y carne y grasa de cerdo; bobo, atontado.)

salamín. m. **salame**. (Es dimin. del gen. *salamme*.)

salidera. f. Técnica de robo llevada a cabo por dos o más asaltantes, que se realiza especialmente en la puerta de un banco, cuando la víctima sale de él después de haber retirado una suma de dinero. (Por feminiz. del esp. *salidero*: salida, espacio para salir.)

salir. intr. En las exprs. ss.: SALIR CON ALGUIEN: tener una relación amorosa con esa persona; **noviar**. | **2.** SALIR MATANDO: echar a correr impetuosa y desconcertadamente. | **3.** SALIR CAGANDO: huir corriendo a toda velocidad. (En la primera expr. por ext. del esp. *salir*: frecuentar el trato de otra persona, fuera de sus domicilios; la s. es modificación de la expr. *salir pitando*, de igual signif.; la última es una modificación vulgar de la anterior.)

salsa. f. En la expr. DARLE LA SALSA A ALGUIEN: darle una paliza; vencerlo holgadamente. (Por anal. entre el color de la salsa de tomate y la sangre [?].)

salsero. m. **mostacero**. (Del esp. *salsa*: mezcla de varias sustancias comestibles para aderezar o condimentar la comida.)

salvarse. intr. Mejorar alguien, al menos circunstancialmente, su situación económica. (Por ext. del esp. *salvarse*: librarse de un riesgo o peligro; alcanzar la gloria eterna.)

samica. f. Vesre de *camisa*.

sanata. f. Variante gráfica de **zanata**.

sanatear. intr. Variante gráfica de **zanatear**.

sandié. interj. ¡Santo Dios! (Del fr. *Saint Dieu*: Santo Dios.)

sánguche. m. Emparedado. (Por deform. del ingl. *sandwich*: emparedado.)

sanguchito. m. En la expr. HACER SANGUCHITO: poner a una persona en el medio de otras dos para mantener con ella relaciones sexuales. (Es dimin. de **sánguche**; v. **sánguche**.)

sanjorge. m. Libra esterlina. (Por alusión a la imagen de San Jorge impresa en ella.)

sano, na. adj. Que no está ebrio o drogado. (Del esp. *sano*: que goza de perfecta salud.)

santería. f. Ferretería. (V. **santo**.)

santo. m. Dato o informe acerca de algo. | **2.** Cortafrío. (Del esp. *santo*: nombre que con la seña comunicaba diariamente el jefe de toda la plaza a los jefes de puesto, en la milicia, a modo de contraseña, en la primera acep.; la segunda seguramente se da por asociación con **arzobispo**.)

sapar. intr. Vesre de *pasar*.

sapo. m. Candado. | **2.** Juego de la rana. || HACER SAPO: errar, fracasar. | **2.** SER SAPO DE OTRO POZO: pertenecer alguien a distinta clase o medio social o esfera de actividad. (La primera acep. es analógica del fr. *crapaud*: sapo –que en argót. es "candado"–; la s., por confusión vulgar; la primera expr. es por antífrasis de la del juego –en éste, HACER SAPO es acertar–.)

saque. m. Puñetazo, trompada. I **2.** Aspiración nasal de cocaína; dosis de cocaína, **pase.** II DE UN SAQUE: sin interrupción. (Del esp. *saque*: acción de sacar; se emplea particularmente en el juego de pelota.)

saqueo. m. Acción, previamente organizada o espontánea, que consiste en el ingreso de un grupo de personas a un supermercado u otro comercio cualquiera con el fin de robar la mercadería y/o sus instalaciones muebles. (Por espec. del esp. *saqueo*: acción y efecto de *saquear*: apoderarse de todo o la mayor parte de lo que hay en algún sitio.)

saraca. interj. **araca.** (Por cruce con el nap. *saraca*: sardina.)

sardo. m. Sargento. (Del caló *sardo*: sargento.)

sario. m. Forma aferética de *comisario.*

sarpado, da. ppio. perf. de **sarparse.** (V. **sarpar.**)

sarpar. intr. Vesre irreg. de *pasar.*

sarparse. intr. Pasarse, excederse de los límites. I **2.** Desubicarse, faltar el respeto; tomarse libertades sin tener en cuenta la opinión de los otros. I **3.** Drogarse. (V. **sarpar.**)

sarpe. m. Acción de **sarparse.**

sebo. m. En la expr. HACER SEBO: holgazanear, dejar pasar voluntariamente el tiempo sin trabajar. (En el sentido de "criar grasa"; del esp. *sebo*: grasa sólida y dura que se saca de los animales herbívoros.)

sebón, na. adj. Haragán. (V. **sebo.**)

seca. f. Pitada que se da a un cigarrillo, gralmente. pedida como favor. I **2.** Pitada que se da a un **porro.** (Del esp. *seco*: que carece de humedad, en alusión a que no se va a mojar el filtro.)

secante. adj. **seco.**

seco, ca. adj. Falto de dinero. II IRSE EN SECO: eyacular precozmente, sin que haya habido penetración. I **2.** QUEDARSE SECO: impresionarse vivamente por algo. (Del esp. *seco*: poco abundante o falto de aquellas cosas necesarias para la vida; la primera expr. se relaciona con la loc. adv. esp. *en seco*: fuera del agua o de un lugar húmedo; la s. con la frase *quedar seco*: quedar muerto en el acto.)

segurola. adj. Seguro. (Por juego paronom. con el apellido *Segurola.*)

seisluces. m. Revólver. (Por alusión a la cantidad de proyectiles que carga.)

semáforo. m. Persona de mal agüero. (Del esp. *semáforo*: aparato eléctrico de señales luminosas para regular la circulación; originariamente aplicada a quien con su presencia frena la buena racha de alguien en el juego.)

semifusa. f. Cachiporra de goma. I **2.** Bastón que usan los policías. (Etimol. incierta.)

sempio. f. Vesre irreg. de *pensión.*

sensa. prep. Sin. (Es el ital. *senza*, de igual signif.)

sentada. f. Figura del baile del **tango.** (Del esp. *sentarse*: colocarse en una silla, banco, etc. descansando sobre las nalgas.)

seño. f. Maestra. (Forma apocopada del esp. *señorita*: tratamiento de cortesía que se da a las maestras de escuela.)

sequeira. adj. **seco.** (Por juego paronom. con el apellido *Sequeira.*)

sequía. f. Falta de dinero, indigencia. (V. **seco.**)

sera. f. Tarde, tiempo que hay desde el mediodía hasta el anochecer. (Es el ital. *sera*: atardecer.)

serruchar. intr. Copular. | 2. tr. Penetrar carnalmente. U. t. c. prnl. | 3. intr. Dormir. || SERRUCHAR EL PISO: v. piso. (Del esp. *serrucho*: sierra de hoja ancha y regularmente con una sola manija.)

serva. f. Sirvienta. (Del ital. *serva*: empleada doméstica.)

servatana. f. serva. (Por juego paronom. con el esp. *cervatana*: canuto en que se introducen proyectiles para arrojarlos.)

service [sérvis]. m. y f. Integrante de alguno de los servicios de inteligencia. || HACERLE A ALGUIEN EL SERVICE: acceder a mantener relaciones sexuales con esa persona. (Es el ingl. *service*: servicio.)

servir. tr. Golpear. | 2. Matar. (Del esp. *servir*: repartir alimentos o bebidas [?].)

sesenta y nueve. m. Sexo oral simultáneo entre dos personas. (Es calco del argót. *soixanteneuf*, de igual signif., por alusión a la posición de los cuerpos.)

sesentoso. adj. Relativo o perteneciente a la década que comenzó en 1960. | 2. Que recuerda en algún aspecto (la música, la moda, la forma de hablar y comportarse) la década de 1960. (Del esp. *sesenta*: seis veces diez con el sufijo despect. *-oso*; cf. ochentoso.)

sesera. f. Cabeza. (Del esp. *sesera*: parte de la cabeza del animal en que están los sesos.)

setentoso. adj. Relativo o perteneciente a la década que comenzó en 1970. | 2. Que recuerda en algún aspecto (la música, la moda, la forma de hablar y comportarse) la década de 1970. (Del esp. *setenta*: siete veces diez con el sufijo despect. *-oso*; cf. ochentoso.)

shacado, da. ppio. perf. de shacar.

shacador, ra. m. y f. Individuo tramposo, estafador. | 2. Ladrón. (V. shacar.)

shacadura. f. Producto de un robo. (V. shacar.)

shacamento. m. Engaño, estafa. | 2. Robo. (V. shacar.)

shacar. tr. Trampear, estafar. | 2. Robar. (Del gen. *sciaccâ*: romper; forzar, violar.)

shafo. m. Variante fonética de chafo.

shampú. m. Variante fonética de champú.

sharap. interj. Exclamación con la que se solicita a otro que se calle o haga silencio. (Del ingl. *shut up*: cállese la boca.)

shiofica. m. Vesre de cafishio.

shiomería. f. Pobreza, indigencia. | 2. Cosa de poca sustancia o de mala calidad. (A partir del vesre de mishio; v. misho.)

shofica. m. Forma sincopada de shiofica.

shomería. f. Forma sincopada más difundida de shiomería.

shosha. f. Dinero. (Etimol. incierta.)

shot. m. Patada en el trasero. || DARLE UN SHOT A ALGUIEN: echarlo, despedirlo. (Es el ingl. *shot*: golpe dado con los pies, patada.)

shoteador. adj m. En el fútbol, pateador. (V. shotear.)

shotear. intr. En el juego del fútbol, patear violentamente la pelota. | 2. tr. Por ext., patear. (Formado sobre el ingl. *shot*: acción de tirar, tiro.)

shúa. f. Llave. (Es término onomatopéyico, que intentaría imitar el ruido de la llave cuando gira dentro de la cerradura.)

shuca. f. Maniquí con cascabeles, utilizado por los punguistas para ejercitarse. | 2. Bolsillo. (Etimol. incierta.)

shuquero. m. Ladrón que se especializa en robar de los bolsillos. (V. shuca.)

shushar. tr. Hurtar. (Del gen. *sciusciâ*: soplar.)

shusheta. adj. Soplón. | 2. Petimetre,

individuo muy afectado en el vestir. (Del gen. *sciucetto*: soplón.)

shushetín, na. adj. Dimin. de **shusheta.**

shushetón, na. adj. Aument. despect. de **shusheta.**

sicopateada. f. Forma aferética de **psicopateada.**

sicopatear. tr. Forma aferética de **psicopatear.**

sierva. f. Sirvienta. (Del esp. *siervo*: esclavo de un señor, en cruce con **serva**; es de fuerte tono despect.)

siestero. m. Relación sexual sostenida durante las horas de la siesta. (Por abrev. de la expr. POLVO SIESTERO y posterior sustantiv. del adj.; sobre la base del modelo **mañanero**, del esp. *siesta*: sueño que se toma después de comer.)

siete. m. Ano. || LA GRAN SIETE: ¡LA GRAN PUTA! (Por deform. eufónica del esp. *sieso*: el ano con la porción inferior del intestino recto.; en la expr. es eufemístico.)

sifón. m. Nariz, gralmente. la que es aguileña y grande. (Por alusión al pico del *sifón*: botella cerrada herméticamente en la que se envasa soda.)

siofica. m. Vesre de **cafisio.**

snif. m. y f. Vendedor minorista de droga. (Del ingl. *sniff*: aspirar por la nariz cocaína u otra droga en polvo, por metonimia.)

sobaquear. intr. Exhibir entre el brazo y el pecho un libro o publicación prestigiosos o que están de moda. (Del esp. *sobaco*: axila.)

sobar. tr. Masajear, friccionar. | **2.** Elogiar, adular. || SOBAR EL LOMO: palmear la espalda; halagar a otro para obtener de él alguna ventaja. (Del esp. *sobar*: palpar, manosear a una persona; en la segunda acep., por abrev. de la expr.)

sobe. m. Vesre de *beso.*

sobrador, ra. m. y f. Individuo petulante. | **2.** Persona que trata con suficiencia a los demás [dado por el DRAE]. (V. **sobrar.**)

sobrar. tr. Tratar a los demás con suficiencia y aires de superioridad. | **2.** Actuar con petulancia. (Del esp. *sobrar*: superar, exceder.)

sobre. m. Cama. Usado especialmente en la expr. IRSE AL SOBRE: meterse en la cama, irse a dormir. (Del esp. *sobre*: cubierta de papel donde se incluye una carta, comunicación, tarjeta, etc.)

socotroco. m. Puñetazo, golpe. | **2.** Bulto grande. | **3.** Miembro viril. (Es voz onomatopéyica.)

soda. f. En la expr. TOMÁRSELO CON SODA: afrontar con calma una situación preocupante. (Del esp. *soda*: agua efervescente por efecto del gas carbónico disuelto en ella.)

sofaifa. m. y f. Hombre o mujer innominados. (Etimol. incierta.)

soga. f. En la expr. DAR SOGA: v. **dar.**

sogán. m. Vesre de **ganso.**

soguita. f. Conversación engañosa. (V. **soga.**)

solano, na. adj. Solo. (Por juego paronom. con el apellido *Solano*.)

solapa. f. En la expr. DE SOLAPA: aplicada a voces como cultura, erudición, conocimiento, significa superficial, epidérmico, de poca solidez. (Del esp. *solapa*: prolongación lateral de la cubierta de un libro.)

solapear. intr. Ostentar cultura o conocimientos superficiales o DE SOLAPA. (V. **solapa.**)

solari. adj. Solo. (Por juego paronom. con el apellido *Solari*.)

solcillonca(s). m. Variante gráfica de **zolcillonca(s).**

solfear. tr. Robar. (Es el esp. *solfear*: cantar pronunciando los nombres de las notas, por anal. con TOCAR EL PIANO; v. **piano.**)

solfeo. m. Robo. (V. **solfear.**)

soliviar. tr. Robar. (Del esp. *soliviar*: ayudar a levantar una cosa por debajo.)

sonado, da. ppio. perf. de **sonar.** Perdido, fracasado. | **2.** Desahuciado, moribundo. ‖ adj. Loco. (La acep. como adj. es ext. del esp. *sonado*: dícese del boxeador que ha perdido facultades mentales como consecuencia de los golpes recibidos en los combates.)

sonar. intr. Fracasar, perder, tener mal fin algo o alguien [dado por el DRAE]. | **2.** Sufrir las consecuencias de algún hecho o cambio. | **3.** Morir o padecer una enfermedad mortal [dado por el DRAE]. | **4.** tr. Desaprobar a alguien en un examen o prueba. (Del esp. *sonar*: hacer o causar ruido una cosa.)

sopardo. m. Peso, unidad monetaria. (Por juego paronom. entre **sope** y el apellido *Azopardo*, del prócer Juan Bautista Azopardo [1774-1848], seguramente tomado de la calle que en Buenos Aires lleva su nombre.)

sope. m. Vesre de *peso*.

soplar. tr. En las exprs. ss.: SOPLAR LA OREJA: insinuarle a otra persona el deseo de tener con ella relaciones sexuales. | **2.** SOPLAR LA VELA: v. **vela.** (Es el esp. *soplar*: inflamar algo con aire.)

sopre. m. Vesre de *preso*.

sopresata. f. Embutido de carne de cerdo picada gruesa. (Del ital. *soppressata*, de igual signif.)

soque¹. m. Vesre de *queso* y **queso.**

soque². m. Puñetazo. (Etimol. incierta.)

soqui. m. Variante alternativa de **soque².**

sordeli. adj. Sordo. (Por el agregado del sufijo fest. *-eli*, que convierte a la palabra en un aparente apellido ital.)

sorela. f. Monja, especialmente la que desempeña sus funciones en las cárceles de mujeres. (Es el ital. *sorella*: hermana.)

sorete. m. Mojón, porción compacta de excremento humano o de algunos animales que se expele de una sola vez. | **2.** Persona de poco valor moral. ‖ (NI) UN SORETE: nada. (Etimol. incierta.)

sori. m. Perdón. (De la expr. ingl. *to be sorry*: arrepentirse, pedir perdón.)

sorru. adj. m. Vesre de **ruso.**

sorry [sóri]. Variante etimológica de **sori.**

soruyar. intr. Defecar. (V. **soruyo.**)

soruyo. m. Excremento sólido. (Por deform. del esp. *zurullo*, de igual signif.)

sosegate. m. Reprimenda, de palabra o de obra, con que se corrige a una persona para que no continúe en lo que estaba haciendo o no lo repita [dado por el DRAE]. ‖ DAR O PEGAR UN SOSEGATE: reprender a una persona, llamarla al orden. (Es la 2ª pers. gramaticalizada del imperat. rioplatense, en uso pronominal, de *sosegar*: aplacar, aquietar.)

sota. adj. En la expr. HACERSE EL SOTA: desentenderse de algo; simular no entender algo. (Por juego paronom. entre el esp. *sota*: décima carta de cada palo de la baraja española, que tiene estampada la figura de un paje o infante, y *sueco* en la expr. esp. *hacerse uno el sueco*: desentenderse de algo fingiendo no entender.)

sotala. f. Bolsillo interior del saco o americana. (De la expr. jergal ital. *sotto ala*: debajo del brazo.)

sotamanga. f. Parte inferior de la manga –utilizada por los fulleros para sus trampas–. (Del ital. *sotomanica*: parte inferior de la manga.)

sotana. f. **sotala**, bolsillo interior del saco o americana. | **2.** Saco o americana. | **3.** Sobretodo. (Por confusión acústica de **sotala** con el esp. *sotana*: vestidura talar.)

sotanear. tr. Robar del bolsillo interior de la americana. (V. **sotana**.)

sotanero. m. **punguista** especializado en sustraer de la **sotana**.

soto. m. En las exprs. ss.: IMPORTARLE A UNO UN SOTO: no importarle nada. | **2.** NO ENTENDER UN SOTO: no entender nada. | **3.** PATRÓN Y SOTO: v. **patrón**. (Del ital. *sotto*: abajo, debajo.)

sover. m. Vesre de **verso**.

spid. m. Droga. ‖ adj. **acelerado**. (Del *slang* norteamericano *speed*: droga estimulante; en la acepc. como adj., del ingl. *to speed*: apresurarse.)

sport. m. Variante alternativa y etimológica de **espor**.

squiafo. m. Variante alternativa y etimológica de **esquiafo**.

stone [(e)stón]. adj. Drogado, **duro** a causa de la droga ingerida. | **2.** Fanático de los Rolling Stones, y de los grupos musicales que los imitan, que habitualmente usa el pelo largo con flequillo y se viste con **vaqueros** y zapatillas. (Del ingl. *stone*: piedra; en la s. acep., del nombre del mencionado grupo de *rock*; cf. **rolinga**.)

stronzo. m. Variante alternativa y etimológica de **estronzo**.

suba. f. Alza, subida de precios [dado por el DRAE]. (Del esp. *subir*: dar a las cosas más precio o mayor estimación de la que tenían.)

subir. intr. Sentir en forma creciente los efectos de una droga que se acaba de consumir. | **2.** En varios deportes, particularmente en el fútbol, adelantarse en el campo de juego, ir al ataque. (Del esp. *subir*: pasar de un sitio a otro más alto ; cf. **bajar**.)

submarino. m. Vaso de leche caliente en el cual se mete una tableta de chocolate. | **2.** Forma de tortura que consiste en meter y sacar alternativamente la cabeza de la víctima de un tacho o recipiente cualquiera con agua. (En ambos casos, por alusión al esp. *submarino*: buque de guerra que puede sumergirse a voluntad.)

subte. m. Metro, ferrocarril subterráneo. (Por apócope de *subterráneo*: que está debajo de la tierra.)

sucio. m. En la expr. HACER UN SUCIO: cometer una deslealtad. (Del esp. *sucio*: que tiene manchas o impurezas.)

sueco. m. Instrumento utilizado para cortar paneles de puertas, cortinas metálicas y cajas de hierro. (Etimol. incierta.)

suertudo, da. adj. Afortunado. (Del esp. *suerte*: suerte favorable.)

suiza. f. Llave usada para abrir candados, con el paletón en forma de cruz. (Del esp. *suizo*: natural de Suiza, por alusión oscura.)

sultán. m. Rufián. (Por asociación con **caften**; del esp. *sultán*: príncipe o gobernador mahometano.)

sumbo. m. Suboficial de la policía o fuerzas armadas. (Es la forma apocopada de *suboficial* con epéntesis de la *m*.)

suncho. m. Variante gráfica de **zuncho**.

súper. m. Forma apocopada de *supermercado*.

surtir. tr. Golpear duramente, por lo gral.

con los puños. (Por ext. del esp. *surtir*. proveer a uno de alguna cosa.)

sushi. m. Nombre atribuido a un grupo de jóvenes ideólogos que acompañaron la gestión del presidente argentino Fernando de la Rúa durante su mandato, entre 1999 y 2001, encabezado por uno de sus hijos llamado Antonio. (Del japonés *sushi*: alimento japonés magro rico en proteínas y carbohidratos, cuya elaboración se basa en carne de pescados cruda o ahumada, hongos, vegetales, algas y arroz, en referencia a la comida preferida durante las reuniones del grupo.)

T

tabas. f. pl. Piernas. (Del esp. *taba*: astrágalo, hueso del pie.)

tabla. f. Mujer de busto escaso. (Del'esp. *tabla*: pieza de madera plana.)

tablerista. m. Ladrón que, para ingresar a la casa que pretende robar, corta los tableros de las puertas. (Del esp. *tablero*: panel, cada uno de los compartimientos en que se divide la hoja de una puerta.)

tablero. m. En la expr. PATEAR EL TABLERO: rechazar inesperada y bruscamente las bases de una negociación; sorprender con acciones o argumentos inesperados. (Del esp. *tablero*: tabla dibujada y coloreada a propósito para jugar al ajedrez y a otros varios juegos.)

tablón. m. Tribuna popular en un estadio de fútbol. (Del esp. *tablón*: tabla de grandes dimensiones, por ser de madera las tribunas en la mayor parte de los estadios de fútbol, con excepción de los que poseen los clubes más importantes.)

tacañuso, sa. adj. Variante alternativa de **tacañuzo.**

tacañuzo, za. adj. Tacaño. (Por deform. fest.)

tacataca. adv. Al contado y en efectivo. (Voz onomatopéyica que representa los golpes que se dan en una mesa con el puño haciendo alusión a esta forma de pago.)

tachería. f. Relojería. | **2.** Conjunto de automóviles con taxímetro. (V. **tacho.**)

tachero. m. Agente de policía. | **2.** Taxista. (En la primera acep., por alusión al sable que usaban éstos antiguamente; v. **tacho.**)

tacho. m. Recipiente para calentar agua y otros usos culinarios. | **2.** Cualquier recipiente de latón, hojalata, plástico, etc. | **3.** Caldera grande usada originariamente en los mataderos para obtener sebo, hirviendo desechos de animales. | **4.** Reloj. | **5.** Taxímetro. | **6.** Automóvil de alquiler con taxímetro, taxi. | **7.** Nalgas. | **8.** Suerte. || IRSE AL TACHO: derrumbarse, fracasar una persona o negocio; morirse [dado por el DRAE]. | **2.** MANDAR AL TACHO: matar; arruinar, causar un perjuicio. (Del argent. *tacho*: vasija de metal, de fondo redondeado, con asas, parecida a la paila; las primeras seis aceps. se explican porque todos estos objetos son de metal; la cuarta en particular se relaciona con la forma redondeada de los relojes que originalmente usaban los **mateos** y más tarde los taxímetros; la séptima alude a la boca redonda de los tachos o cubos de basura; la s. es ext. de ésta –como ocurre con **culo** y **orto**–; las exprs. se refieren a **tacho** en su tercera acep.)

tachómetro. m. Reloj. (De **tacho** y el sufijo -*metro*, como en el esp. *taxímetro*; no debería, sin embargo, descartarse un cruce con el ingl. *tachometer*: taquímetro, contador de velocidad, en cuyo caso la quinta y sexta aceps. de **tacho** serían entonces exts. de **tachómetro** con apócope.)

taco. m. En la expr. AL TACO: al máximo, a toda velocidad, AL MANGO; de inmediato. (Por apócope del esp. *tacómetro*: aparato que mide el número de revoluciones de un eje, por confusión de éste con un *taquímetro*: contador de velocidad.)

tacuarembó. adj. num. **tacuarén.** (Por juego paronom. con *Tacuarembó*, nombre del sitio donde tuvo lugar en 1820 una famosa batalla en la cual los portugueses derrotaron al general Artigas.)

tacuarén. adj. num. Vesre de *cuarenta*. || TENER TACUARÉN: tener cuarenta años o más.

tagarna. m. Recluta, **colimba**; soldado raso. (Etimol. incierta.)

taita. m. En la jerga **orillera**, matón; hombre temido y respetado por su coraje. | **2.** Hombre que domina una actividad, experto. (Del esp. *taita*: padre.)

tajo. m. Vulva. (Del esp. *tajo*: corte.)

talco. m. Cocaína. || ¿QUÉ TALCO?: ¿qué tal estás?, ¿cómo estás? (Del esp. *talco*: polvo de silicato de magnesia utilizado en higiene; por alusión al color y la textura comunes a ambas sustancias; en la expr., por juego paronom. entre el pron. *tal* y el esp. *talco*: producto en forma de polvo que se utiliza para la higiene.)

talibán. m. Seguidor o partidario de cualquier movimiento religioso o político que implica el sometimiento a una doctrina o práctica determinada, fundamentalista. (Del esp. *talibán*: miembro de la milicia integrista musulmana, por metonimia.)

tallar. intr. Tener o arrogarse un poder sobre otros o el mando dentro de un ámbito determinado. (Por ext. del esp. *tallar*: llevar la baraja en el juego de la banca y en otros.)

tallarín. m. Encargado de llevar la baraja en los juegos de naipes. (Por juego paronom. con el esp. *tallarín*: tipo de fideo; v. **tallar.**)

talompa. m. Vesre irreg. de *pantalón*.

talope. f. Vesre de *pelota* y de **pelotas**.

tamango. m. Botín o zapato rústico. | **2.** Zapato viejo y deformado. | **3.** Zapato, cualquier calzado. (Del port. *tamanco*: zueco.)

tambera. f. Prostituta. (V. **tambo.**)

tambo. m. Prostíbulo. (Del esp. *tambo* –derivado del quich. *tánpu*–: venta, posada.)

tanada. f. Grupo o conjunto de **tanos**. || AGARRARLE O SUBIRLE A UNO LA TANADA: enfurecerse.

tanaje. m. **tanada.** (V. **tano.**)

tanga¹. m. Aprendiz y ayudante del **punguista.** | **2.** f. Mentira, fraude. | **3.** Arreglo, componenda. (Del germ. *tanga*: cómplice –emparentado con *tangar*: engañar–, quizás en cruce con *tongo*: trampa que en partidos de pelota, carreras de caballos u otras competencias, hace uno de los participantes, dejándose ganar por razones ajenas al juego; las ss. aceps. son exts. de la primera.)

tanga². f. Prenda interior femenina de diminuto tamaño que une dos triángulos de tela con apenas dos tiras para cubrir el pubis. (Del brasil. *tanga* –originado en el quimbundo *ntanga*: paño–: traje de baño de dos piezas de proporciones ínfimas formado con dos triángulos de tela que unidos convenientemente por delgadas tiras cubren el pubis, complementados con otros dos, unidos de modo semejante, para constituir un corpiño mínimo y tapar así los pezones de la mujer que lo usa.)

tangar. intr. Variante alternativa de **tanguear.**

tango. m. Danza popular de pareja enlazada, hoy difundida en muchos países del mundo, surgida en el Río de la Plata poco después de 1860, definida en compás de dos por cuatro en su primera etapa –entre su aparición y 1910 aproximadamente– y por lo gral. de cuatro por ocho a partir de entonces –aunque Astor Piazzolla adoptó el cuatro por cuatro a mediados del siglo xx–. | **2.** Composición musical apta para esta música. | **3.** Canción popular del Río de la Plata, surgida en las últimas décadas del siglo xix, cuando a la música de **tango** se le adicionaron letrillas para ser cantadas sobre ésta, y definida en su forma actual a partir de 1915, cuando Pascual Contursi escribió la letra de *Mi noche triste*. (Del afronegrismo *tango*: lugar de baile.)

tanguear. intr. Bailar el **tango.**

tanguería. f. Lugar donde se baila o se escuchan conjuntos o intérpretes de **tango.**

tanguero, ra. adj. Relativo al **tango.** | **2.** Cantor o músico de **tango.** | **3.** Aficionado a la música o al baile del **tango.**

tanguística. f. Disciplina dedicada al estudio del **tango.**

tano, na. adj. Napolitano. | **2.** Italiano. (Por aféresis de *napolitano*: natural de Nápoles.)

tanque. m. Persona muy obesa. (Por abrev. de la expr. usada en la Argentina *tanque autraliano*: depósito de agua circular y de grandes dimensiones que se utiliza en las zonas rurales bonaerenses, en alusión al volumen.)

tanto. m. En el juego del truco, el envido. ‖ ACLARAR LOS TANTOS: dejar en claro el punto de vista propio; limar asperezas con alguien, pero fijando una posición. (Del esp. *tanto*: ficha, moneda, piedra u otro objeto con que se señalan los puntos que se ganan en ciertos juegos.)

tapa¹. f. Forma apocopada de **tapada.**

tapa². f. En la expr. PONERLE A ALGUIEN LA TAPA: dejarlo sin palabras, con una respuesta concluyente, dejarlo mudo; derrotarlo. (Del esp. *tapa*: pieza que cierra por la parte superior las cajas, por alusión a la tapa del ataúd.)

tapada. f. Juego infantil que consiste en arrojar figuritas, en el cual el jugador que logra cubrir alguna de las figuritas ya arrojadas gana todas. | **2.** Juego de cara y ceca practicado con monedas. (V. **tapado.**)

tapadita. f. Dimin. afect. de **tapada.**

tapado, da. adj. Dícese del animal o persona que sobresale o se distingue imprevistamente, cuya valía o cualidades habían pasado desapercibidas hasta ese momento. (Del esp. *tapar*: cubrir lo que está descubierto.)

tapamugre. m. Sobretodo. (Del esp. *tapar*: cubrir y *mugre*: grasa o suciedad.)

táper. m. Utensilio de plástico de diversas formas, tamaños y colores. ‖ VIVIR EN UN TÁPER: v. **vivir.** (Por lexicaliz. abreviada de la marca comercial *Tupperware*, que tuvo su origen a partir del inventor Earl Silas Tupper y la vendedora autodidacta Brownie Wise. Los productos plásticos de *Tupperware* se difundieron a partir de la década de 1950 en reuniones domiciliarias en los Estados Unidos de Norteamérica y posteriormente en buena parte del mundo.)

tapín. f. Vesre de **pinta.**

taponazo. m. En el fútbol, golpe dado a un adversario con los **tapones.** ‖ 2. Por ext., puntapié. (V. **tapones.**)

tapones. m. Piezas adicionales que se insertan en la suela de los botines de fútbol. (Del esp. *tapón*, aument. de *tapa*: cada una de las diversas capas de suela de que se compone el tacón de una bota o zapato.)

tapuer. f. Vesre de *puerta.*

taquera. f. Bailarina contratada. ‖ 2. Mujer. ‖ 3. Policía. (Del amer. *taco*: tacón, para las dos primeras aceps.; para la s., v. **taquero.**)

taquería. f. Comisaría. (V. **taquero.**)

taquero. m. Bailarín. ‖ 2. Comisario de la policía. (La primera acep. se da por masculinización de **taquera**; la segunda proviene de **tachero**, en cruce con **taquero** en su primera acep.)

taquito. m. En la expr. DE TAQUITO: en el fútbol, jugada que consiste en golpear la pelota con el taco del zapato; con facilidad, sin ningún esfuerzo. (Dimin. del amer. *taco*: tacón.)

tara. adj. Forma apocopada de **tarado.**

taradeli. adj. **tarado.** (Por adición del sufijo fest. *-eli.*)

taradez. f. Estupidez, tontería. (V. **tarado.**)

tarado, da. adj. Estúpido, torpe. (Por ext. del esp. *tarado*: que padece tara física o psíquica.)

tarantela. f. Postre elaborado con leche, maicena y caramelo. (Del ital. *tarantella*: baile napolitano de movimiento muy vivo, en alusión al origen itálico de dicho postre.)

tararira. f. Cuchillo grande. ‖ 2. Pene. (Del esp. *tararira* –de origen guar.–: cierto pez de río redondeado, negruzco y de carne estimada, por alusión a su forma y en la segunda acep., a su color.)

tararse. intr. Atolondrarse, turbarse. (Del esp. *tara*: defecto físico o psíquico.)

tarasca. f. Persona o animal muy delgados o de poco peso. ‖ 2. Cometa, barrilete. ‖ 3. Dinero. (Del esp. *tarasca*: figura de sierpe monstruosa, con una boca muy grande, que en algunas partes se saca durante la procesión del Corpus; en la tercera acep. por oscura asociación.)

tarascón. m. Tarascada, mordedura [dado por el DRAE como amer.]. (Del esp. *tarascar*: morder.)

tarlipes. f. pl. Vesre irreg. de **pelotas.** ‖ EN TARLIPES: EN PELOTAS. ‖ 2. ¡LAS TARLIPES!: ¡LAS PELOTAS! ‖ 3. ROMPER LAS TARLIPES: ROMPER LAS PELOTAS. ‖ 4. TENER TARLIPES: TENER PELOTAS.

tarro. m. Zapato, botín. ‖ 2. Trasero. ‖ 3.

Buena suerte. || MEAR FUERA DEL TARRO: equivocarse, errar. (Por alusión al esp. *tarro*: recipiente, en las dos primeras aceps.; la s. es ext. de la anterior –cf. **culo**, **ojete** y **tacho**–.)

tarrudo, da. adj. Afortunado. (V. **tarro**.)

tarta. adj. Tartamudo. (Por apócope del esp. *tartamudo*: que tartamudea.)

tartamuda. f. Ametralladora, metralleta. (Por alusión a la repetición monocorde de los disparos.)

tarugo. m. Individuo italiano. (Del esp. *tarugo*: hombre de mala traza, pequeño y gordo.)

tarúpido, da. adj. Tonto, imbécil. (De **tarado** y el esp. *estúpido*; término difundido por la actriz Niní Marshall en la década de 1950.)

tasca. f. Bolsillo. (Es el ital. *tasca*: bolsillo.)

taura. m. Jugador arriesgado. || adj. Valiente, osado, corajudo. | **2.** Jactancioso. (Por parágoge del esp. *tahúr*: jugador fullero.)

tauraje. m. Reunión o conjunto de **tauras**.

taurear. intr. Arriesgar en el juego. (V. **taura**.)

taxi. adj. Ya usado. | **2.** Dicho de una mujer, que no es virgen. (Por abrev. de la expr. JOYA, NUNCA TAXI; v. **joya**.)

tayar. intr. Variante gráfica de **tallar**.

tayarín. m. Variante gráfica de **tallarín**.

teca. f. Plata, dinero. (Etimol. incierta.)

teclear. intr. Vacilar, demostrar inseguridad. | **2.** Peligrar, correr cierto riesgo. || ANDAR O ESTAR TECLEANDO: hallarse en el límite de los recursos económicos. (Del esp. *teclear*: probar diversos caminos y medios para la consecución de algún fin.)

tefrén. m. Vesre de *frente*.

tegén. f. Vesre de *gente*.

tegenaite. f. Gente. (Originado a partir del vesre **tegén** con el sufijo despect. [?] *-aite*.)

tegobi. m. Vesre de *bigote*.

tejenaite. f. Variante gráfica de **tegenaite**.

telangive. m. Vesre irreg. de *vigilante* y **vigilante**.

telefunke. m. Variante gráfica de **telefunque**.

telefunken. m. Variante etimológica de **telefunque**.

telefunque. m. Teléfono, aparato telefónico. (Por juego paronom. con la marca alemana *Telefunken*.)

telefunquen. m. Variante alternativa de **telefunken**.

telo. m. ALBERGUE TRANSITORIO. (Es el vesre del esp. *hotel*.)

temar. intr. Hablar permanentemente de un asunto que obsesiona. (Del esp. *tema*: idea fija que suelen tener los dementes.)

tenacear. tr. Asir, agarrar. (Del esp. *tenaza*: instrumento que sirve para sujetar, arrancar o cortar una cosa.)

tener. tr. Conocer. || TENER CALLE: v. **calle**. | **2.** TENERLA CLARA: comprender algo a la perfección; conocer en profundidad un tema o una actividad determinados; SABERLA LUNGA. | **3.** TENER UN BUEN LEJOS: aparentar ser una persona atractiva desde lejos, aun cuando no lo sea en realidad. | **4.** TENER LA VELA: aguardar, esperar a disgusto. | **5.** NO TENER UNO PROBLEMAS, NO TENER UNO NINGÚN PROBLEMA: hacer lo que le piden, aceptar lo que le proponen; estar en buena posición económica. (Por ext. del esp. *tener*: asir o mantener asido algo.)

tereso. m. Vesre de **sorete**.

terminar. intr. **acabar**. (Por anal. entre ambos verbos.)

termo. m. En la expr. VIVIR EN UN TERMO: v. **vivir**. (Es el esp. *termo*: vasija de dobles paredes provista de cierre hermético, que sirve para conservar la temperatura de las sustancias introducidas en ella.)

terraja. m. y f. **terrán.** | **2.** f. **atorranta.** (Por juego paronom. entre **terrán** y el esp. *terraja*: herramienta con la cual se ajustan las piezas que sirven para labrar las roscas de los tornillos.)

terrán. m. y f. **atorrante, atorranta.** (Vesre de **rante.**)

terraza. f. Cabeza, **azotea.** (Del esp. *terraza*: cubierta de un edificio, provista de barandas o muros.)

terror. m. En la expr. DE TERROR –equivalente a adj.–: feo; de mala calidad o de mal gusto; pésimo; aburrido. (Del esp. *terror*: miedo.)

terrorífico, ca. adj. Feo; de mala calidad. | **2.** Aburrido. (V. **terror.**)

testamento. m. Cabeza. (Por juego paronom. entre el esp. *testa*: cabeza y el esp. *testamento*: declaración que de su última voluntad hace una persona.)

testún, na. adj. Terco, porfiado. (Del gen. *testón*: porfiado.)

tetera. f. Mingitorio, letrina no compartimentada para orinar. | **2.** Baño público al que concurren varones homosexuales para tener relaciones sexuales, por lo gral. orales. || HACER TETERAS: salir a buscar una conquista un varón homosexual en los baños públicos. (Por alusión a la forma que poseen los mingitorios de estos baños, que recuerdan la de una *tetera*: vasija usada para servir el té.)

teterear. intr. Concurrir habitualmente a una **tetera.** | **2.** Tener relaciones sexuales en una **tetera.** (V. **tetera.**)

teto. m. Acto sexual. || JUGAR AL TETO: prácticar el coito, mantener relaciones

sexuales. (La palabra es de creación popular, en virtud de la rima con *meto*. Proviene de un viejo chiste: "¿Querés jugar al teto?". Cuando el otro interroga de qué se trata, la respuesta es "Vos te agachás y yo te la meto").

tetra. m. Recipiente de cartón que contiene vino común. | **2.** Por ext., vino. (Por abrev. de *tetra brik*, un tipo de envase de cartón, superpuesto en cuatro capas para una mejor conservación del producto.)

tiburón. m. Seductor, conquistador. (Por alusión a su voracidad, del esp. *tiburón*: pez del suborden de los escuálidos.)

Tierra. f. En la expr. LA TIERRA: prisión que funcionó en las primeras décadas del siglo XX cerca de la ciudad de Ushuaia, capital del entonces territorio nacional de Tierra del Fuego, actualmente provincia de Tierra del Fuego, Antártida e Islas del Atlántico Sur. (Por abrev. de *Tierra del Fuego.*)

tigre[1]. m. Excremento sólido. (Etimol. incierta.)

tigre[2]. adj. Forma apocopada de **tigrero**[2].

tigrero[1]. m. Encargado de recoger y limpiar los excrementos en los baños de las cárceles. (V. **tigre**[1].)

tigrero, ra[2]. adj. Valiente. | **2.** Provocador, pendenciero. | **3.** Hábil, diestro para cierta actividad. (Del amer. *tigrero*: cazador de tigres [?].)

tildado, da. ppio. perf. de **tildar.**

tildar. intr. Quedarse quieto; estar súbitamente desganado, desanimarse. U. t. c. prnl. | **2.** **colgarse.** (Del ingl. *to tilt*: volcar, ladearse, verbo utilizado cuando un juego electrónico se detiene.)

tilingada. f. **tilinguería.** (V. **tilingo.**)

tilingo, ga. adj. Superficial, que se

comporta con afectación. | **2.** Presumido, jactancioso sin motivos. (Etimol. incierta.)

tilinguear. intr. Conducirse como un **tilingo.**

tilinguería. f. Cursilería, acción propia del **tilingo.**

timbear. intr. Tomar parte en un juego de azar. | **2.** Jugar habitualmente a uno o más juegos de azar. (Del esp. *timba*: partida de juego de azar.)

timbero, ra. adj. Jugador compulsivo. | **2.** Aficionado a los juegos de azar. (V. **timbear.**)

timbo. m. Botín, zapato; calzado en gral. (Vesre del esp. *botín*.)

timbrar. intr. Hurgar en los bolsillos de alguien para robarle, **planchar.** (Etimol. incierta.)

timbre. m. –gralmente. en pl.– Pezón, especialmente el que se marca debajo de la ropa. | **2.** Aréola. (Por alusión a la forma del botón de un *timbre* eléctrico.)

tinenti. m. Variante alternativa de **dinenti.**

tipa[1]. f. Cárcel. (Del argent. *tipa* –procedente del quich. *ch'ípa*–: cesto de varillas o de mimbre sin tapa.)

tipa[2]. f. Mujer. (Por feminiz. del esp. *tipo*: individuo, hombre, frecuentemente con matiz despect.)

tipazo, za. m. y f. Buena persona. | **2.** Persona físicamente atractiva. (Aument. del esp. *tipo*: individuo, hombre.)

tira. m. Agente de policía vestido de civil. (Del ital. jergal *tira*, de igual signif.)

tirado, da. adj. Indigente, pobre. | **2.** Muy barato. || ESTAR TIRADO: sentirse decaído. (Del esp. *tirar*: derribar a una persona.)

tirador. m. Cada una de las dos tiras de piel o tela, comúnmente con elásticos,

que sirven para suspender de los hombros el pantalón [dado por el DRAE]. (Del esp. *tirar*: estirar o extender.)

tirante. m. **tira.** (Por juego paronom. con el esp. *tirante*: pieza de madera o barra de hierro colocada horizontalmente en una armadura de tejado.)

tirar. tr. Servir cerveza del barril directamente. || TIRAR LA BRONCA: v. **bronca.** | **2.** TIRAR EL CARRO: v. **carro.** | **3.** TIRAR LA CHANCLETA: v. **chancleta.** | **4.** TIRAR EL FIDEO: v. **fideo.** | **5.** TIRAR LA GOMA: v. **goma.** | **6.** TIRAR LA LANZA: v. **lanza.** | **7.** TIRAR EL LENTE: v. **lente.** | **8.** TIRAR LA MANGA: v. **manga.** | **9.** TIRAR LOS GALGOS O LOS PERROS: v. **galgos.** (Del fr. *tirer du vin*: sacar vino del tonel; en las exprs. se usa en gral. por anal. con este signif.)

tirarse. intr. Intentar iniciar una relación amorosa con una mujer, declararse. || TIRARSE A CHANTA: v. **chanta.** | **2.** TIRARSE A LA PILETA: v. **pileta.** (Del esp. *tirarse*: abalanzarse, precipitarse a decir o ejecutar alguna cosa.)

tirifilo, la. adj. Melindroso, delicado. (Etimol. incierta.)

tirolés. m. **tira.** (Por juego paronom. con el esp. *tirolés*: natural del Tirol.)

tiroteo. m. Relación sexual. (Por metaforización del esp. *tiroteo*: acción de disparar repetidamente armas de fuego.)

titeador, ra. adj. Burlón. (V. **titeo.**)

titear. tr. Mofarse de alguien. (V. **titeo.**)

titeo. m. Befa, mofa [dado por el DRAE]. || TOMAR PARA EL TITEO: tomar a alguien como objeto de burla. (Por oscura asociación con el esp. *titeo*: acción de titear la perdiz.)

tobul. m. Vesre de **bulto.**

tocado, da. ppio. perf. de **tocar.** Sobornado. (V. **toco.**)

tocar. tr. Sobornar. | **2.** En el juego del fútbol, pasar, entregar la pelota a un jugador del mismo equipo. | **3.** intr. En el fútbol, JUGAR AL TOQUE. | **4.** Salir, irse sin tener la voluntad de hacerlo. || TOCAR EL PIANITO: v. **pianito.** | **2.** TOCARLE EL CULO A ALGUIEN: demostrarle que se tiene tanto o más poder que él; **cargarlo,** molestarlo; **joderlo.** (Para la primera acep., v. **toco**; para las dos ss., v. **toque**; la última es ext. de la expr. *tocárselas*: ausentarse impensadamente, por huir de un riesgo o compromiso.)

toco. m. Producto de un robo. | **2.** Cada una de las partes en que se divide el botín. | **3.** Fajo de billetes de banco. | **4.** Dinero, sobre todo si es una cantidad apreciable. | **5.** Gran cantidad de algo. || UN TOCO –equivalente a adv.–: mucho. (Del ital. *tocco*: pedazo grande.)

tocomochero. m. Delincuente especialista en la estafa del **tocomocho.**

tocomocho. m. Billete de lotería adulterado, premiado en apariencia, utilizado para una estafa. (V. **toco** y **mochar.**)

todo. pron. y adj. En las exprs. ss.: CON TODO: mucho, en gran cantidad. | **2.** CON TODOS LOS CHICHES: v. **chiche.** | **3.** PARA TODO EL VIAJE: v. **viaje.** | **4.** POR TODOS LOS GÜINES: v. **güin.** | **5.** PUDRIRSE TODO: v. **pudrirse.** | **6.** TODO JAMÓN: v. **jamón.** | **7.** TODO JOYA: todo está bien, forma de sintetizar una situación favorable. | **8.** TODO PIOLA: TODO JOYA. | **9.** TODO VIENTO: v. **viento.** (Es el esp. *todo*: que se toma o se comprende enteramente.)

toletole. m. Desorden, lío. | **2.** Refriega, gresca. (Por repetición enfática del esp. *tole*: confusión y gritería popular.)

tololo, la. adj. Torpe. (Por deform. del esp. *tolondro*: aturdido, desatinado.)

tomar. intr. Ser un ebrio consuetudinario, ser alcohólico. | **2.** Consumir cocaína. (Del esp. *tomar*: comer o beber, con infl. del prnl. *tomarse*: emborracharse.)

tomarse. tr. En la exprs. ss.: TOMÁRSELA(S), TOMARSE EL BUQUE O TOMARSE EL PALO: retirarse, irse de inmediato. (Por abrev. de la expr. esp. *tomar las de Villadiego*: ausentarse repentinamente.)

tomate. m. Cabeza. || AGARRAR O TOMAR PARA EL LADO DE LOS TOMATES: confundirse, entender algo equivocadamente. | **2.** ESTAR DEL TOMATE: ESTAR DE LA CABEZA. (Del esp. *tomate*: fruto de la tomatera; la primera expr. es de origen incierto.)

tombo. m. Vesre de **botón.**

tomuer. m. Vesre de *muerto* y **muerto.**

tonadillero. m. **punguista.** (Del esp. *tonadillero*: persona que canta tonadillas; por alusión a la **música.**)

tonadiyero. m. Variante gráfica de **tonadillero.**

tongo. m. Componenda ilícita y fraudulenta. (Del esp. *tongo*: en los partidos de pelota, carreras de caballos, etc., trampa que hace uno de los participantes, dejándose ganar por razones ajenas al juego.)

tonguear. intr. Hacer trampa en el juego. | **2.** Participar de un **tongo.**

tonguero, ra. adj. Participante de un **tongo.**

toor. m. Vesre de **orto.**

topu. adj. Vesre de *puto.*

topún. m. Vesre de **punto.**

toque. m. Pequeña cantidad de tiempo, rato, lapso breve. | **2.** Minuto. || JUGAR AL TOQUE: en el fútbol, pasarse la pelota con precisión los jugadores de un equipo, tocándola cada uno una sola vez. | **2.** AL TOQUE: enseguida, rápidamente; acertada e inmediatamente. (Del esp. *toque*: acción de tocar una cosa; la segunda expr. proviene de la primera.)

toquear. tr. Variante alternativa de **tocar** –en su primera acep.–.

toquero. m. Funcionario policial que se deja sobornar. (V. **toco**.)

toraba. adj. Vesre de *barato*.

tordillo, lla. adj. Canoso. ‖ m. Variante afect. de **tordo**. (Del esp. *tordillo*: dícese de la caballería de pelo mezclado de negro y de blanco; como sust., por juego paronom. con *tordillo*.)

tordiyo, ya. adj. Variante gráfica de **tordillo**.

tordo. m. Vesre de *doctor*.

torear. intr. Ladrar el perro repetidas veces en señal de alarma y ataque. ‖ **2.** tr. Provocar, dirigir insistentemente a alguien palabras que pueden molestarlo o irritarlo [dados ambos por el DRAE]. (Del esp. *torear*: fatigar, molestar.)

torman. m. Forma aferética de **motorman**.

tornillo. m. Frío. (Etimol. incierta.)

torniquete. m. Instrumento utilizado por los delincuentes para forzar rejas. (Del esp. *torniquete*: palanca angular de hierro, que sirve para comunicar el movimiento del tirador a la campanilla.)

torniyo. m. Variante gráfica de **tornillo**.

toronja. f. Nariz. ‖ **2.** Pene. (Por alusión al esp. *toronja*: cidra de forma globosa como la naranja.)

torrar. intr. Forma aferética de **atorrar**.

torro. m. Forma aferética de **atorro**.

torta¹. f. **torti**. (Por síncopa de **tortillera** en juego paronom. con el amer. del sur *torta*: pastel, tarta.)

torta². f. Dinero. ‖ TENER TODA LA TORTA: ser millonario. (La acep. proviene de la expr.; la idea original apunta a señalar

que aquel de quien se habla es tan rico que no comparte la *torta* –el pastel– con nadie.)

torterolo, la. adj. Tuerto. (Por juego paronom. con el apellido *Torterolo*.)

torti. f. Forma apocopada de **tortillera**.

tortilla. f. Contacto sexual entre dos mujeres. (V. **tortillera**.)

tortillera. f. Lesbiana [dado por el DRAE]. (Del germ. *tortillera*: lesbiana.)

tortiya. f. Variante gráfica de **tortilla**.

tortiyera. f. Variante gráfica de **tortillera**.

toscano. m. Cigarro de hoja de origen italiano [dado por el DRAE]. (Es el ital. *toscano*, de igual signif.)

tostero, ra. adj. Mentiroso. (V. **fachatosta**.)

totorearse. tr. **empomarse**. (Por alusión a la *caña totora*, asociada a la figura de un pene erecto; del esp. *totora*: planta común en esteros y pantanos, cuyo talle erguido mide entre uno y tres metros.)

tovén. m. Vesre de **vento**.

tovul. m. Variante gráfica de **tobul**.

traba. m. y f. Variante gráfica de **trava**.

trabajar. intr. y tr. Robar, delinquir. ‖ **2.** Prostituirse. ‖ TRABAJAR(SE) A ALGUIEN: predisponerlo a favor de determinada cosa. ‖ **2.** TRABAJAR(SE) A UNA MUJER: seducirla, intentar **levantársela**. (Del germ. *trabajar*: hurtar, robar; cf. el argót. *travailler* y el ital. jergal *lavorare*, ambos de igual signif.)

trabajo. m. Robo. ‖ **2.** Acción de predisponer favorablemente a alguien para algo. ‖ **3.** Acción de seducir. (V. **trabajar**.)

trabuco. m. **travesti**. (Por juego paronom. con el esp. *trabuco*: arma de fuego más corta y de mayor calibre que una escopeta.)

tracalada. f. Multitud de personas. ‖ **2.**

Gran cantidad de algo. (Por aféresis del esp. *matracalada*: muchedumbre desordenada de gente.)

traga. m. y f. Forma apocopada y más difundida de **tragalibros**.

tragada. f. Desfalco, estafa, dinero que se obtiene ilícitamente de una operación comercial. | **2. coima.** (V. **tragar**.)

tragalibros. m. y f. Alumno o alumna muy estudiosos. (Del esp. *tragar*: comer vorazmente y *libro*.)

tragar. tr. Estafar, defraudar. | **2.** intr. Por ext., recibir un soborno. | **3.** Entre estudiantes, aplicarse con exceso a las tareas descuidando la diversión. | **4.** Estudiar. (En las primeras dos aceps., del esp. *tragar*: comer vorazmente; absorber; para las ss., cf. **tragalibros**.)

tragarse. tr. Quedarse con dinero obtenido ilícitamente de una operación comercial. | **2.** Omitir involuntariamente al hablar un sonido o una palabra. | **3.** Atropellar, chocar. ‖ TRAGÁRSELA: tomar por verdadera una mentira; practicar la *fellatio*, ser homosexual el varón. | **2.** TRAGARSE LA BALA O EL BALÍN: ser homosexual el varón. (V. **tragar**.)

tragasable(s). m. Varón homosexual. | **2.** f. Mujer adicta al sexo, **atorranta**, **trola**. (Por alusión al esp. *tragasables*: artista de circo cuya actuación consiste en tragarse armas blancas.)

tragedia. f. Traje. (Por juego paronom. con el esp. *tragedia*: obra dramática.)

tralla. f. Cadena. (Del germ. *tralla* –forma sincopada del esp. *traílla*–: cuerda o correa con que se lleva al perro atado.)

trampa. f. Relación amorosa circunstancial en la que al menos una de las dos personas tiene una pareja estable. ‖ ESTAR ALGUIEN DE TRAMPA: hallarse alguien en compañía de una persona que no es su pareja estable en situación comprometida y tratando de pasar inadvertido. | **2.** IR O SALIR DE TRAMPA: recorrer bares y otros sitios públicos en busca de una conquista amorosa circunstancial. (Por ext. del esp. *trampa*: contravención disimulada a una ley, convenio o regla, o manera de eludirla, con miras al provecho propio.)

tranguay. m. Tranvía. (Del ingl. *tramway*: tranvía.)

tranqui. adj. Forma apocopada de *tranquilo*.

tranquilino, na. adj. Tranquilo. (Por deform. fest.)

transa¹. f. Negocio o acuerdo en el que, a cambio de la aceptación de condiciones desventajosas, se obtiene cierto beneficio. | **2.** Comercio o tráfico de drogas. | **3.** m. y f. Traficante de drogas. (V. **transar¹**.)

transa². f. Relación sentimental sin mayor importancia. | **2.** Pareja circunstancial y sin compromiso, cuyos integrantes sólo se encuentran para **transar**. | **3.** Cita con fines amorosos o sexuales. (Por apócope del esp. *transacción*: trato, convenio; v. **transar²**.)

transa³. adj. **transero¹**.

transa⁴. adj. **transero²**.

transar¹. intr. Negociar con alguien en nombre de sí o de un tercero aceptando condiciones desventajosas, a cambio de obtener algún beneficio personal. | **2.** Comerciar con droga. (Del amer. *transar*: transigir, ceder, llegar a una transacción o acuerdo.)

transar². intr. Relacionarse sentimentalmente con alguien sin establecer compromiso alguno. | **2.** intr. y tr. **apretar**, **franelear**. U. t. c. prnl. | **3.** intr. Mantener relaciones sexuales. (Del port. fam. *transar*: fornicar.)

transero, ra[1]. adj. Habituado a las **transas**. | **2**. Poco confiable; peligroso. (V. **transar**[1].)

transero, ra[2]. adj. Habituado a tener encuentros amorosos circunstanciales. (V. **transar**[2].)

tránsfuga. m. y f. Persona inmoral y desleal. (Del esp. *tránsfuga*: persona que pasa de un partido a otro.)

trapo. m. Pedazo de tela utilizado para limpiar. | **2**. Bandera que identifica en las tribunas a los seguidores de un equipo de fútbol o una banda de *rock*. || AGUANTAR LOS TRAPOS: ser fuertes o rebeldes el equipo o la banda de *rock* alentados desde la tribuna; sostener o proteger las banderas. | **2**. PASAR EL TRAPO: superar una persona a otra de modo categórico; ser mejor una cosa que las otras. | **3**. ESTAR HECHO UN TRAPO DE PISO: hallarse abatido. (Por ext. del esp. *trapo*: pedazo de tela desechado.)

trasca. adv. Forma apocopada de **trascartón**.

trascartón. adv. Inmediatamente después [dado por el DRAE]. | **2**. Además, encima. (Del esp. *trascartón*: lance del juego de naipes, en que se queda detrás la carta con que se hubiera ganado y se anticipa la que hace perder.)

trava. m. y f. Forma apocopada de **travesti**.

travesaño. m. **travesti**. (Por juego paronom. con el esp. *travesaño*: en el fútbol y otros deportes, larguero horizontal del arco o portería.)

travesti. m. Hombre vestido de mujer, que gralmente. tiene busto –en virtud de haber tomado hormonas femeninas o de la colocación de prótesis o inyecciones de siliconas– y suele ejercer la prostitución. | **2**. m. Mujer exuberante, muy pintarrajeada y vestida insinuante y vulgarmente. | **3**. m. Mujer que habitualmente se viste de hombre. (Del fr. *travesti*: disfrazado.)

traviesa. f. **travesti**. (Eufemismo, en cruce con el esp. *travieso*: que vive distraído en vicios, especialmente en el de la sensualidad.)

traya. f. Variante gráfica más difundida de **tralla**.

tren. m. En las exprs. ss.: PERDER EL TREN: quedar alguien atrás por no haber podido seguir el ritmo regular en una actividad, desactualizarse. | **2**. SEGUIR EL TREN: atender; acompañar. (Del esp. *tren*: medio de transporte que circula sobre raíles.)

trenza. f. Contubernio, complot o componenda censurable o inmoral entre varias personas que pretenden repartirse y reservarse el poder. | **2**. Grupo de personas que ha urdido dicho complot. || ESTAR EN LA TRENZA: pertenecer a un grupo cuyos integrantes se reparten y reservan. (Del esp. *trenza*: conjunto de tres o más ramales que se entretejen, cruzándolos alternativamente.)

trenzada. f. Altercado, discusión. | **2**. Pelea, riña. (V. **trenzarse**.)

trenzarse. intr. Involucrarse apasionada y súbitamente en una discusión o pelea. (Del esp. *trenzar*: entretejer tres o más ramales cruzándolos alternativamente para formar un solo cuerpo alargado.)

trepador, ra. adj. Pancista, ocupado en escalar posiciones en un ámbito determinado valiéndose de cualquier medio, sea legítimo o no. (Por ext. del esp.

trepar. subir a un lugar alto, áspero o dificultoso, valiéndose y ayudándose de los pies y las manos.)

tricota. f. Suéter, prenda de punto [dado por el DRAE]. ‖ adj. num. Tres. (Del fr. *tricot,* de igual signif.; como adj., por juego paronom.)

trincada. f. Coito. (V. **trincar.**)

trincarse. tr. Seducir por medio de engaños. ‖ **2.** Poseer carnalmente. (Del esp. *trincar:* sujetar a uno con los brazos o las manos.)

trinquete. m. Salón de baile, donde la gente del bajo fondo iba a beber. (Del esp. *trinquis:* trago de vino o licor [?].

trip. m. **viaje, flash**, serie de alucinaciones provocadas por el consumo de **ácido** u otra droga. (Del ingl. *trip,* de igual signif.)

tripa¹. f. Pene. (Del esp. *tripa:* parte de intestino; por alusión a la forma alargada.)

tripa². f. **pepa, ácido**, dosis de LSD (ácido lisérgico) para su consumo. (Por metonimia y feminiz. de **trip;** v. **trip.**)

tripear. intr. Drogarse con **ácido**. U. t. c. prnl. (V. **trip.**)

tripero, ra. adj. Fanático del club de fútbol Gimnasia y Esgrima de La Plata. (Del esp. *tripa:* parte del intestino, por alusión a que la mayor parte de sus aficionados en los orígenes del club vivían o trabajaban en el barrio "El Mondongo", zona de frigoríficos ubicada en la localidad de Berisso.)

triple. m. Sándwich hecho con tres capas de miga de pan y dos de relleno. (Por abrev. de *sándwich triple;* del esp. *triple:* dícese de la cosa que va acompañada de otras dos semejantes.)

trocén. m. Vesre de *centro* y **centro.**

troesma. m. Vesre de *maestro* y **maestro.**

trola. f. Prostituta. ‖ **2.** Lesbiana. (Del roman. *troia:* puta [?]; v. **trolo.**)

trole. m. Forma apocopada de **trolebús.**

trolebús. m. **trolo.** (Por juego paronom. con el esp. *trolebús:* ómnibus de tracción eléctrica, sin carriles.)

trolex. m. y f. **trolo, trola.** (Por adición del sufijo *-ex,* posiblemente sobre el modelo de **péndex.**)

troli. m. Vesre de *litro.*

trolito, ta. adj. Dimin. fest. de **trolo, la.** (V. **trolo.**)

trolo. m. Homosexual masculino. ‖ **trolo, la.** adj. Delicado, cuidadoso, particularmente en el arreglo y el vestido. ‖ **2.** –sólo en f.– Provocativa, sensual; pizpireta; fácil, muy aficionada a mantener relaciones sexuales, **atorranta.** (Del fr. *drole:* extraño, raro [?].)

trompa¹. m. Vesre de *patrón.*

trompa². f. Boca. ‖ ESTAR CON TROMPA: estar enojado. (Del esp. *trompa:* prolongación muscular de la nariz de algunos animales.)

trompeadura. f. Paliza, zurra. (Del esp. *trompear:* dar trompadas.)

trompudo, da. adj. Enojado. (v. **trompa².**)

tronapa. f. Vesre de *patrona.*

tronco, ca. adj. Torpe, incapaz para algo. ‖ **2.** En el fútbol y otros deportes, jugador inhábil o de bajo rendimiento. (Por espec. del esp. *tronco:* persona insensible, inútil o despreciable.)

troncoso, sa. adj. **tronco.** (Por juego paronom. con el apellido *Troncoso.*)

trono. m. Inodoro. (Del esp. *trono:* asiento que usan los monarcas y otras personas de alta dignidad.)

trotadora. f. Prostituta. (Del esp. *trotar:* andar mucho una persona.)

troya. f. Espacio circular delimitado en el piso donde se hacen girar algunos trompos contra los cuales se arrojan los llamados **troyeros**. (Del port. *troia*: juego que simula un combate.)

troyero. adj. m. Nombre dado al trompo de combate, que se arroja a la **troya** con el fin de golpear y desalojar a otros trompos. (V. **troya**.)

trozo. m. Pene. (Del esp. *trozo*: pedazo de una cosa que se considera aparte del resto.)

trúa. f. Borrachera. (Etimol. incierta.)

trucha. f. Rostro, cara. (Quizá por abrev. de la expr. esp. *cara de trucha*; del esp. *trucha*: pez teleósteo de agua dulce.)

truchada. f. Acción y efecto de **truchar**. | **2.** Actividad **trucha**. | **3.** Acción propia de un **trucho**. | **4.** Cosa falsa o de mala calidad. | **5.** Objeto o situación ilegal o clandestinos.

truchar. tr. Falsear, adulterar. | **2.** Mentir, engañar. (V. **trucho**.)

truchear. tr. Variante alternativa de **truchar**.

truchex. adj. **trucho**. (Por adición del sufijo *-ex*; cf. **trolex**.)

trucho, cha. adj. Apócrifo, falso; imitado. | **2.** Falto de calidad, **berreta**. | **3.** Barato. | **4.** Clandestino, ilegal. | **5.** Dicho de una persona, poco confiable, inescrupuloso, nada convincente. (Del esp. *trucha*: persona sagaz y astuta, poco escrupulosa en su proceder, que en el esp. coloquial vale por "bribón, pícaro", el término se difundió extraordinariamente en la década de 1980.)

truchón, na. adj. Astuto, pillo. (Aument. del esp. *trucha*: v. **trucho**.)

truco. m. Variedad del truque, juego de naipes [dado por el DRAE]. (Del esp.

trucar: hacer el primer envite en el juego del truque.)

trulla. f. Vehículo policial, **licuadora**, **lancha**. (Forma aferética del esp. *patrulla*.)

truquear. intr. Jugar al **truco**.

truquero. m. Aficionado al **truco**.

tualé. m. Tocador. | **2.** Habitación donde se halla el tocador. | **3.** Arreglo de la cabeza femenina. (Del fr. *toilette*: tocado; tocador.)

tubazo. m. Llamada telefónica. (V. **tubo**.)

tubo. m. Botella. | **2.** Envase de cartón de una bebida alcohólica. | **3.** Teléfono. | **4.** En el fútbol, **caño**. | **5.** –solo en pl.– Bíceps muy desarrollados. (En alusión a la forma, en la primera acep.; por ext. en la s.; por metonimia en la tercera; las ss. son metafóricas; del esp. *tubo*: pieza hueca, de forma por lo común cilíndrica.)

tuca. f. Forma aferética de **pituca**.

tuco. m. Salsa de tomate y otros ingredientes, con la que se acompañan o condimentan diversos platos como pastas, polenta, arroz, etc. (Del gen. *tôcco*, de igual signif.)

tuerca. adj. Aficionado al deporte del automovilismo. | **2.** Relativo al automovilismo. (Del esp. *tuerca*: pieza con un hueco labrado en espiral que ajusta exactamente en el filete de un tornillo.)

tuje. m. Ano. | **2.** Buena suerte. (Del ídish *tujes*: ano; cf. **culo**.)

tul. adv. En la expr. ¿QUÉ TUL?: ¿qué tal estás? (Por juego paronom. entre el pron. *tal* y el esp. *tul*: tejido delgado y transparente de seda, algodón o hilo.)

tumba. f. Trozo de carne hervida. | **2.** Comida servida en las cárceles, cuarteles y hospitales. | **3.** Por ext., cárcel o correccional de menores. (Fest. del esp.

tumba: obra levantada de piedra donde está sepultado un cadáver.)

tumbera. f. Arma de fuego de fabricación casera y bajísimo costo, que se fabrica en las cárceles y **villas** con caño galvanizado y que usa cartuchos de escopeta. (Del esp. *tumbar*: derribar a alguien o algo, aunque no debe descartarse un cruce con **tumba**.)

tumbero. m. Preso que, por no recibir comida del exterior, debe comer la de la cárcel. | **2.** Preso, en especial el que ha asimilado los usos y costumbres de la cárcel. | **3.** Soldado que no sale de licencia para comer en el cuartel. | **4.** Vocabulario utilizado por los **tumberos**. || adj. Relativo a la cárcel, **canero**. (V. **tumba**.)

túnel. m. En el fútbol, jugada en la que se hace pasar la pelota por entre las piernas del adversario. (Del esp. *túnel*: paso subterráneo.)

tungo. m. Forma aferética de **matungo**.

tuntún. adv. En la expr. AL TUNTÚN: a ciegas; de cualquier modo, desprolijamente. (Quizá sea una voz onomatopéyica, en alusión a los golpes exploratorios que un ciego da con su bastón.)

tupido. adv. Abundantemente, en cantidad. (Del esp. *tupido*: espeso, que tiene sus elementos muy juntos o apretados.)

tuquera. f. Especie de pipa, por lo gral. improvisada, en la que se fuman las **tucas**. (V. **tuca**.)

turca[1]. f. Borrachera. (Del germ. *turco*: vino.)

turca[2]. f. Práctica sexual que consiste en que un hombre coloque su pene entre los pechos de una mujer y realice un movimiento de vaivén, **francesa**. (Del esp. *turca*: natural de Turquía, por asociación oscura.)

turco, ca. adj. De ascendencia árabe o armenia. | **2.** De religión musulmana. (Por ext. del esp. *turco*: natural de Turquía.)

turra. f. Mujer que se entrega fácilmente. | **2.** Prostituta. (V. **turro**.)

turrear. intr. Haraganear. (V. **turro**.)

turrero. m. Rufián de una prostituta de baja categoría y condición. (V. **turro**.)

turro, rra. adj. Imbécil; inepto, incapaz. | **2.** Maligno, vil. (Podría ser deform. del esp. *tuno*: pícaro, tunante, quizás en cruce con **atorrante**.)

tuti. pron. y adj. En la expr. CON TUTI: con todo. (Del pl. del ital. *tutto*: todo.)

U

ubicate. m. Cachetazo. (Es la gramaticalización de la 2ª pers. singular del imperat. de *ubicarse*: ponerse uno en su lugar.)

ufa. interj. con que se denota cansancio, fastidio o sofocación. (Variante de la interj. esp. *¡uf!*)

uidió. interj. Deform. de *¡Uy, Dios!*

última. adj. En la expr. DE ÚLTIMA: DE DÉCIMA; como última alternativa. (Por abrev. de *de última categoría* –cf. DE CUARTA, en **cuarta**– para la primera acep.; del esp. *último*: aplícase a lo que no tiene otra cosa después de sí, para la segunda.)

una. adj. f. En la expr. DE UNA: AL TOQUE, de inmediato; sin pensarlo dos veces, directamente. (Seguramente por abrev. de *de una sola vez*.)

unesco. adj. num. Uno. (Por juego paronom. de *uno* con la sigla UNESCO.)

unodós. m. Penetración, acto sexual. (Por alusión a la expr. *uno-dos*, utilizada por profesores de gimnasia y entrenadores en general para indicar un ejercicio que se realiza en dos posiciones.)

upa. interj. En la expr. DE UPA: gratuitamente. (Del esp. *upa*, voz para esforzar a levantar algún peso.)

upingo. m. Ano. (Etimol. incierta.)

upite. m. Ano. | **2.** Suerte. (Etimol. incierta.)

urmo. m. En la expr. MANDAR AL URMO: dejar a otro sin beber el vino puesto en juego en el PATRÓN Y SOTO. (Del sic. *urmu*: olmo, en vista de la expr. *ristari urmu*: quedar privado de algo.)

urso, sa. adj. Grandote, fornido, corpulento. (Del ital. *orso*: oso.)

Ushuaia. f. LA TIERRA. (Del nombre de la ciudad de Ushuaia, capital de la provincia de Tierra del Fuego, Antártida e Islas del Atlántico Sur; cf. **Tierra**.)

U

V

vaca. f. Gasto que se prorratea entre varios. ‖ HACER UNA VACA: recolectar fondos para un fin determinado un grupo de gente que se conoce entre sí. | 2. TENER LA VACA ATADA: tener un buen pasar; tener la certeza de que un asunto o negocio resultará favorablemente. (Por ext. del esp. *vaca*: dinero que juegan en común dos o más personas.)

vachaché. perífr. verb. En la expr. QUÉ VACHACHÉ: qué vas a hacer. (Por deform. que imita el lenguaje infantil.)

vachacher. perífr. verb. Variante alternativa de **vachaché**.

vacunado, da. ppio. perf. de **vacunar**. ‖ adj. Advertido, prevenido. | 2. Protegido. (En las aceps. como adj., del esp. *vacunar*: inocular a una persona o animal un virus atenuado o principio orgánico para preservarlos de una enfermedad determinada.)

vacunador. adj. m. **cogedor**. | 2. En el fútbol, goleador. (V. **vacunar**.)

vacunar. tr. Penetrar carnalmente, **coger**.

| 2. Perjudicar, **joder**. | 3. En el fútbol, hacer un gol y, por ext., ganar por amplia diferencia. (Del esp. *vacunar*: inocular una vacuna, por alusión a la penetración de la aguja en la carne.)

vafangulo. interj. ¡Fuera! | 2. Voz que denota enojo, fastidio o indignación; **carajo**. (De la expr. ital. *vaffanculo*, contracción de *va a fare in culo*: andate a la mierda, equivalente a la expr. del esp. *irse a tomar por el culo*.)

vagancia. f. Grupo de **vagos**, **barra**; conjunto de jóvenes. (V. **vago**.)

vago, ga. m. y f. Hombre o mujer, gralmente. jóvenes. (Del esp. *vago*: holgazán, perezoso.)

vagón. m. Gran cantidad de algo. ‖ ESTAR ALGUIEN UN VAGÓN: ser muy atractivo. (Del esp. *vagón*: carruaje de viajeros o de mercancías y equipajes, en los ferrocarriles.)

vagoneta. adj. Vago. (Por juego paronom. con el esp. *vagoneta*: vagón pequeño y descubierto, para transporte.)

vaivén. m. Cuchillo. (Por metaforización del esp. *vaivén*: movimiento alternativo de un cuerpo que después de recorrer una línea vuelve a describirla, caminando en sentido contrario.)

valerio. m. Vale o comprobante que se entrega al apostador en los hipódromos como recibo de sus apuestas. | **2.** Vale en gral. | **3.** Sirviente, gralmente. dentro del ámbito carcelario. (Por juego paronom. del esp. *vale* con el nombre propio *Valerio* en las dos pimeras aceps.; en la tercera por juego paronom. con el fr. *valet*: criado.)

valija. m. Visitador médico, cuyo trabajo es publicitar los nuevos productos farmacéuticos. (Del esp. *valija*: maleta, por metonimia, en alusión a este elemento, que llevan siempre consigo.)

valijero. m. Espectador de películas eróticas. (Surgido en la década de 1970, hace alusión a la valija o portafolios que llevan consigo estos espectadores, gralmente. empleados que aprovechan la hora del almuerzo para concurrir al cine; del esp. *valija*: maleta.)

vampiresa. f. Mujer seductora. (Del ingl. norteamericano *vampire feme*: mujer vampiro.)

vaquero. m. Pantalón de lona. (Llamado así por parecerse al que usaban los *cowboys* o vaqueros norteamericanos.)

vaquita. f. Dimin. de **vaca.**

varear. tr. Ejercitar un caballo de competición para conservar su buen estado físico. | **2.** Lanzar un caballo a toda carrera. | **3.** Entrenar a alguien en cualquier actividad. | **4.** Llevar a alguien de paseo. | **5.** Pasear. (Del esp. *varear*: dar golpes con una vara, palo largo y delgado empleado en la doma, cuya parte final incluye un paseo.)

varearse. intr. Mostrarse, exhibirse, gralmente. en compañía de alguien. (V. **varear.**)

vareo. m. Entrenamiento. | **2.** Paseo. (V. **varear.**)

variante. f. En las exprs. ss.: ENTRAR EN LA VARIANTE, ENTRAR EN LA VARIANTE DE (en este caso, más un verbo en infinitivo): dicho de una persona, cambiar de actitud o de forma de actuar; sumar un nuevo defecto, acción o actitud a defectos, acciones o actitudes reprochables anteriores. | **2.** ENTRAR POR LA VARIANTE: aceptar una situación novedosa o una propuesta. (En la primera expr., del esp. *variante*: variedad o diferencia entre diversas clases o formas de una misma cosa; en la s. además probablemente tenga relación con el uso técnico del término en el juego del ajedrez.)

varita. m. Agente de policía que dirige el tránsito. (Del esp. *varita*, dimin. de *vara*: palo largo y delgado, por metonimia, dado que hace algunas décadas los agentes de tránsito se servían de este elemento.)

vascolé(t). m. Leche chocolatada. (Por lexicaliz. de la marca de fábrica *Vascolet*.)

vascongada. f. Semen. (Tomado del nombre de una antigua firma que vendía leche en la Argentina, llamada *La Vascongada*.)

vedera. f. Acera. (Por metátesis del argent. *vereda*: acera.)

vedet. f. Artista principal de algunos espectáculos. | **2.** Persona que sobresale en cualquier ámbito. (Del fr. *vedette*: divo, artista de fama.)

veinticinco. m. Trozo de marihuana compactado que pesa veinticinco gramos. (Es el numeral *veinticinco*.)

vejarano, no. adj. Variante gráfica de **bejarano.**

vela. f. Pene. | **2. porro.** ‖ SOPLAR LA VELA: realizar una *fellatio*, hacerle sexo oral a un varón. | **2.** TENER LA VELA: v. **tener.** (Por alusión a la forma cilíndrica y alargada de ambos, semejante a la de una *vela.*)

velorrosado. m. Preservativo, **forro.** (Por lexicaliz. de la marca de fábrica *Velo Rosado.*)

vena. f. Enojo, bronca. | **2.** Impotencia, frustración. ‖ CON (TODA) LA VENA: resentido; enojado, disgustado; nervioso. (Es el esp. *vena*: cada uno de los conductos por donde retorna la sangre al corazón, por alusión a una supuesta hinchazón de las venas cuando alguien se enoja, aunque también podría aludir a otra acep. de *vena*: disposición variable del ánimo.)

venado. adj. m. Cornudo. (Del esp. *venado*: ciervo.)

vendido, da. ppio. perf. de **venderse.**

venderse. intr. En un conflicto entre dos grupos opuestos, cambiarse de bando. (Por ext. del esp. *venderse*: dejarse sobornar.)

venoso, sa. adj. Que está CON (TODA) LA VENA. (V. **vena.**)

ventajita. adj. Se aplica a la persona que sin miramientos procura obtener ventaja de cualquier situación. (Por síncopa del esp. *ventajista*, de igual signif. en juego paronom. con el dimin. del esp. *ventaja*: beneficio.)

ventana. f. Ojo. (Por alusión al esp. *ventana*: abertura en la pared para dar luz y ventilación.)

ventichelo. m. Viento. | **2.** Rumor. (Del ital. *venticello*: vientecillo.)

vento. m. Dinero. (Del gen. *vento*: viento; dinero.)

ventolín. m. **vento.** | **2.** Viento. (A través de **ventolina.**)

ventolina. f. **vento.** (Por juego paronom. con el esp. *ventolina*: viento leve y variable.)

ventosa. f. Persona cargosa, **abrojo.** | **2.** Beso. (En ambos casos, por alusión al esp. *ventosa*: vaso o campana, comúnmente de vidrio, que se aplica sobre una parte cualquiera de los tegumentos, enrareciendo el aire en su interior al quemar una cerillita o estopa.)

ventudo, da. adj. Adinerado. (V. **vento.**)

verano. m. Vergüenza. (Por anal. con **calor**; del esp. *verano*: estío.)

verde. m. **mate.** | **2.** Dólar estadounidense. (En ambos casos por alusión al color.)

verdear. intr. Tomar **mate.** (V. **verde.**)

verdolaga. adj. Verde. ‖ m. Billete de diez pesos de la moneda argentina sacado de circulación en 1947. | **2.** Dólar estadounidense, **verde.** (Por juego paronom. con el esp. *verdolaga*: planta herbácea anual, usada como verdura; en la acep. como sust., por alusión al color de dicho billete.)

verdugo. m. Carcelero. (Del esp. *verdugo*: persona muy cruel o que castiga demasiado y sin piedad.)

verduguear. tr. Castigar, maltratar física o psicológicamente a alguien. | **2.** Molestar insidiosamente. | **3.** Mofarse, burlarse, **gastar.** (V. **verdugo.**)

verdurita. f. Puñado de verduras menores que se entrega en las verdulerías y gralmente. no se cobra. | **2.** Fruslería. | **3.** Persona o cosa que no han sido considerados. (Dimin. del esp. *verdura*: hortalizas en gral. y especialmente las de hojas verdes.)

vereda. f. En las exprs. ss.: ESTAR EN LA VEREDA DE ENFRENTE: situarse, por diferencia de opiniones o ideas, en las antípodas del otro. | **2.** PONER EN VEREDA: reconvenir a alguien, retarlo. (Del esp. *vereda*: acera; la segunda expr. se relaciona con la esp. *meter en vereda*: obligar a alguien al cumplimiento de sus deberes.)

verga. f. Pene. (Por espec. del esp. *verga*: miembro genital de los mamíferos.)

vermichelis. m. pl. Clase de fideos largos y finos. | **2.** Cabellos. (Del ital. *vermicelli*, de igual signif. que la primera acep.)

verres. m. Variante alternativa de **vesre**. || HABLAR AL VERRES: HABLAR AL VESRE.

versear. tr. HACER EL VERSO. (V. **verso**.)

versero, ra. adj. Hábil en hablar, que habla con coherencia y convincentemente. | **2.** Que habla sin conocimiento. | **3.** Que habla engañosamente. | **4.** Seductor, conquistador cuya arma mayor es la palabra. | **5.** Adulador. | **6.** Embustero, mentiroso. (V. **verso**.)

verso. m. Discurso armado y convincente. | **2.** Palabrerío vacío e incoherente. | **3.** Discurso –o argumentación– falaz y engañoso. | **4.** Discurso expuesto por un varón para obtener los favores de una mujer. | **5.** Adulación. | **6.** Falsedad, mentira. || HACER EL VERSO: engañar con palabras; intentar seducir a una mujer con palabras; mentir. (Del esp. *verso*: palabra o conjunto de palabras a medida y cadencia, o sólo a cadencia.)

vesre. m. Metátesis silábica, consistente por lo gral. en la inversión del orden de las sílabas de una palabra. || HABLAR AL VESRE: servirse permanentemente de la inversión silábica de los términos que se usan. (Por inversión silábica o vesre del esp. *revés*: parte opuesta de una cosa.)

vésrico, ca. adj. Relativo al **vesre**.

veterano, na. adj. Maduro. | **2.** Anciano. (Del esp. *veterano*: antiguo y experimentado en cualquier profesión o ejercicio.)

vía¹. f. En las exprs. EN PAMPA Y LA VÍA: v. **pampa** y ESTAR EN LA VÍA: carecer de dinero o de medios suficientes para subsistir. (Por alusión al esp. *vía*: raíl de ferrocarril, lugar por donde solían andar los **linyeras**, por ser las vías indicadoras del rumbo.)

vía². interj. ¡Fuera! (Del ital. *andare via*: marcharse.)

viajar. intr. Drogarse. (V. **viaje**.)

viaje. m. Efecto estimulante, ensoñación o delirio, provocado por la consumición de estupefacientes, **flash, trip**. || AGARRAR VIAJE: v. **agarrar**. | **2.** PARA TODO EL VIAJE: para siempre. | **3.** PEGARSE O TENER UN VIAJE: drogarse. (Del esp. *viaje*: acción y efecto de viajar.)

viaraza. f. Enojo, enfado. || AGARRARLE O DARLE A UNO LA VIARAZA: cambiar repentinamente el ánimo, enojarse; tener ganas de hacer algo. (Del esp. ant. *viaraza*: acción inconsiderada y repentina, conservado con este sentido en otros países de América.)

vichadero. m. Lugar desde el cual se puede espiar. | **2.** Mirilla puesta en las puertas de los prostíbulos. || ANILLO O ESPEJO VICHADERO: anillo con un espejo usado por ciertos tahúres para observar los naipes de los contrarios. (V. **vichar**.)

vichadores. m. pl. Ojos. (V. **vichar**.)

vichar. tr. Espiar, atisbar [dado por el DRAE]. | **2.** Observar, mirar. (Del port. *vigiar*: vigilar.)

vichenzo, za. adj. Tonto, candoroso. (Del ital. jergal *vicenzo*: tonto, cándido;

tomado del nombre propio homónimo.)

victrola. f. Gramófono. (Por lexicaliz. del nombre creado por la *Victor Talking Machine Company* a principios del siglo XX.)

victrolera. f. Empleada que cumplía, en algunos locales de despacho de bebidas, la función de poner y sacar los discos de la **victrola.**

vida. f. Vida delictiva; en el caso de la mujer, la prostitución. (Por abrev. de *mala vida.*)

vidorria. f. Vida regalada [dado por el DRAE]; buena vida. (Por deform. del esp. *vidorra*: vida regalada.)

vidurria. f. Variante alternativa y más difundida de **vidorria.**

vieja. f. Madre. || m. y f. Hombre o mujer –usado como fórmula de tratamiento amistoso entre pares–. (La primera acep. es afect.; para la s., cf. **loco**; v. **viejo.**)

viejazo. m. Vejez, síntomas propios del paso del tiempo, gralmente. prematuros. | **2.** Rapto de nostalgia que puede manifestarse en un modo de hablar o de vestir propio de otro tiempo, o en el recuerdo obstinado de sucesos pasados. || AGARRARLE O DARLE A UNO EL VIEJAZO, ESTAR CON EL VIEJAZO y TENER EL VIEJAZO: sentirse cansado o viejo de pronto; mostrar síntomas de vejez; estar nostálgico. (Del esp. *viejo*: que tiene muchos años; el término lo difundió –y tal vez también lo creó– el periodista Rolando Hanglin.)

vieji. adj. Viejo. (Por deform. afect.)

viejita. f. Dimin. afect. de **vieja** en sus dos aceps.

viejo. m. Padre. | **2.** Hombre –usado como fórmula de tratamiento–. || m. pl.

Padres. (En todos los casos es afect.; del esp. *viejo*: persona que ya no es joven.)

viento. m. Puñetazo. || adv. Bien, con buena salud. | **2.** Felizmente; sin problemas, sin inconvenientes. | **3.** Con gusto, de buena gana. || TODO VIENTO: todo (está) bien, todo (está) en orden. (En la primera acep., por alusión al esp. *viento*: corriente de aire; en los ss. usos, por juego paronomástico entre el adverbio *bien*: de buena manera y el sustantivo *viento*: corriente de aire provocada por causas naturales.)

vigil. m. Carcelero. | **2.** Soplón. (Por exts. del esp. *vigilante*: agente de policía, por apócope.)

vigilante. m. Soplón, delator, **botón**[1]. || adj. Formal, legalista, apegado a las normas; **legal.** (Por ext. del esp. *vigilante*: agente de policía.)

vigilantear. tr. Prestar atención al cuidado de una persona o cosa; vigilar, custodiar. (V. **vigilante.**)

villa. f. Forma apocopada de **villamiseria.**

villamiseria. f. Barrio de casas precarias, con grandes carencias de infraestructura, y cuya población es abundante y heterogénea. (Por conjunción del esp. *villa* y el esp. *miseria*; voz surgida hacia fines de la segunda presidencia del general Juan Domingo Perón, para aludir a los caseríos con techo de hojalata aparecidos en la ciudad de Buenos Aires y el Gran Buenos Aires a causa de las migraciones internas. Parece haber surgido del título de la novela *Villa Miseria también es América*, publicada por el escritor Bernardo Verbitsky en 1957.)

villero, ra. adj. Habitante de una **villamiseria.** | **2.** Propio o relativo a una **villamiseria.** | **3.** De baja condición social, pobre, indigente. | **4.** Maleducado, grosero || CUMBIA VILLERA: v. **cumbia.** (V. **villamiseria.**)

villuca. adj. En el lenguaje de los **chetos,** persona de clase media que se precia de no haber nacido en una **villa.** (El sufijo es claramente despect.; cf. **villero.**)

Villurca. m. Villa Urquiza, barrio de la ciudad de Buenos Aires. (Por contracción entre *Villa* y *Urquiza* con síncopa del segundo término.)

vinacho. m. Vino. (Afect. por *vino.*)

viola. f. Guitarra. | **2.** Guitarra eléctrica. (Del port. *viola*: guitarra.)

violero, ra. adj. Guitarrista. | **2.** Guitarrista de una banda de *rock.* (V. **viola.**)

violeta. m. Dentro del ambiente carcelario, violador. (Por juego paronom. con el esp. *violeta*: clase de flor de color morado claro.)

violín[1]. m. En la expr. METER O PONER VIOLÍN EN BOLSA: frase con la que se expresa la necesidad de excluir o excluirse de un asunto [dado por el DRAE]. (Del esp. *violín*: instrumento musical de cuerda, el más pequeño de los de su clase.)

violín[2]. m. **violeta.** (Por juego paronom. con el esp. *violín*: instrumento musical de cuerda de pequeñas dimensiones que se hace sonar con un arco.)

violinazo. m. Aument. de **violín[2].**

vionga. m. Vesre de **gavión.**

viorsi. m. Letrina. | **2.** Baño. || adj. Desagradable, asqueroso. (Vesre irreg. del esp. *servicio*: vaso que sirve para excrementos mayores.; la acep. como adj. se da por ext. de las anteriores.)

vip. adj. Exclusivo, propio de una élite. (De la sigla ingl. VIP, *very important person*: persona muy importante, utilizada en esp. como sustantivo común a ambos géneros: persona que recibe un trato especial en los lugares públicos por ser famosa o socialmente relevante.)

virgocha. f. Mujer virgen. (Por deform. del esp. *virgo*: virgen.)

virola[1]. adj. Bizco. | **2.** Miope. || MEDIO VIROLA: un poco bizco. (Por feminiz. del esp. *virolo*: bizco.)

virola[2]. f. Ano. || HACER O REHACER LA VIROLA DEL ORTO: penetrar analmente; golpear, CAGAR A PATADAS. (Del argent. *virola*: adorno de plata en la boca del **mate,** por alusión a la forma.)

virulazo. m. Aument. de **virulo.**

virulo. m. En el juego de las **bolitas,** golpe que se da a una canica del competidor. (Etimol. incierta.)

viruta. f. En las exprs. ss.: LA FRESCA VIRUTA: la buena vida. | **2.** SACARLE VIRUTA AL PISO: bailar con entusiasmo. (Del esp. *viruta*: hoja delgada que se saca al labrar la madera o los metales.)

visteada. f. Acción de **vistear.**

vistear. intr. Probar la vista y la agilidad dos personas en el manejo de algún arma blanca o en la pelea a golpes, simulando una contienda. (Del esp. *vista*: sentido corporal con que se perciben los objetos mediante la acción de la luz.)

vitamina. f. Cocaína. (Por ext. del esp. *vitamina*: cada una de las sustancias orgánicas que en cantidades pequeñísimas son necesarias para el perfecto equilibrio de las diferentes funciones vitales.)

vitrola. f. Variante sincopada de **victrola.**

vitrolera. f. Variante sincopada de **victrolera.**

viuda. f. Billetera. | **2.** Institución policial. (Etimol. incierta.)

viudita. f. Dimin. de **viuda.**

vivanco, ca. adj. **vivo**. (Por juego paronom. con el apellido *Vivanco*.)

vivir. tr. Sacar dinero; obtener bienes, servicios o beneficios de alguien en forma gratuita. ‖ intr. VIVIR EN UN TERMO, VIVIR EN UN FRASCO, VIVIR EN UN TÁPER: ser ingenuo, estar completamente desinformado; estar fuera de la realidad. (Es el esp. *vivir*: pasar y mantener la vida; habitar, morar.)

vivo, va. adj. Astuto, diestro para engañar y a la vez difícil de ser engañado. ‖ **2.** Pillo, pícaro. ‖ **3.** Ladrón. ‖ PASARSE DE VIVO: caer en la tontería por aparentar demasiada viveza. (Por exts. del esp. *vivo*: sutil, ingenioso; listo.)

Viyurca. m. Variante gráfica de **Villurca**.

viyuya. f. Variante gráfica de **biyuya**.

viyuyera. f. Billetera. (V. **viyuya**.)

viyuyo, ya. adj. Tonto, imbécil. (Etimol. incierta.)

vizcacha. adj. Bizco. (Por juego paronom. con el amer. –de origen quich.– *vizcacha*: roedor parecido a la liebre.)

volacear. intr. Variante gráfica de **bolacear**.

volacero, ra. adj. Variante gráfica de **bolacero**.

volado, da. ppio. perf. de **volar**. Drogado. ‖ **2.** Extraviado.

volador. m. Cheque que se entrega con fecha adelantada, por no disponerse de fondos en la cuenta corriente. ‖ **2.** Cheque librado sin fondos. (Por abrev. de CHEQUE VOLADOR; del esp. *volador*: dícese de lo que está pendiente, de manera que el aire lo puede mover.)

volante. m. Hoja impresa, de carácter político o publicitario, que se reparte, o se fija en las paredes, en la vía pública. ‖ **2.** Conductor de un vehículo automotor.

(Para la primera acep., por ext. del esp. *volante*: hoja de papel en la que se manda, recomienda, pide, pregunta o hace constar alguna cosa en términos precisos; para la s., del esp. *volante* –en otra de sus aceps.–: pieza en figura de aro, que forma parte de la dirección en los vehículos automóviles, por metonimia.)

volanteada. f. Acción de **volantear**.

volantear. Repartir o pegar **volantes**.

volantero, ra. m. y f. Repartidor de **volantes** o tarjetas de propaganda en lugares públicos.

volar. Consumir droga. ‖ **2.** Extraviarse, **delirarse**. U. t. c. prnl. (Del esp. *volar*: elevarse una cosa en el aire y moverse algún tiempo por él.)

volazo. m. Variante gráfica de **bolazo**.

volcar. intr. Trastornarse, volverse loco. ‖ **2.** Cambiar bruscamente de actitud u opinión. ‖ **3.** Sufrir los efectos de una gran ingesta de alcohol, emborracharse. ‖ **4.** Sufrir en el cuerpo los trastornos del consumo de drogas o remedios no prescriptos médicamente. (Por ext. del esp. *volcar*: tratándose de vehículos, darse vuelta.)

volteada. f. Acción y efecto de **voltear**. ‖ CAER EN LA VOLTEADA: verse involucrado en una situación relativamente ajena; ser perjudicado o reprendido junto con otros, sin tener que ver en el asunto. (Del argent. *volteada*: operación que consiste en apartar una porción de ganado corriéndolo con el caballo.)

volteadero. m. Prostíbulo. ‖ **2.** Hotel que proporciona hospedaje por horas a parejas que van allí a mantener relaciones sexuales, ALBERGUE TRANSITORIO, **telo**. ‖ **3.** Departamento o casa usado por una persona para citas amorosas. ‖ **4.** Cama. (V. **voltearse**.)

voltear. Derribar [dado por el DRAE]. | **2.** Robar automóviles u objetos que se hallan dentro de una casa. (Del esp. *voltear*: dar vueltas a una persona o cosa.)

voltearse. tr. **coger.** || HABER VOLTEADO UNOS CUANTOS MUÑECOS: haber tenido relaciones sexuales con varias personas, gralmente. una mujer. (Del esp. *voltear*: dar vueltas a una persona o cosa.)

volumen. adj. **boludo.** (Es eufemismo, a partir de la homofonía inicial con el esp. *volumen*: intensidad del sonido.)

votacén. m. Vesre de *centavo*.

vovi. adj. Vesre de **vivo.** | **2.** Tonto. (En la segunda acep., por juego paronom. con el esp. *bobo*: de muy corto entendimiento y capacidad, y por antífrasis; v. **vivo.**)

vuaturé. f. Automóvil de dos asientos. (Del fr. *voiturette*, de igual signif.)

vuelo. m. Período de efecto intenso que la droga produce después de ser consumida; **viaje.** | **2.** Estado de ensoñación no muy profundo provocado por el consumo de estupefacientes. || TENER VARIAS HORAS DE VUELO: tener experiencia. (V. **volar.**)

vuelta. adj. En las exprs. ss.: DAR VUELTA: v. **dar.** | **2.** ESTAR O QUEDAR DADO VUELTA: v. **dado** y **dar.** (Es el esp. *vuelta*: movimiento de una cosa hasta invertir su posición primera.)

vuelto. m. Retención indebida o no acordada del monto total de un negocio. || QUEDARSE CON UN VUELTO: traicionar a los socios o cómplices quedándose con una parte del total de las ganancias antes de que éstas se repartan. (Del amer. *vuelto*: vuelta del dinero entregado de sobra al hacer un pago.)

vulevú. m. Exceso de cortesía y amabilidad. | **2.** Distinción, gralmente. afectada. (De la expr. fr. *voulez vous?*: ¿quiere usted?, que denota amabilidad.)

W

wheelie. m. Variante alternativa y etimológica de **willy**.

willie. m. Variante alternativa de **willy**.

willy. m. Acción de andar en moto o en bicicleta únicamente con la rueda trasera apoyada en el suelo. ‖ HACER UN WILLY: levantar la moto o la bicicleta de modo tal que sólo quede apoyada la rueda trasera. (Por deform. del ingl. *wheel*: rueda.)

win. m. Variante gráfica de **güin**.

win(n)er. adj. m. Triunfador, exitoso, en particular en sus conquistas amorosas. (Es el ingl. *winner*: ganador.)

Y

---

yacumín. m. Levita. I **2.** Frac. (V. **yacumi-na.**)

yacumina. f. Levita. (Del ital. *giacchetta*: chaqueta, en cruce con el nombre gen. *Giacômin*: Santiaguito.)

yanta. f. Variante gráfica de **llanta**.

yantar. tr. Comer. (Es el esp. ant. *yantar*: comer, tomar alimento.)

yaruto. m. Variante fonética de **charuto**.

yavero. m. Variante gráfica de **llavero**.

yeca. f. Variante gráfica más difundida de **lleca**.

yegua. f. Mujer muy atractiva, gralmente. exuberante y provocadora. I **2.** Mujer malvada, maliciosa, perversa, dañina o peligrosa. (Del esp. *yegua*: hembra del caballo.)

yeguo. m. Varón atractivo, de excelente físico. (Por anal. con **yegua**.)

yeite. m. Negocio ventajoso; negociado. I **2.** Asunto dudoso. I **3.** Asunto en gral. I **4.** Gesto, muletilla o modo de actuar reiterado propio de una persona. (Del port. *geito*: destreza, aptitud.)

yemanfutismo. m. Indiferencia, desinterés, desgano. (De la expr. fr. *jø m' en fute*: no me importa.)

yemanfutista. adj. Indiferente, desganado. (V. **yemanfutismo**.)

yengue. adj. Forma aferética de **canyengue**.

yenusa. f. Mujer. (Etimol. incierta.)

yerba. f. YERBA MATE, producto de la planta homónima industrializado, que se emplea para hacer **mate**. I **2.** Marihuana. (Del esp. *yerba*: hierba y **mate**.)

yerbear. intr. **matear** [dado por el DRAE]. (V. **yerba**.)

yerbera. f. Recipiente usado para contener la **yerba** con que **se ceba** el **mate**. (V. **yerba**.)

yeta¹. f. Influjo negativo. I **2.** Mala suerte, infortunio. (Por apócope del ital. *iettatura*: influjo maléfico.)

yeta². m. y f. Forma apocopada de **yetatore**.

yetado, da. ppio. perf. de **yetar**.

yetar. tr. Forma aferética de **enyetar**.

yetatore. m. y f. Agorero, persona de influencias maléficas. (Del ital. *jettatore*: persona que atrae o provoca la mala suerte.)

yetudo, da. adj. **yetado.** (V. **yeta.**)

yica. f. Bolso de tejido parecido al de red. (Del quich. *llíka*: red.)

yifún. m. Vesre de **funyi.**

yigoló. m. Galán mantenido por una mujer, gralmente. mayor que él. (Del argót. *gigoló*: amante de la prostituta.)

yilé(t). f. Hojita de afeitar. (Por lexicaliz. de la marca de fábrica *Gillette*.)

yingle. m. Canción muy breve utilizada en la publicidad radiotelevisiva. (Del ingl. *jingle*: rima pueril.)

yira. f. Variante alternativa de **yiro.**

yiradora. f. **yiranta.** (V. **yirar.**)

yiraje. m. **yiro** –en su tercera acep.–. (V. **yirar.**)

yiranta. f. **yiro** –en su quinta acep.–. (Por cruce con el gen. *girante*: buscona.)

yirar. intr. Callejear, caminar. | **2.** Andar la prostituta en busca de clientes. | **3.** Ejercer la prostitución. | **4.** Entre los conductores de taxis, recorrer la ciudad en busca de pasajeros. (Del ital. *girare*: dar vueltas.)

yiro. m. Recorrida a que eran sometidos antaño los delincuentes por las comisarías, para ser reconocidos por el personal policial, o bien para aplazar su traslado a un juzgado. | **2.** Tránsito. | **3.** Caminata de la prostituta en busca de clientes. | **4.** Prostitución. | **5.** Prostituta callejera. (V. **yirar.**)

yirona. f. Prostituta callejera. (Aument. y frecuentemente despect. de **yiro.**)

yobaca. m. Variante gráfica más difundida de **llobaca.**

yogo. m. Juego. | **2.** Trampa. (Del port. *jôgo*: juego.)

yogur. m. Semen. (Del esp. *yogur*: variedad de leche fermentada, por alusión a su color y consistencia.)

yolipar. intr. Vesre irreg. de **apoliyar.**

yompa. m. Variante gráfica de **llompa.**

yon. m. Cigarrillo de marihuana. (Por deform. del ingl. *joint*, de igual signif.)

yoni. m. y f. Inglés. | **2.** Estadounidense. (Del ingl. *Johnny* –dimin. del nombre *John*–: Juancito.)

yorno. m. Día. (Del ital. *giorno*: día.)

yoruga. adj. Forma sincopada de **yorugua.**

yorugua. adj. Vesre irreg. de *uruguayo*.

yotivenco. m. Variante gráfica más difundida de **llotivenco.**

yoyega. adj. Vesre irreg. de **gallego.**

yúa. f. Variante gráfica de **shúa.**

yuga. f. **shúa.** (Por cruce con **yugar.**)

yugadera. f. Cerradura. (V. **yuga.**)

yugador, ra. adj. Trabajador. (V. **yugo.**)

yugante, ta, adj. **yugador.** (V. **yugo.**)

yugar. intr. Trabajar. (V. **yugo.**)

yugo. m. Trabajo. (Del esp. *yugo*: instrumento de madera al cual, formando yunta, se uncen por el cuello las mulas, o por la cabeza o el cuello los bueyes.)

yuguero. m. Delincuente cuya especialidad son las llaves y cerraduras. (V. **yuga.**)

yuguillo. m. Cuello de la camisa. (Del argent. *yuguillo*: hierros que se ponen en la pechera de la caballería y de los cuales se prenden los tiros.)

yuguiyo. m. Variante gráfica de **yuguillo.**

yumba. f. Palabra onomatopéyica creada por el músico Osvaldo Pugliese para llamar con ella a la marcación rítmica de su orquesta. (Su tango *La yumba* fue estrenado en 1943.)

yum-yum. m. Chicle, goma de mascar. (Posiblemente por lexicaliz. de la marca *Yum-yum*, muy conocida en las décadas de 1960 y 1970, aunque podría tratarse de una deform. del ingl. *chewing-gum*; cf. **chuenga.**)

yurno. m. Variante alternativa de **yorno**.

yusta. m. Institución policial. (Del ital. jergal *giusta*: vigilante urbano.)

yuta. f. Forma sincopada y más difundida de **yusta**. | **2.** m. Agente de policía, **botón, cana,** vigilante. (V. **yusta.**)

yuto, ta. adj. Forma aferética de **fayuto**.

yuyo. m. Marihuana. (Del argent. *yuyo*: yerbajo, hierba inútil.)

Z

zabeca. f. Vesre de *cabeza*.

zafado, da. ppio. perf. de zafarse. Exaltado; insolente, atrevido en su conducta. ‖ adj. Deslenguado. (V. zafarse.)

zafar. intr. Desligarse de responsabilidades. ‖ 2. Salir bien parado o victorioso de una situación; salvarse; superar un obstáculo sin demasiado esfuerzo; evitarse un problema. ‖ ZAFAR COMO EL MEJOR: desligarse completamente de un problema u obligación. (Del esp. *zafar*: quitar los estorbos de una cosa; escaparse o esconderse para evitar un encuentro o riesgo.)

zafarse. intr. Extralimitarse, exaltarse, insolentarse. (V. zafar.)

zalipa. f. Vesre de *paliza*.

zanagoria. adj. Deform. de zanahoria.

zanahoria. adj. Tonto. (Por traducción del nap. *pastënaca*: zanahoria; tonto.)

zanata. f. Parlamento fingido por los actores que están en segundo plano. ‖ 2. Discurso intencionadamente confuso y repetitivo. ‖ 3. verso. (Del ital. *zannata*: lenguaje de los *zanni* o payasos; bufonada.)

zanatear. intr. En el ámbito teatral, cinematográfico o televisivo, fingir un parlamento los actores secundarios. ‖ 2. Hablar intencionadamente de una manera confusa o construyendo frases vacías de contenido. (V. zanata.)

zanja. f. Vulva; por extensión, vagina. ‖ 2. Espacio entre las nalgas. (Por alusión al esp. *zanja*: excavación larga y estrecha hecha en la tierra con distintos fines.)

zapada. f. Actuación musical en la que se improvisa, más o menos extensa. (V. zapar.)

zapallazo. m. Acierto inesperado. (Aument. de zapallo en su segunda y tercera aceps.)

zapallo. m. Cabeza. ‖ 2. En el fútbol, gol [dado por el DRAE]. ‖ 3. Éxito inesperado logrado por casualidad. [dado por el DRAE como chilenismo y uruguayismo]. ‖ zapallo, lla. adj. Tonto, falto de entendimiento o razón [dado por el DRAE]. (En la primera acep., por alusión a la forma; las ss. resultan oscuras.)

zapán. f. Vesre de *panza*.

zapar. intr. Entre los músicos, actuar improvisando y más o menos extensamente. (Del esp. *zapar*: trabajar con la zapa o pala, por oscura asociación.)

zaparrastroso, sa. adj. Zarrapastroso. (Por metátesis.)

zapatero, ra. adj. Relegado; último. (Por ext. del esp. *zapatero*: jugador que se queda sin hacer bazas o tantos.)

zapato, ta. adj. Tonto, cándido; torpe. (Del esp. *zapato*: tipo de calzado, por oscura alusión.)

zapayazo. m. Variante gráfica de **zapallazo**.

zapayo. m. Variante gráfica de **zapallo**.

zapie. f. Vesre de *pieza*: habitación.

zaranda. f. Paliza, zurra. (Del esp. *zaranda*: criba [?].)

zarpado, da. ppio. perf. de **zarparse**.

zarparse. intr. Variante gráfica de **sarparse**. (Quizá por cruce con el esp. *zarpar*: levar anclas [?].)

zarpe. m. Variante gráfica de **sarpe**. (V. **zarparse**.)

zarzo. m. Pendiente. | **2.** Anillo. (Del esp. *zarcillo*: pendiente, arete; por la creencia de que éste es dimin.)

zeneize. adj. Genovés. | **2.** Simpatizante del club de fútbol Boca Juniors. (Es el gen. *zeneize*: genovés; la segunda acep. se debe al hecho de que el mencionado club se halla en el barrio de La Boca, donde se afincaron especialmente los genoveses.)

zingar. intr. Copular. (Del esp. *zinc*: metal de color blanco azulado y brillo intenso, en vista de que este metal se usa al soldar.)

zocotroco. m. Variante gráfica de **socotroco**.

zolcillonca(s). m. Vesre irreg. de *calzoncillos*.

zombi. m. y f. Persona que parece actuar mecánicamente y bajo una extraña influencia. || adj. Desorientado, incoherente. | **2.** Drogado. (Del esp. *zombi* –usado en Haití, voz africana occidental en su origen–: cadáver resucitado por medio de magia negra; atontado.)

zomo. m. Vesre de *mozo*: camarero.

zorro. m. Agente de policía de tránsito. (Por el color gris de su uniforme en las décadas de 1940 y 1950.)

zumbado, da. ppio. perf. de **zumbarse**.

zumbarse. intr. Drogarse. (Del esp. *zumbar*: golpear, atizar.)

zumbo. m. Variante gráfica de **sumbo**.

zuncho. m. Cuchillo rudimentario forjado en la cárcel por los presos con un trozo de metal. | **2.** Por ext., cualquier cuchillo. (Del esp. *zuncho*: abrazadera de hierro; no debe descartarse sin embargo un cruce con el quich. *súnch'u*: chilca, arbusto resinoso de ramas espinosas; en el norte de la Argentina, *sunchar* equivale a 'punzar'.)

zurda. f. Izquierda política. (V. **zurdo**.)

zurdaje. m. Reunión o conjunto de **zurdos**. (V. **zurdo**.)

zurdeli. adj. **zurdo**. (Fest. por el agregado del sufijo de tono italianizante *-eli*.)

zurdo, da. adj. Militante o simpatizante de algún partido político reformista o no conservador, o simplemente de las doctrinas marxistas. (Del esp. *zurdo*: que usa la mano izquierda del modo y para lo que las demás personas usan la derecha, por alusión a una posición política de izquierda.)

Este libro se terminó de imprimir
en el mes de octubre de 2004
en Indugraf, Sánchez de Loria 2251,
Buenos Aires, República Argentina.

www.indugraf.com.ar